山田太一

装幀　町口覚
本文組版　浅田農（マッチアンドカンパニー）

山田太一セレクション

男たちの旅路

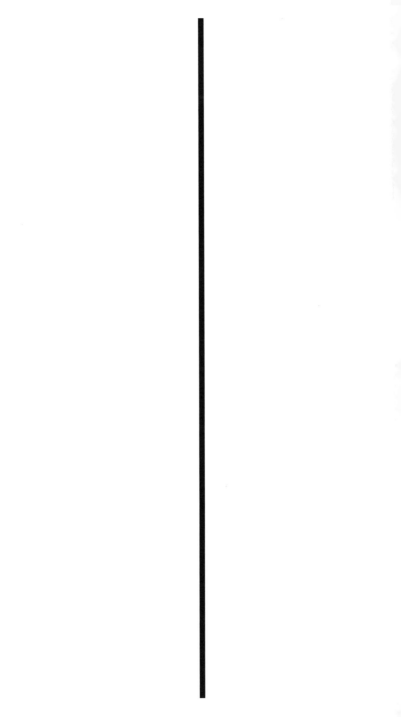

復刊に寄せて

うしろに沢山の人がいた

山田太一

このドラマの一作目の放送は一九七六年の春だったので、私がはじめてNHKから計画を聞いたのは、その前の年の夏あたりだったと思います。長かったベトナム戦争がサイゴン陥落でやっと終り「港のヨーコ・ヨコハマ・ヨコスカ」「時代」がたぶん流れていました。

プロデューサーの近藤晋さんに会うと、まず「土曜ドラマ」という大型のシリーズを考えているということでした。そしてそれは松本清張、平岩弓枝の小説からはじめて「作家シリーズ」と名付けるつもりだが……。

「脚色はやりません」と私はいいきりました。

分っている。このごろは何人ものライターが原作なしで自分のドラマを書いている。橋田壽賀子、倉本聰、向田邦子、早坂暁。それでも世間は小説を書かなければ作家とは呼ばない。テレビのライターは格下だと思っている、誰より業界がそうだ、その意識を変えたい、小さなことかも知れないが、きっとそれはテレビドラマによき影響をもたらすはずだ。その一番手をあなたに頼みたい。本当の作家シリーズの一回目を「山田太一シリーズ」ではじめたい。

テレビの世界には、一見うまい話はよくあるけれど、のぼせてる暇もないほど早くリアルが見えて来てしまうものだが、これは少しのぼせました。今でもこのころの近藤さんたちと、リードなさったドラマ部長（のちの放送局長）川口幹夫さんには敬意を抱いています。喪くなりましたが。

「ひとつだけ」と近藤さんが、のぼせている私に急いでつけ加えました。「まあ、課題というか、条件というか、ひとつだけ――」

ほら来た。やっぱり来た。難題があるのでした。

鶴田さんを主役にドラマを書いてほしい。しかし、鶴田浩二さんに「傷だらけの人生」というヒット曲があり、それをNHKがヤクザっぽいとかで放送禁止のリストに入れてしまったというのです。鶴田さんは激怒して、もう二度とNHKとはやるもんか、と宣言しているというのです。大スターだし歌もうまいし、そのままNHKが「あ、そう」とほうっておくことはまずいし惜しいし大人気《おとなげ》ないと思っている。で、まあ要約すると、じゃあ書くといっているライターと会ってみよう、という段階になり、お宅へ近藤さんと二人で出掛けたのでした。

なにしろその頃は東映の仁侠映画の主役もしくは準主役の花形でしたから、こっちがどう書きたいかより人柄に接したいという思いが先でした。

ほとんど私は口をきく暇もありませんでした。近藤さんもです。戦争末期の神風特攻隊の、帰りのガソリンは積まずに敵の艦隊に突っ込んで死ぬ以外に道がない兵士を何機も何機も見送った体験を話し、自分も明日をも知れなかった、しかし逃げ出したかったというのではない。死ぬ覚悟はできていた。だったら戦争賛成だったかなどとバカなことをいう若い奴がいる。戦争はやりはじめたらそんなものじゃない。自国がどんどん空爆を受けて敗北歴然の時に、どうして抵抗せずにいられるか。どうして自分だけ助かろうなどと思えるか。

客用とはちがう大ぶりの湯のみが鶴田さんの前に置かれていた。その側面に歌詞が書かれている。「貴様と俺とは同期の桜」予科練の軍歌だった。

帰り道私は感動を振り払えずにいた。

鶴田さんは二十代で敗戦を迎えている。兵士だった。私はほぼ十歳だった。戦争を知っているといえば知っているが子どもだった。一方はおびただしい死者を見送っている。ぎりぎりを生きた人もいくらでもいた。大人の戦争体験を聞くのが嫌だった時期があった。美しい話も醜悪な話も自分のそれよりずっと深くて口に出来ないものを秘めていると感じたし、事実そうだったと思う。

しかし敗戦から三十年がたっていた。それがいきなり、ほとんど特攻隊で死んだ人たちを悼む思いだけを話す鶴田さんに意表を突かれた。特攻隊の映画に出ていたことも知っていたが、これほどとは思っていなかった。話や本で知るばかりの自分と間近で次々と死の旅に飛び立つ戦友を見送った人の重みの違いをじわり感じた。これを軽んずることは出来ないと思った。

しかし「土曜ドラマ」で私に特攻隊のドラマを書く力はなかった。うまく行くとは思えなかった。受けとめるとすれば、三十年たってもその悲劇を忘れずにいる男をどう描くかだろうと思った。戦後の平和や繁栄から距離を置き、悼む気持は少しも見せずに妻を持たず、バカじゃなくて静かで強い男——鶴田さんならその上美しい男も可能だと、どしどし思いがふくらんだのを思い出します。「なごり雪」「北の宿から」が流れていたと。

目次

男たちの旅路

主な登場人物

吉岡晋太郎（鶴田浩二）

警備会社上司（元特攻隊上官）

小田警備会社社長（池部 良）

部下

尾島信子（岸本加世子）

兄妹

尾島清次（清水健太郎）

杉本陽平（水谷 豊）

根室で知り合う

島津悦子（桃井かおり）

柴田竜夫（森田健作）

鮫島壮十郎（柴 俊夫）

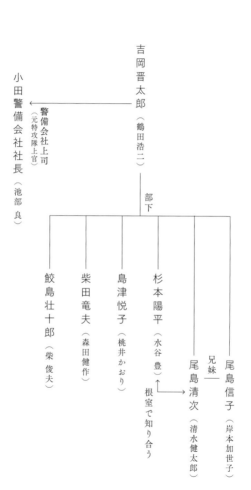

I

一九七六年二月二十八日〜三月十三日 放映

1

非常階段

「いいか、君たちは弱いんだ。それを忘れるな」

■ある高層ビルの階段・23階（夜）
普通エレヴェーターが使用されるので、階段は幅も狭く、非常階段の印象である。一人の若い娘が、疲れた無表情な顔でのぼって行く。階段の淋しい靴音。

■あるグラウンド（昼）
十五人ほどの男たちが、思い思いの服装で（運動しやすいという工夫はそれぞれしている）グラウンドを走っている。その後ろを五人ばかりの娘たちが、同じくバラバラの服装で走っている。イチニ、イチニ、イチニ、イチニ。柴田竜夫、杉本陽平がいる。走る一団を三人の男女が見守っている。後藤良司士長、田中清士長補、沢新子先任長である。いずれも警備士の服装である。

■ある高層ビルの階段・36階（夜）
のぼって行く娘。のぼりつめたところにドアがあり、それを開ける。

■ある高層ビルの屋上
風が強い。娘、出て来て、立つ。背後でドアが自然に閉まる。

■あるグラウンド（昼）
トラックを走る男女。男の一団が後藤の前を走る。沢、一歩前に出て手をあげ、
沢「（やって来る女性五人に向かい）女性はここまで、男性は、あと二周して下さいッ！」
陽平「ホイハイホイハイ（と顎を出しながらもおどけて返事をしつつ走る）」
竜夫「――（走っている）」

■ある高層ビルの屋上（夜）
娘、柵をのりこえて、後ろ手に柵につかまり下を見る。街の灯がはるか下の方に見える。目を閉じ、パッと手をはなして飛び降りる。悲鳴。

■タイトル
「男たちの旅路」

グラウンドを走る男たち。

第一話「非常階段」
スタッフ
キャスト

■あるグラウンド（昼）

後藤の周囲へ次々と着いて、ハアハアと息をする男たち。沢と女性五人はいない。

後藤「いきなりご苦労さまでしたが、ガードマン即ち警備士になろうとするものは、最低このくらいの運動には耐えられる体力を持っていなければなりません。自信のない人は申し出て下さい」

■ある高層ビルの屋上（夕方）

大きな夕陽。守衛の老人、一方を見てハッとし、「待ちなさいッ！　そのまま、そのまま」とひきつった顔で怒鳴る。夕陽の逆光を浴びて、黒々とした若い男のシルエットが柵をまたぎかけている。

守衛「よしなさい。早まっちゃいかん。そのまま（と慎重に近づいて行く）」
若い男「（決心したように柵の外へ出る）」
守衛「（立ち上がり）そのままッ！（走る）」
若い男「（泣き声のような声をあげ、飛び降りている）」
守衛「（柵にとびついて）なんまんだぶ、なんまんだぶ（と顔を歪め、うめくように言って足がなえる）」

■体育館（昼）

沢「（ピーッと笛を吹いて、入口からドタドタ、ダラダラ入って来る十五人の男たちに）はい、男性は、女性のこちら側に一列横隊で整列して下さい、早く早く、（先頭を来た陽平の腕をとり）はい、あなた、ここへ来てェ（とすでに並んでいる五人の女性の横へ立たせ）はい、男性はここから、こっちへ並んで下さい。ダラダラしないで。右へならえ、右へならえッ（更に指示）」

後藤と田中、後方から十五人とはちがう胸をはった姿勢で、列の前面へ回りこんで来る。

後藤「気を付けェッ！（といきなり怒鳴る。怒鳴りながら、列と相対する位置まで来て、正面を向く）」
沢「気を付けです。気を付けッ！」

一同、まあまあ、それらしく立つ。しかし、顎があがりすぎていたり、背が丸くなっていたり、して、さまにならない。

後藤「命令に従う自信のない人は申し出て下さい。ガードマンという仕事は、命令による統制がとれなければ成りたたない仕事であります。命令を聞けない人は、申し出て下さいッ」

田中「いませんか？（どこかのんびりしている）」

後藤「では、全員、私の命令に従う意志があるものと認めます。これから、一週間の研修に入ります。研修中、不適当なことがない限り、一週間後、諸君は正式に警備士として採用されることになります。頑張っていただきたい。休め。気を付けェッ！」

田中「では、研修用の制服を支給します（と背後の長椅子に積まれている服へ行く）」

■ある高層ビルの階段・36階（夜）

屋上へのドアへ手をかける若い女。鍵がかかっていて、あかない。ガチャガチャやる。しかし、あかない。疲れたやりきれない顔でのぼって来た階段を振り返る。

■体育館・ロッカールーム（昼）

制服に着替えている十五人の男。ドアの近くに、人間ひとりの全身をうつす程度の鏡があり、竜夫、制服で立ち、戦闘帽スタイルの帽子をかぶる。と、押しのけられる。おしのけたのは陽平である。

陽平「（押しのけたことなどまったく気にせず鏡の中の自分を見て）おうおう、ひでえことになっちゃったねえ。丸腰かよ、丸腰。なんかなきゃ格好つかねえな、おう（と押しのけられる）」

竜夫「（自分をうつして、胸のあたりをゴミでも払うように叩く）」

陽平「やるじゃねえの、にいちゃん」

竜夫「あんたが先にやったんだ」

陽平「（いきなり竜夫の胸ぐらを摑み、壁に押しつける）」

竜夫「（すぐ、その腕を摑んで首からはなす）」

陽平「（すかさず一方の手で首を攻めようとする）」

竜夫「（その手も摑んで、ひきはなそうとする）」

田中「（顔をドアから出す）はい。着替えた人からドンドン体育館へ戻って下さい。（陽平と竜夫を見て）なにしてんだ？」

二人、はなすにはなせず、力が均衡をとって、動かない。

田中「まさか、喧嘩してんじゃないだろうね」

二人、口をきく余裕がない。

田中「もし喧嘩ならやめた方がいい（とのんびりしてなにか可笑しい）うちの会社は人間関係ってものを重くみるからねえ。研修の初日に喧嘩するようなのは採用しないよう（と行こうとする）」

陽平「おっさん」

田中「なんだ？」

陽平「ネクタイ（と手をふりおろし）なあ（と竜夫に笑い）ネクタイ直し合ってたんだよな」

竜夫「ああ（田中へフフフと笑い）ネクタイです（と陽平のネクタイをしめ上げる）」

陽平「ヒッ！」

■高層ビルの壁面（夜）

普通ガラス窓は開閉できないので、何処か外へ出られる盲点のようなものをさがしたい。

若い女、外側へ出て来る。風が強い。すくむように下を見る女。

■研修の教室（夜）

黒板に「忍耐」と書いてある。

後藤「（講義をしている）くりかえすが、警備は、なによりも予防でなければならない。犯人を逮捕したり、火事になってから消したというのでは、決して最高の警備とは言えない。犯罪や火災が起こる前にくいとめることこそ、警備の真髄と言わなければならない。それには、一にも忍耐、二にも忍耐」

■高層ビルの下（夜）

飛び降りて死んだ女の写真をとっている鑑識。救急車。パトカーの赤いランプ。野次馬。

■グラウンド（朝）

制服の十五人と五人が体操をしている。

イチニ、サンシ、イチニ、サンシ。それを端に立って見ている男、背広姿の吉岡晋太郎である。

後藤「（近づいて来て）お早うございます（と敬礼）」

吉岡「お早う（と軽く敬礼を返す）」

後藤「こんな早くから、なにか？」

吉岡「――うむ（と少し正面に向かって歩き）柴田君
　ていうのは、どの子だい？」
後藤「なにかありましたか？」
吉岡「いや、どの子だい？」
後藤「二列目の右から二人目ですが」
吉岡「（見る）」
後藤「身元調査でなにか？」
吉岡「いや、そうじゃない」
竜夫「（体操をしている）」
吉岡「――（ゆっくり目を伏せる）」
後藤「わりあい、真面目にやっておりますが」
吉岡「そう――お邪魔した（と道の方へ）」
後藤「お知り合いですか？（と少し追って小さく聞く）」
吉岡「いや――なんでもないんだ（と行く）」

■あるビルの電話交換室（昼）

島津悦子、数人の同僚と席を並べて、素早いが、無
表情な顔で、機械的に仕事をしている。

■柔道場（夜）

闇である。犬が遠く吠える声。

引き戸がそっとあけられる。廊下の弱い灯りが漏れる。運動靴の足が、そっと中へ入る。そして戸を閉める。パチンとペンライトをつける。そして壁面を照らす。

ロッカーがある。書類がある。事務机と椅子がある。つい立てがあり、金庫がある。柔道場とは思えない。

金庫をさがしあてた影。その前へ行き、ダイヤルを回しはじめる。背後で、パチンと懐中電灯の大型の灯りがつき「誰だ！」と青年Aの声。パッと影は横っとびについ立ての陰へかくれる。と同時に「動くな」という青年Bの声と懐中電灯。「出て来い、この野郎！」と言う陽平の声と懐中電灯。

後藤「はい。その位置のまま」

部屋の灯りがつく。柔道場の一方の壁面に事務所の調度がセットされ、反対側の壁面に研修生と沢らが腰をおろしている。灯りがついたところで、一同、ホッとしたように笑い声をたてる。

後藤「まず犯人像からいこう。えー、いまつい立ての陰へかくれた犯人は、どんな人物か（坐っている一人を指し）まず、性別」

青年E「男」
後藤「（別の一人を指し）年齢はどのくらい？」
女性A「わりと敏捷だったから、二十代の——前半」
後藤「（別の一人に）肥《ふと》っていたか、やせていたか？」
青年D「がっしりしてた」
後藤「素早く人物の特徴をつかむこともガードマンの重要な役割の一つだ。（つい立ての陰に向かい）聖ちゃん、ご苦労さん」
浜宮聖子「（黒いレインハットに黒いレインコート、黒のスラックスに、黄色のブラウスで、美しい。出て来て、一礼）」
一同、拍手。ウオー、などと感嘆の声。
後藤「浜宮警備士だ。みんな、もっと鋭い目を持ってもらいたいッ」
聖子「よろしく」
「よろしく」「よろしく」などと元気のいい声が一同から出る中を、聖子、一同の端へ歩いて行く。
後藤「（中央にいて）えー、注目。注目ッ」
一同、漸く見る。
後藤「まず一人一人の位置から行こう（と一番つい立てに近い陽平に近づき）この位置がもっともいけない。近すぎる。相手がどんな人間か、どんな兇器を持っているかもわからずに、ここまで近づき、しかも追いつめた形になっている。非常に危険だ。（陽平に）犯人になんて言った？」
陽平「出て来い、この野郎（一同、笑う）」
竜夫「（も笑っている）」

■柔道場前の廊下

その竜夫をガラス越しに見ている制服の吉岡。

■柔道場

後藤「警備士は、この野郎などと言ってはいかん。警備士らしい、品位と威厳をもった言葉づかいをしてもらいたい」
陽平「なんて言やぁいいですか？」
後藤「（坐っている一同に）なんて言ったらいいと思う？　君（と青年Cを指す）」
青年C「はあ、えー（と立ち上がる）」

■廊下

吉岡「―――（中を見ている）」

■柔道場

青年Ｃ「（大声で）お前は包囲されている。銃を捨てて出て来いッ！」

一同、笑う。

陽平「（すかさずハンドマイクを持った感じで）お母さんが泣いているぞ、お前のお母さんが泣いているぞ」

一同、笑う。

後藤「君たちは、プロになる研修を受けているんだぞッ！　静かに、静かに」

ガラッと戸があく。吉岡である。

後藤「あ、ご苦労さまです（と敬礼する）」

吉岡「（うなずいて、戸を閉める）」

後藤「えー、紹介しよう。吉岡司令補だ」

吉岡「（一同を見て）今晩は」

一同、気圧されて「今晩は」と口々に言う。

吉岡「（後藤に）ちょっと割り込ませてくれ」

後藤「はあ。それはいいのですが（と中央に来る吉岡に押されるように後ずさりし）あの」

吉岡「なんだい？」

後藤「いえ、前例がございますので心配と言ってはなんですが」

吉岡「大丈夫だ（と一同を見る）」

後藤「えー（と慌てて一同へ）吉岡司令補は研修には直接関係されていないのであるが、君たちに大変期待をされて、今朝も早くから君たちの研修ぶりを見に来られていた。有益なお話をいただけると思う。ご静聴いただきたい（一礼して二、三歩さがる）」

吉岡「（一同へ）私は、話をしに来たのではない。耳で聞いたことはすぐ忘れる。身体で覚えた方がいい」

後藤「しかし、あの（と遠慮がちに言う）」

吉岡「（無視して）いま、この後藤さんが、犯人に近づきすぎるのは危険だと言った。その通りだ。しかし、そういうことを聞いていても、必ず何人かが、犯人を追いつめ、自分で捕まえようとする。そして、怪我をする。殺される。自分の弱さを知らないからだ。君たちの力を教えてやろう」
後藤「（困って）しかしですね、吉岡さん」
吉岡「（立っている三人に）この三人と（一同の中から）君と君と（青年C、青年D、最後に竜夫を指し）君だ」
竜夫「――（吉岡を見ている）」
吉岡「出て来て、私を囲め」
竜夫、青年CD、立つ。
後藤「（弱ったなあという顔で沢を見る）」
沢「（ほんとうに、と言うようにうなずく）」
吉岡「私を、六人で逮捕するんだ」
陽平「手加減なしですか？」
吉岡「勿論だ。そのかわり、私も手加減はしない。早く、私を囲め」
陽平「こう自信たっぷりだと、おっかないねえ」
青年C「やろうじゃないの」
青年D「やりましょう（と語尾が上がる）」
陽平「おおっと（と他の五人に）一人で行くなよ。一緒だぞ」
竜夫「君と君、足にタックルしろ、俺とあんたは正面だ。あとの二人は後ろへ回れ」
陽平「ホウ、大将がいるぞ、大将が」
竜夫「黙って回れ」
陽平「いいでしょいいでしょ。イチニッサン、イチニッサン、イチニッサン。俺のかけ声で行くぞ」
竜夫「ＯＫ」
青年C「ＯＫ」
陽平「やっちまえッ！」
六人、吉岡にとびこんで行く。
後藤「（思わず目を閉じる）」
あっという間に、六人ともふっとばされている。股を蹴上げられたの、アッパーカットをくらったの、腹を殴られたの、腕をねじ上げられたの、背負い投げでやられたの。メリハリのあるテンポで、納得させ得る倒し方で倒す。
吉岡「（乱れた髪のまま）いいか、君たちは弱いんだ。それを忘れるな（と不似合いなほどの激情を押さえてドアの方へ）」

■あるビルの電話交換室（昼）

悦子、機械を前に機械的に仕事。

■医務室（夜）

陽平「（顎のあたりを紫色にして、憤りをもてあますようにしてウロウロし）気に入らないねッ、気に入らないねッ（と傍らの机を叩く）」

医者「（青年Aの腕に添え木をして繃帯をしながら）静かにせんか」

後藤「文句はあとで聞くから（となだめるように言う）」

腹を押さえたまま咳をしているのもいる。竜夫も鼻血が出たらしく鼻へ綿をつっ込んでいる。

陽平「大体、格好よすぎるじゃねえか、俺たちは型なしじゃねえか。女の子もいる前でよ、恥かかしてくれたじゃねえかッ（と後藤に言う）」

後藤「わかった、わかった（なだめるように）」

陽平「あんたの会社はなにか？　入社したいって言って来た奴、侮辱するのが道楽かよ」

後藤「いつもは、あんなことはないんだ」

陽平「じゃあ、なんで今日はやったんだ」

後藤「あの人は、普段は温和しい人なんだ」

陽平「そういうのがよく殺人なんかするじゃねえか。俺たちは殺されたかもしれないんだぞ、おい」

竜夫「俺たちが弱かったんだから、仕様がないさ」

陽平「向こうは、毎日練習してたんだぞ。俺たちをぶん投げる練習をよ。こっちは、いきなり、ホイ、ガッ、ドスンだ。罠《わな》にはまったようなもんじゃねえか」

竜夫「俺は、とにかく文句は言わない」

陽平「おう、言いたくなきゃ言うな。（後藤に腹を押さえていた青年Cを指し）彼はやめるって言ってるよ。（青年Aへ）おう、お前もやめるよな」

青年A「どうしようか、って――」

陽平「腕折られて迷うことはねえだろ。慰謝料払うんだろうな、慰謝料（後藤へ）」

後藤「医務室で怒鳴るのはやめないか」

陽平「とにかく、相応のことはして貰うからな」

後藤「わかってる（一同へ）手荒すぎたことは私も認める。すまない」

陽平「（机をガンと叩く）」

医者「こら、やめんか」

後藤「さっきも言ったように、司令補は普段は温和しい人なんだ。しかし、時折、人が変ったように手荒なことをする。前にも、一度、研修でこういうことがあって」

陽平「病気じゃないのかい？」
後藤「勿論病気ではない。私なりに感じたこともあるが」
陽平「なんだい？」
後藤「いや、ただ――」
陽平「ただ？」
後藤「いや」
竜夫「ただ、なんですか？」
後藤「若い人が嫌いなんだねえ」
陽平「（ヘッというように苦笑）」
後藤「とにかく若い人には、敵意があるようなんだ」
陽平「若いのがうらやましいんだろう」
後藤「ハハ、ま、そんなところかもしれないが（とおもねるように言う）」
医者「はい、次」
青年C「（行く）」
陽平「見ろよ。身体のばせねえじゃねえか」
後藤「わかってる」
竜夫「前のときは、どうだったんですか？」
後藤「いや、前はもっとひどかったよ」
陽平「（呆れたというように）なんてこったい」
後藤「五人だったが、全員やめたよ」
陽平「当然だね。やめるのが当然だ」
竜夫「俺はやめないよ」
陽平「ああ、俺だってやめねえさ」
後藤「え？　あんた、やめないの？」
陽平「当り前だろ。これでやめたんじゃ殴られっぱなしじゃねえか。それに月給いいしな、不況だしな、そう簡単にはやめられねえや。採用しろよなッ（怒鳴る）」

■あるビル・東口通用門（昼）

強雨。軒下に立って、身体を小刻みにゆらしている陽平。寒いのである。制服。立哨中である。

■そのビルの警備室

モニターテレビが数台あり、そこにそのビルの諸点の立哨状況がうつされている。その一つに、陽平が軒下に入って、身体をゆすっているのがうつっている。

斉藤「（司令補。見ていて）後藤さんよ」

後藤「（テレビカメラを操作する機械やマイクや電話のあ

る所で、書類になにか書きこんでいて）はい」
斉藤「東口通用門で立哨しているのは誰だ、ありゃあ」
後藤「なんかしてますか？」
斉藤「（見てみろというように顎を上げ）ああ」
後藤「（見ながら立って来る）あー、やってますなあ」
斉藤「軒下入ってふるえとらあ」
後藤「いや、今月入って来た奴なんですが、問題がありそうなんで、私と同じところへ連れて来たんですが、ああ、身体ゆすってますなあ」
斉藤「ああ、ゆすってる」
後藤「注意しましょう（と電話の方へ行こうとする）」
斉藤「ああ、ちょっと待った、ちょっと」
後藤「はあ？」
斉藤「煙草を出しよった」
後藤「すう気でしょうか？」
斉藤「そりゃそうだろう」

■あるビル・東口通用門

マッチで火をつける陽平。

後藤の声「あ、火をつけました」
斉藤の声「消えたか？」
後藤の声「いや、つきました」
斉藤の声「ああ、煙はいとる、煙はいとる」

派手に煙をはく陽平。

■そのビルの警備室

後藤「余程採用はやめようと思ったんですが、三名ほど、研修生からやめたものが出たので（と電話へ行く）」
斉藤「ああ、ちょっと待った、ちょっと」
後藤「なにかやりますか？」
斉藤「いなくなった。キャメラを右へ、右」
後藤「は（と操作をしに行く）」

モニターキャメラ、左へ。

斉藤の声「右だ、右」

キャメラ、右へ。陽平をとらえる。

斉藤「ああ、いたいたいた。何をしとる？」

■東口通用門

キャメラに背を向けて小便をしている陽平。

斉藤の声「やっとるねえ」

後藤の声「電話いたします」
斉藤の声「立哨中に、ガードをしとるビルに小便をかけるとはなにごとかい！」
電話のベル。陽平、そっちを見る。しかしまだ小便中。
斉藤の声「急げばいいじゃないか、急げば」
後藤の声「私の研修がいたりませんでした」
斉藤の声「ああ、来る。やっと来る。人が通らんからいいようなもんだ。あんな警備をしとる所を見られたら、契約解消にもなりかねんよ」
陽平「（電話をとり）もしもし」

■警備室
後藤「（電話に出ていて）もしもしじゃないよ、君は」

■東口通用門
陽平「はいはい、ですか？」

■警備室
後藤「ふざけるんじゃないッ！」

■東口通用門
陽平「別にふざけちゃいませんけど」

■警備室
後藤「いいか、君の一挙手一投足はモニターテレビにうつってるんだ。君が、なにをしてるか、こっちはわかっているんだぞ」

■東口通用門
陽平「あ、見ました？」

■警備室
後藤「見たにきまってるよ。とんでもないことだよ。すぐ煙草を消して、通用門まで出たまえ。通用門のすぐ内側に立ちたまえッ！」

■東口通用門
陽平「しかし、あそこまで行くと濡れますけど」

■警備室
後藤「契約がそうなってるんだ。晴雨にかかわらず、通用門のすぐ内側に立哨する契約だよ。そう言ってあるだろうッ！」

■東口通用門

陽平「しかし、誰も通らないんですよ。大勢入って来るなら立っててもいいですがね。猫の子一匹通らないのに」

■警備室

後藤「馘《くび》になりたくなかったら、言う通りしたまえ。不合理であろうとなんであろうと、契約先の要求なんだ。理屈を言わないですぐ立ちたまえッ！（ガチャンと切る）」

■東口通用門

陽平「（ガチャンと切り）そうかよ、俺たちを監視するためにテレビつけてるわけじゃねえだろこのあほんだらッ（と小さく言い、煙草を捨てて雨の中へ出て行く）」

斉藤の声「ハハ、あれでも馘になるのはいやなんだな」

後藤の声「他の職種より給与がいいようです」

斉藤の声「不況のおかげで青年も温和しゅうなっとる。ハハハハ」

あとは雨の音。陽平、雨具はつけているが、びしょびしょになって立っている。

■晴見××展示会場（昼）

展示会場のアーチが雨に濡れている。

■駐車場

かなりの車が駐車してあり、雨にたたかれている。中央で、一台の車を誘導して入れている竜夫。次の一台を別の方へ入るように指示している。

吉岡「（背広姿で傘をさして、入口あたりで竜夫を見ていて、歩き出す）」

竜夫「（二台目を入れると、後続がないので、閉口したようにチラと雨の空を見、吉岡を見るが吉岡と気づかず目を移し、アレと気づいてまた吉岡を見る）」

吉岡「（近づいて来る）」

竜夫「（敬礼する）」

吉岡「（軽く手をあげ）どうだ？」

竜夫「柴田警備士、勤務中異常ありません」

吉岡「雨で大変だな」
竜夫「わりと空《す》いてますから（と微笑して車の列を見る）」
吉岡「たちまち、板についたじゃないか」
竜夫「そうでしょうか？」
吉岡「大抵もっと敬礼や報告は照れるもんだが、君はさまになっている」
竜夫「自分でもなんだか変ですけど、嫌いじゃないんですね。兵隊ごっこの気分です（と笑う）」
吉岡「（真顔で）兵隊ごっこか（と低く言う）」
竜夫「先日は強いんで驚きました」
吉岡「いやあ（笑顔はない）」
竜夫「なにか御用ですか？」
吉岡「巡察指導隊と言ってな、不意打ちで、君たちを見て歩いてるんだ」
竜夫「司令補っていうと、そういう仕事ですか」
吉岡「現場もあるさ。会社が小さいからな、足りなくなりゃあ、なんでもやる」
竜夫「（うなずき）そうですか」
吉岡「頑張ってくれ（と背を向ける）」
竜夫「はあ。さよなら」
吉岡「（振り返る）」
竜夫「いえ、あの、ご苦労さまでした（と敬礼する）」
吉岡「いや（とちょっと目を伏せ）お母さん、止《と》めなかったか？」
竜夫「なにをですか？（と近づく）」
吉岡「東洋製作所といえば一流じゃないか」
竜夫「ああ（そのことかとうなずき）会社が一流でも、俺、高校だけですからね」
吉岡「そうか――」
竜夫「（微笑して）こちらの方が性に合いそうですよ」
吉岡「お母さん元気か？」
竜夫「知ってるんですか？」
吉岡「いや、親一人子一人だろう？」
竜夫「履歴書。そんなにくわしく読むんですか？」
吉岡「ま、頑張れよ（背を向けて去る）」
竜夫「はあ。（敬礼して）どうも（格好をつけて手をおろす）」
吉岡「――（駐車場を出て行く。感慨のある顔）」
分列行進の靴音。雨中である。

■ニュース・フィルム

靴音だけで——。

昭和十八年十月第一回「学徒出陣」。神宮球場の雨の壮行会で、学帽学生服で行進する学生たち。

それに旗をふる女学生たち。

■ある高層ビルの表（夕方）

晴天。何度か自殺のあったビルである。その入口。ドアの前に、竜夫と同じ会社の警備士が立哨している。岡田警備士。
竜夫「（制服で、ズックのバッグをさげて道から来て、警備士に敬礼し）新しく派遣されたんですが、警備室は何処でしょうか？」
岡田「地下二階だ」
竜夫「ありがとうございます（と敬礼して入って行く）」
陽平「（私服に布バッグをさげて、竜夫のすぐ後を入りながら）おう、にいちゃんよ」

■ビルの中

竜夫「（振り返る）」
陽平「ここか、お前も（と入って来て）地下だって言ったな（と止まらずに竜夫を追いこして奥へ）」
竜夫「——（続く）」

■エレヴェーターの前

陽平「（降りのボタンを押して）お前、その格好で街ィ歩いて来たのか？」
竜夫「そうだ」
陽平「（呆れた、という顔をして）行き帰りぐらいケチケチすんなよ。自分のもの着て来いよ（と自分の派手なシャツをつまみ）そんな格好で電車なんか乗るなよ」
竜夫「俺の勝手だ」
陽平「そりゃ勝手ですよ、勝手（とウロウロする）しかし、こんなでっかいビル、どうやって守れって言うんだ？　こんなとこは防犯ベル一杯つけて、人なんかに頼らなきゃいいんだよ。俺たちのが安いってわけだよなあ」
竜夫「階段おりた方が早かないか」
陽平「お前ね、こういうビルの階段なんてもんは、はじっこの方にあって探すのに大変なの」
竜夫「どうせ覚えておかなきゃならないんだ（と行

く)」

陽平「おう行け行け。なんだ、ありゃ、格好つけやがって（ボタンを押しながら）さっさと来いよ、機械のくせしやがって（とやたらに押す）」

■高層ビル・警備室

吉岡が、制服姿で、机に向かって書きものをしている。その前に立っている竜夫。

吉岡「（顔をあげ）掛けてろよ（とかたわらのソファにチラと目を走らす）」

竜夫「いえ、結構です（と一礼して立っている）」

部屋の隅のロッカーの前で急ぎ制服に着替えている陽平。

ドアにぶっかったりして雑に上衣をつけながら吉岡の方へ行き「どうも、どうも、お待たせしました」と尚ベルトを締めたりする。

吉岡「（顔をあげない）」

陽平「（一応キチンとして）オーケー。（竜夫に）いいよ、お前言え、ほら」

竜夫「お前がおくれたんだ、お前が言え」

陽平「エレヴェーターが悪いんだ、エレヴェーターが」

竜夫「――（正面を見て相手にしない）」

陽平「（舌打ちして）え、おくれてどうもすみません（敬礼し）報告します。杉本警備士、他一名エンペラービル派遣隊に配属されてまいりました」

吉岡「（はじめて顔をあげ）四時半に上番せよ、ということは、四時半に勤務につける状態にあるということだ」

陽平「すいません」

吉岡「十二分の遅刻だ」

陽平「わかってます」

吉岡「始末書を書いて提出してくれ」

陽平「はあ、そりゃ書きますけど――」

吉岡「屋上へ行こう（と立つ）」

陽平「殴ろうってんですか」

吉岡「勤務の説明だ（と行く）」

竜夫「（ついて行く）」

陽平「畜生、オタオタさせやがって（小さく言ってついて行く）」

■高層ビル・屋上
　夕陽。
吉岡「（来て、立つ）」
竜夫「（立ち止まる）」
陽平「（立ち止まる）」
吉岡「君たちの勤務は、このビルの派遣隊とは独立して、私と三人だけの夜間勤務となる」
竜夫「（うなずく）」
陽平「――」
吉岡「（振り返り）このビルの噂を知っているか」
竜夫「知りません」
陽平「知らないス」
吉岡「完成してから、まだ四カ月足らずだが、飛び降り自殺をした人間が三人出た」
竜夫「（うなずき）新聞で見ました」
陽平「俺は、ちょっと、見ないスけど」
■三人の自殺者のモンタージュ
吉岡の声「ある週刊誌が新しい自殺の名所だと書いた。ビル会社では、すぐ抗議をしてその週刊誌の回収をはかった」

■高層ビルの屋上
吉岡「現在も揉めているが、二日前に、この二十八階から飛び降りようとした青年が出た。運よく気がつく人がいて止めた。その青年は、週刊誌を見て、ここを選んだという。（苦笑し）死に場所を週刊誌に教わるというのは情けない話だが、そういう人間が他にもいないとは言えない。俺たち三人の勤務は、夜間の自殺者を予防することだ」
竜夫「三人だけでですか？」
吉岡「窓は全部はめこみのガラスで、開けることができない」
竜夫「じゃあ二日前の青年というのは」
吉岡「いくつかの例外があった。しかし、現在は、すべて開け閉めできぬようにしてある。ガラスを割れば別だが、あのガラスは簡単には割れない。つまり、このビルから飛び降りようとするなら、この屋上から飛び降りるしかない」
竜夫「屋上を三人で見張るんですか？」
吉岡「いや、屋上の出入口は、鍵をかける。従って、まず余程の工夫をこらさなければ、このビルを使って死ぬことはできない筈だ」
陽平「その上見張りをするんですか？」
吉岡「そうだ。とにかく徹底的な警備をして、自殺の名所という名前を消してしまいたいというのが、契約先の希望だ。夜の十時から朝の八時まで、それが三人の責任時間だ。交替で仮眠はとる。今日は勤務につく前に、このビルの構造、各階の内容を大体、頭に入れてもらいたい。われわれの控室は一階下の三五〇七号室だ。階段の脇だ。九時半にそこに集合してもらいたい。それまでは自由とする。以上だ（とエレヴェーターの方へ歩いて行く）」
二人、見送り、
陽平「畜生なんとなくあの野郎格好つけてやんな。ああいう奴見てると、くすぐりたくなるんだ、俺は。くすぐってゲラゲラ笑わしたくなっちまうんだ」
竜夫「くすぐったらいいじゃないか（と柵の方へ行く）」
陽平「ホホ、手前まで格好つけやがって（とくわれて見送り、急に走って行き、脇の下を強引にくすぐる）」
竜夫「（つい笑い顔になり）やめろ！　やめろ！　この野郎（とふりほどこうとするところで――）」

■高層ビルの表
深夜。シンとしている。

■高層ビル階段・36階
下から足音が聞こえてくる。影が現れる。巡回している竜夫である。ゆっくり上がりながら鍵を出し、屋上のドアへ到り、鍵をあけ、外へ。

■高層ビル屋上
ドアを閉め、屋上を巡回し始める竜夫。

■三人の警備控室
狭い部屋に、カンバスをはった簡易ベッドが二つ。机と折りたたみの椅子が三脚だけで一杯である。
陽平「（簡易ベッドに横になって、大あくびをしている。吉岡が気になり、頭の上の方の吉岡を見る）」
吉岡「（机に向かって、本を読んでいる）」
陽平「よくまあ（と起き上がり）そこへ坐ってますねえ」

吉岡「眠らないのか?」
陽平「傍で起きている者がいると眠れないんですよ」
吉岡「そんなことじゃ、やっていけないぞ」
陽平「そう言うだろうと思ってましたけどね（と耳の穴をほじくる）」
吉岡「——（ページをめくる）」
陽平「なに読んでんですか？　戦記物《もん》ですか？」
吉岡「歴史だ」
陽平「おうおう、この頃の中年は好きらしいですね」
吉岡「（苦笑して本を閉じ）どうだ、ガードマンは?」
陽平「ええ。とにかく、立ってろって言うのにはまいったな。猫の子一匹通らない、雨はどしゃ降り、そん中立ってろって言うんだから、こりゃあまいりましたね」
吉岡「うむ（と苦笑）」
陽平「ま、ここへ呼ばれて助かりました。夜ばっかりってのはまいるけど、立ってるよりはいいですよ」
吉岡「うむ」
陽平「どうして俺選んだんです？　優秀ですか、俺」
吉岡「優秀だと思っているのか？（と苦笑）」

陽平「いざとなりゃあ、やる方ですよ、これでも」
吉岡「警備士は、いざという時にやってもなんにもならん」
陽平「すぐお説教スタイルだからなあ（よせよという感じで笑う）」
吉岡「いざなんてことはないのが普通だ。面白可笑しい事件など全然起こらない。起こらないようにするのが仕事だ。どうやって、何も起こらない時間を、緊張して勤務するかが警備士の苦労だ」
陽平「ここも、そのくちですね」
吉岡「うん?」
陽平「ここへ死にに来る奴なんていっこないスよ。三人で眠りませんか。みんな寝てくれりゃあ、俺も眠れるんですよ」
吉岡「そういうふざけた口は二度ときくな（とすごみがある）」
陽平「（気圧されて）おどかして人を使うのは邪道じゃあないスかねえ（と辛うじて独り言めいて言う）」
ガチャリとドアをあけ、竜夫、入って来る。
竜夫「（ドアを閉め）柴田警備士ただいま巡回を終り

ました、異常ありません（と敬礼）」
吉岡「（敬礼を返し）ご苦労さん」
竜夫「いえ（と帽子をとる）」
陽平「顔でも洗ってこ、顔でも（と立つ）」

■高層ビルの表と道（昼）
真昼である。車が列をなし、ビルは日を浴びて光っている。人々の出入り。

■高層ビルの屋上（夜）
シンとしている。ドアをあけ、吉岡出て来て、ドアを閉め、コツコツと巡回をしはじめる。

■三人の警備控室
陽平「（簡易ベッドに腰掛けて煙草をすっている）」
竜夫「（もう一つのベッドで、仰向けに寝て、スヤスヤ眠っている）」
陽平「おう」
竜夫「――」
陽平「変な野郎だな、この野郎は。インベーダーじゃねえか、お前。おう、おう、にいちゃんよ（とゆする）」
竜夫「（目をあけ）なんだ？」
陽平「変な野郎だ、お前は」
竜夫「（間あって）お前ほどじゃない（と目を閉じる）」
陽平「ちっと目ェあけてろよ、こら（とゆする）」
竜夫「怖いのか？」
陽平「なにが怖いんだよ？　つき合いってもんがあるだろ。寝る時間なりゃあ、サッサと眠りやがって、まったく、一分もかかんねえで眠っちまいやがる」
竜夫「淋しいのか？」
陽平「淋しい年かよ、俺が。ちっともしゃべらねえじゃねえか。これで五日だぞ、五日。その間、俺とお前、まともに口をきいたことがあるか？　暇さえありゃあ寝てやがるんじゃねえか？」
竜夫「ふられた話でもしたいのか？」
陽平「言うじゃねえか。おう、その割にはお前、犬みてえに忠実だな。喜んで敬礼しちまってよ。ファシストか、お前」
竜夫「うむ」
陽平「うむ？」

竜夫「いや——一本くれ」
陽平「（胸ポケットから煙草を出し）返せよな」
竜夫「（一本ぬきながら）制服着たり、敬礼したり命令で動くなんて事したことなかったんでな」
陽平「（火をつけてやる）うん？」
竜夫「やってみるといい気持なんだ」
陽平「ホホ」
竜夫「自分でもおっかねえくらい、いい気持なんだ」
陽平「そういうのが、昔戦争したんだよ、おい（とからかうような、さとすようないい方で言う）」
竜夫「わかってるさ、そのうち、いやになるさ」
陽平「どうだかね。やみつきだぞお前ちょっと」

■真昼のビル付近（曇）

雑踏あり、車ありのスケッチ。

■高層ビルの屋上（夜）

雨が降っている。陽平、ドアをあけ、首をちぢめて顔だけのぞかせる。
陽平「おうおう、降って来やがったか。バッカバカしいねえ（と空を見上げ）こんな天気にこんなとこまでのぼって来て、死のうとする奴がいるわけないじゃないの」

■高層ビルの階段・36階

首だけ外へ出して尻を向けている陽平。すぐ下の踊り場に、吉岡立っている。
陽平「モシモシ、誰かいますか？　死にたきゃ死んじゃいいな。到底阿呆らしくて、雨ン中歩き回る気なんか（と首を引っこめ、気配でピクリと振り向く）」
踊り場は誰もいない。
陽平「誰？　いたね、いま？　誰よ？　からかうなよ、おう。まいったね——（警棒をぬき）よう、ちらと見たんだよ、かくれるとこ見たんだよ、そこにいるね？　いるんだろ、そこに（ここまでの独り台詞は充分間を置く）」
吉岡「（現れる）」
陽平「（がっかりして）そりゃあないスよ、そりゃあ」
吉岡「そりゃあないのはお前の方だろう」
陽平「おどかすのはフェアじゃないよ」
吉岡「こんなことだろうと思って見に来た」

陽平「行きますよ。行くとこですよ（パッと屋上へと
び出してドアを閉める）」
吉岡「――（ニコリともせずドアを見ている）」

■高層ビルの表（昼）
相変らずの昼の賑わいである。

■あるビルの電話交換室（昼）
仕事を無表情にしている悦子。

■三人の警備控室（夜）
竜夫「（お茶を入れている）」
吉岡「（簡易ベッドに寝そべっている）」
竜夫「お茶が入りました」
吉岡「ああ（と起き上がる）」
竜夫「（持って行く）」
吉岡「ありがとう（と受けとる）」
竜夫「（机の方に戻る）」
吉岡「君は無口だね」
竜夫「そうでもないんですが、今回は、相棒がよく
しゃべるんで」
吉岡「まったくだ（と苦笑）」
竜夫「司令補こそ無口です」
吉岡「うむ」
竜夫「夜勤ばかりで、家族の方、大変ですね」
吉岡「君の方は、お母さんが淋しいね」
竜夫「家《うち》は、そんなんじゃないんです」
吉岡「うん？」
竜夫「勝手に生きてる方ですから」
吉岡「君はそのつもりでも、お母さんはそうじゃな
いだろう」
竜夫「さあ（と苦笑して目を落とした時――）」
ダダダダッと靴音がして「おッ待てッ」と陽平の
声。二人ハッとする。

■階段の踊り場・35階
陽平「（一人で荒っぽくとっ組み合っている仕草をして）
この野郎。コンニャロウ（ドタドタドタと足音
をたてたりする）」
吉岡「（ドアをあけてとび出して来る）」
陽平「（一人で、暴れている）」
吉岡「なにをしている？」

竜夫「――（見ている）」
陽平「（吉岡の声で動きをとめ）いえ（とニッコリ笑って吉岡を見て）いや、なんにも起こんないもんですからね。退屈してるだろうと思って（あっという間に殴られて、下の踊り場までころげ落ちる）」
吉岡「――（身体をたてなおし、引き返して行く）」

■高層ビルの表（昼）

またしても、相も変らぬ車と人々。

■あるビルの電話交換室（昼）

前出の同シーンとまったく同じに仕事をしている悦子。

■三人の警備控室（夜）

三人、折詰の弁当を食べている。
吉岡「（食べ終えて）杉本君」
陽平「（ワイシャツにゆるめたネクタイ姿で食べていて）はあ？」
吉岡「巡回の時間だ（と折詰を縛る）」
竜夫「（食べ終えてフタをする）」
陽平「（まだゆっくり食べている）」
吉岡「中断したまえ。時間だ」
陽平「まだ二、三分ありますよ」
吉岡「二、三分で上衣を着て、コートを着て、申告をして出て行けるか？」
陽平「――」
吉岡「行けるか？」
陽平「（乱暴に箸を折に捨て）いつまでこんなバカバカしいことをしているんですか？（とフタをする）」
吉岡「二カ月だと言ったろう」
陽平「時間のこってすよ。ほら、三分だ、二分だ、一分だ、三十秒だ。そんなにガタガタ出かけてって、何かあるって言うんですか？　なんにもありゃしない。誰もいないのはわかりきっている。ふきっさらしの屋上夜中に歩き回って異常ありませんて、此処へ来て言うだけじゃないスか」
吉岡「それが仕事だ」
陽平「仕事はわかってますよ」
吉岡「文句はいいから早くしたまえ」

陽平「何故一分二分にこだわるかって言ってんですよ。適当にやりゃあいいじゃないですか。適当にやったって損する奴は誰もいないでしょう」
吉岡「適当にやりはじめりゃあキリがなくなる」
陽平「キリがなくなるかどうかは、やってみなきゃわからないでしょう。巡回までさぼろうって言ってるんじゃないんだ」
吉岡「そりゃどうかな」
陽平「あんたの気持はわかってるんだ。俺たちを教育するつもりなんだ。一分一秒にこだわって仕事のきびしさとやらを教えてやろうってェつもりなんだ。筋金入れてやろうってェ親切だ。生憎《あいにく》俺はそんなに素直じゃあない。こいつ（竜夫）は、命令されたがってウズウズしてるからいいけどね。俺に関しては、一分だ二分だなんて言ってもらいたくないんですよ」
吉岡「時間だ（と立つ）」
陽平「殴ろうってェの？　今度殴ったらやめるぜ。月給高くったってやめちゃうぞ、俺は」
吉岡「いいから上衣を着ろ」
陽平「着るからそっちへ行って坐っててくれよ（と立ち竜夫の靴のあたりを蹴って）お前はなんだよ。いい子ぶって、坐ってんじゃないよ」
竜夫「（立って）早く行ったら、どうだ」
陽平「おうおう、ヒットラーの言うことよく聞くじゃねェか。お前ね（本気で悲しいほどバカバカしくなって）下には夜勤のガードマンが、ウロウロしててよ、窓は閉めきり、屋上のドアは鍵をかけて、その中、泥棒でもしようってなら話は別だ。自殺をしに来る人間がいると思うのかよ？」
竜夫「思う」
陽平「思う？」
竜夫「四カ月に四人の人間が死のうとして、三人が死んだんだ。また上がって来る奴がいないとは言えない」
陽平「今までは戸閉りがよくしてなかったろうが」
竜夫「俺は、今度上がって来る奴はどんな奴だろうと思う。どうして死のうとするんだろうと思う（その言い方には悲しみがある）」
陽平「（ドキリとして）お前、死のうとしたことあんのか?」
吉岡「(竜夫を見ている)」
竜夫「今度上がって来る奴は、俺が防ぐ。巡回がいやなら俺が代ってやる」
陽平「待てよ。いやとは言ってねえよ、いやとは(と着はじめる)」
吉岡「(竜夫を見ている)」
竜夫「(ゆっくりと腰をおろす)」

■高層ビル・階段・25階(夜)

踊り場。ストッキングだけの女の足が上がって来て立ち止まる。悦子である。ローヒールの靴を片手にぶらさげ、片手は手すりをつかんでいて、息をつき上を見あげる。

■高層ビル・屋上

陽平ドアを押しあけ、出て来て閉める。

■階段・25〜26階

のぼって行く悦子。

■三人の警備控室

吉岡「(窓の外を見ていて)死のうとする人間に、関心があるのかね?」
竜夫「別に——(ベッドに横になっている)」
吉岡「死のうとしたことがあるのか?」
竜夫「どうして、そんなことを?(苦笑)」
吉岡「さっきの君は、いつもとちがっていた」
竜夫「そうかな(と、ごまかすように笑う)」
吉岡「死のうとしたのは——(そのまま黙っている)」
竜夫「は?」
吉岡「いや——お母さんじゃないだろうね」
竜夫「(ふと妙な気がして)何故母のことを」
吉岡「うん?(ドキリとしている)」
竜夫「母のことを、よく聞きますね」
吉岡「(ごまかし)そうかな?」
竜夫「いえ——ちょっとそんな気がしただけです」

■高層ビル・階段・32階

悦子、のぼって来る。

■屋上
　陽平、いい加減に歩いている。

■階段・36階
　悦子、踊り場まで上がり、ひと折れして立ち止まって上を見る。屋上へのドアがある。

■屋上
　陽平、ドアの所まで来て、振り返り、電灯をサーッとひと廻り照らしながら、半身でドアをあける。

■階段・ドアの前・36階
　パッと悦子ひき返す。
陽平「（あ、という感じで一瞬ポカンとし）またかい？　また、見張りに来たのかい？（と怒鳴る）畜生、ジメジメ人を疑いやがって（と駆け降りて行く）」

■階段・35階
　駆け降りて、ドアをあける陽平。

■三人の警備控室
竜夫「（とび起きる）」
吉岡「（ドアの方を見る）」
陽平「いい加減にしてもらいたいねッ！」
吉岡「なんのことだ？」
陽平「俺をつけたろッ！　俺を見張ってたろうがッ！」
吉岡「なんだと？」
竜夫「二人ともこの部屋は出ないぞ」
陽平「――（え？）たしかに誰かいた」
吉岡「何処だ、屋上か？」
陽平「（パッとひき返す）」
　二人、あとを追う。

■階段・35階
　陽平、ドアを押して廊下からとび込んで来て、階段を駆け降りる。
吉岡「（来て、竜夫に）エレヴェーターで二十階下へ降りて、階段を上がれ」
竜夫「はい（とふっ飛んで去る）」
吉岡「（上へあがって屋上へとび出す）」

■屋上

吉岡「（懐中電灯を照らしながら、駆け足で見て行く）」

■階段・25階

陽平、駆け降りて来て、踊り場を通り、更に下へ行こうとして、ハッとして振り向く。その階へ入る入口のドアが少しあいている。

■エレヴェーター

竜夫、降りている。

■25階の廊下

陽平「（電灯で照らしながら）この階に誰かいますか？
誰かいますか？」

ヒタヒタと裸足の足音が短くする。

陽平「誰か？　そこにいるのは誰か？」

返事がない。陽平、あとずさりして電源板の蓋を急ぎあけ、廊下の電源を入れる。廊下の灯り、いっせいにつく。

陽平「（階段まであとずさりで戻り、ドアをあけ）二十五階まで来てくれッ！　二十五階ッ（ドアをあけたままになるよう一杯にあけて押してみる）」

■屋上

吉岡、ドアのところまで来て、もう一度振り返り、ドアを押す。

■階段・15階

階段のドアをあけ、竜夫、駆け上がって行く。

■25階の廊下

陽平「出て来い。どこにいる。いることはわかってるんだ」

つき当りを、サッと横切る悦子。

陽平「止まれ。動くと撃つぞッ！（とふっとんで行く。つき当りまで行き）出て来い！（と悦子のあとを追う）」

すると、陽平の背後の横手から悦子、とび出して来て、階段へ走る。

■階段・32階

駆け降りて来る吉岡。

■階段・20階

駆け上がって行く竜夫。

■25階の廊下

陽平、階段のところまで戻って来て、

陽平「(階段に向かい)二十五階! 二十五階に女がいますッ!」

■階段・28階

駆け降りる足音。するすると上がって来た悦子、すべり込みセーフの感じで二十八階のドアを押し中へ、ドアを閉める。途端に吉岡、降りて来て、下へ。

■25階の廊下

竜夫、とびこんで来る。陽平、階段を背にして廊下をにらんでいる。

竜夫「女か?」

吉岡「(とびこんで来て)見たか?」

陽平「若い女。大柄」

吉岡「(竜夫へ)地下の警備室へ電話してくれ。エレヴェーターが動いたので、上へ電話が来てるはずだ。以後、われわれはエレヴェーターは使わない。エレヴェーターが動いたら、その女だとな」

竜夫「はい(と警備用の電話の方へ走って行く)」

陽平「とにかくね、ここにいりゃあ、袋の鼠ですよ」

吉岡「ここは一度も動かないんだな」

陽平「(ちょっとつまり)ええ」

吉岡「なんだ、その返事は。少しは動いたのか?」

陽平「一瞬ですよ、一瞬。いますよ、女は、必ず」

■階段・28階

悦子、ドアを押して階段へ出て来る。

■25階の廊下

竜夫「(警備室へ電話をしている)はい。三人で、いまのところ大丈夫だと思います。はい、はい」

■階段・28階

ドアから手をはなし、するすると階段を上がって行く悦子。背後で鉄製のドア、閉まり、バタンと音をたてる。

■25階の廊下

吉岡「（ピクリとする）」

陽平「（ピクリとする）」

吉岡「三階ほど上だ！（とパッと階段へ）」

陽平「そんなバカな！（と追う）」

■階段・28階

吉岡「（上がって来て、悦子の出て行ったドアをあけ、ハッとして振り向き）ここを急いで調べてくれ。屋上のドアに鍵をかけなかった（駆け上がって行く）」

陽平「（とびこむが、すぐ出て来て二十五階の方へ怒鳴る）おい、柴田、まだ、その階にいるかもしれないんだからなッ！」

■階段・30階

吉岡、駆け上がって行く。

■階段・32階

更に上がって来た吉岡、ハッとドアを見る。その階のドアのところに悦子のローヒールがはさんである。

吉岡「二人とも上がって来い。こっちだ（と怒鳴り、更に上がって行く）」

■階段・28階

陽平が上がって行く。すぐ竜夫が追って上がる。

■階段・34階

吉岡「（上がって来て）三十二階まで来たか？（と下へ怒鳴る）」

陽平の声「はい。靴があります」

吉岡「一応その階を調べてくれ。おそらく見せかけだろう」

陽平の声「了解」

吉岡「（上がって行く）」

■屋上へのドアのある階段

吉岡「（駆け上がって来て、ドアを見、息をついて、慎重に、しかし早く静かに近づく）」

■屋上

吉岡「（出てドアを静かに閉める）」

誰もいないように思える。

吉岡「（注意深く歩きはじめる）」

竜夫「（背後のドアをあけ、なにか言おうとするようにして、飛び出して来る）」

吉岡「（振り返って、手で静かに、というように制する）」

竜夫「（うなずき、そっと閉める）」

吉岡「（静かに、しかし敏捷に隅々を見て行く。電灯は照らさない）」

竜夫「（後ろへ追いつく）此処まで来てますか？」

吉岡「わからんが、自殺なら此処だろう」

竜夫「杉本は、三十二階を調べています」

吉岡「（うなずき）自殺をしようって女にしちゃ、動きが早すぎるな」

竜夫「自殺じゃないとすると、屋上へは来ませんね」

吉岡「靴をぬぎ捨てている。泥棒は、そんなことはしないだろう」

竜夫「（うなずき）あそこ（物陰）は、ぼくが見て来ます（と言い、静かに素早く、その方へ行く）」

吉岡「（別の方向へ敏捷に走る）」

■32階の廊下

階段のドアをあけて、それを背に明るく電灯のついた廊下に向かい、

陽平「おい、温和しく出て来い。本当は此処にいるんだろう？　死ぬのがいやになって、見つけてもらいたいんだろう」

■屋上

かがんだ姿で竜夫、敏捷に走って、同じくかがんでいる吉岡の所へ行く。

竜夫「（近づいてから）いません」

吉岡「うむ」

竜夫「まさか、もう飛び降りたんじゃ」

吉岡「うむ――」

竜夫「見てみます（と立とうとする）」

吉岡「待て」

竜夫「は？」

吉岡「真下は見えにくいだろう。下へ電話をして、周

りを調べて貰った方がいい」
「吉岡司令補は、いますか?・」と後藤の押さえた、しかし、結構大きい声がする。
竜夫「ここです（と手をあげる）」
後藤「（片手にトランシーバーを持って、走って来て）女だそうですね」
吉岡「ああ」
後藤「よく上がって来ましたねえ。何処へかくれてたのか」
吉岡「君が下か」
後藤「ええ。清田《きよた》さんが風邪ひいちまって、今日から下へ来たんですが」
吉岡「そうか——」
後藤「で、女は?」
吉岡「いや、下にいるって言うんで、駆け降りたんだが、裏をかかれてな」
後藤「で?」
吉岡「屋上へ来たと見てるんだが、いないんだ」
後藤「二十面相ですね」
吉岡「うむ」
後藤「——もう飛び降りちまったんじゃ」
吉岡「——そうかもしれん」
後藤「（トランシーバーのアンテナをのばし）エンペラービル派遣隊、こちら後藤、こちら後藤、どうぞ」
トランシーバーの声「ハイハイハイハイ（と陽気に声をはりあげた声で）島村です。どうぞ」
後藤「女は落ちていたか、女は落ちていたか、どうぞ」
トランシーバーの声「いま手分けして見てますが、現在のところ、発見せず、発見してません、どうぞ」
後藤「了解」
吉岡「（トランシーバーの声の途中から、一方を見て何かを考えていて）ゴンドラが格納庫へ入っていないな（とその方へ）」
清掃用のゴンドラを吊す鉄の腕が二本、シルエットで夜空につき出ている。
後藤「ゴンドラに関しては、窓ふきの仕事が押しているので、格納しないという連絡がありましたが」
小走りになる吉岡。
吉岡「（柵にのぼる）」

竜夫と後藤、走りよる。

吉岡「（ゴンドラを見下せる位置まで行って、のぞいて、ギクリとする）」

ゴンドラは、翌朝乗り組むのに便利な位置に止められている。そのゴンドラの周りをとりまく枠に腰をのせロープにつかまっている悦子。顔を腕にうめるようにしている。

後藤「（声をひそめ）居《お》りましたか？」

吉岡「そこで何をしている（と声がふるえる）」

悦子「――（動かない）」

後藤「（見ようとして柵にとりつく）」

竜夫「（同じくとりつく）」

吉岡「（それを制し）私は、このビルの警備員だ。そこに腰をかけているのは、非常に危険だ。ゴンドラの中へ降りなさい」

悦子「――」

吉岡「中へ降りて、こっちへ来なさい」

悦子「――」

吉岡「動けないか？」

悦子「――」

吉岡「下を見なければいい」

悦子「――」

吉岡「よし、私がそこへ行く。動くんじゃない（と動こうとする）」

悦子「（ふてぶてしいくらい落ち着いた声で）近寄ったら、飛び降りるわよ（キッと吉岡を見る）」

吉岡「――（動きを止める）」

悦子「近寄ったら、飛び降りるって言ったのよ（と吉岡をピタリと見て言い、ひきつったような笑みを浮べる）」

吉岡「どういうつもりだ？」

悦子「電源を入れてよ」

吉岡「電源？」

悦子「これ、動かしたいのよ（とゆする）」

吉岡「ゆするんじゃないッ！」

悦子「じゃあ、電源入れなさいよ」

吉岡「そんなもの動かして、どうする？」

悦子「下へ行きたいのよ。邪魔されたくないからね」

吉岡「なにをしたいんだ？」

悦子「勿論、死にたいのよ。あんた達にゴタゴタ言われないで死にたいのよ」

吉岡「元気がいいじゃないか。死にたいなんて、信じられないな」
悦子「信じなきゃいいでしょう（とゆする）」
吉岡「（ハラハラして）ゆするんじゃない」
悦子「電源を入れなさいよッ」
吉岡「死にたいならなぜこんな手の込んだ真似をする？　静かに死ぬ方法は、いくらでもある筈だ」
悦子「――」
吉岡「どうやって、ここまで来た？　大変な苦労じゃないか。それだけの力が残っていて、死ぬことはない」
悦子「死ぬ時ぐらい、温和しく死にたくなかったのよ（と怒鳴る。悲しみがある）」
吉岡「降りなさい。こっちへ来なさい」
悦子「――」
吉岡「あんたを死なすわけにはいかない」
悦子「勝手なことを言わないでよ」
吉岡「よし。事情によっては、改めて死ぬのを手伝ってもいい。一度こっちへ来なさい。話を聞こうじゃないか」
悦子「子供だましを言わないで頂戴（とゆする）」
吉岡「じゃあ、このままの形でいい。事情を聞こうじゃないか」
悦子「電源入れなさいよ、電源（ゆする）」
吉岡「何故死にたいんだ」
悦子「――」
竜夫、ドアの方へ走って行く。後藤、離れながら、小さい声で、「こちらは後藤、どうぞ」とトランシーバーに言っている。
吉岡「東京の人かい？」
悦子「――」
吉岡「ひとりで暮らしてるのかい？」
悦子「――」
吉岡「原因は恋愛かな？」
悦子「――」
吉岡「みんなおどろいてるんだ。かなり警戒していたのに、よく此処まで上がって来たってね」
悦子「――」
吉岡「黙ってるんだな」
悦子「――」
吉岡「いいかい、いま私がそこへ行く」
悦子「来たら死ぬ。電源を入れなさい。あと五分で入れなさい。入れなきゃ、ここで飛び降りるわ」

吉岡「――」
悦子「十秒」
吉岡「――」
悦子「二十秒」
吉岡「――（ムラムラと腹が立って来る）」
悦子「（時計を見ずに）三十秒。四十秒」
吉岡「（口の中で）ふざけた事を言うな（大声で）甘ったれたことを言うなッ！」
悦子「――」
吉岡「この場所は週刊誌で選んだのか？　ここなら、派手でいいと思ったのかッ！」
悦子「――」
吉岡「こんな場所を選んで、わざわざノコノコ上がって来る奴に、死ぬ資格などない」
悦子「――」
吉岡「お前には、ありあまって使い道のない人生かもしれんがな。三十年前にはなッ！　三十年前の戦争ではな」
陽平「（ぬっと顔を出し）吉岡司令補」
吉岡「なんだ？」
陽平「昔話はまずいですよ」
吉岡「お前は、降りていろ！」
陽平「俺にまかして下さい。怒鳴りゃあいいってもんじゃないんだ」
吉岡「お前としゃべってる暇はない（とつき落とす）」
陽平「（落ちるのを竜夫がささえる）」
吉岡「（悦子へ）いいか。三十年前にはな、死にたくなくて、それでも無理に自分を押さえこんで死んで行った奴が、いくらでもいたんだぞ」
悦子「――」
吉岡「死ぬと決まった時、この人生が、どんな風に見えたかわかるか。どんなに輝いて見えたかわかるか」
陽平「（下で柵をゆすりながら）バカヤロウ。こんな時にずれた話なんかしやがるなッ！」
後藤「（止めようとする）」
吉岡「本当に、お前は生きたか。ギリギリまで生きてみたかッ！」
悦子「――」
吉岡「五分で死ぬだと？　まるでゲームだ。俺たちをおどかして、三分たった二分たった、ハイさよならというわけか？　軽薄なことを言うなッ」

陽平「(上がって来て) あんたには、全然わからないんだ。今の人間がわかっちゃいないんだ」
吉岡「降りてろと言ってるんだ」
悦子「(たまりかねたように、ゆすりはじめる)」
陽平「やめろ、ゆするのはやめろッ！」
吉岡「中へ降りろ。中へ降りるんだ」
悦子「———(ゆすっている)」
陽平「やめろォ、やめろォ」
竜夫「(急に上がって来て) 死にたきゃ死にやがれッ！勝手に死ねッ！　勝手に死ねッ！　死ねッ！」
悦子「———(ゆするのをやめる)」
竜夫「勝手に死にやがれ」
三人の背後の屋上には、数人の警備員が来て固唾をのんで見ている。短く。
吉岡「死んではいかん。死なすわけにはいかん」
竜夫「何故ですか？　何故そんなに救けたがるんですか？ (興奮状態)」
吉岡「それが仕事じゃないのか？」
竜夫「———(虚をつかれたような顔)」
陽平「———」
吉岡「あんたも、よく聞け (と悦子に言う)。死にたきゃ死にゃあいい。俺は、人救けのつもりで、あんたを救けようとしてるんじゃない。仕事だ。このビルでは誰も自殺はさせないという契約をした。だから、あんたを死なせない。他所へ行って死んでくれ。此処では絶対に死なせない」
後藤「そんなこと言っちゃ吉岡司令補 (と柵にとりつく)」
悦子「死んでやる (ロープをつかみ、柵の上に立とうとする)」
陽平「やめろッ！」
吉岡「(ゴンドラへとび込む)」
悦子「(ロープをつかんだまま、ゴンドラの外へ身体がはなれる。悲鳴)」
後藤以下、いっせいに柵にとびついて見ようとする。
悦子「(夢中でロープにつかまっている)」
吉岡「(そこへ立ち) 力をぬくな！　頑張るんだ！」
悦子「(返事をする余裕はない)」
吉岡「(のり出すようにして悦子の二の腕をつかみ、ぐいぐいと引っ張る)」

後藤「手伝わなくっていいか」
陽平「——（見ていて相手にしない）」
竜夫「——（見ている）」
柵の上の一同息をのんでいる。ゴンドラの外にぶらさがっている悦子。その足の下は、豆粒のような車の流れ。力をこめて、ひきあげる吉岡。それにすがる悦子。動けない一同——ビルのロングショット。小さく悦子。吉岡、ついにひきあげて悦子をゴンドラの中へ。悦子、ころげこむ。「やった」「やったァ」大声が出ない一同、溜息のように言う。
後藤「ご苦労さまでありましたッ！」
吉岡「（荒い息）」
悦子「（荒い息で顔を伏せている）」
吉岡「（荒い息で、悦子を見る）」
悦子「（顔を伏せて息をあらげている）」
吉岡「（いきなり、悦子をはり倒す）」
悦子「（ふっ飛ぶ）」
吉岡「（蹴とばす。更に悦子に襲いかかり、胸もとをつかんでひきあげ、無茶苦茶に殴る）」
陽平「（パッとゴンドラへ飛び込む）」
吉岡「（ゴンドラがゆれて、ちょっと悦子とはなれるが、すぐまた悦子に殴りかかる）」
陽平「やめろッ！　やめろッ！（と吉岡に背後からとりついて、夢中で止める）」
竜夫「——（見ている）」

■三人の警備控室・前
誰もいない。警備室のドアがあいて、後藤が出て来て道をあける。次に若い警察官が出て来て中へ
「ご協力ありがとうございました（敬礼し）失礼します」

■三人の警備控室
吉岡「（無帽で一礼し）ご苦労さまでした」
竜夫と陽平、その斜め後ろにいて一礼する。
後藤「じゃ、一緒に私、下へ降りますので」
吉岡「ああ」
後藤「ゆっくりまたあとで（笑顔で一礼し、ドアを閉める）」
吉岡「（二人から目をそらすようにして窓辺へ行く）」
竜夫「（静かに）本当に仕事だけですか？　仕事だから、あの人を救けたんですか？」

陽平「中年なんて、そんなもんよ」
竜夫「仕事じゃなかったら救けなかったんですか？」
陽平「長く人間やってると、そういう風になっちまうんだよ」
竜夫「じゃあ何故救けたあとで、あんなに殴ったんだ。仕事なら、救けただけでいいじゃないか」
陽平「憎かったんだろ。人生とやらをなめてる若いもんが憎かったんだ」
竜夫「（吉岡へ）そうですか？　それとも、しっかり生きろって、頑張れって」
陽平「そんな甘い話じゃねえよ（と腹立たしく言う）」
竜夫「どっちですか？」
吉岡「俺は――若い奴が嫌いだ。自分でもどうしようもない。嫌いなんだ」
陽平「それそれ（それみろのアクセントで）」
吉岡「昔の話をするな、と言ったな。めったに俺は昔の話などしない。今さらという顔をされるのは、かなわんからな。しかし、昔を忘れることはできん。戦争中の若い奴は、つまり俺たちは、もっとギリギリに生きていた。死ぬことにも、生きることにも、もっと真剣だった」
陽平「時代がちがうんですよ」
吉岡「そうだ。昔だって、いい加減な奴はいた。今だって、ギリギリに生きてる奴はいるだろう。しかしな、明日は死ぬと決まった特攻隊の連中を、俺は忘れることができない。明日は確実に死ぬと決まった人間たちと暮らしたことがあるか？　それも殺されるんじゃない。自分で死ぬんだ。自分で操縦桿を握って、自分で死んで行かなければならない連中と前の晩をすごしたことがあるか？　顔色がみんな少し青くてな。でかい口をきく奴も、ふいと声が震えたりした。間もなく、俺も後を追うことになっていた。そんな晩が幾晩もあった」
竜夫「――」
陽平「――」
吉岡「ある晩、〝吉岡、星は出ているか〟と聞いた奴がいた。出ていなかった。〝見えないようだ〟と答えると、〝そうか。降るような星空というものは、いいものだったなあ〟と言った。俺は一晩中、雲よ晴れてくれと空に願った。晴れたら、奴を起こして、降るような星空を見せたかった。翌朝、曇り空の中を、そいつは、飛んで行った。甘っちょろい話じゃないかと、今の奴は言う。しかしな、翌朝確実に死ぬとわかっている人間は、星が見たいと言う、それだけの言葉に、百万もの思いをこめたのだ」
竜夫「――」
吉岡「それを甘いと言う奴を俺は許さん」
陽平「――」
吉岡「少なくとも、好きにはなれん」
陽平「――」
吉岡「よくも悪くも、あの時代が俺をつくった。あれからあとは、〝そんなもんじゃない。そんなものじゃない〟と何を見ても思ってしまう。とりわけ、若い奴がチャラチャラ生き死にをもてあそぶような事を言うと、我慢がならん。きいた風なことを言うと我慢がならん」
陽平「――」
竜夫「――」
吉岡「（力をなくした声で）俺は若い奴が嫌いなんだ」
陽平「そりゃあ、つき合いにくいですね（とシニカルなところはなく、静かに言う）」
吉岡「ああ。多分、若い奴を、本当には知らないせいだろう」
竜夫「――」
吉岡「猫背で、髪をのばして、女みたいに歩く格好を見ると、つき合う気がしなくなる」
竜夫「――」
陽平「――」
吉岡「俺は、そういう人間だ。君たちに好かれようとも思わん。明日、君たちの勤務はかえてやろう、ここは、若い奴ぬきで固めよう」
陽平「いやだな。俺は――あんたが嫌いじゃないですよ」
吉岡「――」
竜夫「俺も勤務を移りたくないですね」
吉岡「――」
陽平「中年にしちゃあ、歯ごたえがありそうなんでね（媚びた感じは全くなく言う）」
吉岡「そんな言葉で、ホロッとしたりはせんぞ」
陽平「こっちも、あてにしてませんよ」
竜夫「勤務を続けさせて下さい」
吉岡「（後ろ姿のまま、腕時計を見て）今度の巡回は柴田君じゃなかったのか？」
竜夫「そうですが――あ（と腕時計を見る）」
吉岡「何をしてる？　十八分もおくれているじゃないかッ（と後ろ姿のまま言う）」
竜夫「はい（と慌てて帽子をかぶる）」
陽平「（苦笑して、首を振りながら簡易ベッドに腰をかける）」
吉岡「――（後ろ姿のまま）」

■高層ビル・屋上（夜明け）

朝日が射し染めている。ドアをあけて竜夫、出て来て、まぶしい目をする。ドアを閉める。

竜夫の声「これが警備会社へ入って、はじめての事件らしい事件だった」

巡回をはじめる。

竜夫の声「しかし、その頃は、まだ人々の輪郭も、どういう世界へ足を踏み入れたかということも、よく摑めていなかったと思う」

■三人の警備控室

吉岡、簡易ベッドで眠っている。陽平、ベッドに寝そべって、眠れないので、ヤケのように煙草をすっている。

竜夫の声「吉岡さんが、どういう暮らしをしているかも、ぼくの母との思いがけない過去についても、この生意気な同僚についても、ぼくはまだなにも知らなかった」

■警察署の前

悦子が中からぼんやり出て来る。

竜夫の声「そして、ゴンドラの彼女が、再びぼくらの前に現れるということも」

悦子、ひっぱられる。母親の宮子である。場末の水商売の女の印象。いら立たしく、悦子をひっぱって、帰って行く。悦子、てんで気がなくひっぱられて行く。

■高層ビルの屋上

竜夫、立ち止まって朝日を見る。

竜夫の声「ひんやりとした、美しい夜明けであった」

「男たちの旅路・第Ⅰ部 1話」キャスト・スタッフクレジット

キャスト

吉岡晋太郎――鶴田浩二
柴田竜夫――森田健作
杉本陽平――水谷 豊
島津悦子――桃井かおり
後藤良司――前田 吟
田中 清――金井 大
沢 新子――木村有里
浜宮聖子――五十嵐淳子
斉藤司令補――中条静夫

スタッフ

音楽――ミッキー・吉野
美術――斎藤博己
技術――安藤和夫
中継――原 満
効果――柏原宣一
擬闘――林 邦史朗
制作――近藤 晋
演出――中村克史

2 路面電車

「自分も間違うかもしれない」というおびえのない怒り方は、私は嫌いなんだ」

■あるスーパー・店内（昼）

食料品と衣料品が同じフロアにある店。賑わっている食料品の通路。まばらな衣料品の通路。衣料品の通路の斜め頭上に、小型の監視用テレビキャメラがある。

■スーパー・警備室

モニターテレビが並んでいる前で、制服の後藤と、私服の浜宮聖子が一台の受像機に見入っている。

後藤「やっぱり勘定場へはいかないな」
聖子「ええ」
後藤「表へ出たところでやるんだな」
聖子「ええ」

■競馬場

パドックの馬たち。

■あるスーパー・店内

中年のサラリーマン夫人、ややヒステリックに、腕を摑んでいる聖子を振りほどき、

中年女「わかったわよ、触らないでよ（と泣きそうな声で、しかしあたりをはばかる感じで言う）」
聖子「（ピタリとはなれないで低く）事務所の方へ、どうぞ（とおだやかに言いながら二の腕あたりに触れようとする）」
中年女「（泣き声めいて）触らないでって言ってるでしょ（と飛びのくように後ずさりをして）行くわよ（と事務所の方へ早足で）」
聖子「（すぐ後を追う）」

客たち、気がついて見ている。

■競馬場

ゲート開く。馬一斉にスタート。観客席の人々。

■タイトル

「男たちの旅路」
第二話「路面電車」
走る馬たち
キャスト
スタッフ

■競馬場
観客席の出入口の傍で、陽平、レインコートの襟を立て、その両襟を片手でつかんで、喉のあたりまでピッタリと着込み、すぐ動ける体勢で、レースを口をあいて見ている。

ゴールへ入る騎手たち。

■スーパー・警備室
後藤「（ドアをあけて身をひく）」
中年女「（ドアの前の通路へさっきの速度で来て立つ。荒い息で、手をかたく握り、後藤の方は見ない）」
聖子「どうぞ（と後ろから）」
後藤「お入り下さい」

■競馬場・駐車場
走って来る陽平。駐車場の中にいる制服姿の竜夫の傍まで来て、ハアハア息をつく。ちょっと長く、車に手をついて息をしている。それを見ている竜夫。その背後に、うつむいて横を向いている女がいる。悦子である。
竜夫「とったか？」
陽平「（レインコートを脱ぐ。下は制服である）フー（と荒い息の間に大きな息）」
竜夫「また、すったのか？」
陽平「（車の先へレインコートをほうり込み、そのあたりから帽子をとってかぶる）賭けもやれねえ奴がガタガタ言うな。千円ぐらい明日返してやらあ」
竜夫「勿論返してもらうさ」
陽平「格好つけんな。俺は、お前と一緒に仕事すんのは、うんざりだ（と車のタイヤを蹴とばす）」
竜夫「誰だかわかるか？」
陽平「うん？」
竜夫「目に入んないか？（と悦子の方を振り返る）」
悦子「こんにちは（とものうい笑顔を見せる）」
陽平「自殺しようとしたねえちゃんだ」
悦子「（うなずく）」

■高層ビル屋上（夜・回想）
ゴンドラの外へ身体が出てしまい、ロープにつかまっている悦子。それを吉岡が引き上げようとしている。第一話「非常階段」の一シーンである。

■競馬場・駐車場

陽平「元気そうだっていいたいけどまだ変だな、どっか」

悦子「普通こうなのよ」

陽平「競馬やりィ来たの?」

悦子「ちがうわよ（とものうく、しかし可笑しそうに笑う）」

竜夫「お母さんと、吉岡さんのところへお礼に行ったんだと」

陽平「へえ。イメージ狂うじゃねえか。お袋のあとくっついて、お辞儀してたのか?」

悦子「あんたたちにもね、世話になったらしいから、お礼言いに来たのよ」

陽平「お袋さんどこよ?（と見回す）」

悦子「自主的に来たのよ。フフフフ」

■スーパー・警備室

後藤と聖子の前で、ワーッと泣く中年女。傍のテーブルに盗品の衣類が数点おかれている。

■すき焼屋（夜）

テーブル席と畳の席のある小さな店。ほぼ満席。「いらっしゃいッ!」「ありがとうございましたッ!」と中年の女中が、テキパキと動いている。畳の席の隅で、悦子と陽平と竜夫、すき焼きを前にしている。

悦子「どんどんやんなさいよ、もっと」

陽平「やってるよ、ほら（と多量にとる）」

竜夫「（悦子へ）食べないじゃない」

悦子「私はね（ちょっと笑い）誰かと食べると、あんまり食欲ないのよ」

陽平「どうして——?」

悦子「どうしてかわかんないけど、一人だと食べるんだねえ、これが（と笑う）」

陽平「ああ、そりゃあな、不満があるとよく食うタイプだ（と食べる）」

竜夫「お母さんと二人で暮らしてるの?」

悦子「ううん。母親はね、錦糸町で男といるのよ」

竜夫「親父さんは?」

悦子「死んだのよ」

陽平「じゃあ仕様がないよなあ（母親が男といても仕

様がない、の意）」

悦子「うん。だから、一緒にいると、向こうも気ィつかうと思って、一人でね、アパート借りて、中野にいるんだけど」

陽平「中野なんか高ェだろ、アパート」

悦子「いいとこじゃないもん」

陽平「そりゃまあそうだろうけど」

竜夫「聞いてよければ、いや、いけないかな？」

陽平「自殺の理由か？」

竜夫「ああ。どっちだっていいんだけど」

悦子「いいよ。どうって事ないもん」

陽平「相談にのってもいいぞ」

悦子「ほんと？（と案外真顔で陽平を見る）」

陽平「いや、あんまり、大変なことじゃ困るけどよ」

竜夫「のるよ。なんかの縁じゃない」

陽平「手前は、すぐ（と二の腕あたりを叩き）決まり文句みてェなことを言うな」

竜夫「（悦子へ）恋愛？」

悦子「（薄く笑う）」

陽平「そんなことで死ぬかよ。今時の女が恋愛で、お前——」

悦子「でも、まあ、そうなのよ」

陽平「あ、そうなの」

竜夫「で、どういうひと、相手は」

悦子「いないのよ」

陽平「ほらみろ、いねえんだよ、ほら、変ってんだから」

竜夫「（失笑して）どういうこと？」

悦子「私さ、時々こうすごいような感じする？（とちょっとすごいような顔をする）」

竜夫「あ、ちょっとね」

陽平「ほんと。ちょっとウッとなるよ、ウッと」

悦子「でね、男が変なことをしようとするとさ、よしなさいよって言っちゃうのよ。それがすごくすごいらしくてさ。それでも、って言う男がいないのよ」

陽平「あ、そうか」

悦子「でね、私、自分の方から、どうなんて言えるタイプじゃないしさ。来る奴は、追っぱらっちゃうしさ。いいのがいなかったせいもあるけど、結局相手がいないのよね」

竜夫「そんな風には見えないけどな」

悦子「顔で損してんのよ。でも、本当は、わりとひっこみ思案で、面倒くさがりで会社とアパート行き来してるだけなのよ」
陽平「そいで、やんなっちゃったわけ？」
悦子「なんとなく、やんなっちゃったのよね」
竜夫「で、ぼくらが、なにしてやったらいいの？」
陽平「そんなこと決まってるじゃねえか。どっちかが恋人になってくれっていうことだよ。ねえ」
悦子「（怖い顔で）そんなんじゃないわよ」
陽平「あ、そう？」
竜夫「じゃ、なにして欲しいの？」
悦子「ガードマンになりたいのよ」
竜夫「え？」
悦子「なれるかしら？　私」
陽平「ガードマンにはなれねえけど、ガードウーマンなら、なれるだろう、そりゃ」
悦子「ほんと？」
陽平「そりゃなれるだろう、なあ」
竜夫「ああ（と自信なく）なれると思うけど」
悦子「死のうとした人間、やとう？」
陽平「あ、そうか――」
竜夫「泥棒したっていうんじゃないんだからな」

■警備会社・本社統制指令室（昼）

吉岡「（机の向かい側に立つ陽平と竜夫を見て）駄目だ」
陽平「言うと思った（と身体丸めてそっぽを向く）」
竜夫「何故駄目ですか？」
吉岡「性格が向いていない」
竜夫「性格をそんなに知っているんですか？」
陽平「自殺しようなんてのは、いけねえって事だよ」
吉岡「そうじゃあないぞ」
竜夫「じゃあ、なんですか？」
吉岡「自殺のしかたが気に入らん」
竜夫「ほっとけば、また死ぬかもしれません」
吉岡「そういう人間はガードマンには向いていないと言っているのだ」
竜夫「彼女は、生活を変えたいと言ってるんです。生活を変えれば、死のうなんて気持はなくなるんじゃないかって言ってるんです」
陽平「行こうじゃねえか」
竜夫「勝手に行けよ。司令補。なにかあったら責任をとります」

吉岡「どうとるって言うんだ。君に責任はとれない」
竜夫「具体的に彼女の何処がいけないんですか?」
吉岡「警備員は冷静でなければいけない」
竜夫「俺たちは冷静ですか? こいつや俺や、あなたは、カッとなったり、わァわァわめいたりはしないんですかッ!(と怒鳴る)」
吉岡「何故彼女にそんなにこだわる?」
竜夫「変な勘ぐりはしないで下さい。自殺しようとしたところを見たんです。二度とさせまいとするのは、自然な気持じゃないですか(陽平に)なにユラユラしてんだよ、お前は(と叩く)」

■都電が行く(夕方)
早稲田から王子駅へ行く東京唯一の路面電車である。

■都電の中
吊皮につかまっている吉岡。私服である。はなれて見ている悦子。近づいて行く。
悦子「(傍まで来て)こんにちは」
吉岡「(意外で)よう(と低く)」
悦子「会うようにって、言われたんで」
吉岡「そりゃそうだが――」
悦子「会社行ったのよ。そしたら、あんた出てくる所だったんで、声かけようと思ったけど、かけにくくて、ここまで来ちゃったの」
吉岡「そうか」
悦子「家《うち》帰るんですか?」
吉岡「ああ」
悦子「こっちなんですか?」
吉岡「ああ」
悦子「いいとこねえ」
吉岡「ああ」

■都電走って行く。

■スーパー・警備室
後藤、聖子、他に女子の私服のガードマンらしき二人いて、その前で支配人の肥った商人タイプの中年男が書類を見ている。

中年男「(皮肉な声で)たしかにあんたらは、万引を捕まえている。うちが独自にやってた時と比べれば、ほとんど倍近い人数を捕まえてるんだから、あんたらがさぼってるとは言いませんよ」
後藤「はあ」
中年男「しかし不思議だ。（後藤に）不思議でしょう？」
後藤「はあ」
中年男「万引を捕まえているのに、損害金額は逆に増えている。理屈に合わなかないかね？」
後藤「たしかに普通ではありませんが、まだ捕まっていない連中の中に、一人で相当の商品を盗む人間がいるとすればですね」
中年男「相当の商品を盗めば、目立つはずじゃないかね。四人の人間が見ていて捕まらないということは――」
後藤「私共の落度ですが――」
中年男「言いにくいことだが、盲点があるんじゃないかね？」
後藤「検討しています」
中年男「あんた方のボディチェックはどうなっとったかねえ？」
後藤「支店長！　私たちの中に犯人がいるということですか？」
中年男「そういうこともないとは言えないと言ってるのよ」
後藤「そんなことはあり得ません」
中年男「言い切るのはおかしいでしょう。そういう例がなかったわけじゃないんだ。一応疑ってみるのが、本職のすることなんじゃないんですか？」

■滝野川一丁目・停留所
「滝野川一丁目ェ」、と車掌の声。都電を降りる吉岡と悦子。

■商店街
下町の賑わい。

■商店街裏の路地
子供が遊んでいる。吉岡と悦子、来る。「忠雄に孝一、御飯だよオッ」と母親の怒鳴る声が聞こえる。
悦子「（前を行く吉岡へ）お宅へ行くんですか？」
吉岡「そうだ」
悦子「――（ついて行く）」

■スーパー・警備室

中年男「（後藤の前で、チャックのついたズックのカバンをあけながら）こんな大きなカバンを毎日持って来るんですか？（と中を見る）」

後藤「家内が風邪をひいてましてね。休憩時間に、こちらの食料品を買うつもりだったんです（怒りを押さえつつ言う）」

■吉岡のアパート・表

鉄製の外階段を上がったところにドアがある。二階を借りているのである。

吉岡「（鍵をあけて振り返り、階段の下にいる悦子に）なにしてる、ここだ（とあけて入って行く）」

悦子「――（上がって行く）」

■吉岡の部屋

六畳一間に半畳の台所といった部屋。吉岡、灯りをつけ、カーテンをあけ、窓をあけて、振り返り、

吉岡「あがれよ（と立っている悦子に言う）」

悦子「（うなずき、ドアを閉める）」

吉岡「（流しへ行き、手を洗う）」

悦子「どんなとこ住んでんのかと思ったわ」

吉岡「がっかりしたか？（と笑って手を拭く）」

悦子「お邪魔します（と靴を脱ぐ）」

吉岡「（手拭いをかけながら）腹へらないか？」

悦子「別に」

吉岡「半分、食べないか（薬罐をとる）」

悦子「いいんです（と窓辺に立つ）」

吉岡「（薬罐に水）タイムスイッチで、炊けてるんだ」

悦子「いいんです、私は」

吉岡「俺だけじゃ食べにくいよ。半分食べてけよ（薬罐をかけ、ガスに火）」

悦子「下の人やなんか、なんか言いませんか？」

吉岡「なにを？」

悦子「一人で暮らしてるんでしょう」

吉岡「そうだ」

悦子「私みたいのが来て、御飯なんか一緒に食べてたら、誤解しない？」

吉岡「それもいいじゃないか（と笑って）坐りなさいよ、汚かないよ（と冷蔵庫をあける）」

悦子「そんなこと思ってないわ（と窓辺に腰を掛ける）」

吉岡「お菜《かず》一人分しかないから、半分ずつだ。あと

悦子「おかずなんか、自分で買いに行くの？」
は、佃煮だ」
吉岡「一人だからな（とわりあい厚い肉をサランラップでくるんであるのを出して、まな板の上にのせる）」
悦子「随分さっぱりしてるんですね？（と部屋を見回して言う。冷蔵庫、その上に電気釜。洋服箪笥だけという部屋。食器などは洗い上げの中に入っていて、布巾がかけてある）」
吉岡「これでも、物が増えて、気が重いんだ」
悦子「掃除なんかも自分でやるんですか？」
吉岡「ああ（と肉を二つに切り、フライパンで焼く用意）」
悦子「洗濯も？」
吉岡「一人で暮らしてるんだ」
悦子「へえ。なんだか似合わないけど、そういやぁ、自分一人で生きてるって感じしないでもないわねェ（吉岡という存在が、の意）」
吉岡「何故警備員になりたいんだ？」
悦子「よかったのよ」
吉岡「うん？」
悦子「あんたが一番そうだっだけどあの二人もさ、屋上でカーッとなって、怒鳴ったり殴ったり――私、男があんな風になるとこ、はじめて見たような気がするわ」

■高層ビル屋上・夜・回想

第一話「非常階段」の一シーンである。

吉岡「（いきなり悦子をはり倒す）」
悦子「（ふっ飛ぶ）」
吉岡「（蹴とばす。更に悦子に襲いかかり、胸もとをつかんでひきあげ、無茶苦茶に殴る）」
陽平「（パッとゴンドラへとび込む）」
吉岡「（ゴンドラがゆれて、ちょっと悦子とはなれるが、すぐまた悦子に殴りかかる）」
陽平「やめろッ！　やめろッ！（と吉岡に背後からとりついて、夢中で止める）」
竜夫「――（見ている）」

■吉岡の部屋

吉岡「そんなことにひかれたんならやめるんだな。あんなことは稀だよ。警備員の仕事は、大抵は単調で地味で、我慢がいることばかりだ」
悦子「我慢してみたいのよ。自分をいじめてみたいのねえ。こういうことあんまりなかったからバカに入りたくなっちゃったの」

吉岡「つとまらないな。歩き方も、しゃべり方も、フニャフニャしすぎてる」

悦子「フニャフニャしないように、怒って」

吉岡「（苦笑）」

悦子「いけないとこあったら、どんどん言ってよ。私、そういうことなかったのよ。父親、甘かったし、母親、気まぐれだったし、自由に暮らして来たから、そういうのに倦きたのよ」

吉岡「一週間の研修を受けなければ警備員にはなれない」

悦子「聞いてるわ」

吉岡「つとまるかどうか、研修だけ受けてみるんだな」

悦子「ありがとう。あんた、やさしい人だと思ったわ（と立つ）」

吉岡「いいか」

悦子「え？」

吉岡「そういう、甘ったれたような口をきくな」

悦子「あら、そう聞こえた？」

吉岡「そんな声を出せば、男がヤニ下がると思ったら、大間違いだ」

悦子「そんなつもりなかったわ」

吉岡「言葉づかいもなっちゃいない。私を、あんたなどと言ってはいかん」

悦子「おじさん？」

吉岡「あなたとか、吉岡さんとか言いようがあるだろう」

悦子「そうね」

吉岡「大体、私がこうして飯の仕度をしてたら、手伝いましょうとか、私がやりますとか、気がつくのが当り前だ」

悦子「ほんとね。私、そういう教育されなかったのよ」

吉岡「人のせいにするな」

悦子「やるわ、私が」

吉岡「私は、世の中たかくくったような若い女が大嫌いなんだ」

■竜夫のアパート・部屋

六畳に台所がついていて、吉岡の部屋と似ている造り。ただし、冷蔵庫などはなく、本箱に机などがあある。台所で水仕事をしている裕子。窓際で、膝を立てて腰をおろしている竜夫。
裕子「（流しの棚とか、ガス台の下のステンレスなどを拭いている）」
竜夫「もういいよ、お母さん」
裕子「うん――」
竜夫「そのくらい、自分でやれるよ、ほっといてくれよ」
裕子「（微笑して）自分でやってないじゃない」
竜夫「これからはやるよ」
裕子「どうでも一人で暮らしたいって言うから許してあげれば、棚は油だらけだし、畳はまっ黒だし」
竜夫「だから、これからはやるよ」
裕子「わかったわ。干渉しないわ（と雑巾をゆすぎはじめる）」
竜夫「――（その裕子を見ていて）お母さん」
裕子「うん？」
竜夫「吉岡っていう人知ってる？」
裕子「吉岡さん？」
竜夫「知ってるの？」
裕子「誰、その人（と振り向かずに言う）」
竜夫「つとめてる所の上役だよ」
裕子「そう。その人どうしたの？」
竜夫「ちょっとね。お母さんを気にしてるようなこと言ったからさ」
裕子「（ハッとする気持。が、苦笑してみせ）母子家庭とか、そんなこと気にしてるのかしら？　やあねえ、そんなの（と雑巾を掛ける）」
竜夫「そうか――知らないのか」
裕子「――（ちょっと気になる。バケツの水を流して行く）」

■グラウンド（昼）
研修生の一団が走っている。男女である。田中、沢が教官で立っている。田中がリズムをとって笛を吹き、沢、手拍子をとり、「女性はあと二周。男性は四周。頑張って」と言う。走る三、四名の女性の中に悦子がいる。
田中「（笛を吹いていて、気配を感じて自分の横を見る）」
陽平「（私服で、もっともらしく走る研修生を見ていて）あ、お早うございます」

田中「ああ（と一度は研修生に目を移すが、また陽平を見て）なんだ、君は？」
陽平「競馬場の車輌警備が終りましてね。今日は休みなんです」
田中「それで？」
陽平「え？」
田中「休みになんで、こんな所に来てる？」
陽平「ああ、ちょっと気になる子がこんなかにいるんでね。へへへへ」
田中「どの子だね？」
陽平「体力落ちてるねえ、いまの若い奴は。しっかり走れよッ！　ねえちゃんもにいちゃんも」
田中「そんなこと言われては困るね！」
イチニ、イチニと顎を出して走る悦子。

■研修所・食堂（夜）

寮の食堂のような部屋。調理室に近いテーブルの上の灯りだけがついていて、竜夫が制服で腰を掛けている。廊下の遠くで戸の閉まる音がし、スリッパの音が近づいて来る。

竜夫「（立つ）」
悦子「（ガラッと戸をあけ）今晩は（微笑）」
竜夫「やあ」
悦子「十五分だって」
竜夫「ああ」
悦子「バカみたいだけど（と入って来て）この戸もあけとけだって」
竜夫「仕様がないよ。研修中は、面会できないことになってるんだから」
悦子「ここ（廊下）から、のぞこうって言うのかしら（とちょっと振り返って笑う）」
竜夫「掛けなよ」
悦子「うん――（掛ける）」
竜夫「（掛ける）」
悦子「嬉しいわァ、来てくれて」
竜夫「推薦した責任があるからな」
悦子「なんとかやってるわ」
竜夫「身体、痛くない？」
悦子「痛い（と微笑）」
竜夫「俺も痛かったよ。普段あんまりやんないからな」
悦子「うん（フフと笑う）」

竜夫「（フフと笑う）」
悦子「（フフと笑って）あー（となにか話題をさがそうとする）」
竜夫「うん？」
悦子「休みかと思った、あんた今日」
竜夫「休みだよ」
悦子「だって、そんなの着てるから」
竜夫「特別に面会するんだから、この方が頼みやすいと思ったんだ」
悦子「そう」
竜夫「どうして俺が休みだって――」
悦子「昼間、あの人来たのよ」
竜夫「杉本？」
悦子「あの人、図々しいから、私たち体操してる所へさっさと来てさ。頑張れ、なんて言ってるの。フフフ」
竜夫「なんにも言われなかった？」
悦子「つまみ出されてたわ」
竜夫「そう」
悦子「これから多摩川園行くんだなんて言ってたわ」
竜夫「多摩川園？　遊園地？」

悦子「変なとこ行くと思って、私、あとで可笑しくなっちゃった（と笑う）」
竜夫「（笑う）」
「いいかな」と吉岡の声。
竜夫「あ、どうぞ（と立つ）」
悦子「あら（と立つ）」
吉岡「（私服で）どんなかと思ってな」
悦子「悪いわァ、みんなに」
竜夫「（ちょっと早口で）ぼくも、あの、あの、推薦した責任上、一応顔を出すべきかと思って来てみたんですが――」
吉岡「掛けようじゃないか」
竜夫「はあ」
三人、掛ける。
吉岡「（悦子へ）成績いいそうじゃないか」
悦子「そうかしら（と照れる）」
吉岡「女性の中じゃ、一番態度がいいって言ってたよ」
悦子「はじめのうちは、真面目なのよ。私、飽きて来ると、わかんないわ」
吉岡「そんなことじゃ困るな」

悦子「ほんと（と笑い）やるわ、ずっと（と笑う。なんとなく、なめているというか、頼りないというか）」
吉岡「二人一緒で丁度いい。研修終ったら、一緒に働いてもらいたいところがあるんだ」
竜夫「何処ですか？」
吉岡「うむ。メンバー総入れ替えという契約先がで きてな。迷惑かもしれんが、私も一緒だ」
竜夫「あいつは、どうですか？」
吉岡「うむ。男は、あんまり役に立たない職場なんでな。杉本君は別だ」

■蠟人形展会場（昼）

ドラキュラ伯が、牙をむき出して半裸の美女に襲いかかろうとしている。テープの笑い声が、不気味に轟き、赤い灯りが点滅する。見とれている家族連れ。キキキキッと怪鳥の声。満月。狼男の出現。泡立つ、色とりどりの試験管の向こうのベッドから、フランケンシュタインが、ぬーっと起き上がる。それを見ている子供や両親をいろいろに見せて――。
小学生の男「（五年生ぐらい。びっくりして、あとずさり）お母ちゃん、これ、人間、生きてる（と怒鳴る）」
陽平「生きてるぞォ（と両手をあげる）」
母親「バカだねえ、この子は（と駆けつけ）これは、ガードマンのお兄さんじゃないか。すいません、どうも（と笑ってしまう）」
陽平「いや、どうも（と敬礼して、ハハハと理解あり気に笑う）」

■スーパー・警備室（昼）

後藤、聖子、他の女性二人が一方に、それに対して、吉岡、竜夫、悦子、沢新子、女性二人が向き合っている。
後藤「以上で、ひきつぎ事項は大体、お伝えしたわけですが、なにか、不明な点がありましたら、どうぞ」
吉岡「いや、君たち以上のことが、私たちにできるとは思えない」
沢「ちょっと伺ってよろしいですか」
後藤「どうぞ」
沢「後藤さんは、制服を着て此処にいらっしゃったわけですか？」

後藤「ここで、テレビを見ていることが多いものですからね」
沢「私は、制服の必要はないと思いますが。男性で、スーパーへ来る人も、この頃は増えていますし、店内パトロールが女性専門の必要はないんじゃないでしょうか。仮に、この部屋にいることが多いとしても、私服を着ていれば、怪しまれずに、すぐとび出して行けるんじゃありません？」
後藤「たしかに、男が二人いれば、一人はそうしてもいいでしょう。ただ、こちらの支配人がね、全員私服ではガードマンをやとったような気がしないとおっしゃるんで、一人は制服の必要があるんです」
吉岡「わかった」
後藤「なんとなく疑われたような感じでメンバーを交替するのは、本当に残念ですが、どうか、私たちの名誉のためにも、万引犯人を捕まえていただきたいと思います」
聖子「（テレビに目がいっていて）あ、あの人です」
後藤「うん？」

一同、テレビを見る。
聖子「このキャメラです（と一台の受像機を指し）アップへ行きます（と手もとの機械を操作して、一人の女性のバストサイズぐらいに寄る）」
衣料品の通路を、疲れた表情の岡崎昌子が歩いて行くのがうつっている。
聖子の声「この人は、いつも動きが変なんです。急に見えなくなったりして、つきとめられないんですけど」
沢「あら、まあ、ろくに選ばないでシュミーズとったわ」
聖子「私、店へ行ってみます（と行こうとする）」
吉岡「ちょっと待った（テレビを見たまま）」
聖子「レジを通らなかったら、すぐ捕まえないと、あの人、店の外へ出ると、パッといなくなるんです」
吉岡「（テレビを見たまま）レジを通っているよ」
聖子「――（急いで見に来る）」
後藤「財布を出している」
聖子「半分だけはらって、半分は、あの手提げに入れたのかもしれません」

吉岡「そんなことはしていないな」
聖子「このキャメラではわからないんです。手先が器用なら、キャメラの目をごまかすくらい簡単です（と行こうとする）」
後藤「聖子ちゃん（とその腕をつかまえる）」
吉岡「（まだテレビを見続けながら）目をはなしていないよ。見はじめてからは、手提げには入れていない」
聖子「見ていて下さい。たしかめて来ます」
後藤「いけないいよ」
聖子「だって――」
後藤「間違いだったら、大変なことになるんだよ」
聖子「だって――（と泣き声になって目を伏せる）」
後藤「一所懸命やったのに、口惜しいだろうけどね」
聖子「（泣く）」
後藤「聖子ちゃんの手で捕まえたかったろうが、レジを通ったお客さんを、証拠もなしに確かめるわけにはいかないよ」
悦子「私が捕まえてやるわ」
一同、悦子を見る。
悦子「この人（聖子）にかわって私、必ず捕まえてやるわ」

■蠟人形展会場（昼）
会場の表、ケネディかモンローあたりがある前で、幼稚園ぐらいの子が数人ワーワー泣いていて、母親がなだめている。その前で、制服の斉藤に、制服の陽平、怒られている。
斉藤「ガードマンというものはだね、こうした場所では、気がつかれないくらい控え目に警備をするのを本分とするんだよ。お子さんに向かって、暗い展示場の中で、これはないだろう、これは（と、大口をひらいて、目を白黒させ、頬のあたりで両手をビラビラさせる）」
陽平「すいませんでした。（子供たちに）悪気ないんだよ、許してくれよ。泣かないでくれよ。な。ごめんな。ごめん。ヒヒヒバア」

■スーパー・店内
スーパーそなえ付けの籠に数点の品を入れ、悦子、通路を歩いている。買い物客を装ってと言いたいが、ギラギラと人ばかり見て歩いている。

■スーパー・警備室

吉岡「（制服姿で、テレビの前に掛けていて）柴田君」
竜夫「（ロッカールームで私服に着替えていて）はい」
吉岡「着替えたら、彼女、呼んで来てくれ」
竜夫「着替えました（とベルトをしめるなどしながら出て来る）」
吉岡「はり切りすぎて目立っていかん」
竜夫「そうですか（とモニターテレビを見に来る）」
吉岡「えーと（どのキャメラかと見回しながら）ギラギラしながら歩き回ってたが、いないいな」
竜夫「（見ていて）見当らないですね」

■スーパー・横手

沢にひっぱられてくる悦子。
沢「あんたの歩き方じゃ、どう見たって買い物してるとは思えないのよ。そんなことちょっと考えればわかるでしょ。現場へ来て、歩き方教えようとは思わなかったわよ、バカバカしい」
悦子「気を付けます（と一礼する）」
沢「歩いてご覧なさい、歩いて」
悦子「こうかしら？（と言って、ギゴチなく歩き出す）」
沢「毎日歩いてんでしょ、何十年歩いてるのよ」
悦子「意識すると歩きにくいわ（と笑う）」
沢「笑い事じゃないわよ、笑い事じゃ」
中年男「（支配人、通用口から顔を出していて）あんたら、何やってるの？」
沢「あ、ちょっと、部下に注意を申しておりました」
中年男「仕事中に抜け出されちゃ困るね」
沢「はあ、申し訳ありません。ちょっと、あんまり、この子が無神経だったものですから（と笑って）すぐ戻りますから、申し訳ありません」
悦子「――（立っている）」

■スーパー・店内

歩く悦子の足。立ち止まる。チーズかなにかをとりあげている悦子。調べるふりをしてさり気なく置き、ギラッと横を見て、ぐるりを見てしまう。

■スーパー・警備室

吉岡「いけないねえ」
沢「はあ。いまの若い子っていうのは、ほんとに単純なことも不器用で」

吉岡「しかし、一所懸命やってるじゃない。上達は早いよ」
沢「そうでしょうか。私に言わせれば、練習の必要もないことに思えますけど」

■スーパー・店内
さり気なく見て歩く悦子。立ち止まって、品物を選んだりしている。チラと周りを見る。

■スーパー・警備室
吉岡「うまくなった。うまくなったぞ（と振り返るが誰もいない）なんだ、誰もいないのか」

■スーパー・店内
竜夫「（悦子からはなれて立ち上がり、これも買い物籠をさげて、さり気なく悦子の方へ近づく。微笑して）今日は」
悦子「あら、お隣りの坊や、おつかい？　フフ（と行ってしまう）」
竜夫「（くわれて見送り）やりすぎたよ」

■小料理屋・店内（夜）
大衆割烹で小さな店。カウンターとテーブルが、四つほど。テーブルの一つをかこんで、吉岡、悦子、竜夫が笑っている。ビールをつぎ合いながら、
竜夫「はじめは不器用でおどろいたけど、上達も早かったなあ」
吉岡「期待以上だったよ（とコップを持つ）」
悦子「でも、まだ、捕まえたわけじゃないし」
竜夫「そうトントンはいかないさ」
吉岡「（笑って）頑張ってくれ（とコップをあげる）」
竜夫「人が変ったよ（とコップをあげる）」
悦子「よろしくお願いします（と笑ってのむ。そのままグイグイとのみ干す）」
吉岡と竜夫、思わず見惚れて、
竜夫「（のみ干したのを見て）すげエ」
三人、笑う。

■スーパー・店内（朝）
開店前。店員、レジ付近に集合して、支店長の中年男と向き合っている。
中年男「お早う」

全員「お早うございます」

■スーパー・警備室

吉岡「お早う」
全員「お早うございます」
吉岡「今日は二の日サービスで、卵と肉の値下げサービスがある。衣料品では、ひきつづき、子供の下着のバーゲンがある。土曜日なので、家族そろっての買い物も多いと思うので、夕方の混雑には全員いてもらいたい。休憩時間を、それに合わせて沢さんに調整してもらう。昼間少し手薄になるので、気をゆるめないでやってもらいたい」

■蠟人形展会場（朝）

陽平「（パッと敬礼して笑顔になり）あ、あなたですか、応援は」
聖子「（ニコリともせず）お早うございます（と敬礼して）会場を見せてもらいます（と中へ入って行く）」
陽平「（ついて行く）いや、こりゃあハッスルします

ねえ。俺は、私は、一度、あなたと一緒に仕事したいと前から思ってたんです」
聖子「斉藤司令補から注意を受けたそうですね（と振り返って言う）」
陽平「ああ、ガキが泣きやがって、もう、この頃のガキときたら」
聖子「私は、ふざけた人は嫌いです。真面目にやって下さい。先輩として注意するところはビシビシ言いますから（と行ってしまう）」
陽平「はあ（と情けなく見送って、ふと横を見る）」
「フーテンの寅さん」の人形が笑っている。
陽平「なに笑ってんだよ（と叩く）」

■スーパー・店内（昼）

かなりの客が入っている。

■スーパー・警備室

悦子「（ドアをあけ）あの、なにか？」
沢「（テレビを見ながら）ちょっと来て頂戴」
悦子「（うなずいて入り、ドアを閉める）」
沢「いま、お手洗いに入ったお客さんがいるの」

悦子「ええ（と近づく）」
沢「ワンピース一着持って入ったような気がするのよ」
悦子「ワンピースを？」
沢「横に吊してあるでしょ。ここ（とテレビを消し）から、スッと一着とって、まるめるようにして、そのまま入って行ったのよ」
悦子「中で、たたんで手提げかなにかに？」
沢「それとも、着替えて、古いのを手提げかもしれないわ。たしかめてみてくれる？」
悦子「でもあの、どうやって」
沢「十中八九間違いないわ。思い切ってあたってみてよ」
吉岡「（ドアをあけて立っていて）どうしたの？」
悦子「ええ」
沢「早く行ってみてよ」
悦子「はい。じゃあ（と急いでとび出して行く）」

■婦人便所の前

婦人用を示すマークのついたガラスのドアに、中からはげしく人がぶつかり、ドアがゆれる。

中年婦人の声「なんてこと言うの、あんた」
悦子「（もう一度押された感じで、ドアを背中で押すように出て来て）間違っていたら、すみませんけど」
中年婦人の声「すみませんて——すみませんですむことじゃないでしょッ！」
悦子「はい」
中年婦人「支店長を呼びなさい。支店長を呼んで頂戴。なんてこと言うんでしょ、この子は（と泣き出してしまう）」

店内、シンとしてしまう。

■スーパー・警備室

支店長「私は、くれぐれも言っといた筈だ」

吉岡ら、全員がいる。

支店長「間違えるくらいなら、とられた方がいいってね。そう言った筈だよ、あんたにも（と吉岡に言う）」
吉岡「はい」
支店長「客商売なんだよ、こっちは。お客様を万引と間違えるっていうのが、一番おっかないんだよ、私らは」

吉岡「私の不注意でした」
支店長「はっきりした汚点を残してくれたんだよ、あんたは」
悦子「吉岡さんに責任はないんです」
沢「黙っていなさい、あなたは」
悦子「どうして黙ってられるの？　責任のない人が、怒られてるのよ」
吉岡「黙っていなさい、責任者は、私なんだ」
支店長「（悦子へ）あんたが、直接の責任者だね」
悦子「はい」
吉岡「よく言いきかせますから」
沢「注意いたしますから」
支店長「とにかく、お客様へのお詫びは万全にやってくれたまえ。私も支店長としてかなりのダメージを受けた。無論、私の方は、別になにをしてくれとは言わんがね。お客様は、千円ぐらいの菓子折じゃすまんよ（と出て行ってしまう）」
沢「支店長は現金を要求してるんでしょうか？（と吉岡に声低く言う）」
吉岡「適当に処置するよ」
沢「会社から、そんなお金が出ますか？」
吉岡「いいんだ」
沢「一番注意していたことなのですが（と悦子を見る）」
悦子「（沢を見る）」
吉岡「（一同へ）今後、一層、細かい神経で頼むよ」
沢「スーパー警備は、単純じゃいけないんです。一所懸命だけではね」
悦子「（沢へ）ちょっと、あんた」
沢「なに」
悦子「あんたさっきから、なんにも責任がないような顔をしてるじゃないの？」
沢「あなたが、そんなこと言えて？」
悦子「言えるわよ、いくらでも。あんたが、私は一番の責任者だと思うよ」
沢「なにを言ってるの？」
悦子「とぼけるんじゃないわよ（と、とびかかって行く）」
沢、押し倒される。「おとぼけッ！」と悦子。
竜夫「——（悦子をとめる）」
吉岡「（悦子の肩を押し激しく）やめないかッ！　やめるんだ、悦子君は！」

■走る都電（夜）

■都電の中

乗っている吉岡と竜夫。

竜夫「何故、悦ちゃんをあんなに怒ったんですか？」
吉岡「うむ」
竜夫「沢さんの命令で彼女は動いたんでしょう。沢さんが責任がないという顔をすれば怒るのは当り前じゃないですか？」
吉岡「悦子君のやり方にミスがなかったとは言えないだろう」
竜夫「そうでしょうか。万引したかどうか聞くんだから、どう丁寧に聞いたって、してなきゃ相手は怒ると思うな」
吉岡「無論、沢さんも悪い。しかしな、正義は自分にあると言わんばかりの、ああいう悦子君の非難の仕方も、私は嫌いだ」
竜夫「悦ちゃんが正しければ仕方がないでしょう」
吉岡「悦子君だって、いつも正しいわけじゃない。自分も間違うかもしれない、というおびえのない怒り方は、私は嫌いなんだ」
竜夫「要するに若い奴が嫌いなんだな」
吉岡「うむ（と苦笑）」
竜夫「ぼくも若いつもりですけどね」
吉岡「うむ」
竜夫「何故、誘ったんですか？」
吉岡「うむ――」
竜夫「言うことききそうだからですか？」
吉岡「（苦笑して）――若い奴を、一度も呼んだことがないんでな。部屋で一杯やりたくなっただけだ」
竜夫「吉岡さんは、なにもわかってないって気がするな」

■吉岡の部屋

竜夫「（前シーンの台詞と直結した感じで）遠くから若い奴を見て、ああいい気になってる、ああ不作法だ、だらけてる、生意気だ、無神経だ、髪の毛が長すぎるって、そんなことばかり思ってるだけで、本当のことはわかってないと思うな」
吉岡「そうか」
竜夫「吉岡さんが、そこ（ちゃぶ台の前）にいるのに、若いぼくがここ（窓辺によりかかって両膝立てている）へ来て、こんな格好をしてるのも、内心気に入らないでしょう（冷酒のコップを持っている）」
吉岡「うむ（と苦笑する）」
竜夫「それでもまあ、こいつはわりと素直だなんて思って、呼んでくれたんでしょうけど、ぼくの現実なんて全然知らないんだからな」
吉岡「君の現実はなんだ？」
竜夫「ほら、内心笑ってるでしょう。お前の現実なんて、特攻隊の体験に比べたら甘っちょろいもんだとかなんとか、そういう風に思ってるのわかりますよ」
吉岡「聞こうじゃないか」
竜夫「ぼくが高校だけで就職した時、母はものすごくがっかりしました」
吉岡「そう」
竜夫「無茶苦茶に大学へ入れたがってましたからね。国立でも私立でも一流へ入らなくちゃって、大騒ぎしてましたからね」
吉岡「（うなずく）」
竜夫「ぼくは母が嫌いでした」
吉岡「（竜夫を見る）」
竜夫「母が一番つらいことをしてやろうと思った。大学へは行かないよって、そういうのが一番こたえるだろう、と思ったんです」
吉岡「――」
竜夫「案の定、こたえましたよ。試験日に、遊んで帰った時は、ぼくをひっぱたきましたよ」
吉岡「お母さんが嫌いだって言うのは、つまり、大学大学って言うからなのか？」
竜夫「そんなことじゃありません」
吉岡「なんだ？」
竜夫「ぼくらだって、そう単純じゃあありませんよ」
吉岡「何故お母さんが嫌いだ？」
竜夫「話したくありません」
吉岡「そうか」
竜夫「吉岡さんの目には、いい気になってるとか、生意気だとか見えるかもしれないけど、ぼくらは、力も金もありませんからね。内心は、おびえたり、不安だったり、孤独だったり、そんなに、いい気になりようもないんですよ」

吉岡「（裕子のことを思っていて）お母さんは、淋しいわけだな」
竜夫「若い奴の身には絶対にならないんですね」
吉岡「うん？」
竜夫「あなたに、こんなことまで言う気はなかったけど――」
吉岡「――」
竜夫「母は父を愛してませんでした。残酷なくらい愛していなかった。父は、肝臓で死にましたけど、あのくらい酒をのめば、誰だって何処かおかしくなって死んじまうな。原因は母です。母が父を殺したようなもんだ」
吉岡「そんなこと言っちゃいけない」
竜夫「ぞっとするくらい父を愛していなかったんです」
吉岡「愛し合っていない夫婦なんて、いくらでもいるよ」
竜夫「父は母を愛していました」
吉岡「――」
竜夫「母は無関心だった。ドキリとするほど無関心でした」
吉岡「夫婦の本当の姿なんてものは、子供にはわからないものだ」
竜夫「そうでしょうね。よしましょう。もう」
吉岡「（間あって）そうか。お母さんが嫌いか」
竜夫「帰ります（と立ち上がり）ご馳走になって、いやなことばかり言いました」
吉岡「いや――」
竜夫「忘れて下さい（と靴をはきに行く）」
吉岡「道、わかるな」
竜夫「わかります。ぼくらは、やっぱり、仕事だけのおつき合いの方がいいんです。さよなら（と一礼して出て行ってしまう）」
吉岡「――」

■スーパー・店内（昼）

賑わっている。岡崎昌子が、ものうげに商品を手にとる。頭上斜めにキャメラがある。

■スーパー・警備室

吉岡「（制服姿でテレビを見ている）」
昌子「（テレビの中で歩きはじめる）」

吉岡「悦子君」
悦子「（隅の古ぼけたソファで、同僚の治子と週刊誌をそれぞれ見ていて）はい？」
吉岡「休憩打ち切りにしてもらえるか？」
悦子「いいですけど――」
吉岡「治子君。沢さん呼んでくれないか？」
治子「なにかあったんですか？」
吉岡「うむ、走って行ったりしないでね」
治子「はい（と行く）」
悦子「（それまでに立ち上がってテレビの前へ近づいていて）あの人ですね（と静かに言う）」
吉岡「うむ。聖子君が目をつけてた女だ」
悦子「変ですか？」
吉岡「ストッキングを手提げに入れたよ」
悦子「（テレビを見ている）」
吉岡の声「（昌子にかかって）まかせるよ。君、捕まえるって言ったからな」
悦子「ええ――（行こうとする）」
吉岡「急ぐなよ」
悦子「ええ」
吉岡「店を出るまで待つんだ」
悦子「ええ（と出て行くのと入れ違いに）」
沢「（悦子を無視したように入って来て）なにかありました？」
治子「（続いて入って来る）」
吉岡「彼女（テレビの中の昌子を指し）を、悦子君にフォローさせたよ。悦子君を助けてやってくれないか」
沢「なにかしました？（テレビを見たまま）」
吉岡「ストッキングを二枚。（テレビを見たまま）ちょっと見えにくいが――」
沢「キャメラの位置を知ってますね」
吉岡「いま。口紅かなにか手提げに入れた」
沢「わかりませんでした」
吉岡「うまいよ、相当注意していないとわからない」
沢「あの子で、大丈夫でしょうか」
吉岡「やらせてみよう。できるだけ一人でやらせてみてくれ」
沢「ええ。じゃ（出て行く）」
吉岡「治子君、休憩中悪いけど、沢さんの代りに、店を頼むよ」
治子「はい」

竜夫「（入って来て）来てますね。例の女性」

■スーパー・店内

昌子「（化粧品売場の前で物色している）」
悦子「（同じ側面のはなれた位置にいる）」
沢　「（その悦子を見、昌子を見て、二人の背後を通過して行く）」

■スーパー・警備室

吉岡「（テレビを見ていて）いま入れたな」
竜夫「早いですね」
吉岡「しかし、気がつかないというほどじゃない。何故今まで捕まえなかったんだ」

■スーパー・店内

昌子「（レジへ行く）」
竜夫の声「レジへ行きますね」
吉岡の声「ああ」

■スーパー・警備室

竜夫「レジを出てからの足が早いって言ってましたね」
吉岡「うむ」

■スーパー・店内

昌子「（前に一人おいて並んでいる）」
竜夫の声「ああやって、多少の金は払って行くんですねえ」
吉岡の声「うむ」
悦子「（レジの脇を大きく回って、すぐ外へ出られる位置でさげていた買い物籠の中をさがすような仕草）」
沢　「（その悦子に近づき）肝心な時に目をはなしちゃ駄目じゃないの」
悦子「ひとりで捕まえるから、ほっといて」
沢　「あぶなっかしくて、そんなことができますか」

■スーパー・警備室

吉岡「なにをしてるんだ、沢さんは」

■スーパー・店内

沢　「レジでもし全部のお金をはらっていたら、この間の二の舞じゃないの」

悦子「はなれて頂戴」
沢「そんな姿勢で、レジが見える？」
悦子「はなれて頂戴」
レジ「（昌子の前へ四千円おき）ひとまず四千円お返しいたします。四千と、五百、六十三円のお返し（とつりをレジからとっている）」
沢「これは、私にまかせて頂戴。あなたでは危っかしくて、まだ無理だわ（と低い声で言う）」

■スーパー・警備室

吉岡「はなれろ。なにをしゃべってる」
竜夫「行って来ます」
吉岡「間に合わん。なにをしゃべってる」

■スーパー・店内

悦子「（沢の腹をグワッと突く）」
沢「（声を押さえて）ウッ」
レジの横のパッカー「（昌子に袋へ入れた品物を渡し）ありがとうございました」
レジ「（次の客へ）いらっしゃいませ」
昌子「（店を出て行く）」
悦子「（別の扉から続いて出る）」
沢「（腹を押さえてしゃがむ）」
傍へ来たおばさん「どうかしました？」

■外

悦子「（かなりのスピードで道を行く）」
昌子「（その前を素早く歩いて路地へ消える）」
悦子「（すぐその後を路地へ）」

■路地

昌子「（チラと見えただけで、更に横へ折れる）」
悦子「（すぐ走って横へ折れる）」

■商店街通り

昌子「（横丁からとび出して一方へ）」
悦子「（とび出して来て、走る）」
昌子「（走る）」
悦子「（走る）」

■スーパー前の通り

沢「（一方から走って来て、もう一方を見て、いらいらした顔、短く）」

■裏通り

走る昌子。表通りから走って来て、追う悦子。かなり、ひきはなされている。

■スーパー・警備室

沢「無理だったんですよ、あの子には」
吉岡「まだわからんでしょう」
沢「少なくとも第一段階では失敗です。店の前で押さえなければ、いくらでも言いのがれはできるんですから」
竜夫「あなたが妨害したってことはないんですか？」
沢「私はかわろうと思ったんです。こんなことになるんじゃないかと、気がかりで、かわろうとしたんです。あの子は、私のお腹を殴ったんです」
吉岡「もう少し待ってみましょう」
沢「僭越《せんえつ》ですけど、手こずっていた問題を、新入社員にまかせるというのは、失礼ですけど、軽率だったんじゃないでしょうか」
吉岡「待ってみましょう（テレビを見続けている）」

■住宅地の一郭の空地

逃げこんで来る昌子。駐車されている車の下へ手提げをほうり投げる。行きどまりである。たとえば、月極め駐車場というような所。

昌子「（追いつめられた感じで振り返り）なによ、あんた。人を追いかけてなによ」
悦子「――（少しはなれて立っている）」
昌子「私がなにをしたって言うの？　スーパーのね、スーパーで買ったものしか持ってませんからね」
悦子「（昌子を見たまま横へ歩き、車の下から、昌子の手提げをとる）」
昌子「人権問題よ。人をね、走らせてね、あんたら、なにいい気になってるかしらないけどね（と荒い息で言ってパッと逃げようとする）」
悦子「（素早くその前に立ちふさがる）」
昌子「（突きとばそうとする）」
悦子「（短く争って、ぐいぐい押して塀に押しつけ）手提げを落としたようね（と手提げをつきつける）」

昌子「知らないわ」
悦子「そこへほうったのを見たわ」
昌子「知らないって言ってるでしょう」
悦子「店まで来てもらうわ」
昌子「困るわよ、忙しいんだから」
悦子「来るのよ」
昌子「なにをしたって言うの？」
悦子「なぜ逃げたの？」
昌子「なにをされるかと思うじゃない（と泣き声めく）」
悦子「来て頂戴（と手をひっぱる）」
昌子「いやだったら（と振りはなそうとする）」
悦子「（腕をひねり上げる）」
昌子「痛い」
悦子「逃げれば、どこまでだって追うわ」
昌子「行くわよ（力弱く）行くわよ」
悦子「――（その昌子の背を見ている）」
昌子「はなしてよ」
悦子「――（力がぬける）」
昌子「（ふりはらい、髪の毛や服装を直す）」
悦子「――」
昌子「なんなの、あんた（と普通の声で）」
悦子「来てよ（と歩き出す）」
昌子「――（見送る）」

■商店街通り

二人、並んで歩いて来る。悦子、なにか考えているる感じで、足どりは普通だが昌子を忘れているような感じ。

昌子「あんた、足早いわねえ」
悦子「うん」
昌子「私、中学校で選手だったけど、あんた、もっと早いわ」
悦子「（立ち止まる）」
昌子「なに？」
悦子「お茶のんで行こう（と喫茶店へ入って行く）」
昌子「なに言ってんの？（と続く）」

■スーパー・警備室

竜夫「（立ち上がり）おそすぎませんか」
沢「まかれてるわよ」
吉岡「行ってみてくれ」

竜夫「(出て行く)」
沢　「一人で戻って来ますよ」
竜夫「(去って、ドア閉まる)」

■喫茶店

向き合った悦子と昌子のテーブルに水のグラスだけが置かれている。

悦子「(昌子の手提げから、中のものを出す。まず、口紅二個)」
昌子「私、ほんとに、そんな手提げ知らないのよ」
悦子「(黙って、ストッキング二枚、鯨の罐詰一個。しゃもじ、歯ぶらしを出す)」
昌子「変なとり合わせねえ（と無理に微笑）」
悦子「あんた、岡崎っていうの？」
昌子「え？（虚をつかれてごまかそうとする）そんなんじゃないけど」
悦子「岡崎っていうんでしょ？」
昌子「出まかせ言わないでよ。手提げに名前なんか書いてないでしょう（と笑ったりする）」
悦子「(保険証を出す)」
昌子「あら（小さく言い、苦笑し、諦め）どこへ行っちゃったかと思ってたのよ（と保険証をとる）」
悦子「何遍もやってんでしょう？」
昌子「ううん。はじめてよ。何遍もだなんて（あまりすれっからしではなく、弱気も充分ある）」
悦子「買えないわけ？」
昌子「え？」
悦子「お金ないから、とるわけ？」
昌子「そりゃ、お金もないわ。主人の手取り八万ぐらいだもの。私がパートやっても、いい月で一万五千円でしょう。子供、どこへでも行っちゃうから、お婆ちゃん、子守りしきれないって言うしね。スーパー行くと、二、三千円、ほんとあっという間だもんね。なんでも高くなっちゃってるもんね」
悦子「どのくらいとった？」
昌子「(目を伏せ）はじめてだって言ったじゃない」
悦子「ずっと見て知ってんのよ。どのくらいとるか、見てたのよ」
昌子「そういうのを見てるわけ？」
悦子「客商売だからね。万引するお客さんの研究もしてんのよ」

昌子「へえ」
悦子「（テーブルのものを指して）こういうもの欲しかったわけ？」
昌子「特別そういうわけでもないけどね。ほら、週刊誌でよく書いてあるじゃない。お金持ちの奥さんが、万引して捕まったなんて。私も、あいう風に、なんか病気なのよ。病気だと思うよ、私」
悦子「――」
昌子「つまんないもんねえ、毎日。テレビぐらいでしょ。それもお婆ちゃんが、もう一日中前に坐ってるでしょ。なあんにも楽しいことないもんねえ。スーパー行くぐらいが、ほんと、気が晴れるっていやぁ気が晴れるのよ。だから、スーパーへはね、子供絶対連れて行かないの」
悦子「いくつ、お子さん」
昌子「一歳半。すごいの。ちょこちょこ、歩いてっちゃうでしょ。ちょっと出ると私ンとこ、車激しいのよ。だからって、家にとじこめてると泣くでしょ。婆ちゃん、押しつける押しつけるって言うけど、パート以外、私、押しつけてなんかいないのよ」
悦子「（うなずく）」
昌子「だからもう、どうせ押しつけるって言われんならと思って、スーパー行く時は、見ててくんなきゃやだよって、ガーッって言ってやるの。こっちは、安いとこ安いとこさがして歩いてんだから、子供追っかけながら、わりのいい買い物なんかできないんだからって」
悦子「――」
昌子「それでスーパー行くでしょ。ああ一人だ、あせいせいする。さあ、と思ったって、ほら、いくらも買わないのに、もう千円、二千円でしょ。買いものの楽しみもないなあ、なんかもう、どうしようもないなぁなんて店ン中歩いててね。ひょいと万引しちゃったのよ」
悦子「（うなずく）」
昌子「いいことだなんて思ってないのよ。悪いと思ってるから、そン時は、身体中がキューンって緊張してねえ。それで、なにごともなく店を出て、家の近くまで来た時は、ハァーッて、身体中、今度はゆるんじゃうようで――病気なのよ。すごく、いい気持なのよ」
悦子「――」
昌子「いつか、こうやって捕まると思ってたわ。やめよう、やめようと思ってたわ。悪いことはできないもんよねえ」
悦子「――」
昌子「えらいことになっちゃったわ。うちの人、馘《くび》になるかもねえ。子供は、前科者の母親もって、一生、つらい思いをするんだろうねぇ（と泣く）」
悦子「――」

■スーパー・店内

入って来る竜夫。振り返って、うなずき、歩き出す。奥へ。続く悦子。

■スーパー・警備室前の廊下

竜夫「（店の方から入って来て、悦子が来るのを待つ）」
悦子「（来る）」
竜夫「俺が話すから（と悦子の手提げをとって警備室へ。昌子の手提げではない）」

■警備室

沢「（立ち上がる）」
吉岡「（テレビを見たまま）逃げられたか」
竜夫「いえ――（と悦子を入れる）」
沢「どうして私にまかせなかったの」
竜夫「捕まえたんですよ」
沢「いないじゃないの」
吉岡「（テレビを見ながら）どうした？」
竜夫「盗品は、とり返しました。（と手提げから品物を出してテーブルへ置いて行く）」
沢「肝心のあの人は、どうしたの？」
竜夫「逃がしたんです」
沢「逃がしたって――逃げられたってこと？」
竜夫「いえ、逃がしたんです。帰したんです」
沢「なにを言ってるの、あなたは」
吉岡「沢さん」
沢「盗品が戻ればいいというようなもんじゃないことは、あなたもよく承知している筈でしょう！」
吉岡「沢さん、ちょっと見ていてくれ」
沢「はい、逃がしたなんてことが支店長に知れたら」
吉岡「まかしてくれ」
沢「勿論、そういたしますけど（と入れかわる）」
吉岡「（二人を見て）誰が逃がした？」
竜夫「それは」
悦子「私です」
竜夫「しかし、ぼくも気持はわかります」
吉岡「（悦子へ）理由を聞こう」
悦子「――」
竜夫「追いつめたんだそうです。抵抗するんで、腕をねじ上げたんだそうです」
悦子「その時、私、えらそうに、人を捕まえる柄かよって、急に、そんなこと思って――」
沢「（まあ呆れた、という感じでチラと悦子を見る）」
吉岡「それで――」
悦子「それでも、こっちの方へ一緒に来なさいって、歩いて来たの。途中で、お茶のもうって」
沢「え？」
吉岡「誰が？」
悦子「私がそう言って、喫茶店入ったんです」
吉岡「それで――」
悦子「なぜ万引したか、わけを聞きたかったの」
吉岡「何故だと言った？」
悦子「私は万引したことなんかないけど、気持はよくわかったわ。私、とっても、ひきたてて此処まで連れて来る気がしなくなっちゃったのよ」
吉岡「名前を聞いたかい？」
悦子「――」
吉岡「何処に住んでいると言った？」
悦子「――」
吉岡「聞いたことは聞いたんだね」
悦子「言えば行く気でしょう」
吉岡「当り前だ。一回や二回の万引じゃない筈だ。ほっとけると思うのか」
竜夫「しかし、万引をするのは、本人のせいばかりじゃなく、社会の罪だって――」
吉岡「下らんことを言うな。君たちは、ものの善悪もわからんのか」
竜夫「あなたは、わかってるんですか？」
吉岡「万引を許せと言うのか？　泥棒をほっとけと言うのかッ！」
竜夫「単純なんですねえ。物を盗めば、誰でも刑務所へほうり込めって言うんですか?」

吉岡「それが何故単純だ? 勝手な真似は許さん(悦子の腕を掴み)私を連れて行くんだ(と引っ張る)」

悦子「私(と抵抗し)やめるわ。この仕事やめるわ(とふりきる)」

吉岡「やめてもらおう。ものの善し悪しがわからなくなった奴は、やめてもらおう。しかし(と悦子の腕をつかみ)その前に、私を連れて行くんだッ!(と引っ張ってドアの方へ)」

竜夫「僕もやめます」

■スーパー・警備室の前の廊下

吉岡「ああ、やめろ。甘ったれたことを言う奴はやめてしまえッ!(と悦子を引っ張って出て行く)」

悦子「(抵抗する)」

■スナック(夜)

カウンターにいる悦子、竜夫、陽平。

陽平「それで、警察へつき出したのか?」

竜夫「ああ」

陽平「それが中年の本性ってもんよ。人情もなけりゃあ、想像力もねえんだ。やめようじゃねえか。俺も、やめようじゃねえか」

竜夫「そうか」

陽平「やつは、明日もスーパーにいるな」

竜夫「多分な」

陽平「明日行ってかみついてやらあ。かみついてからやめてやらあ」

悦子「――」

■スーパー・店(午前中)

あまり込んではいない。陽平、私服で入って来て、立ち止まる。歩き出し、ゆっくり、警備室のある奥の戸口へ歩いて行く。ちょっと格好つけている。

■警備室の前

陽平、入って来て、ちょっとさがし、警備室のドアをぐいとあける。

■警備室の中

吉岡「(テレビを見ている)」

沢　「（書類に何か書いていて）なんですか？　あなた」
陽平「（吉岡へ）俺も、ガードマンとやらをやめよう
　と思ってね」
吉岡「それなら人事課へ行けばいい（と陽平を見ない）」
陽平「挨拶に来たんですよ。あんたには、いろいろ
　世話になったしね」
吉岡「仕事中で目がはなせん」
陽平「昨日は、想像力のないことをしてくれたそう
　じゃないの」
沢　「生意気なことを言うんじゃありません」
陽平「あんたに話しちゃいないよ」
沢　「司令補はお仕事中です」
陽平「あんたは休憩かい？」
沢　「休憩です」
陽平「どっか行って休んでなよ。横からガタガタ言
　われたくないんでね」
沢　「黙って聞きなさい。いいですか。そりゃあ、盗
　人にも三分の理はあるでしょう。でもね。そ
　んなものをいちいち聞いて、泥棒を逃がして
　いたら、社会はどうなるんですか？　自分の
　ものを盗《と》られたら、真先に悲鳴をあげるのは、
　あんたたちかもしれないのよ」
吉岡「沢さん」
沢　「はい」
吉岡「ちょっと代ってくれないか」
沢　「はい。（陽平を見据えてから代る）」
吉岡「想像力がないと言ったな」
陽平「ちがいますか？」
吉岡「自分が盗まれても、お前はそう言って許せる
　か？」
陽平「盗まれるもんもないからね」
吉岡「あったら、どうする？」
陽平「そン時になってみなきゃわかんないね」
吉岡「お前らの想像力なんてもんは、そんなもんだ」
陽平「許すね。やった気持が納得できりゃあ、自分
　が盗まれたって許すと思うよ」
吉岡「殺されたらどうだ」
陽平「死んじまえば、許すも許さねえもないでしょ
　う」
吉岡「恋人が殺されたらどうだ？　親が殺されたら
　どうだ。それでも想像力とやらで、許してや
　ると言うのか？」

陽平「たとえが極端ですよ」
吉岡「極端ではない。お前らは、自分が被害を受けない時だけ想像力とかなんとかぬかすのだ。周りでワイワイさわいでいるだけだ。人を裁く勇気がないんだ」
陽平「人なんか裁きたくないからね」
吉岡「人に裁かせて、裁いた奴を非難しているだけだ。お前ら程度の想像力なら、私だって持ち合わせている」
陽平「そりゃあどうですかねえ」
吉岡「お前らは本当に敵に立ち向かったことがないんだ」
陽平「万引は敵ですかねえ」
吉岡「少なくとも味方ではない。お前らは、想像力とか言っていい格好をしているが、人が好いだけだ。人が好いだけでは社会は保って行けないんだ。善い悪いを無理にでもはっきりさせなければいけないんだ」
陽平「そんな社会には生きていたくないねえ」
吉岡「やめたければやめるがいい。挨拶など余計なことだ」
陽平「まったく――余計なことだったね（と出て行く。ドア閉まる）」

■都電が走る（夜）

■都電の中
吉岡「――（私服で孤独に乗っている）」

■滝野川一丁目停留所
電車の戸あき、吉岡降りる。チンチンの音。

■商店街
吉岡、歩いて行く。

■商店街裏の路地
歩いて来る吉岡。

■吉岡のアパートの前
帰って来る吉岡、外階段を上がろうとして、ふっと足が止まる。5シーン前から流れていた音楽も止む。シルエットの和服の女が立っている。竜夫の母、裕子である。しかし、顔は見えない。
吉岡「(しかし、裕子であることを直感する。ただ、シルエットを見つめている)」

裕子「お久しゅうございます」
吉岡「裕子さん」
裕子「はい(灯りの下へ現れる)」
吉岡「――(うなずく)」

■スナック

竜夫「(ビールをグイグイのみ干す)」
竜夫の声「(コップを置いたところから)裕子というのは、ぼくの母である。ぼくは知らなかった。その晩、吉岡さんと母が会っているとは夢にも思わなかった」

陽平、悦子、黙りこんでビールを前にしている。

陽平の声「俺たちは、なんとなく気が抜けていた。ぶつかる相手がいなくなったような、淋しいような気分でいた」
悦子「吉岡晋太郎か」
陽平「ああ。ファッショの、中年の、俗物の、単純野郎の、わからず屋の、暴力野郎の、(竜夫に)なんか言え」
竜夫「戦中派の、説教好きの、ええ格好しいの、特攻隊野郎だ」
陽平「そうだ。特攻隊野郎だ」

■商店街

停留所の方へ歩いて行く吉岡と裕子。黙りこんで、少し裕子おくれて歩いて行く。

吉岡「――」
裕子「――(吉岡を見つめながら歩く)」
吉岡「(後ろ姿のまま歩いて行く)」
裕子「――(見つめながら歩く)」
吉岡「――」

■滝野川一丁目停留所

チンチンといって、都電出て行く。やって来て立つ吉岡。その後ろに立つ裕子。遠ざかって行く都電――。

「男たちの旅路・第Ⅰ部 2話」キャスト・スタッフクレジット

キャスト

吉岡晋太郎――鶴田浩二
柴田竜夫――森田健作
杉本陽平――水谷 豊
島津悦子――桃井かおり
柴田裕子――久我美子
後藤良司――前田 吟
田中 清――金井 大
沢 新子――木村有里
浜宮聖子――五十嵐淳子
斉藤司令補――中条静夫
岡崎昌子――結城美栄子

スタッフ

音楽――ミッキー・吉野
美術――斎藤博己
技術――森野文治
中継――茶木 勇
効果――広瀬洋介
擬闘――林 邦史朗
制作――近藤 晋
演出――高野喜世志

3

猟銃

「恋愛も友情も、永続きすりゃあ嘘だと思う。人のためにつくす人間は偽善者かバカだと思う。金のために動いたと言えば本当らしいと思い、正義のために動いたと言えば裏になにかあると思うんだ。お前らは、そうやって人間の足をひっぱって、大人ぶっているだけだ。」

■ビルAの外観（夜）
　深夜警備が必要な大型ビル。

■その警備室
　隅のソファに、制服の上衣を脱ぎ、ネクタイをゆるめた二人の警備士がカップヌードルを食べている。田中先任長が机の前に掛けて週刊誌を見ている。ロッカールームの方から岡田警備士、出て来ながら、「行って来ますか」と独り言めいて言いながら壁の制帽をとる。

■猟銃のアップ
　安全装置をはずし撃鉄をあげる手。

■警備室
岡田「（田中の前で、手慣れた感じの敬礼と口調で）岡田警備士、只今より巡回に出発します」
田中「ご苦労さん」

■猟銃のアップ
　狙いをさだめるように銃口が動く。

■警備室前の廊下
　岡田、出て来てドアを閉める。

■猟銃のアップ
　火を吹く。

■警備室前の廊下
　廊下のつき当りの通用口の錠の部分に、続けて銃が撃ちこまれる。岡田、膝をつき、泳ぐように逃げようとする。一瞬にして、銃鳴りやむ。岡田、息を荒くして、床にへばりついたまま動けない。

■警備室
　おそるおそる机の陰から顔を出す田中。床にしゃがみこんでいた二人の青年も、顔をおそるおそるあげる。

■警備室前の廊下
　通用口のドアが、銃撃のショックでギギーと少しあき、蝶番《ちょうつがい》がはずれてガタンと傾く。

■タイトル
「男たちの旅路」

第三話「猟銃」

アパートの多い町のたたずまい。

スタッフ
キャスト

■アパートの多い町（朝）
雑多な木造の民間アパートの多い道を、裕子、出勤の服で歩く。

■竜夫のいるアパート・廊下
裕子「（来て、ノック）」
返事がない。
ノック。
竜夫「（眠い顔で中からドアをあけ、母を認めても表情かわらず）なに？」
裕子「勤めをやめたそうね」
竜夫「だからなに？」
裕子「ちょっと入れて頂戴」
竜夫「なんの用さ？（と動かない）」
裕子「お母さん、入っちゃいけないの？」
竜夫「友達来てんだよ。寝てんだよ」
裕子「友達って――」
竜夫「女だよ（と身体をあけ中を見る）」
裕子「え？」
竜夫「おい、起きろよ、陽子（と蒲団をはがす）」
陽平「うん？　陽子（と片目をあけながら身体を起こす）」
裕子「人をからかって（と小さく淋しく言って中へ）」

■竜夫の部屋
竜夫「（カーテンをあけ、窓をあける）」
陽平「あ。お客さんかよ。ああ（と慌てて蒲団を脇へやったり、顔をこすったりする）」
裕子「（立ったまま）新しいお友達ね（と陽平の乱暴な仕草をふっと嫌う顔）」
竜夫「（挑戦的に）杉本陽平っていってね、いい奴だよ（陽平に）お袋だよ」
陽平「お早うございます。ちょっと、顔など（と流しへ）ああ、目があかねェ」
竜夫「こんな早く、なんの文句さ？」
裕子「夜来ても大抵いないから、会社へ行く前に来てみたのよ」
竜夫「ちゃんとやってるよ。掃除だって洗濯だって、一日置きにやってるさ」
裕子「なぜ、そんな、つっかかった言い方をするの？（と淋しく言って坐る）」
竜夫「文句いうにきまってるからさ。勤めをすぐやめてはいけないとか、将来のことを考えろとか言いに来たんでしょ」
陽平「あーあッ（と顔を拭いている）」
裕子「干渉しないって約束したから、そんなことは言わないわ」
竜夫「じゃ、なに？」
裕子「吉岡さんと会ったの」
竜夫「吉岡って」
裕子「警備会社の吉岡さんよ」
竜夫「何故？　やめちまった会社へ親がなにしに行ったの？」
裕子「やめたの知らなかったわ」
竜夫「どっちにしたって親が会社へなんの用さ？　ぼくはそういうお節介が頭へ来んだよ」
裕子「知り合いなのよ」
竜夫「え？」
裕子「吉岡さんと、知り合いだったの」
竜夫「だってぼくが聞いた時――」
裕子「そうなの。あの時は、咄嗟《とっさ》に、知らないって言ったけど、ほんとは心当りがあったの」
竜夫「どういう知り合いさ？」
裕子「――」
竜夫「かくすような知り合い？」
裕子「そうじゃないわ」
竜夫「じゃ何故かくしたの？」
裕子「仕事、あなた、簡単にやめすぎるんじゃない？」
竜夫「簡単かどうか、どうしてお母さんにわかるの？」
裕子「大体の事情は聞いたわ」
竜夫「それより、どういう知り合いさ？」
裕子「干渉はしないけど、吉岡さん、淋しそうだったわ」
竜夫「淋しいわけないじゃないか。あの人は、若い奴が嫌いでしょうがないんだ。生意気なのがやめてホッとしてるさ」
裕子「時間がないから行くけど、（と立ちながら）一度つとめたところは、なるべく辛棒してね」

竜夫「九時だろ、会社。時間はまだあるじゃないか」
裕子「（靴をはきながら）バスが割合かかるのよ」
竜夫「どういう知り合いさ、吉岡さんと」
裕子「昔ちょっととよ」
竜夫「ちょっとって？」
裕子「とにかく、転々と仕事を変えて、その日暮らしなんてことして貰いたくないの」
竜夫「どうして話をそらすの？」
裕子「ちょっとって言ったじゃないの」
竜夫「ちょっとじゃわからないよ」
裕子「（ドアをあけ）お母さんとあなただけなのよ」
竜夫「なにが？」
裕子「月に一遍ぐらい、お母さんのところへもいらっしゃい（と出て行く）」
竜夫「――」
陽平「甘ったれてるじゃねえか」
竜夫「俺が？」
陽平「人が変ったように、荒っぽい口きいてよ（と苦笑し）お袋さん、あれじゃあお前、可哀そうだよ」
竜夫「うわっ面で勝手なことを言うな」
陽平「はじめっから終りまで喧嘩腰じゃねえか。お前は、外面《そとづら》がいいんだな」
竜夫「知ったことか」
陽平「なにしてんだ？　お袋さん」
竜夫「税理事務所かなんかで、お茶でも運んでんのさ」
陽平「なぜ一緒に住まねえんだ？」
竜夫「そんなこと、お前とどういう関係があるんだ？」
陽平「俺にも、お袋がいるからよ」
竜夫「甘っちょろいこと言うなって」
陽平「綺麗な、いい人じゃねえか」
竜夫「お袋はな、俺のすることなすこといちいちいちいち、世話やいて、文句いって、命令しやがるんだ」
陽平「一人っ子なんてそんなもんよ」
竜夫「大学大学って言いやがるから、大学なんざやめちまった。いい会社で、頑張れって言いやがるから、いい会社もやめてやった。仲良く親一人子一人でなんて言うから、おん出てひとり暮らしだ。俺は、ゴタゴタ言われるのは、うんざりなんだ」

陽平「いい年して、お袋相手になにやってんだ」
竜夫「お前は、知らねえからだ」
陽平「教育ママなんてもんは、淋しいのよ。言わしといてやりゃあいいじゃねえか」
竜夫「世話したきゃ、親父の世話すりゃよかったんだ。通り一遍以上のことは絶対にしなかった。冷てェ顔して、とうとう親父が死ぬまで、優しい顔をしなかったんだ」
陽平「そんなこと、お前どうだかわからねえじゃねえか」
竜夫「どういう知り合いだか言わなかったな」
陽平「うん？」
竜夫「ごまかすのは、おかしいじゃねえか。どういう知り合いなんだ、吉岡と」

■ビルＡ・警備室前の廊下（朝）

ドアを修理している二人ほどの職人。その傍にいて、警備室の方へ戻りはじめる吉岡と田中。

田中「とにかく、このドアがふッ飛ぶほど、ガンガン撃ち込んで来たんですから、こっちは、あんた、身動きもなにもできませんよ。こうッ（と頭かかえて）床にへばりついて、犯人の人相どころじゃありませんよ」

■警備室

岡本と二人の青年。交替要員らしい二人ほどの青年がそれぞれ掛けている。吉岡と田中、入ってくる。

田中「しかし、まあ、ドアをこわしただけで中へは入っても来なかったんだから、ガードマンも無駄じゃあない。警察でもね、私らがいてよかったと言ってますよ。実際とられたものは、なんにもないんですから、警備会社は、やっぱり意義があるってことですよ、ほんとに」
吉岡「契約先も、そのことは認めてますよ」
田中「そうですか。いや、実際問題、丸腰の私らが、猟銃ぶっぱなす犯人を捕まえることなんかできっこないんだからねえ」
吉岡「しかし、ガードマンがいるってことを、犯人は予想しなかったんですかねえ」
田中「これだけのビルだから、並の頭なら予想したと思うけどねえ」

吉岡「派手にぶっぱなしたわりには、簡単に諦めすぎませんかね」
田中「そうねえ」
吉岡「猟銃持ってりゃあ丸腰のガードマンの四人ぐらい、怖くはないでしょう」
田中「しかし、私ら、すぐ警察呼ぶし」
吉岡「警察はガードマンじゃなくても呼ぶでしょう。派手に撃ちまくった以上、間もなく警察が来ると思うのが自然でしょう」
田中「すると、その――」
吉岡「いいい、ものとりではなく、猟銃を撃つことが目的だったということは考えられませんか」
田中「警察も、いたずらかもしれん、とは言ってましたがね」
吉岡「ものとりにしちゃあ、やることが派手すぎますね」
田中「しかし、世の中には、馬鹿もいるからねえ」
吉岡「(一同へ)ご苦労さん。なにを狙ったのかわからんが、捕まるまでは、充分注意してくれ。われわれは丸腰だ。猟銃に対抗はできない。発見しても、無理して捕まえようなどとしないことだ」

■猟銃のアップ
轟音で火を吹く。

■ビルB・警備室(夜)
高窓が道路とほぼ水平につくられている半地下の警備室。三人ほどの警備員が、すくむように椅子と床で、首をすくめる。高窓の網入りガラスが、次々と粉々になって行く。

■警備会社・本社受付(昼)
小さなスペースに、制服の聖子がいて、その前に、竜夫。
聖子「ですから、吉岡司令補は、お目にかかれないのです」
竜夫「取りついでもくれないんですか?」
聖子「取りついではいけないと言われてるんです」
竜夫「だって昨日来た時もそう言われてさ、今日もまたいるのに会えないって言うのは変じゃないの」

聖子「でも、そう言われてるんです」

竜夫「俺だけじゃないの？　俺とは会わないとか言われてるんじゃないの？」

聖子「（うんざりして地金《じがね》が出て）あのねえ」

竜夫「そうなんだろう？」

聖子「（人指し指で招き）もっと」

竜夫「うん？（と顔をよせる）」

聖子「言うなって言われてるんだけどね」

竜夫「うん」

聖子「あんたしつこいから言っちゃうけど」

竜夫「うん」

聖子「うちが契約しているビルの警備室が、四軒ね」

竜夫「うん」

聖子「猟銃を撃ちこまれたのよ」

竜夫「猟銃？」

聖子「そんな時に、受付やらされてるんだから、ガタガタ言わないでよ」

■猟銃のアップ（夜）

火を吹く。

■ビルC・警備室ドア

ガラスが割れ、ドアにも穴があく。

■輪転機

■新聞記事

「猟銃、六たび警備室を襲う」

■警備会社・本社・会議室（朝）

社長「警察に協力して、はじめの二件以降は、犯人が図にのって犯行を重ねないように、極秘のうちに捜査を続けて来たわけですが、昨夜から公開捜査に踏み切ったという連絡がありました。犯人の意図がわからない。商事会社だけを選んでいる。更に、わが社の契約先だけを選んでいる。どちらにウェイトがおかれるにせよ、犯人に盗みの意図はないものと思われる。恨みか？　メッセージがない。なにをアピールしようとしているかもわからない。とにかく、猟銃を持って、深夜ビルに近づくというのは、かなり目立つ所業と言わなければならない。いやしくも警備会社であるわが社が、そのような犯行に全く立ち向かえないとあっては、わが社の将来にかかわることであります。この際、警察ばかりにまかせず、独自に犯人を追求したい。全力をあげてもらいたい」

吉岡、斉藤、他幹部四人ほどがいる。沢もいる。

■ビルDの外観（夜）

ビルの角から、顔だけ出した東《あずま》警備士、懐中電灯でおそるおそる街灯のあたらない部分を照らしている。

吉岡「（私服で、その背後に立ち）なにをしている」
東「（ひどくおどろいて、電灯を向ける）」
吉岡「私だ（と苦笑する）」
東「ああ、足音全然聞こえませんでした（敬礼）」
吉岡「巡回というのは、歩いて見回ることだ」
東「わかってますけど」
吉岡「こんな所でお茶にごしちゃいかんな（と歩く）」
東「（ついて歩き）しかしですね。相手は猟銃を持ってるんですからね。そう、呑気に歩けったって、気まぐれにダンてやられたら、それっきりですからね」
吉岡「（ハッと制する）」
東「えッ？」
吉岡「（耳をすます）」
東「足音ですね」
吉岡「角まで行くぞ（と足音をひそめて腰低く走る）」
東「（短くためらうが走り出すと）」
悦子「キャッ（と立ち止まる）」
吉岡「なにをしている」

陽平、竜夫、悦子が、角を曲がろうとして出合いがしらに吉岡に会ったのである。

陽平「ああ、びっくりしたァ」
竜夫「（汗を拭く）」
悦子「ふ（と溜息をつく）」
吉岡「こんな所で、何をしている」
竜夫「あなたを探してたんです」
吉岡「ここにいるのがわかる筈がない」
竜夫「聞いたんですよ、本社の人に」
吉岡「教える筈がない」
陽平「回ってるって聞いたんでね。見当つけて歩いて来たんですよ」
吉岡「来てもらおうか」
竜夫「俺たちを疑ってるんですか?」
吉岡「車に乗ってもらおう。次のビルへ行かなくちゃならない」

■車の中

吉岡が運転し、後部座席に、悦子、竜夫、陽平が乗っている。

吉岡「私になんの用だ?」
竜夫「聞きたいことがありましてね」
吉岡「なんだ?」
竜夫「この二人がいちゃ言いにくいかもしれないけど、ついて来るって言うもんでね」
吉岡「なんだ?」
竜夫「母と会ったそうですね」
吉岡「——ああ」
竜夫「知ってたんですね」
吉岡「昔のことだ」
竜夫「昔の、どういう知り合いですか?」
吉岡「ちょっとした知り合いだ」
竜夫「母も同じことを言いました。ちょっとしたっていうのは、どういう意味ですか。具体的なことを知りたいですね」
吉岡「(苦笑して)なぜ、そんなムキになっている?」
竜夫「妙にかくすからですよ。大体あなたは、ぼくの履歴書を見た時から、母が知り合いだってことに気がついていた筈です。でも、ぼくには、そうは言わなかった。遠回しに、母のことをちょっと聞いたりしていた。母も同じです。なにかあると思っても不思議はないでしょう」
吉岡「なにもないさ」
竜夫「そうは思いませんね」
吉岡「(車を止めるために脇へよせる)」

■ビルEの前

車、止まる。

■車の中

吉岡「友達の知り合いでな。何度か会った。かくしてるわけではない。記憶も曖昧だ。ちょっとした、とでも言う他はないんだ（と車の外へ出る）」

■ビルEの前

竜夫「（出て来て）そう言われちまえば、どうしようもありませんけどね」
吉岡「ロックしてくれないか」
陽平「ああ（出て来ていて、後部ドアをあけ、ロックしてから閉める）」
吉岡「じゃ、見回るんでね（と行きかけ）この辺でウロつかん方がいい。危険だ（と通用口の方へ消える）」
竜夫「――（見送っている）」
陽平「スナックでもめっけて、なんか食うか」
悦子「私、もう一回入りたくなっちゃった」
陽平「え？」
悦子「どうしてだろう。どうして、ガードマンなんてのに、ひかれちゃうんだろう」
陽平「奴（吉岡）は二枚目だからな。え？　ハハハ、行くぞ、行くぞ（と一人で歩道を歩いて行く）」
竜夫「（吉岡の去った方を見ていて、陽平の方を向き歩き出す）」
悦子「（吉岡の去った方を見ていて、竜夫に続いて、歩き出す）」

■スナック

はじめてのスナック。竜夫、陽平、悦子の他に客はない。カウンターの三人に、マスターが、水割りを置く。「お持たせしました」

陽平「（グラスをとりあげ）いい加減にしろよ、お前（竜夫）も」
竜夫「（飲む）」
陽平「親が昔になにをしようと、勝手だろう」
竜夫「なにがあったと思う？」
陽平「ま、恋愛があったな」
竜夫「そう思うか（俺も思う、というように目を落として言う）」
陽平「しかしよ、今更お前、相手の息子に、昔、お母さんと愛し合ったなんて言えるかよ。察してやれよ、いい年して」
竜夫「俺は、お袋が、何故親父につめたいんだろうって、いつも思ってた。生まれつき、つめたい女なのかって、お袋を憎んだ時もあった。特に、親父が入院して、死にかけてからは、お袋が嫌いでしょうがなくなった。なんでもやるんだ。しかしよ、優秀な看護婦みてェに、どっかでさめてやがるんだ。女房が亭主の世話をするってェ、あったかさがないんだ。俺は、その原因が知りたかった。親父に聞いたこともある。親父は——いいお母さんじゃないかって言いやがった。お袋に惚れてやがったんだ。しかし、お袋は、親父に惚れてなかった」

陽平「吉岡に惚れてた、か？」

竜夫「そんな気がして来た」

陽平「そりゃお前、できすぎだよ。単にね、単に、お袋さんは、親父さんが好きじゃなかったのよ。それだけのことよ」

竜夫「好きじゃないのに、何故結婚したんだ？」

陽平「そんなこと、俺知るかよ。一緒になってから嫌いになることもあるだろうが」

竜夫「別れりゃいいじゃねえか」

陽平「お前が生まれてたんだ。それに、お前、親父さんが別れたがんなかった。そんな夫婦はゴマンといらあな。吉岡、昔の恋愛、関係なしよ」

竜夫「（飲む）」

陽平「悦ちゃん。どうしたの？　バカに静かじゃない？」

悦子「悪いけど、私、もう一回ガードウーマンになるわ」

陽平「よしなよ、やだって言ってやめたんじゃないの」

悦子「他にないじゃないの。いいと悪いがはっきりしてて、階級がちゃんとあって、ハイッて言ったり、気を付けしたり、命も賭けたり、そういうの、他にないじゃない」

陽平「やめたからいいような気がすんだよ。また入ってみなよ、すぐやんなっちゃうから」

悦子「うん——」

陽平「いい悪いが、はっきりしてるなんてのは、どっかおかしいんだよ。どっか目ェつぶってるとこあるんだよ。いい事は悪い事、悪い事はいい事、綺麗はきたない、きたないは綺麗。そういう風に、疑いっぽくなってるとこが、俺たちのよさなんじゃないの？　え？」
悦子「うん」
陽平「仕様がねえな、二人とも。世間知らずで。俺がいなかったら、どうなっちゃうのよ（と飲む）」

■アパートの一室（夜）

荒木が猟銃の撃鉄をあげて狙う。その銃身をはらうようにどける益田。
益田「いい加減にやろうじゃねえか（声は低めている。隣室を気にしている）」
荒木「全部まかせるって言ったじゃないの」
益田「なにも俺に教えねえじゃねえか」
荒木「やる場所は言ったじゃないの」
益田「どうやるかは言わねえだろ。あっちこっち猟銃ぶちこんで、肝心の場所の見取り図も見せねえじゃねえか」
荒木「そんなものは、ねえもん」
益田「ねえ？」
荒木「とにかくガードマンの数を減らすこった」
益田「減っただろうが——」
荒木「確認しねえとな」
益田「じゃあ、出掛けて確認しようじゃねえか。商事会社に人を増やしてるのはたしかなんだ。新聞にだってのってるんだ。他の場所が手薄になってるのは間違いねえよ」
荒木「——」
益田「まかしといていいんだろうな。警報装置の下見なんかできてるんだろうな」
荒木「あんたは、鍵をあけてくれりゃあいいんだ。他のことはまかしといてくれよ」
益田「楽しんでんじゃねえだろうな。本気でやる気なんだろうなッ！」
荒木「隣りに聞こえるよ」
益田「——（ジリジリしている）」

■都電・滝野川一丁目停留所（朝）

都電、来て停まる。車掌の声、「滝野川一丁目ェ」
降りる吉岡。

■吉岡の家
　ガラッと窓をあけ、悦子が蒲団を手すりにひっぱり出してかける。
■商店街
　吉岡、野菜を買っている。
■吉岡の家
　はたきをかけている悦子。
■商店街
　パン屋から出て来る吉岡。かなり買い物の紙袋を持っている。
■吉岡の家
　掃除をしている悦子。
■商店街裏の路地
　吉岡、帰って来る。

■吉岡の家
　靴脱ぎの土間から、外へはき出している悦子。吉岡、階段下まで来てハッとする。
悦子「（気がつき）あら、お帰りなさい」
吉岡「なにをしてる？（と上がって行く）」
悦子「わりあい早いのね、もう少しあとかと思ったわ」
吉岡「どうやって入った？」
悦子「下の人に聞いたら、表の薬屋さんが大家だって言うから、そこへ行って敬礼したの（とクスクス笑いながら中へ）」
吉岡「敬礼？」
悦子「もう少しあとなら、洗濯からなにから、全部してやってたのに」
吉岡「困るね、黙って（と上がる）」
悦子「あらあら、随分買い物して来たのねえ。大変ねえ、一人だと」
吉岡「なんて言って鍵をかりた？」
悦子「婚約者だって」
吉岡「なに？」
悦子「嘘よ。敬礼したって言ったでしょう。会社から派遣されて、吉岡司令補のお宅の掃除にまいりました（と笑って）くわれてたわ（笑う）」
吉岡「寝てないんだ。帰ってくれないか」
悦子「いま外へ出したばっかりだから蒲団ふくらんでないけど（と蒲団をたたく）」
吉岡「やるから、いい。帰ってくれ」
悦子「（手を止め、ちょっと笑って）誤解しないでね」
吉岡「（冷蔵庫へ肉の包みと牛乳の紙パックを入れる）」
悦子「私、もう一度、警備士になりたくなっちゃったのよ（と蒲団をひき入れる）」
吉岡「――（手を洗う）」
悦子「（蒲団をひきながら）やめたら、バカによく見えて来たのよ。やっぱり、他の仕事にはないとこがあるなあって、戻りたくなっちゃったの」
吉岡「断る」
悦子「そう言うと思ってたわ。一緒にやめた、杉本陽平ね、あの人、私が戻りたいのは、ガードマンがいいからじゃなくて、吉岡さんに惚れてるからだって言うのよ」
吉岡「帰ってくれないか」
悦子「私思いがけなくて、そんなこと考えてもいなかったでしょう（とちょっと笑う）」
吉岡「（窓辺に立つ）」
悦子「でも、そう言われれば、あんた、ちょっと格好いいし、そうかもしれないなあって気もして来てさ。それで、私、たしかめに来たのよ」
吉岡「下らんことを言ってないで帰りなさい」
悦子「下らないかね、やっぱり」
吉岡「――」
悦子「なにしていいかわかんないのよ。なんか、ガーッと激しいことしてみたいんだけど、なにしていいかわからないのよ。そいで、下らないことしちゃうのよね。とりとめないのよ、私」
吉岡「鍵は私から返そう、置いてってくれ」
悦子「中年のくせに、若い娘に、全然甘くないのね」
吉岡「――」
悦子「やっぱり、柴田さんのお母さん、好きなんですか？」
吉岡「なんだ、それは（と気色ばむ）」
悦子「勘ですけど」
吉岡「そんなバカなこと、あの子に言うんじゃないぞ」
悦子「でも、あの人も半分そう思ってます」
吉岡「手に負えんな、お前たちは」

■裕子の家（夜）

アパートの一室である。二間。裕子、台所で柿をむいていて、手をとめ、

裕子「こだわるのね」
竜夫「なんかあったんだろ？」
裕子「何故そんなに気になるの？」
竜夫「お母さんは、お父さんが嫌いだったじゃないか」
裕子「あなたすぐそう言うけど」
竜夫「好きだった？」
裕子「嫌いなわけないでしょ」
竜夫「愛してはいなかったろ」
裕子「若い人のようにはいかないわ」
竜夫「ぼくにはお母さんの血が流れてるんだ。お母さんのひんやりしてるところは、生まれつきのもんか、原因があるのか知りたくたって当り前だろ」
裕子「そんなにお母さん、つめたい？」
竜夫「ぼくには、つめたかないけどね。お父さんには、はっきりつめたかったね」
裕子「――」
竜夫「吉岡さんが、かんでるんだろ」
裕子「かんでるだなんて――」
竜夫「でもなんか関係があるんだろ」
裕子「吉岡さんとは、三十年近くも会っていなかったのよ。なにかあったにしたって、気持もなにも、とっくに薄れてるわ」
竜夫「じゃ何故かくすの？　はじめは吉岡さんなんて知らないって顔をしたじゃないか」
裕子「（間あって）それなら話すけど」
竜夫「――」
裕子「昔のことよ」
竜夫「――」
裕子「（柿の皿を持って来て坐り）おあがんなさい」
竜夫「（フォークをとり、柿を口に入れる）」
裕子「お母さん、これでも、娘の頃、もてたのよ（と薄く微笑して、おくれ毛を直す）」

■道（昼）

陽平「（歩きながら、ちゃんちゃら可笑しいという感じで笑ってる）」
竜夫「（並んで歩きながら）何が可笑しい？」
陽平「そんな甘っちょろい話を、信じたのかよ？」
竜夫「嘘だって言うのか？」
陽平「綺麗に思いたがるんだよ。特に女はな。昔のことを綺麗につくっちまうんだ」
竜夫「俺は信じたいね」
陽平「ああ、そりゃ信じたいだろ。しかし、綺麗だね。大体俺は、特攻隊が出て来たり、女学生が出て来たりするような話にはうんざりしてるんだ。その上、ありそうもないほど、綺麗な話にされちゃ、聞いてる方だって我慢の限度ってェもんがあらあ。いまの若いもんをバカにしちゃあいけねえよ。男と女が、そんなに結構なもんだなんて、誰も思っちゃいけねえ。いい気になんなさんなってもんだ」
竜夫「吉岡さんに会って聞いてみる。母の言ったことが本当かどうか聞いてみる」
陽平「ま、男はそうぬけぬけと、綺麗事にはしねえだろうがね（と歩いて行く）」

■あるビルのロビー（夜）

吉岡「（立ったまま煙草に火をつけ薄く微笑して）暇だな、お前たちは」
竜夫、陽平、悦子並んで椅子に掛けている。
吉岡「ブラブラしてて、食べて行けるのかい？」
陽平「まだ、お宅で貰った給料があるんでね」
吉岡「そうか（と椅子に掛ける）」
竜夫「九州の都城だそうですね」
吉岡「そうだ。都城の飛行隊だった」
陽平「格好いいねえ（と呟く）」
竜夫「黙って聞け」
吉岡「お母さんが、どう話したか知らないが、私には、同期で入った鹿島という友人がいた。大学も同じだった。恋人も、（苦笑して）同じだったのだ」
竜夫「――」
吉岡「仲がよかったが、恋人については、お互いにゆずる気はなかった。綺麗な人だった。いまだって綺麗だがね」

竜夫「――（目を伏せる）」

吉岡「はじめ、かすりのモンペに上だけセーラー服の女学生だった。飛行場から、二十分ほどのお宅だった。お父さんは、（竜夫を見て）君のお祖父《じい》さんは、中学の先生をしておられた」

竜夫「（うなずく）」

吉岡「私と鹿島は、勤労奉仕で草刈りに来ていたお母さんに、まいっちまってね。家をつきとめて休みの度に出掛けた。兵隊は歓迎されたんだ。つけ上がって、よく行った。みやげを持って行った。お祖父さんと将棋を打ったりした。二人で競争で、気に入られようとした。いま思えば、他愛ないが、鹿島には内緒で、チョコレートを十枚も手に入れて届けたりした。鹿島も似たようなことをやった。二十年の三月、お母さんは女学校を卒業して、ハッとするほど女らしくなった。同じ月に硫黄島が全滅した。私たちが特攻隊で出撃するのが時間の問題になって来た。
鹿島は君のお母さんに求婚する、と言った。私も負けずに求婚する、と言った。間もなく死ぬという人間が、無茶な話だが、本気で嫁さんが貰いたかった。腕づくで来い、勝った方が求婚しようと鹿島が言い出し、殴り合った。私が負けた。鹿島が、おそろしいほど本気なので、ひるんだんだ。ところがいざ求婚となると、ガタガタして言い出せないんだな。その時になって〝死ぬ人間が嫁さん貰っても仕様がない〟などと言った。結局、求婚はしなかった。前と同じに、二人で訪ねては、酒を少しのんで帰ったりした。六月に、鹿島は、出撃して、それきりになった。出撃する時〝俺は仕方がない。もしお前が生き残ったら裕子さんをきっと貰え〟と鹿島は言った。〝生き残る筈がない。俺もすぐあとから行く〟と私は言った。ところが、生き残った」

竜夫「――」

陽平「――」

悦子「――」

吉岡「私は東京へ帰った。裕子さんには――お母さんには、会わなかった。仲間が次々と死んで行ったのに、自分が生き残ったということに圧倒されていた。とても、求婚などという余裕はなかった。戦争中の親切のお礼を書いた葉書を出しただけだった」

■裕子の家（夜）

裕子、ひとり、淋しいおそい夕食を食べている。

吉岡の声「敗戦の翌々年、秋の終りに、お母さんは突然上京して来た。お父さんの用事で、上野の図書館へ来たと言った。私は、荒れてる時でねえ。帰りに東京駅へ送っただけだった。その時動き出した汽車の中のお母さんを見て――」

■あるビルのロビー

吉岡「戦争中の気持が、溢れるように、よみがえった」

■裕子の家

食器を洗っている裕子。

吉岡の声「手紙のやりとりをした。私は生活を建て直す気になっていた。結婚しようと思った」

■あるビル・ロビー

吉岡「二十三年の夏、都城へ行った。駄目だった。夏草の茂った飛行場を見ると、ワーッと死んだ奴を思いだした。鹿島を思い出した。どうしても結婚をきり出せなかった。生き残ったのをいいことに、一人で幸せになっちまうのは、すまない気がして言い出せなかった。二十五年に、お母さんは、お嫁に行かれた」

竜夫「その前に、あなたに会ったそうですね」

吉岡「ああ」

竜夫「結婚話が進んでいる。でも結婚したくない。つまり、あなたと結婚をしたいと言ったそうですね」

吉岡「ああ」

竜夫「あなたは、逃げちまったそうですね」

吉岡「――」

竜夫「死んだ鹿島さんの気持を思うと、結婚はできないって、書き置いて、いなくなっちまったそうですね」

吉岡「ああ」

陽平「あんたは相当な嘘つきだ」

吉岡「なんだと?」

陽平「そんな話、信じられっこないじゃないの」

吉岡「どうして?」

陽平「いくら親友だったか知らないけど、死んだ奴に義理たてて、好きな女と別れるなんて、できすぎてて、しらけちまうじゃないスか」

吉岡「しかし、事実だ」

陽平「事実のような気がしてるだけでしょう。ほんとは簡単なことさ。あんたは、もう惚れてなかったってことさ。嫁さんにしたくなかったんだ」

吉岡「そうじゃない」

陽平「甘い話をつくりたい気持はわかるけど特攻隊で死んだ仲間が忘れられないから、結婚しねェなんて、ちょっと照れないで、しゃべりすぎるんじゃないかね」

吉岡「その時の気持は、しかし、そういうことだった。断じて、惚れてなかったなんてことじゃなかった。お母さんを好きだった。好きなら好きなほど、結婚して幸せになるのが、後ろめたくて仕方がなかった」

陽平「綺麗すぎるねえ」

吉岡「お前は、きたなきゃ信じるのか」

陽平「もうちょっと本当らしけりゃ信じますよ」

吉岡「どんな風なら、本当らしいんだ? 死んだ奴なんかサッサと忘れたと言えば信じるのか?」

陽平「人間は忘れるもんでしょう?」

吉岡「忘れなきゃ嘘だって言うのか? お前らは、その調子で、なんにでもたかをくくってるだけだ。恋愛も友情も、永続きすりゃあ嘘だと思う。人のためにつくす人間は、偽善者かバカだと思う。金のために動いたと言えば本当らしいと思い、正義のために動いたと言えば、裏になんかあると思うんだ。お前らは、そうやって人間の足をひっぱって、大人ぶっているだけだ。しかしな、人間は、そんな簡単なもんじゃないぞ。俺が、いまだに一人でいることを、お前らに言わせれば、相手がなかったとか、面倒くさくなったとか、そんなことで片付けようとするだろう。しかし、そうじゃない。幸せな家庭なんかつくりたくなかったんだ。死んだ奴に一人ぐらい義理をたてて、独身で通す奴がいてもいいという気持だったんだ」

陽平「戦後三十年たってるんだからねえ」

吉岡「甘っちょろいと言うのは簡単だ。しかし、甘い綺麗事でも一生をかけて、押し通せば、甘くなくなるんだ、と俺は思っている」

陽平「――」

吉岡「しらけて、わけ知りぶるのは勝手だが、人間には綺麗事を押し通す力もあるんだということを忘れるな」

陽平「――」

竜夫「それじゃあ親父はどうなるんです？　いやいや結婚したお袋は、親父に終《しま》いまでやさしくなかった。あんたが、お袋と結婚してりゃあ、親父は、もっとやさしい嫁さんをもらって幸せだったかもしれないんだ」

吉岡「それは別の話だ」

竜夫「そうですかねえ。お袋は、いつも心の中で、あんたと親父を比較してたんだ。そして親父の方が魅力がないとか思ってたんだ」

吉岡「二十何年も、そんなことが思える筈がない」

竜夫「あんたも、三十年以上、死んだ人を忘れてないんでしょう？」

吉岡「――」

竜夫「お袋も、あんたを忘れてないんだ」

■裕子の家

裕子「（ミシンをかけている）」

■車の中（夜）

吉岡、ひとり運転している。甘い音楽で。

■街路（昼）

ブティックの前。竜夫と陽平、歩道の街路樹の傍で、人待ち顔でいる。

悦子「（ブティックから出て来て、ちょっと二人に苦笑めいた顔を見せ歩き出す）」

陽平「どうした？（と続く）」

竜夫「――（続く）」

悦子「やめたわ」

陽平「いい店じゃねえか」

悦子「あそこでシーンとして一日店番してんのなん

て、性に合わないわ」
陽平「だから喫茶店にしろって俺言ったじゃねえか」
悦子「喫茶店もや」
陽平「そんな我儘言ってたら、仕事なんかあるもんかよ」
悦子「――（歩いている）」
陽平「そうかよ。やっぱりガードウーマンがいいかよ」
悦子「でも仕様がないよ」
陽平「どうして？」
悦子「あの人、駄目だって言ったもん」
陽平「そんなことかまうかよ」
悦子「だって、あの人が駄目だって言うのに入れる？」
陽平「警備会社はあそこだけじゃねえんだ。いくらだってあるんだ。他所《ほか》行ってなりゃあいいじゃねえか」
悦子「そりゃそうだけど――」
陽平「どうだ、おう。三人で、他の警備会社入らねえか。隣りのビルに、あいつがいたら、面白ェじゃねえか」
悦子「――」
竜夫「――」
陽平「そうかよ。あの中年がいなきゃ駄目かよ」
竜夫「俺はそんなことを言ってないぞ」
陽平「ま、あんな中年、仲々いねえからなあ」
竜夫「俺はそんなこと言ってねえッ」
陽平「わかってるよ。俺は彼女の心配してんだろ。なにカッカしてんだ」
竜夫「――（歩いている）」

■ビルEの外観（夜）
後藤「（周りを巡回して、裏手に来てハッとする）」
荒木「（かなりはなれて、ただ立っている）」
後藤「（電灯を向け）誰ですか？　なにをしてますか？」
荒木「（電灯は、薄くしかとどかない）人をね、待ってるんですよ（と低く言う）」
後藤「聞こえませんね。こんなおそくになにをしてるんです（と近づいて行く）」
いきなり途中のくらがりからピストルが出て、益田、後藤のこめかみを狙っている。
後藤「（ギクリと動かない）」
荒木「（猟銃をかまえている）」

益田「温和しくしてれば、殺さねえよ」
荒木「(後藤の腹に猟銃つきつけ)警備室へ行ってもらおう」
後藤「(うなずく)」

■ビル街の道

車のライトが、歩道と車道の間に腰をおろしている陽平、竜夫、悦子を照らして近づき、停まる。吉岡の車である。
吉岡「――(なんだ? という顔)」
陽平「(立ち上がりながら)あんたが、この道通るんじゃないかと思ってね(と窓からのぞく)」
竜夫「(立っている)」
悦子「(立っている)」
吉岡「なんの用だ?」
陽平「頼みがあるんですよ」
吉岡「ま、乗れ。夜中に、こんな所に坐ってる奴があるか」

■ビルE・警備室

素早くドアがあき、
荒木「動くな(と猟銃をつきつける)」
ソファで週刊誌を見ていた警備士、秋田、ポカンとする。ガタンと音。
荒木「(パッと一方を見て)動くんじゃねえッ!」
机の前で、両手をあげる中年の本山警備士。
荒木「そうだ。貴様(秋田)も両手をあげてろ」
秋田「(慌ててあげる)」
益田、後藤を押して中へ入って来る。
後藤「(両手を首の後ろで組んでいる)」
荒木「三人ともソファへ坐れ。両手をあげたまま、坐れ」
益田「(後藤をつく)」
後藤「(つかれて、よろけたと見せて、荒木の猟銃にとびかかる)」
荒木「(素早くかわして、銃床で殴りあげる)」
益田「(激しくピストルで後藤を殴る)」
後藤倒れるのを、荒木、もう一度殴りつけ、蹴り上げる。後藤、動かなくなる。
荒木「(荒く息をつく)」
益田「(ピストルを他の二人につきつけている)」
荒木「(本山へ)早くソファへ坐んねえかよッ!」

本山「（慌ててソファへつまずくように坐る）」
益田「両手をあげるんだ」
本山「（慌ててあげる）」
秋田「（おびえたまま、動けない）」
荒木「いいか、温和しくしてりゃあ、なんにもしねえ」
益田「（ハッとする）」
荒木「（耳をすます）」
益田「このビルじゃねえだろうな」

■ビルＥの前

吉岡の車、エンジンを切る。

■車の中

吉岡「三人ともか？」
陽平「え？」
吉岡「二人とも、警備員に戻りたいのか？」
陽平「いや、俺は別にその――」
竜夫「ぼくは戻りたくない」
陽平「ま、さしあたっては、悦ちゃんだけのことですけどね」
竜夫「――」
吉岡「明日、社の方へ言っておこう」
陽平「そうですか」
悦子「また、やになるかもしれないけど」
吉岡「それなら、よすんだな（ハッキリ言う）」
悦子「いえ」
陽平「ハハ、そういうバチッとしたとこが、しびれんだよな、悦ちゃんは、ハハハ」
吉岡「このあと新宿へ回るが、よかったら送るぞ（と出る）」
陽平「ああ、頼みます」

■車の外

陽平「土曜なんで、映画館で朝までいようと思ってたんですよ」
吉岡「（ドアを閉め）警備室で、お茶でものめ（とビルの方へ）」
陽平「あ、ロックしなくていいんですか。ここ」
吉岡「しといてくれ（と去る）」
陽平「なんだよ、仕様がねえガードマンだねえ（と閉め）じゃ、久し振りで警備室などのぞくかよ（とビルの方へ）」

悦子、竜夫も続く。

■警備室前の廊下

吉岡「（階段を降りて、足を止め、煙草のすいがらを一つ拾う。つまんだまま、警備室のドアをあける）」

■警備室

吉岡「（いきなり益田のピストルをつきつけられている）」

益田「動くんじゃねえ」

正面にソファの秋田と本山。床に後藤。

荒木「（猟銃を秋田らの方へつきつけたまま）巡回に来た上役さんだそうだな」

吉岡「――」

荒木「（秋田に）そうだなッ！」

秋田「そうです」

荒木「一人じゃなかったようだな」

吉岡「彼等はガードマンではない」

益田「両手をあげな。頭の後ろで組むんだ」

吉岡「（組む）」

益田「ソファへ行くんだ（と背中を押す）」

■警備室前の廊下

陽平「こっちかよ？（と声がして一階から降りて来てのぞき）おう。こっちらしいぞ（と後ろに言い）ちょっとお邪魔しま（で部屋の中を見て絶句する）」

■警備室

荒木「（低く）そのまま入って来るんだ（と猟銃をつきつける）」

陽平「（入る）」

荒木「（猟銃で脇腹をついて）動くな」

■警備室前の廊下

悦子「（降りて来て振り返り）いいじゃないの、のんで行けば（竜夫現れない）いらっしゃいって（と微笑する）」

竜夫「（現れる）」

悦子「わかるわ、あんたの気持。あの人（吉岡）を、好きになっていいのかどうか、わからないいんでしょ？」

竜夫「好きじゃないよ（とさっさと先に警備室のドアの

あいているところへ行き、ハッとする）」

■警備室

荒木「（陽平に銃をつきつけたまま）二人とも温和しく入って来な。さからうと、こいつに穴があくぜ」
益田「（吉岡らの方にピストルをつきつけている）」
荒木「両手をあげて頭の後ろで組むんだ。組むんだ（と陽平をつく）」
陽平「（組む）」
荒木「お前らもだ（とチラと竜夫たちを見る）」
竜夫「（組む）」
悦子「（組む）」
荒木「入って来い。さからうとどうなるかは足もとを見ろ（と後退しながら）椅子がねえ奴は、床へ腰をおろせ」
益田「（陽平、竜夫、悦子を押しやる）」
荒木「坐れ、坐るんだ」
　三人坐る。
荒木「なんてェこったよ。七人かよ」
益田「多すぎる」
荒木「とび入りが入ったんだ。仕様がねえ」
益田「仕様がねえですみゃあいいさ」
荒木「（両者とも椅子の六人から目をはなさない）すむかすまねえかは、こいつら次第だ。話にのるかどうかだ」
益田「話？」
荒木「あんたらに話があるんだ」
益田「なにを言ってんだ、お前は」
荒木「こっちを向くんじゃねえ。しっかり狙ってろ。妙な素振り見せたら、撃ち殺すんだ」
益田「（六人を狙ったまま）こいつら連れて九階まで上がるのはごめんだぜ」
荒木「黙っててくんないかね。あんたが頼りなんだ。あんたのピストルは、一人一人を殺せるがね。こっちのは、弾がとび散るんだ。一人じゃすまねえんだ。無駄な殺生はしたくねえ。俺はなるべく撃ちたくねえんだ」
益田「早くしようじゃねえか」
荒木「そうだ。俺も内心ジリジリしてらあ。下手に手間がかかると、ひき金ひきかねねえから、よく聞いてくれ」

吉岡「――」
荒木「実は、あんたたちをあてにして来たんだよ」
益田「――」
荒木「あんたたちは、ガードマンだ。正義の味方やなんかじゃねえ。契約して、このビルを警備してるだけだ。いわば、金のために働いてるわけだ。俺は、そういう、クールな人たちが好きなんだ。正義のためとか、社会のためとか、悪を憎んでとか、金なんかいらねえ、なんて警察へ入ってカッカしてる奴らは、好きじゃねえ」
竜夫「――」
荒木「割り切ってる人が好きなんだねえ。大人だよねえ。話がわかる。生命《いのち》を捨てて鉄砲の前に立ったりしないからねえ。そこで、まあ、相談だ。エレヴェーターの電源は、どこかね？」
後藤、ゆっくり手が動く。
荒木「そんなことで生命《いのち》をなくしたかないだろ？　まず、こっちのおっさん（本山）から行こうか。おっさんを狙ってくれ」
益田「（狙う）」
荒木「俺は他のみなさんを狙ってる。だから顔を見られねえが、おっさん、一番先に死ぬかい？」
本山「――」
荒木「エレヴェーターの電源だぜ。そんなもん教えたって、どうってことないじゃねえか」
本山「廊下へ出て」
荒木「いや、いいんだ。マーさんよ一緒に行って、電源を入れて来てくれよ」
益田「（本山へ）立て」
本山「（立つ）」
益田「来るんだ」
本山「（ピストルに誘導されるようにドアへ）」
益田「（ついて行く）」
荒木「（残った五人から目をはなさない）」
吉岡「――」
後藤「（荒木の足を見ている。足をさらうためには、少し手がとどかない。少しずつ動くショットを以下に時々入れる）」
荒木「とまあ、こういう段取りだ。言うことをきかねえと生命はねえ。次はおっさんの隣りのおにいさんだ（秋田を見ない）」

秋田「――」
荒木「（銃を向けて激しく）何階にあるって聞いてるんだッ」
秋田「キュッ――九階です」
荒木「（銃を吉岡に向け）ドアの鍵は、どこにある？」
秋田「そ、そんなものは――」
吉岡「そんなものを――」
荒木「手前に聞いちゃあいねえッ！」
秋田「警備員が鍵を持っているなんてことは、ございませんです。本当であります」
荒木「（静かに微笑して）まあ、いいだろう。鍵はいいんだ。相棒は、鍵が大好きでな。ドアの鍵なんざあ、ノブをひねるのとおんなじ手間であけちまうんだよ」
吉岡「――」
荒木「にいさんよ」
秋田「あの――」
荒木「あんたのことだよッ」
秋田「はい」
荒木「このビル、ガードしてどのくらいだ？」
秋田「や、や、やく、およそ、えーイチニイサン、シ、いま数えてます。えー、五、六だから、あの、五カ月と、あの、ひと月前には、いたわけだ」
荒木「つまり、あの、えー」
秋田「はい」
荒木「あんた見たことあるんだよ」
秋田「はあ」
荒木「あのおっさん（本山）も見たことがある。それでねえ、それで今夜を選んだんだ」
秋田「はあ」
荒木「あんたが頼りだ。あんたが協力しなけりゃ、すべては滅茶苦茶だ。ヤケクソで、撃ちまくるぜ」
秋田「しかし、自分は――その」
荒木「（いきなり後藤を蹴りあげる）」
後藤「（のびてしまう）」
　足音がして、本山を先に益田、帰って来る。
益田「（本山を押し）元へ戻れ」
本山「（秋田の横へ行く）」
荒木「エレヴェーターは動くかい、おっさん」
本山「動く」
荒木「（後藤を蹴り上げる）この野郎、人の足をさらおうとしやがった。いくら給料貰ってるか知らねえが、こんな目に（と蹴り上げ）あってもひき合うほどは貰ってねえだろうが」
益田「上へ行くか?」
荒木「まだ聞くことがある。おっさん（本山）も一緒だ」
本山「――」
荒木「九階の東洋貴金属の警報装置は、どうなっている?」
秋田「――」
本山「そ、そんなことは」
荒木「知っている筈だ」
本山「ガードマンは、そういうことまでは知らんのだよ。ビル全体の警備はするが、中のひとつひとつの部屋については、その部屋の持ち主がやることで、ガードマンが、そんなことまでは知りようがないんだ」
荒木「ところが知ってるんだ。九階の東洋貴金属に限って、あんたらは知ってるんだ」
本山「知らんよ」
荒木「（秋田へ）にいさんは、知ってるな」
秋田「し、し、知りませんです」
荒木「ひと月前、あそこでダイヤモンドの展示会があった。ガードマンが四人で警備をしていた。そのうちの二人が、にいさんとおっさんだ。あと仕末を手伝って、あそこの支配人だか社長だかが帰るまで一緒だった。祝儀でも貰ったんだろう。エレヴェーターの前で、敬礼して、あそこの奴が帰るのをニコニコ送ってたろうが」
本山「――」
秋田「――」
荒木「終りまでいたんだ。警報装置を知らねえ筈はねえ。知らねえと言いはるのは勝手だが、七人の生命がひきかえになることを忘れるな」
本山「――」
秋田「――」
吉岡「ガードマンは、そんなに信用されていない」
荒木「退屈な展示場に一日立っていたんだ。教えてもらわなくても、商売柄、警報装置には目がいった筈だ」
吉岡「あて推量で脅迫するのは無茶だ」

荒木「お前は黙ってろ」
吉岡「俺たちは金で動いてるだけじゃあないぞ」
荒木「撃っちまえ、この野郎を撃っちまえッ！」
益田「（吉岡を狙う）」
吉岡「撃つなら撃て。俺たちが金だけで動いていると思うのは大間違いだ。生命《いのち》が惜しくて、なんでもすると思うのは大間違いだ」
陽平「やめてくれよ。格好いいこと言うのはやめてくれッ」
荒木「そうだ。格好いいことは言わねえ方がいい」
陽平「知ってることがあるなら、教えちまえよ。つまんねえ意地をはるなよ」
荒木「さすが若い奴は話がわかる。（秋田へ）給料いくら貰ってる？」
秋田「手取りで、ございますか？」
荒木「そうだ、手取りだ」
秋田「残業を含めて、平均、大体、十一万から十三万てところであります」
荒木「それで生命を捨てるのは、バカバカしいじゃねえか。誰も非難しやしねえ。言っちまいな、言っちまいなよ」
秋田「――え――」
吉岡「人間をなめちゃいかんッ！」
益田「（撃つ）」
吉岡「（肩を撃たれて、背後の壁へ叩きつけられる）」
荒木「さあさあさあさあ、こっちもカッカして来たぞ。何故心臓ぶち抜かねえんだ」
益田「わざとそらしたんだ」
荒木「ホホホホ、そうともよ。そうとも。無益な殺生はしたくねえんだ、俺たちは」
吉岡「いいか。人間はそんな安っぽかあないぞ。おどかせばなんでもやると思うな。金だけで動いてるんじゃあない」
陽平「金だけで動いてるんだ。他になにがあるんだ」
吉岡「誇りがあるぞ。人間には誇りがある」
荒木「（猟銃を突き出す）」
吉岡「（突かれて、のけぞって気を失う）」
荒木「そうだ。人間にはホコリがある。叩けばホコリが出る身体ってェ奴よ。格好いいこと言っちゃあいけねえ。立て。全員立つんだ」
立つ。
荒木「（益田へ）二人を動けねえようにしとかなきゃ

いけねえな」
益田「まかしとけ」
荒木「エレヴェーターへ歩け。おっさんとにいさんは、警報装置をよーく思い出すんだ」
竜夫「やめろオッ（と思わず言ってしまう）」
益田「（後藤を殴る）」
荒木「（竜夫を見て）お前も死にてェ口か？」
竜夫「――」
荒木「損得を考えるんだよ。ここでさからって、どういう得がある」
陽平「大丈夫だ。こいつは、これ以上さからわねえ」
荒木「お前は話がわからあ」
陽平「ああ。さっさと上がって、なんでも持ってってくれよ」
益田「（吉岡を殴る）」
悦子「（たまらず、悲鳴のような溜息が出る）」
竜夫「いいかい？　さからわなきゃ、なんにもしねえんだよ、ねえちゃん」

■エレヴェーターの中

荒木、本山、秋田、竜夫、陽平、悦子、益田が乗っている。

悦子「どうなるの、この人たちが盗みを終ったら、私たち、どうなるの？」
荒木「自由の身さ」
悦子「そんなこと信じられる」
荒木「殺したけりゃ、用のねえあんたなんか、とっくに死んでるぜ」
悦子「顔を見てるのよ。ほっとくはずがないわ」
荒木「ところが、ほっとくんだ。あんたたちは顔なんか見なかったんだ。俺たちはストッキングで顔をかくしてたのさ。もしそうじゃねえ、なんて言う奴がいたら、どっちからともなく、鉄の玉が飛んで来るのさ。この猟銃があっちこっちへ撃ちこまれたのを覚えてるな」

エレヴェーターのドアがあく。

■九階の廊下

七人出て来る。

荒木「（一番最後にいて）ドアの前まで行って止まるんだ」

一同、ドアの前まで行く。

荒木「にいさんよ。ドアをあけると、ブーなんてもんはついてないだろうな」
秋田「つ、ついていません」
荒木「鍵ってものは、どんなに早くあいちまうもんか、見物してるんだな」
益田「（ピストルをズボンのベルトの間へさしこみ、上着を脱ぐ。上着の裏に、鍵をあけるための七つ道具が、キチンとさしこまれている特製のポケットがある。上着を床へ敷く）」
本山「（顔をあげ）あんたたちは、ほんとに私たちをあてにして来たんだねえ（と静かに荒木に言う）」
荒木「ああ、そうともよ」
本山「私たちが、ひき合わないことはしないって知ってたんだねえ」
荒木「これでも苦労してんでね。人間てもんを知ってんのよ。誰が安い給料で生命かけるかい。さっきの奴（吉岡）はえらく立派なことを言ってたが、ああいうのは一種の子供だ。ちゃんと育ってりゃあ、ものの損得がわかるはずだ。（益田に）まだかい？　鍵は」
益田「素人はだまっててくれ」
荒木「玄人のわりには時間がかかるじゃねえか」
本山「私は知らない。いや、たとえ知っていても言わない」
荒木「うん？」
本山「吉岡さんの言うとおりだ。たかをくっちゃあいかん。私にも誇りがある」
荒木「おいおい――（と苦笑）」
本山「あんたらを許せんという誇りがある」
陽平「やめてもらおうじゃねえか」
カチンと音がしてドアがあいたらしい。
荒木「あいたかい？」
益田「ああ」
荒木「このジジイを狙ってくれ。にいさんに用がある」
秋田「――」
荒木「ドアをあけろ」
秋田「（ドアをあける）」
荒木「どこにある？」
秋田「まず、はじめは、光線の警報装置が入ってすぐのところにあります」
荒木「高さは？」

秋田「（膝あたりに掌を持って行き）このあたりです」
荒木「切るには、どうする？」
秋田「切れません」
荒木「嘘をつけ」
秋田「タイムスイッチで、九時までは切れません」
荒木「這って抜けりゃあいいわけだな」
秋田「はい」
荒木「ＯＫ（と振り向いて陽平と目が合い）なんだ？」
陽平「別に？」
荒木「なんかたくらんでやがったな（と猟銃でつく）」
陽平「（腹を押さえる）」
荒木「調子のいいこと言いやがって、なんかたくらんでやがったなッ（と竜夫を語尾尻で見る）」
悦子「（いきなりドアに向かおうとする）」
荒木「なにしやがる（と止めようとして猟銃で横殴りをする）」
悦子「（倒れる）」
竜夫「（荒木の腰に素早くとりついて、ドアの中へ突進する）」
忽ち、光線の警報装置に触れ、リャアリャアと警報が鳴り渡る。
陽平「（益田にしがみついている）」
益田「（ピストルを撃つ）」
本山「（益田の腕をねじ上げる）」
猟銃の音がする。ガラスが割れる。しかし、それは荒木の最後のあがきで、竜夫と秋田が、とりおさえている。
悦子「（こめかみから血を流して、両者を見て小さく）やったァ（涙が溢れそうになりながら言う）やったァ」
鳴り続けている警報ベル。

■ある大病院の前（昼）

バスが来て停留所で停まる。降りる人々の中に裕子がいる。重箱のようなものを風呂敷包みにして持ち、花束を持っている。病院の門を入って行く。

■病院の廊下

前シーンを含めて音楽を聞かせる間が充分あるぐらいの長さがほしい。
裕子「（たとえば廊下の角を曲がってハッとする）」
少しはなれて、竜夫、悦子、陽平が立ち止まる。
陽平「こんにちは」

裕子「こんにちは」
悦子「（会釈する）」
裕子「帰るの？（と竜夫へ微笑して言い、目を伏せる）」
竜夫「――（その母を見つめている）」
陽平「（気にして）わりと元気ですよ。喜ぶな、きっと（と笑う）」
竜夫「この先の右側だよ」
裕子「（竜夫をチラと見て、目を伏せ）あなたが、いいやなら帰るわ」
竜夫「お母さんの勝手だよ」
裕子「――」
竜夫「今晩、夕飯食べに行くよ（と歩き出す）」
裕子「――」
陽平「さよなら」
悦子「さよなら」
裕子「さよなら（と会釈して立っている）」

■病院・玄関の表

竜夫「（靴をつっかけるようにして出て来て乱暴にはく）」
陽平「（かかとを入れながら出て来て）まあ、親父さんは死んじまったんだ。つき合わしてやれよ」
竜夫「だから、ほってあるじゃねえか」
悦子「綺麗な人ね」
陽平「ああ、おりた方がいいぜ」
悦子「なにを？」
陽平「あんた、吉岡にちょっとこう、（傾く）だったろうが」
悦子「そんなことないよ」
陽平「（へへと笑い）しかし、おどろいた話だぜ、三十年たっても、本当に惚れてるのかよ、二人で」
竜夫「知るか、そんなこと（となにかを蹴とばす）」

■病室

個室である。ドアをあけ、裕子、そっとのぞく。

吉岡「（額と肩に繃帯をして寝ていて）やあ（と微笑）」
裕子「（微笑して会釈し、入ってドアを閉める）」
吉岡「（見つめている）」
裕子「こんにちは」
吉岡「いらっしゃい」

■道

竜夫と悦子、陽平、歩いている。

陽平「あんな野郎は、はじめてだぜ。人間はきたねえもんだって言う奴はゴマンといるけどよ。綺麗なもんだときやがった。恋は長続きするわ、親友のことは忘れねえわ、金で動いたりはしねえわ、まったく、それをまた、目の前で見せやがるから、こっちはフラフラまきこまれちまったりするんだ。柄にもなく強盗つかまえちまったりよ」

竜夫「――」

陽平「しかし、ああいうのは危険だな。あいつは、どっかで、こう現実から目をそらしてるぜ。あいうのにひきずられると危えな、おう」

竜夫「――」

陽平「俺は入んねえぞ。あいつの下でなんか働かねえぞ。あぶねえや、あいつは」

竜夫「――」

悦子「ああ、昔はよかったわねえ。私も特攻隊の頃生まれてりゃなあ」

陽平「もっと激しい恋ができたか？」

悦子「ほんと」

陽平「まったくな。ちっとうらやましくねえこともねえな」

竜夫「――（歩いている）」

■ヘリコプターより見た東京

■ヘリコプターの上

吉岡「（声は聞こえないが、トランシーバーでなにか言っている）」

竜夫の声「それから、ほぼひと月半で、吉岡さんは仕事に戻った」

■ある屋上

悦子、制服姿で、ヘリコプターを見上げながら、トランシーバーで答えている。

竜夫の声「悦ちゃんは、吉岡さんの下で、生き生きと働いている。そして、あれほど入らねえ、と言っていた陽平も」

■ある街角

王様でも通るのか、日の丸の旗と、どこやらの国の旗を持った人々が並ぶ中で、陽平、聖子とやに下がっている。

竜夫の声「いまは、吉岡さんのもとで働いている。上役の彼女と忽ち適当にやっているのである。
ぼくも戻ろうかと何度か思った」

■東名高速道路

トラックを運転している竜夫。

竜夫の声「しかし、なんとなくふんぎりがつかないで、東京と名古屋の間のトラック便を運転しているのである」

■ヘリコプターの上

吉岡「(トランシーバーで指示している)」

竜夫の声「吉岡さんという人に魅力を感じてしまっていいのかどうか、ふんぎりがつかないのである」

■ある屋上

悦子「(トランシーバーで答えている)」

■ある街角

陽平「(トランシーバーで答えている)」

■トラックの中

竜夫。

■ヘリコプターの中

吉岡。

■ヘリコプターより見たる東京

「男たちの旅路・第Ⅰ部 3話」キャスト・スタッフクレジット

キャスト

吉岡晋太郎――鶴田浩二
柴田竜夫――森田健作
杉本陽平――水谷 豊
島津悦子――桃井かおり
柴田裕子――久我美子
後藤良司――前田 吟
田中 清――金井 大
沢 新子――木村有里
浜宮聖子――五十嵐淳子
斉藤司令補――中条静夫
荒木清二――石田信之
益田謙造――丹古母鬼馬二
本山警備士――梅津 栄
秋田警備士――頭師佳孝

スタッフ

音楽――ミッキー・吉野
美術――稲葉寿一
技術――箱崎敏行
中継――宮内修一
効果――柏原宣一
擬闘――林 邦史朗
制作――近藤 晋
演出――中村克史

II

一九七七年二月五日～二月十九日 放映

1

廃車置場

「仕事から、はみ出せない人間にイキイキした仕事などできん。はみ出さない奴は、俺は大嫌いだ」

■国立代々木競技場の表（昼）

「体操国際選抜大会」の日、開場したばかりで、正面は車と人で騒然としている。ピピピピーッと鋭くホイッスルが鳴る。

■同、駐車場

杉本陽平が駐車場内通路を勝手な方向へ行く一台の中古乗用車を追いかけ、車体を叩きながらホイッスルを吹いたのである。

陽平「（運転席に追いつき）駄目だよ、あんた勝手に入っちゃ。ガードマンの指示に従ってくれよ、ガードマンの」

運転者は鮫島壮十郎である。壮十郎、車を止める。

陽平「（なお言いつのり）人がこっちだ、こっちだって言ってんのに、こっち（前方）に入っちまいやがって、俺がこうやって（手で方向を示す仕草）るのに、見えねえ筈ねえだろ！」

壮十郎「あいてるじゃない、あそこ（と前方を顎で指す）」

陽平「え？　あいてたって駄目だよ。ガードマンがこっちだって言ったら、こっちなんだよ。バック、バック、バックして（前方へ回り）バックバックバック（と派手にガードマンを楽しんでいる）」

■競技場・内部

手拍子を打って選手の入場を迎える観衆。入場して来る選手たち。コマネチはじめ、外国人選手の顔が見える。

■競技場・表

走りこむ、遅れて来た観客。入口の警備をしながら、中の様子が気になって仕様がない、島津悦子。

■駐車場

格好つけて一段落した車の列を見渡している陽平。小さくギクリとする。壮十郎が車の列の向こうに立っていて煙草に火をつけ、フーッと煙草をはき、急に陽平の方を見る。陽平、ギクリとする。壮十郎、ニヤリとする。

■競技場・警備室

スター選手たちの美技（テレビ生中継・画面）。警

備をさぼって、テレビのスター選手にすっかり見惚れている悦子。田中清派遣隊長が肩を叩く。悦子、あ、と気がつき敬礼して、
悦子「島津警備士、勤務中異常ありません」

■競技場・内部
聴衆大拍手
タイトル「廃車置場」

コマネチの美技。

以下、クレジットタイトル続いて、キム、コルブト、サージなどのダイナミックな動き。

タイトル、終る。

■競技場・表
陽平「(見上げながらピーッと笛を吹き)おい、何をしてる。あぶない。降りろ」
壮十郎「(二階の屋外回廊の石づくりの手すりの上を歩いている)」
陽平「降りないか。ピーッ(とホイッスル)おい、聞こえないわけねえだろ? 降りろ! こっち向け! おい、こら(と二階へ駆け上がって行く)」

■二階・屋外回廊
陽平「(駆け上がると、壮十郎はいない。手すりに駆けより下を見)畜生(と見回すと)」
壮十郎「(背中が遠くをチラと横切る)」
陽平「ピーッ(とホイッスルを鳴らし)ちょっと待て(と走りながら)そこの人、ちょっと待ちなさいッ!」

■競技場・外部
壮十郎走る。陽平、走る。壮十郎は、さッと挑発するように角を曲がる。ひたすら陽平は走って追う。

陽平「(見失って、荒い息、立ち止まり、汗を拭き)畜生。何処へ行きやがった(と荒い息をしてヒャッと声が出そうにおどろく)」

意外な近くから壮十郎、やや嘲笑気味に笑って汗を拭き拭き現れ、たとえば手すりへ行って遠くを見る。

陽平「(頭へ来て)一体、なにをしてる! 此処で何

をしてるあんたは！（と近づく）」
壮十郎「来たことなかったんでね」
陽平「それでッ？」
壮十郎「見物だよ」
陽平「答えにならないね。それじゃあ何故本官から逃げたのかッ！　本官が待てと言った時、何故逃げたッ！」
壮十郎「警備会社でも本官なんて言うの？」
陽平「え？」
壮十郎「自分のことを本官なんて言うの？」
陽平「質問に答えてないね！　あんたは、コマネチを見に来たんじゃないの？　体操を見に来たんじゃないのか？」
壮十郎「ここら見に来ただけだよ」
陽平「迷惑だね。迷惑じゃない」
壮十郎「そうかね？」
陽平「当り前じゃないの。ただでさえ込む日に、見物で駐車場をつかうことないじゃないの！」
壮十郎「なんていうの？」
陽平「なにがッ？」
壮十郎「あんたの警備会社の名前さ」
陽平「そんな質問に答える必要を認めないッ！（とかなり官僚的になっている）」

■あるグラウンド
雑多な服装の入社希望が、グラウンドを走っている。
浜宮聖子「（ハンドマイクで）はい、女性はここまで。男性はあと二周して下さい。男性はあと二周して下さい。男性はあと二周です」
田中「（その横で見ている）」
陽平、一方から制服で格好つけて田中の方へやって来て、敬礼。
陽平「ご苦労さまです」
田中「おう」
陽平「斉藤司令補から言われました」
田中「ああ、後藤さん、いなくなっちゃったんでな」
陽平「まかしといて下さい（と走る男たちを見る）」
田中「いや、まだあんたには、入社試験や社員教育は早いと思ったんだが」
陽平「そんなことないですよ、そんなこと」
田中「ま、私が、大体はやるから」

陽平「大丈夫スよ（聖子へ）あ、浜宮警備士どうも
（と敬礼し）ハハハ、おうおう、だらしのねえ
走り方しちまって、もう。ハハハ（の笑いが
すっと消えて行く）」
走る男たちの中に壮十郎がいるのである。
陽平「（口の中で）あの野郎――」
壮十郎「（走っている）」

■グラウンドの一隅

田中「気を付けェ。右へならえッ！」
陽平「右へならえッ。右右右右」
男女の志願者がモタモタ整列している。
陽平「もたもたしてるねえ」
田中「そんなこと言うなって（と小声）」
陽平「大丈夫ですって（と軽くいなして一同へ）警備
士になろうという人はですね、いまぐらいの
マラソンで顎出してるようじゃ仕様がないで
すよ。気を付けェ！　気を付け、気を付け。
指先をのばす、指先を」
田中「ちょっと杉本君よ」
陽平「（無視して）休めッ！　あ、あんたおそいねえ
（と壮十郎の前へ行き）おそいんだよ。休めって
言われたら、パッ。気を付けって言われたら、
パッ。こういう風に、素早く反応しなくちゃ
いけないんだよ（一同に）いいスか命令に従
えないような人はやめてもらいますよ（大声
で）気を付けェッ！　休め（壮十郎に）ほら、
あんた、おそいんだよ。休めって言われたら、
パッ。休めって知ってんだろ、休めっていう
言葉」
壮十郎「知ってるよ」
陽平「知ってるよって、そんな言い方があるかよ（一
同へ）いいいですか、警備会社は階級序列を
大事にしますよ。『知っていますッ』上役には
そういう風に答えなくちゃいけない。そいじゃ
なきゃ秩序が保てない。気を付けェッ！　休
めッ！　気を付けェッ！　休めッ！　気を付
けッ！　休め（と悪のりしている）」

■研修所・教室（夜）

陽平、制服姿でドドッと部屋の隅へ叩きつけられ、
椅子や灰皿を倒す。ドッと笑う研修生たち。倒し

たのは壮十郎である。田中はくさっている。

陽平「バッカだな、ほんとに、まったく（と痛さを耐えて立ち上がり）本気でやる奴があるかよ。（一同へ）いいかい、おう。静かにッ！　静かにしたまえッ！（一人を指し）ヘラヘラ笑ってんじゃないよッ（一同へ）そりゃ、こいつは強いよ。そりゃ、これだけ俺よりでかいんだから、強くたって不思議はないよ。そんなことは面白くも何ともないよッ！　いいかい、俺の言いたいのはだな、こういう風に（と壮十郎を指し）こういう風に自信たっぷりの奴ほど怪我をしたり生命を落としたりするって事だよ」

吉岡晋太郎「（廊下の窓越しに見ている）」

陽平「（それにチラと気づくが、無視して）いいかい、いまの俺が素手だったから、こいつは怪我をしねえですんだんだよ。仮にだよ、仮に俺が、あんた（パッと素早く傍らの警棒を持ち壮十郎に不意打ちをかける）」

壮十郎「（あっという間に、その警棒を払って陽平をつき倒している）」

陽平「（無念やるかたなく）ピストルだったらどうするんだよ。ピストルだったら（と指でピストルの型をつくって壮十郎につきつけて立ち上がり）いいかい（一同へ）みんなは弱いんだ。みんなは弱いんだよ（と言うがあまり説得力なく、急にカッとなり戸へ行きガラッとあけ）そこで何見てんですか。入って来たらいいじゃないスか。協力したらいいじゃないスか、（振り返って）一同、起立ッ！　吉岡司令補だッ！　起立起立起立」

吉岡「（入って来て）いや、坐ってくれ（背広姿である）」

陽平「なにもいいじゃないスか、人が起立って言ってんのに」

吉岡「いや、坐ってくれ」

陽平「じゃ着席。着席着席（席へ行こうとする壮十郎に）あんたは待った。そこにいろ、まだ」

壮十郎「（振り返り立っている）」

吉岡「いや、どんな人が入社を希望して、どんな風に研修を受けているか、見せて貰いに来ました。吉岡司令補です（と一礼する）」

一同「（一礼）」
吉岡「杉本警備士は（と陽平を見る）」
陽平「なんスか？（と挑戦を受けたような顔をする）」
吉岡「少々口汚いが、言ってることに間違いはない」
陽平「そりゃそうですよ、そりゃあ」
吉岡「（一同へ）ガードマンは、拳銃は勿論、多くの場合警棒も持っていない。自分は弱いという事を忘れてはいけない。自分の力を過信して、犯人を単独で捕まえようとするような事は、できるだけ避けなければならない」
陽平「そんな事、口で言ったたって駄目なんですよ。やって下さいよ、ガガーンと」
田中「杉本君」
陽平「いいじゃないスか。俺たちン時あんなにふっとばしといて、今日は口だけってェのは、そりゃあないでしょう、吉岡司令補（と後半は吉岡に向かって言う）」
吉岡「よさないか」
陽平「（一同に）俺なんかね、この人にのっけにふっとばされたんだよ。それから、お前らは弱いんだって言われた。そりゃあ身に沁みるよ。だから、それからこっち、イキがってあぶないことなんかしないよ（吉岡へ）この男、見て下さいよ（と壮十郎をひっぱって来て）こういうのは身体で教えなきゃ駄目ですよ。口でいくら言ったたって自分は別だと思ってますよ（壮十郎へ）そうだろう？　腹ン中じゃ、犯人素手で捕まえてやらあなんて思ってんだろう」
壮十郎「（苦笑する）」
陽平「ほーら、こんな風に笑っちゃって。自信たっぷりじゃないスか。いいんスか、こういうのが怪我しても、司令補」
吉岡「――」
陽平「どうスか？　田中さん」
田中「それは、しかし――」
陽平「見てみたくないんですか？（一同へ）吉岡司令補っていやあ、うちの会社で誰もかなう奴がいねえんだよ。そこへ、こいつが来たってわけよ（と壮十郎の腹を叩く）」
壮十郎「（パッと腕をつかんで叩かせない）」
陽平「わかったよ（と振りはらい）どっちが強いか見たくないんですか？（と田中に迫る）」

田中「そりゃあ、あんた」
陽平「見たいでしょう?」
田中「見たい」
陽平「ハハ、いいねえ、この先任長は、(とちょっと叩いて)やって下さい。司令補。こいつの自信を、ぺちゃんこにして下さい。さもないとこいつ、きっと怪我しますよ。(壮十郎に)いいかお前が吉岡司令補をやっつけたら、少しは尊敬してやらあ。やって下さい、やって下さい、司令補」
吉岡「賑やかな男だ(と苦笑する)」
陽平「気取っちゃって気取っちゃって、駄目ですよ。気取ったって。強い奴は強い所を見せたくなる。ピストル持ってる奴は打ちたくなる。刀を持ってる奴は、斬りたくなる。こりゃあ人間の本性ですよ。やって下さいよ、こいつ(壮十郎)を、ふっとばして下さいよ。(壮十郎へ)司令補をふっとばしてみろよッ! どうスか、司令補。おっかないですか、負けそうですか?」
壮十郎「(自信がある、今にもとびかかりそうな様子で吉岡を見る)」
吉岡「(壮十郎を見て)空手か?」
壮十郎「はい」
吉岡「私は、柔道を少しだ(と背広を脱ぐ)」
陽平「(背後へ回って、それを受けとりながら)これは試合じゃないですよ、喧嘩。強盗とガードマンの仁義なきたたかいですからね」
吉岡「黙らないか」
陽平「黙ります」
吉岡「(壮十郎を見る)」
壮十郎「(見る)」
陽平「(田中の傍へ顔を寄せ)どっちが勝っても面白いでしょう?」
田中「面白い(と小声。面白がっている)」
吉岡「かまわん。かかって来たまえ」
壮十郎「――」
吉岡「来たまえ」
壮十郎「――」
吉岡「杉本君の言うとおり、大分自信があるようだ。いかんな。君のような警備士は大抵怪我をする」
壮十郎「(いきなり吉岡へ、激しい声をあげて拳をつきつけて行く）」
あっという間に壮十郎、叩きつけられて、逆手にねじ上げられている。

■研修室・食堂

陽平「（戸をあけて楽しげに入って来て）ま、掛けろよ。へへへへ、（と魔法瓶と湯呑みを二つとりに行きながら）どうだい、世の中には強い奴がいるんだよ。だから、あんまりでかい面《つら》をするなって事よ。ハハハ」
壮十郎「（戸を閉め、腰をおろす）」
陽平「どうだい？　この会社、気に入ったか？」
壮十郎「ああ」
陽平「そうかよ。フフ、ま、この一週間の研修が終って、俺がガードマンにふさわしいと判断すれば入社できるわけだけどよ」
壮十郎「（うなずく）」
陽平「入れてやっかなあ。ハハハハ」
壮十郎「（仕方なく微笑）頼むよ」
陽平「頼むよって事はねえだろ。頼みますって言えよ、頼みますって」
壮十郎「俺の方が大分年上だ。こういう時は、対等にしゃべろうじゃないか」
陽平「へへ、ま、それもそうだな。ハハ」
壮十郎「失業してな」
陽平「倒産かい？」
壮十郎「自分でやめた」
陽平「そうかよ」
壮十郎「仕事をさがしてた」
陽平「なるほど」
壮十郎「あんたを見た」
陽平「へへ、そうかよ、そういう事かよ。大方、格好いいとでも思ったんだろうが、そんなもんじゃないぞ、ガードマンは」
壮十郎「あんたは仕事を楽しんでいるように見えた」
陽平「（苦笑して）楽しんでるわけねえじゃねえか。仕事は仕事よ」
壮十郎「からかいたくなるほど、仕事に疑いを持っていないという風に見えた」
陽平「それじゃバカみてェじゃねえか。そんな事はないよ。そんなお前ガードマンなんて仕事をそんないいもんだとは思っちゃいないよ。しかし、人間仕事をしなきゃ食っていけねえやな、七時間か八時間、他人のために使ってよ。あとの時間を自由にしようってわけだ、クールなもんよ、俺なんか」

壮十郎「俺が走ると、あんたは一所懸命追いかけて来た」

陽平「挙動不審なら仕様がねえやな」

壮十郎「笛を吹いたり、怒鳴ったりするのが、楽しそうだった」

陽平「楽しいわけねえって言ってるだろ」

壮十郎「仕事が楽しいに越したことはないじゃないか」

陽平「そんな甘いもんじゃねえんだぞ、ガードマンてェのは」

壮十郎「それはそうだろうが」

陽平「ま、入ってみろよ。入れてやっから入ってみろよ。冗談じゃないよ。楽しいだと。フフへへへへッ」

壮十郎「入るについて条件がある」

陽平「条件。お前の方からかよ？」

壮十郎「そうだ」

陽平「生意気言ってくれるじゃねえか」

壮十郎「仕事を選びたいんだ」

陽平「選ぶ？」

壮十郎「できるなら。納得できる場所を警備したい。命令されれば、なんでも守るというような仕事はしたくない」

陽平「そんな勝手なことをさせるわけねえじゃねえか」

壮十郎「その条件をのむかどうか、上の人に聞いてみてくれないか」

陽平「そんなもの、相手にするわけねえじゃねえか」

壮十郎「あんたの意見を聞いてるんじゃない。とりついでくれと言ってるんだ」

陽平「俺じゃ相手にならねえって言うのか？」

壮十郎「あんたに権限はないだろう」

陽平「そんなね、そんなバカバカしいことをとりついだら、お前」

壮十郎「とりつぐだけとりついでくれ、と言ってるんだ（とにらむ）」

陽平「この野郎、でかい口ききやがって（ひるんでしかし虚勢をはり）鮫島とか言ったな」

壮十郎「そうだ」

陽平「（立って）名前はなんてんだ？」
壮十郎「壮十郎だ」
陽平「壮十郎？」
壮十郎「鮫島壮十郎だ」
陽平「この野郎、下手な時代劇みてェな偽名つかいやがって」
壮十郎「本名だ。抄本が提出してある」
陽平「名前までイキがりゃあがって。変な野郎が来ゃがったもんだぜ、まったく（と出て行こうとして戸にぶつかる）」

■研修所・職員室

吉岡、腰を掛けて十数人分のクリップで止めた履歴書をめくっている。吉岡の机があるという風には思わせたくない。不特定の机を反対側から使っているというような事でもいい。前に立っている陽平と壮十郎。間。

陽平「だから、その、そんなバカバカしいことをとりつげるかって言ったんですよ」
吉岡「――」
陽平「言って下さいよ。司令補から。そんな甘いこと言ってオマンマ食えると思ってんのかとかなんとか、もう、俺がなんか言ったって、こいつバカにしやがって、言う事聞かないんですよ」
吉岡「さっきは大勢の前だったから、注意しなかったが」
陽平「言った方がいいですよ。ちょっといい気になってますよ、こいつ」
吉岡「君のことだ」
陽平「あ、俺がなにしたって言うんですか」
吉岡「言葉づかいには気をつけろって言ってる筈だ」
陽平「あ、ええ――」
吉岡「いやしくも指導する側にありながら、君の言葉づかいは低劣を極めている」
陽平「低劣を極めてると来たね、どうも」
吉岡「俺だの、お前だの、こいつだの、研修の指導に当るものが、そんな事でどうする」
陽平「そんなそんな、みんな気にしちゃあいないスよ、今の奴らは」
吉岡「私が気になる」
陽平「そりゃ戦中派は、そりゃあ」

吉岡「席をはずしてくれ」
陽平「え？」
吉岡「申し出については、彼と二人きりで話そう」
陽平「なにを話すって言うんですか。警備の場所をいちいち選ばしてたら、統率もなにもとれないじゃないスか」
吉岡「席をはずしてくれと言っている」

■廊下
陽平「（出て来て、ドアを閉め）まったくまあ、えらそうな顔しやがってもう」

■研修所・職員室
吉岡「理由を聞こう」
壮十郎「はい（と掛ける）」

■あるグラウンド（朝）
田中が中心になって、他に一人若い指導員と研修生（含む壮十郎）が体操をしている。イチニサンシ、イチニサンシ。

■研修所・職員室前廊下
陽平「（戸をあけて出て来て振り返りながら）みんな勝手に選ばせたら、どうなると思うの？」
聖子「体操がはじまってるわ（行こうとする）」
陽平「（立ちはだかり）つまんない倉庫の警備なんか誰も行かなくなっちゃうだろうが」
聖子「吉岡司令補が、そんなこと許す筈がないでしょう」
陽平「許したって言ったもん、壮十郎が、条件のんだって言ったもん」
聖子「あなたね、私が上司だということを忘れないで頂戴」
陽平「忘れないよ」
聖子「その言葉づかいなに？」
陽平「いまはプライヴェートじゃない」
聖子「キリカエがきかないじゃないの。いつもちゃんとして頂戴（と行こうとする）」
陽平「いつもって（と追う）」
聖子「（振り返り）あなた嫌いよ。昨日はワーワー研修生しごいて、今日は体操も出ないなんて、気まぐれすぎるわよ（行ってしまう）」

陽平「体操してるじゃないですか、先輩。イチニ、イチニ（と両手をひろげたりしながら追いかけて行く）」

■本社・会議室

幹部が数人テーブルを囲んでいる。吉岡と大沢司令補が向き合っている。

大沢「そんな条件を吉岡さんが独断でのむというのは、越権行為じゃありませんか」
吉岡「だから、こうしていまみなさんにお願いをしている」
大沢「私は反対ですね。当然でしょう。我が社の組織が強固になるためには、上からの命令が、支障なく下部に徹底するということが、何より大事じゃありませんか。誰々をどこそこへ派遣すると命令した時、そこは気に入らんから他所へ行くと部下に言わせて、規律が保てますか？」
吉岡「誰にでも許すとは言っていない」
大沢「例外を一つつくればひろがりますよ」
吉岡「そうだろうか？」
大沢「規則というものは、そういうものですよ。例外をつくれば、きっとそこから穴はひろがって、規律はやぶれて行きますよ。規則に例外をつくってはいけないんです。上からの命令は絶対とする。そう決めたら、それで押し通すしかないんです。誰だから許す、誰だから許さんという規則はありませんよ。そんな条件に弱腰になることはありません。応募者はいくらでもいるんです。命令を黙って聞けない人間は採用しなければいいんです」
吉岡「命令を黙って聞く人間しかやとわんというのは情けないかね？」
大沢「我が社は警備会社です。命令にさからう人間をやとって、成り立つと思うんですか？」
吉岡「無論命令を黙って守るという原則は必要だ。しかし、守らん人間は、全部切り捨てろ、というのでは、規則にがんじがらめじゃあないかね」
大沢「規則というものはそういうものでしょう」
吉岡「私はそうは思わない。規則は時に応じて破るべきものだと思っている」

大沢「それで統率がとれますか？　ある人間には敬礼しろと言い、ある人間にはしなくていいと言って規律が保てますか？」
吉岡「問題をそんな風にひろげてはいけない。いま私が許したい、と言ってるのは鮫島君という研修生に、ある程度、警備する場所を選ばせてやろう、という事だけだ。それ以外の規律は無論守らせる。私が責任を持つ」
大沢「一人にそんな権利をあたえて、他の社員の不満をひき出さなきゃいいですがね」
吉岡「こんなことを言い出して来たのは、彼だけです」
大沢「そりゃあそうでしょう」
吉岡「言い出して来た人間ぐらい、選ばせてやるくらいの柔軟性が、会社にあってもいいでしょう」
大沢「社長は、どうお考えですか」
小田社長「（終始目を閉じて聞いていたのが目をあき）いいでしょう。ひとつのケースだ。やってみようじゃないですか」
吉岡「そうですか」
小田「ま、会社の包容力テストですな」
小田が笑うので、一同も少し笑う。

■ある工事現場（昼）

激しく打ちおろされるエアハンマー。トラックの出入り。ヘルメットをかぶった壮十郎が、道へ出るトラックの誘導をしている。

■あるビルディングの前

私服で頭へ来て歩いて来た陽平、振り返って、同じく私服の悦子に、
陽平「なにしてんのよ。歩くのおそいんだよ」
悦子「あんたがネズミみたいに早すぎるのよ」
陽平「ネズミとはなによ、ネズミとは（としょっ中動いている）」
悦子「あ、このビルにいるの？」
陽平「頭へ来てんだろ？　悦ちゃんも」
悦子「来てるよ」
陽平「そんなら、もうちっとハキハキついて来いよ（とビルの中へ入って行く）」
悦子「（続く）」

■ビル・電気系統設備室

吉岡「（制服で見回りながら）夜勤あけか」
陽平「一晩中寝てないんですよ。眠くてたまんないですよ。しかし、頭へ来ちゃってねえ。悦ちゃんとこ電話したらやっぱり頭へ来たって言うから、そいじゃいっちょ抗議しようじゃねえかなんて、さがしちゃいましたよ、まったく」
吉岡「なんの抗議だ？」
陽平「あの野郎ですよ、壮十郎。あいつ競輪場の警備断って、品川の工事現場警備に行ったそうじゃないですか」
吉岡「誰に聞いた？」
陽平「ルートがあるんですよ」
吉岡「言い触らさんでくれ」
陽平「言い触らしゃしねえけど、ちょっと甘やかしすぎじゃないスかね？」
吉岡「うむ」
陽平「あいついくつよ。もうちょっとで三十なんでしょう？　いい年こいて競輪の警備はいやだなんて、カマトトもいいとこじゃないスか。もうちっとね、もうちっと選ぶならマシな選び方すると思ったよ。競輪場より工事現場の方がいいなんて、まるで女学生の感覚じゃないの。そんなもの、ハイハイ言うこと聞いて選ばしとく司令補も司令補じゃないスか。なあ悦ちゃん、そうだろうが」
悦子「そう思うけど」
陽平「けど、なによ」
悦子「なんでもないけど」
陽平「なんか調子狂うだろ、それじゃあ、（吉岡へ）どうなんですか？　競輪はギャンブルだから、警備したくないなんていうカマトトを、司令補はニコニコ許したんですか？」
吉岡「まだ入社をしたばかりだ。多少、妙な選び方をしてもやむを得ない」
陽平「おう（と絶望してみせ）これがエコヒイキじゃなくてなんでしょうか」
吉岡「悦子君」
悦子「はい」
吉岡「しばらくだな」
悦子「はい」
吉岡「勤務がかけちがっていた」

悦子「なんか、なつかしくなって来ました」
陽平「そりゃないだろ、悦ちゃん、それじゃ、俺一人でキーキー言ってるみたいじゃないの」

■別のビル（昼・雨）
壮十郎、雨に濡れて立哨している。

■工場
雨に濡れてパトロールしている陽平。

■なにかの会場の外
雨に濡れて、車に駐車場の位置を指さして教えている悦子。

■別のビル
壮十郎、動かず立哨している。人通りも車もない。
壮十郎、次第に腹が立って来る。急にカッとなり、傍らのなにかを蹴とばす。

■ビルの中の廊下
濡れたまま壮十郎がグイグイと歩いて行く。

■地下室・階段と廊下
壮十郎、駆け降りて、警備室のドアをあけ、中へ。

■警備室
田中「（テレビモニター前にいて顔をあげ）どうした？」
壮十郎「ここの警備は、やめさせて貰います（とコートを脱ぎ出す）」
田中「なんだと？」
壮十郎「何故雨の中で立っていなければならないんですか？」
田中「そういう契約だよ」
壮十郎「意味がないじゃありませんか。ひさしの下でも、玄関の中でも、充分警備はできるはずです」
田中「そういうことさせたいんだって。わかるだろ？」
壮十郎「わかりませんね」
田中「ここの社長は、そういうの好きなんだって」
壮十郎「私たちは警備士じゃないんですか。社長の好みで、無意味に雨の中に立たされる必要が何処にあるんです」
田中「そりゃそういう約束で金貰っちゃってんだか

壮十郎「金を返したらいいでしょう。馬鹿にされて口
　惜しくないんですか」
田中「おい、こら」
壮十郎「なんですか？」
田中「お前は、ここを選んだんだぞ。選んでこのビ
　ルに来たくせに、今更、なにを言ってるんだ」
壮十郎「雨の中に立つとは思わなかったんです」
田中「雨ぐらいでおどろいたか」
壮十郎「濡れるのを文句言ってるんじゃありません。
　無意味だからです。そんな苦労をしたって、な
　んの意味もないから、我慢できないんです。そ
　んな風に、人の労力をバカにするのが我慢で
　きないんです」

■一杯のみ屋（夜）
田中「（酔って吉岡にからんでいる）そりゃ無意味だよ。
　そりゃあ、雨の中に立っている必要はなんに
　もないよ。だけど、会社がそういうことで契
　約しちゃったんだから仕様がないじゃないの。
　それを気に入らないって、途中で帰っちまうっ
　てェのは、あんまり勝手じゃないかね？　吉
　岡さん」
吉岡「途中で帰ったのは悪いが、あの立哨が無意味
　なのは事実ですね」
田中「そりゃそうだよ。そんな事はわかってるけど、
　会社が契約しちまったんだから」
吉岡「そんな契約をした会社がいかんですね」
田中「え？」
吉岡「社員を無意味に雨の中に立たせるような契約
　はしちゃあいけなかった」
田中「そんな事言うけど、競争だからねこの会社も。
　断ってりゃあ、ドンドン他の警備会社に押さ
　れちゃうよ」
吉岡「あいつが、労を惜しんだんじゃないという事
　だけはわかってもらいたいな」
田中「バカにかばうじゃないの。バカに、あの若造
　をかばうじゃないの、あんた」

■駐車場（夜・雨）
　壮十郎、濡れて車を誘導している。

■本社・会議室（昼）

腰をおろしていた六人ばかりの警備士がガタガタと立ち上がる。

吉岡「（入って来て）配置替えを希望しているそうだな」

丸山「理由は、それぞれここに書いてあります（と書類を提出し）新入社員一名だけに、配属先を選ぶ権利をあたえているというのは非常におかしなことだと思うわけです。私たちも、それぞれ配属先には不満を持っています。しかし、上司の職務上の命令には忠実に従うという服務規定に契約した以上、いたずらに不満を言うことは避けようとつつしんでいたわけです。例外をつくられた吉岡司令補に、その理由を強くただすと共に、私たちの配属替えの要求を提出するわけであります」

吉岡「ゆっくり、これは読ませて貰おう。妥当だと思われるものについては、人事とも計って、希望通り配属を替えよう。ただ、鮫島君が、君たちとちがうということだけは言っておこう。彼は、入社をする時、上司の職務上の命令には忠実に従うという一項には契約印を押さなかった。配属先を選ぶ権利を要求して入社した。そんな条件を出した人間は他にはいない」

丸山「そんな条件を出せば入社できないと思ったんです」

吉岡「彼もそう思った。しかし、出した。彼だけが特別扱いされても仕方がないだろう」

丸山「改めて、私たちも要求します」

吉岡「自分で悩んで、条件をつきつけて来た人間と人が成功したのを見て尻馬に乗って来た君たちとでは本質的にちがうんだ」

丸山「尻馬に乗るとはなんですか！」

青年たち、口々に「失敬なこと言うな」「俺たちも悩んでたんだ」「そいつと司令補の関係を聞こう」など意味はやや不明でも、大声で勝手に吉岡にせまる。

■道（夜・もしくは夕方）

駐車可能な脇道。勤務を終え、私服に戻った壮十郎が、自分のボロ車のところへ帰りながら、背後からついて来る青年たち（私服）を気にして、車

のところまで来て、サッと振り返り、

壮十郎「さっきからつけて来るようだが――」

青年側の顔は見せない。

青年A「お前は、ひとりで勝手な動きをして、社員間の人間関係をこわしている」

壮十郎「会社の人か」

青年B「ひとりでイキがるんじゃねえってこった」

青年A、青年Bの台詞は、グイグイ壮十郎にせまりながら言い、青年Bの台詞の終りには、壮十郎は、四方を囲まれていて、たちまち乱闘となる。壮十郎も、さすがに相手が多く苦戦をするが、決して打ちのめされない。乱闘中に――。

■屋上（昼）

制服の吉岡が、煙草をすっている。横に、小田社長が私服で現れて立つ。

小田「吉岡さんよ」

吉岡「あ（と見て、軽く会釈する）」

小田「（遠望しながら）やっぱり、まずかったねえ」

吉岡「はあ」

小田「会社もある程度の柔軟性は持つべきだと思ったんだが、人間関係が悪くなるのはいけないやね」

吉岡「はあ」

小田「私服で、勤務外だからよかったが、制服着て勤務中に殴り合いでもされたら、会社の命とりだぜ」

吉岡「申し訳ありません」

小田「いや、こっちも同調したんだから、仕様がないや、フフフフ」

吉岡「彼をどうなさるおつもりですか？」

小田「その事だがね――」

吉岡「責任は私にあります」

小田「たしかに、少し強引だった」

吉岡「はあ」

小田「何故だい？」

吉岡「はあ？」

小田「理由を言わないじゃないか」

吉岡「ですから、仕事を選びたいと言って来た男は彼だけですから」

小田「それだけで、あんなにいれこむかい？」

吉岡「――」

小田「彼に辞めて貰おうと思ったんだが、君が特別にいれこむ理由があるなら、聞いてからにしよう、と思ってね」
吉岡「はあ――」
小田「履歴書を改めて見たんだが、東京製作所を依願退職している」
吉岡「はあ」
小田「一流とは言えないまでも、あそこを辞めてうちへ来るのは、不自然でないこともない」
吉岡「はあ」
小田「聞いてるんだろう？（理由を、の意）」
吉岡「言いたがりませんでしたが、聞きました」
小田「うん」
吉岡「彼は課長代行という位置にいて、下請会社の倒産を仕組んだそうです」
小田「倒産を仕組んだ？」

■研修所・職員室

壮十郎「下請が持っている特許を親会社が手に入れるためです」
吉岡「君のアイディアか？」
壮十郎「私はそんなことを考えません」
吉岡「命令か？」
壮十郎「重役から内命を受けて、倒産させました」
吉岡「うむ」
壮十郎「断れば断れるという命令ではありませんでした」
吉岡「うむ」
壮十郎「しかし、やるべきではありませんでした」
吉岡「うむ」
壮十郎「一家心中をしそこなった人まで出たんです」
吉岡「うむ」
壮十郎「こたえました」
吉岡「うむ」
壮十郎「ウジウジ二カ月迷って、それから退職しました」
吉岡「うむ」
壮十郎「新しい職場では、できるだけ仕事を選んでみよう、と思いました。それが、罪ほろぼしになるとは思いませんが、二度と、命令だからどんな仕事でもするという働き方はしたくない、と思いました。そのために、昇進がおくれても仕方がない、と思いました。こんな我儘がどこまで通るかわかりませんが、仕事を選ばせてもらえる職場につきたいんです。条件をつけるなど非常識ですが、できたら、お認めいただきたいんです」

吉岡「認めなければ？」

壮十郎「残念ですが、他の仕事をさがします」

吉岡「うむ――（考える目になる）」

■屋上

小田「そういうことか――」

吉岡「私は、戦後の自分を余生だと考えているところがありました」

小田「うむ（わかる）」

吉岡「同期の仲間が、特攻機で次々と死んで行った。たまたま自分は生き残った。あとの人生は、余生だ。欲深く生きることはすまい、というところがありました」

小田「うむ」

吉岡「仕事を選ぶという事もなかった。せいぜい地味なところをさがすという程度のことでした。社長の前ですが、仕事を生活の手段以上のものとは考えていなかった」

小田「うむ」

吉岡「正直言って、彼にはおどろいたんです」

小田「うむ？」

吉岡「仕事を選んで、できるなら、なるべく意味のある所で働きたいと、正面から条件を出して来た人間に、年甲斐もなくおどろいたんですね」

小田「うむ」

吉岡「この男は現在を生きている。私は、過去を捨てきれず、生きている」

小田「うむ」

吉岡「現在を生きていれば、仕事を選ぼうと思うのは当然だ。当然なことを、私は長い間考えなかった。余生だ、余生だ、と思っていた」

小田「うむ」

吉岡「できるだけ選ばせてやろう、と思ったんです」

小田「うむ」

吉岡「選ぶがいい、その気持を忘れるな、という思いでした」
小田「そうか」
吉岡「東京自動車のテストコースのガードに、いま二名行ってますね」
小田「うむ？」
吉岡「野島化学の多摩川研究所も二名です」
小田「それが？」
吉岡「どちらかを選ばせて、暫く都心からはなすということで、お許しいただけませんか？」
小田「うむ」
吉岡「彼に責任はありません」
小田「あくまで——」
吉岡「は？」
小田「あくまで選ばせたいわけか？」
吉岡「はい」
小田「（苦笑気味に笑う）」
吉岡「（薄く笑う）」

■テニスコート（昼）

テニスをする娘たち。金網越しに見ながら立ち止まる陽平。続いて立ち止まる壮十郎。私服。

陽平「どうだよ、眺めいいだろうが」
壮十郎「研究所はどこなんだ？」
陽平「お前不健康な野郎だねえ。目の前に、可愛い子がいたら眺めりゃあいいじゃねえか」
壮十郎「子供じゃないんだ（行く）」
陽平「子供が見るかよ。大人だから見るんだろうが（と壮十郎の背に言う）」

■野島化学・多摩川研究所・表

陽平「（前シーンと対照的に壮十郎を従えてもっともらしく入って来て守衛室の前へ行き）東洋警備の杉本警備士であります（と敬礼）」
守衛「（老人）新顔かい？」
陽平「いえ、私は前に一度派遣されたことがありますが、（口調をかえ）ほら、おじさんとやったじゃない、五目並べ」
守衛「記憶にないな（ニコリともしない）」
陽平「あ、しらけるねえ（とくさり、気をすぐとり直し）えー、こいつは、新入りの鮫島警備士であります」
壮十郎「（一礼する）」

陽平「本日から、この二名で夜勤をつとめさせていただきます（壮十郎に）よろしくって言えって」
壮十郎「よろしくお願いします」
陽平「よろしく（と一礼し）ちょっと明るいうちに、構内を説明して来ますので、どうも」
壮十郎「失礼します（と一礼）」
守衛「はいよ（と気がない）」

■研究所・正面
陽平「（来ながら振り返って）な、くえねえじじいなんだよ（と小声で言い、指さす）」
壮十郎「うむ」
陽平「あれがお前、ここの主みてェに長いこと守衛やっててよ。夜だけ俺たちがやとわれて来るわけよ」
壮十郎「これが研究所か（と建物を見る）」
陽平「ああ、これが研究所よ。研究所の門入って来て、正面にありゃあ、大抵これが研究所ってわけよ。へへへ、こっち来な（と一方へ去る）」

■研究所・別棟のはずれ
陽平「（建物にくっついて、建物の横手の道を窺い、手だけ後方へ振って）ちょっと来てみろ、ちょっと」
壮十郎「なんだ？」
陽平「見ろって、見ろって（とひっぱって道の方をのぞかせる）」

■建物横の道
誰も通っていない。道に沿って低い塀があり、通る人の上半身は見える。
陽平「いいかよ（と建物の陰から出て来て）いまは誰も通ってないけどな。これが有名な女子寮通りよ」
壮十郎「女子寮通り？」
陽平「この奥にな、富川繊維の女子寮が二棟ばっちりあってよ。みんな、お前此処通るんだ、ここ。二部制でな、一番手は朝の五時に起きて出勤よ」
壮十郎「五時？」
陽平「お前ね、今時の娘だって、よーく働いてるのいるのよ。五時の奴は、昼すぎに帰って来る。

昼からの連中は、十二時頃、ゾロゾロ行くわけよ。それが、夜の九時頃ゾロゾロと帰って来る。ここで、こうやって腰掛けていりゃあ、好きなのがひっかかるってわけよ。ヒヒヒヒヒッ（と見ると老婆が通って行く）あ、おばあちゃん、こんにちは」

老婆「こんにちは」

陽平「ああいうのは、ひっかけない。ヒヒヒヒ、こっちこっち（と裏手へ行く）」

■研究所裏手

陽平「（歩きにくいところを歩きながら）この会社はな、なに研究してるか知らねえけど、やたらしのびこまれるの警戒してるとこでな。あのじいさんがまた、裏を気をつけろ、裏を気をつけろって言いやがる。だから、この辺は夜中に三回は通らなきゃならない（までは説明、あと続けてボヤキで）のに、また、やたらと乱雑にしてあるじゃないの（と何かを片付けたりして）夜中じゃ、つまずいちゃうよ、まったく」

壮十郎「（やはり何かを片付ける）」

■裏手のグラウンド

陽平「ほんでもって、このグラウンドってわけよ。これだけンとこ二人で番しろったって、そうは行くかッてなもんだけど、ま、気楽なもんよ。本社寄らねえでいいしな。巡察もめったに来ないしな。産業スパイなんて、もっと来ねえしな。ハハハハ（と逆立ちをしようとして）ヨッと、ヨッと（と尻をあげるができない）おっかしいな、老化したかな、ちょっと、ヨッと、ヨッと」

壮十郎「（パッと一遍に逆立ちしてしまう）」

陽平「（くさって）なんだよ、しらけるねえ。わかったよ、お前が、猿みてェなのは」

■野島化学研究所・門（夜）

門は閉じられ、シンとしている。

■守衛所

制服の壮十郎が、さっき老守衛がいたところに腰を掛けて外を見ている。同じく制服の陽平は、横手の二畳ばかりの畳にころがって週刊誌を見ている。
陽平「よう」
壮十郎「うん?」
陽平「(起き上がり) バカみてェにずっとそんな所に坐ってんじゃねえよ」
壮十郎「ああ」
陽平「誰も通らねえだろうが、みんな帰っちゃったろうが」
壮十郎「ああ」
陽平「どうしてこう俺の相棒ってェのは、口数の少ねえのが多いんだろうね (と立ってのびをし) あ、九時の、見そこなっちゃったなあ」
壮十郎「九時?」
陽平「横の道だよ。女の子がゾロゾロ帰って来るって言ったろうが」
壮十郎「ああ (と苦笑)」
陽平「五時には行ってようじゃねえか。え?」
壮十郎「ああ」
陽平「おい、なに見てんだよ (と壮十郎の視線の先を見て) なに見えるんだ」
壮十郎「門の外で、アベックがキスしてた」
陽平「どこで?」
壮十郎「行っちまったよ」
陽平「この野郎。水くせェ野郎じゃねえか (と叩き) おい、こら」
壮十郎「うん?」
陽平「此処へな、お前と組んで来ようってェ奴は誰もいなかったんだぞ。お前はエコヒイキされてるってな、みんな総スカンよ」
壮十郎「知ってたよ」
陽平「俺だけだぞ。俺が、それじゃあ行ってやろうって、こうやって来てやったんじゃねえか」
壮十郎「ありがとう」
陽平「そんならお前、キスしてたら、見せてくれたっていいじゃねえか。やんなっちまうなあ」

■本社・会議室

ぽつんと吉岡、ひとり本を読んでいる。カチャリとドアがあき私服の悦子がのぞく。顔を上げる吉岡。

悦子「帰んないんですか」
吉岡「まだいたのか」

悦子「本読んでるんですか？（入って来る）」
吉岡「ああ」
悦子「おんなじねえ」
吉岡「うん？」
悦子「独りもんは、家帰ってもつまらないもんね」
吉岡「（苦笑して）誰かいないのか？」
悦子「陽平、夜勤で、多摩川の方へ行っちゃったでしょう」
吉岡「ああ、そうか」
悦子「あの人いると、キャアキャアお酒のんで面白いんだけど」
吉岡「私じゃ、面白くないな」
悦子「ううん。たまには、もっともらしいおしゃべりもしたいもの」
吉岡「もっともらしいとはなんだ（と苦笑）」
悦子「ワハ、私って言葉づかい駄目なのよねえ」
吉岡「駄目だと言ってないで、ならわなくちゃいけないな」
悦子「フフ、そういうとこがしびれちゃうのよ。昔の親みたいで」
吉岡「なにを言うか（と苦笑してしまう）」

■研究所・横の道（未明）

鶏の声。人通りはない。
陽平の声「ほうれ、このあたりは鶏が鳴くんだよな」
研究所。別棟のはずれから横の道を窺っている陽平。その横に立っている壮十郎。
陽平「そんなしらけた顔すんなよ」
壮十郎「寒いな」
陽平「見てろよ、見てろって（とそっぽを向いている壮十郎をひっぱり）おっと来た（とパッと身をかくし、壮十郎もかくし）来たからよ、見てみろよ」
横の道を、低く笑い声を立てながら数人の娘たちが出勤して行く。
陽平「（それを見ながら）な、言った通りだろうが。いま時、五時から仕事に行く娘たちがいるなんて、知らなかったろうが」
壮十郎「（見ている）」
三三五五の感じで通って行く娘たち。
陽平「機械を止めねえからよ。こんな朝から行くんだよ。それでお前女子寮でよ。眠いから早寝したりするだろ。男とつき合うチャンスないし、寂しいわけよ。こういうの、あんた嫁さんにすりゃ、いいよ、きっと。生意気じゃなくてよ。まったく当節、娘っこ生意気だからねえ。味も素気もないからねえ」

壮十郎「――」

通って行く娘たち。

■街（昼）

早朝の娘たちと対照的に、派手な服装でウィンドウショッピングする娘たち。スケッチ風に。洒落たウィンドウの中など。

■研究所構内（夜）

陽平が走る。懐中電灯を持って。

■守衛所の前

陽平「（駆けて来て、戸をあけ）おい、変な奴がいるんだ（とすぐひき返す）」

壮十郎「（すぐとび出して走る）」

陽平「お前、そっちから回れ（と建物の両側から追いつめようとする。走る）」

壮十郎「（反対側へ走る）」

■研究所周囲

それぞれの場所を懐中電灯で敏捷に照らしながら小走りに行く陽平と壮十郎。

■裏手

陽平「（来て、遠く電灯を見て）いねえか」

壮十郎「（まだ周囲を照らしながら来る）」

陽平「いねえじゃねえか（と歩きながら）たしかに見たんだけどよ（と周りを照らしながら壮十郎と合流）」

壮十郎「一人か？」

陽平「一人よ。男よ。お前ぐらい背があってよ」

壮十郎「逃げようと思えば何処からでも逃げられるからな」

陽平「ズックはいてやがったんだ、ズック」

壮十郎「ズック？」

陽平「これはお前、尋常じゃないよ。入る気だったんだ」

壮十郎「ちょっと（と耳をすます）」

陽平「うん？」
壮十郎「向こうだ（とグラウンドの方へ走る）」
陽平「（走る）」

■グラウンド

壮十郎「（その入口まで来てパッと身を低くする）」
陽平「（追いついて）どうした？」
壮十郎「女の声が聞こえた」
陽平「女？　男だって、さっきのは」
壮十郎「黙らないか」
陽平「――」
壮十郎「――」
陽平「聞こえねえじゃねえか」
壮十郎「女がさからうような声を聞いた」
陽平「真冬だぜ、おう。この寒いのに痴漢が出るかよ」
壮十郎「グラウンド暗いとこ、見るんだ。向こう回ってくれ（と一方へ行く）」
陽平「指図しやがるじゃないの（と言いつつ懐中電灯をつけ、言われた方へ走る）」
壮十郎「（見て行く）」
陽平「（見て行く）」
グラウンドの金網前で合流し、
陽平「いないね。そうそうのろまじゃあないよ」
壮十郎「ああ」
陽平「ま、この向こうだよ（と金網を指す）」
壮十郎「たしかに、女の声を聞いた」
陽平「だから、この向こうだって」
壮十郎「そうだな」
陽平「痴漢がそっちでなにしようと勝手だけど、へへ、こっちへ（と振り返り）しのびこまれたりすると、こりゃモロに俺たち減点もんだからな」
壮十郎「もう一度、一回りしよう」
陽平「ああ」
壮十郎「裏の非常階段のドアたしかめてくれ（と先へ行く）」
陽平「おい、こら」
壮十郎「うん？」
陽平「俺に指図するような口きくんじゃねえよ」
壮十郎「くだらないこと気にするな（と行ってしまう）」
陽平「畜生。俺も空手ならおう、空手」

■研究所裏手の空地と道（朝）
パトカーが停まって、空地を刑事と警官が、検証している。

■守衛所
守衛「（制服でお茶を注ぎながら）真冬に強姦とはねえ。この裏の道は物騒なんだよねえ（と小さなテーブルにお茶を置く）」
吉岡「（テーブルの前に腰掛けていて）どうもこれは（と一礼）」
二畳の方で、陽平と壮十郎、私服に着替えていて、
陽平「また女の子がよく通るからさ」
守衛「ああ。遅番の子は、まともに帰っても九時だからね」
陽平「ちょっとスナックでもよりゃあ十時、十一時はすぐだもんね」
守衛「そりゃあ、あんたらが声を聞いた時だったんだなあ」
陽平「ねえ。目の前だったんだよねえ」
守衛「ま、所内じゃなくてよかったが」
陽平「ほんとほんと。昨夜は、どっかに忍んでんじゃねえかと思って、一晩中、落ち着かなかったもん。ハハハハ」
壮十郎「――」
吉岡「――」

■多摩川の畔
吉岡の運転する車が、土手を降りて来て、川べりに停まる。

■車の中
陽平「（助手席にいて）なんですか、ここ」
吉岡「ちょっと、降りよう」
陽平「眠いんですけどねえ。寒いのに、こんな川見たくないんですけど」
吉岡「（かまわず降りる）」
壮十郎「（降りる）」

■岸辺
吉岡「（川を見て立つ）」
壮十郎「（立つ）」
吉岡「乱暴された娘さんは、殴られて一週間の傷だ

と言ったな」
壮十郎「はい」
吉岡「君は声を聞いた」
壮十郎「はい」
吉岡「声を聞いて何故そのままにした？　走って、さがしましたよ。だけど金網の外じゃ仕様がないでしょうが。中は、あれからも調べたんだ。文句言われる筋合はありませんね」
陽平「そのままにしやしませんよ。走って、さがしましたよ。だけど金網の外じゃ仕様がないでしょうが。中は、あれからも調べたんだ。文句言われる筋合はありませんね」
吉岡「（壮十郎へ）君も、そう思うか？」
壮十郎「（目を落とし）事件があったことは残念ですが、私たちの警備範囲外ですから、やむを得なかったと思うしかない（いきなり吉岡に殴り倒される）」
吉岡「――」
陽平「なにすんだよ！」
吉岡「それが仕事を選んだ人間の言い草か？　何故、金網の外へ出なかった？　何故、声を聞いたなら、道へ出て、その声をつきとめなかったんだ！　まともな人間てものは、そういうもんだ。悲鳴を聞いたら、どこで聞こえようとそこへ走るのが、人間てもんだ。仕事の範囲じゃなけりゃあ出て行かないのか？　お前もそんな野郎だったのか？」
陽平「ちょっと待ちなよ、ちょっと。声聞いて何処へでも行ってたら、仕事はどうなるのよ。その留守に泥棒入ったら、どうすんのよ」
吉岡「入ってもかまわん。声を聞いたら、とび出してつきとめるのが人間てもんだ。仕事の範囲から一歩も出ないなどというのは、人間じゃない」
壮十郎「――」
陽平「だけどねえ――」
吉岡「お前も殴られたいか」
陽平「殴られたく、ないです」
吉岡「仕事を選んで、イキイキ仕事をしたいというのがお前の希望じゃなかったのか？」
壮十郎「はい（目を落とす）」
吉岡「そんなことで、仕事がイキイキできてたまるか」
壮十郎「――」
吉岡「仕事をはみ出さない人間は、俺は嫌いだ。杉本」
陽平「はいッ」
吉岡「靴屋にカバンを直してくれと頼みに来たら、お前なら断るか」
陽平「カバン屋へ行けと言いますねえ」
吉岡「カバン屋が傍にないから来たんだ（と大声で怒る）」
陽平「そんな、怒ったって、そんな」
吉岡「直してやるのが人間てもんだ。困ってる人間を目の前にして、俺は靴屋だからカバンは直さんと言ってるのが、お前たちだ」
壮十郎「――」
吉岡「何故、警備の範囲などという事を考えた？」
壮十郎「――」
吉岡「何故とび出して行かなかった？」
壮十郎「――」
吉岡「仕事から、はみ出せない人間にイキイキした仕事などできん」
壮十郎「――」
吉岡「はみ出せ。範囲などはみ出せ。裏の道が物騒なら、その道も警備してやれ。それが、人間の仕事ってもんだ。はみ出さない奴は、俺は大嫌いだ」
壮十郎「――」
陽平「――」
川が流れている。

■研究所・構内（夜）
懐中電灯が照らして行く。壮十郎である。立ち上がり、道へ出て行く。

■研究所裏手の空地と道
事件のあった道。歩いて行く壮十郎。懐中電灯で照らす。

■グラウンド・外の道
金網の外をパトロールして行く壮十郎。

■塀の高い道
壮十郎、パトロールして行く。

■守衛所

壮十郎「(入って来る)」
陽平「(仮眠していて、半分目をあき)何処まで行ってた?」
壮十郎「女子寮までだ」
陽平「女子寮まで? お前もバカ正直に、そんな所まで行っちまって、どうすんだよ」
壮十郎「あんたは——」
陽平「うん?」
壮十郎「司令補の言う事を聞いて、なんとも思わないのか?」
陽平「そりゃ感じるよ。ひと理屈よ。しかしお前、そんな、仕事をはみ出せったって、そんな余裕あるか? この研究所だって大へんな広さじゃねえか。それ二人で見て回って、その上周りの道まで手が回るかよ。警察がやりゃあいいんだ。俺たち怒るのは筋違いってもんだよ」
壮十郎「俺は、司令補の言う通りだと思った」
陽平「へへ、そうかよ(なんとなく鼻白らむ)」
壮十郎「その通りだ、と思った」
陽平「ま、イキがるのはいいけど、肝心の、警備範囲を忘れないでくれよな(と毛布をかぶる)」
壮十郎「——」

■多摩川(昼)

水鳥が、群れている。

■研究所・グラウンド(夜)

その建物に近い側を夢中で走る娘。追いかける長身の三十男。
娘「誰か、誰か(逃げるのに夢中で声が出ない。足を払われて、つまずくようにころぶ)」

■研究所裏の空地と道

懐中電灯を照らして陽平が見て歩いている。

■グラウンド

娘、足を掴む男の手を振り切って逃げる。追いすがり倒してのしかかる男。

■グラウンドの金網の外の道

陽平、懐中電灯を照らしながら通って行く。

■グラウンド

口を押さえられ、バタつく娘。上から押さえている男。遠くの金網の向こうを陽平が懐中電灯を照らして通って行く。

■守衛所

陽平、入って来る。

壮十郎「(仮眠していて目をあけ) あ、あーッ (と起きる)」
陽平「なにも起きることはねえやな」
壮十郎「いや。ちょっと回って来る」
陽平「回って来たとこだろうが」
壮十郎「外の道だ (と支度をする)」
陽平「回って来たって言ってんだろうが」
壮十郎「外もか?」
陽平「そう言ってるだろう」
壮十郎「(意外で見直し) そうか」
陽平「俺だってなにも、そうそうすれっからしなわけじゃねえんだ」
壮十郎「そうか」
陽平「ただ俺はな、あのえらそうな説教面が気に入らねえんだ」
壮十郎「そうか (と微笑し、外へ行こうとする)」
陽平「何処行こうってんだよ」
壮十郎「小便だ (と出て行く)」
陽平「あの野郎もまあ、人のことを信用しやがらねえでもう」

壮十郎の声、鋭く、「おいッ! ちょっと待てッ!」と走る音。

陽平「(ギクッとして立つ)」

■横の道

手前の所内の敷地で、追いつめようとする壮十郎。逃げる男。陽平、すっとんで来る。ワッワッと男を追いたてる。男、いきなり、「ウォーッ」と叫んで、ナイフをつきつける。

陽平「刃物持ってるぞ!」
壮十郎「百十番してくれッ!」
男「(一方へドッと逃げる)」
壮十郎「(追う)」
陽平「(つい追うが) 百十番するぞッ (と叫び立ち止まる)」

■道

走る男。追う壮十郎。

■グラウンド（朝）

先夜、男女が争ったあたりに警官、刑事、陽平、壮十郎らがいて検証が行われている。

■本社・会議室（昼）

陽平「（ドアをあけ、私服姿で不機嫌に入って来て、乱暴に椅子をひき）あんたに責任はないんですかッ！」
吉岡「（制服で入って来て）私に責任？」
陽平「まさか言ったことを忘れたんじゃないでしょうねッ！（とテーブルを叩く）」
壮十郎「（入って来て、ドアを閉める。私服である）」
吉岡「私に責任があると言うのか？」
陽平「ないと思ってんのかよ、あんた」
吉岡「どんな責任がある？」
陽平「ヘッ、おとぼけもいいとこじゃねえかよ。おう、壮十郎、こいつの正体はこんなもんよ。ケロッとしてるじゃねえか、どう思うってんだ！」
吉岡「私の責任とやらを言ってみろ」
陽平「いいかい。今度の事件はな、俺たちの警備範囲内で起きたんだ。研究所の中で起きたんだよ」
吉岡「わかってる」
陽平「そん時、俺は何処にいたよ？　え？　あんたの口車に乗って、外回ってたんだ。範囲外の周りの道をウロウロしてたってわけよ！　あんたが回れって言ったんだ。仕事をはみ出せ、と言ったんだ。その結果は、どうだってんだよ。中で、犯人はよろしくやってたってわけだ。あんたの責任はないのかよ？」
吉岡「――」
陽平「契約は切られて、俺たち二人は、十日間の給料さっぴきの休職だと。あんたは、一銭もひかれねえで、のうのうとしてんのかよ。こんな馬鹿な話があるかよ」
吉岡「（壮十郎へ）君は、どうだ？　私に責任があると思うか」
陽平「よそへ聞かないで、こっちに答えてくれよ」
壮十郎「責任はともかく、仕事の外へはみ出すということが、本当にいい事かどうか、わからなくなりました」

吉岡「いい事に決まっている」
陽平「ぬけぬけぬけぬけ」
壮十郎「黙って聞け！」
吉岡「私は、私の言ったことが間違っているとは思わない」
壮十郎「そうですか（敬意がある）」
吉岡「杉本君は、昨夜、研究所内のパトロールはしなかったか？」
陽平「しましたよ、ちゃんと」
吉岡「手は抜かなかったか？」
陽平「抜かないって、これでも仕事は真面目にやってんだよ」
吉岡「その上で外を回ったんだな」
陽平「そうですよ」
吉岡「外を回らなければ、守衛所へ帰っていたな」
陽平「そうだと思うね」
吉岡「とすれば、外を回ったから、事件に気がつかなかったのではない。どっちにしても、事件は起きた」
陽平「――」
壮十郎「――」
吉岡「パトロールの方法を反省すべきだとは思うが、仕事をはみ出したことが悪いとは思わん」
壮十郎「（うなずく）」
吉岡「こんなことで仕事にとじこもってはいかん。仕事の外でなにが起ころうと知らん、という態度に戻ってはいかん」
陽平「――」
吉岡「折角君たちは、仕事をはみ出そうとしたんだ。もっと、はみ出したらいいんだ」
陽平「気軽に言ってもらいたくないね」
吉岡「君たちだけだろう。犯人の顔を知ってるのは君たちだけだろう」
壮十郎「（顔をあげる）」
吉岡「十日間の休職に、犯人をさがしてみろ」
陽平「人相からなにから警察に言ってありますよ」
吉岡「だから警察にまかせて知らん顔か。いいじゃないか、ガードマンの仕事じゃなくたっていいじゃないか。顔を見てるんだ。君たち二人で、仕事をはみ出してさがしてみたっていいじゃないか。一度やった場所で、二度までやってるんだ。三度やらない保証はない。いや、無駄かもしれない。しかし、十日間の休職を、私を恨んですごすより、ましじゃあないかね？」
陽平「やたらにね、やたらにあおらねえでくれよッ」
吉岡「どうだね？」
壮十郎「――」
（パッと外へとび出して行く。閉まるドア）」
壮十郎「（吉岡を見て）二人で、やってみます」
吉岡「ナイフを持っていたそうだな」
壮十郎「はい」
吉岡「捕まえようと思うな。つきとめて通報すればいい」
壮十郎「はい」

■グラウンドの金網の外の道（夕方）

パトカーが、ゆっくりパトロールして行く。それとすれちがって、私服の壮十郎と陽平が歩いて行く。

■近くのアパートの多い道

二人、歩きながらしゃべる。
壮十郎「とにかく、そんなに遠くの人間じゃないことはたしかだ」
陽平「ああ」
壮十郎「相当大胆な野郎か、鈍い野郎か」
陽平「タフなことは間違いねえな」
壮十郎「この寒いのに、痴漢をしようってんだからな（ニコリともしない）」
陽平「おう（と立ち止まる）」
壮十郎「うん？」
陽平「風呂へ入らねえか」
壮十郎「風呂？」
陽平「独りもんでこの辺のアパートにいりゃあ、銭湯行く公算でかいだろうが」
壮十郎「何時間銭湯はやってると思ってんだ？」
陽平「なんでもやってみようじゃねえか。三、四時間風呂入ってみようじゃねえか」

■銭湯・風呂場

二人、首を出して赤くなって入っている。

■研究所裏手の空地（夜）

陽平「（隅にしゃがんでいてくしゃみをする）」
壮十郎「（くしゃみをする）」

陽平「こりゃ、あんた、湯ざめもいいとこだぜ」
壮十郎「(くしゃみをする)」
近くの家の戸があき「そこにいるのは誰だ！」
陽平「ヤバイ(とふっとんで逃げる)」
壮十郎「(逃げる)」
近所の旦那「待て待て待てッ(とバットを持って駆けて来て)お母ちゃん。百十番しろッ！(と叫んで追う)」

■廃車置場
パトカーのサイレンが、ピーポーピーポーと比較的近い所を通って行く。スクラップの中で小さくなっている陽平と壮十郎。
陽平「(サイレン遠くなるのを聞いていて)考えりゃあ」
壮十郎「うん？」
陽平「逃げることはねえんだ、俺たちは」
壮十郎「そういうこと(と事もなげに言ってから薄く苦笑する)」

■私鉄の駅前(夕方)
電車が出て行く。駅から出て来る人々。それを近くの喫茶店から見ている壮十郎と陽平。

■町内掲示板の前(昼)
犯人の似顔がリコピーされたポスターが貼られている。「これが痴漢の顔です」と書いてある。それを見ている陽平と壮十郎。
陽平「まあ一応は似てるんだよなあ」
壮十郎「どっか違うな」
陽平「やっぱり俺たちじゃなきゃ駄目かよ」

■守衛所(夜)
ラーメンを食べている壮十郎と陽平。
守衛「(お茶を入れながら)本来なら、お前たちを、ここへ入れるなんて事は、とんでもねえんだが」
陽平「どうも(と食べている)」
守衛「今時、めずらしいや。そこまで、犯人を捕まえようってェのはな」
壮十郎「はあ(と食べている)」

■横の道(夜)
娘たちが通って帰って行く。塀の陰で、しょんぼ

り腰をおろしている壮十郎と陽平。娘たちの笑い
声などが聞こえる。

■道（昼）

雨の日。二人、アパートの前で、似顔のポスターを
二人ほどの主婦に見せている。主婦、首をかしげる。

■空地（夜）

魔法瓶のコーヒーを注いでのむ陽平と壮十郎。

■私鉄の駅前（夕方）

電車が出て行く。駅から出て来る人々。それを、
近くの喫茶店から見ている壮十郎と陽平。ここま
で、かなり丁寧に、間を持って。

陽平「おい」
壮十郎「うん？」
陽平「（見ろというように顎をしゃくる）」
壮十郎「（緊張して見る）」
改札を出て来るのは、吉岡と悦子である。
陽平「（苦笑して）一服すっか、一服」
壮十郎「（苦笑して、立ち上がる）」

■そば屋

「いらっしゃーい」の声。入って来る吉岡、悦子、
陽平、壮十郎。

吉岡「（隅のテーブルへ行きながら）おばちゃん、ビー
ル三本」
おばちゃん「はい、ビール三本ね」
吉岡「それからなんでも食え。今日はおごるぞ」
陽平「なんでも食えったって」
吉岡「犯人あがったら、焼肉屋行こうじゃないか」
陽平「ほんとですか」
吉岡「ロースでもカルビでも、その時はうんとおご
るぞ」
陽平「ま、聞いときましょう」
笑いながら一同席につく。
吉岡「しかし、よく続いてるな」
悦子「もうやってないいんじゃないって言ったの」
陽平「見損なうなよ、五日や六日で」
壮十郎「ブラッと来て、ぼくらが見つかると思いまし
たか？」
吉岡「君らが見つけてくれると思ったさ」
陽平「信用あるねえ」

一同、笑う。
おばちゃん「はい。ビールお待ち遠さま」
吉岡「ああ、ありがとう（と受けとりながら）天ぷらそば貰うかな」
おばちゃん「はい。天ぷらそばひとつね」
陽平「俺も（吉岡にビールを注がれる）」
悦子「私も」
壮十郎「ぼくもだ」
陽平「それより高いもんないもんな」
おばちゃん「（笑いの中で）じゃ、天ぷらそば、四つね（と行き）天ぷらそば四丁」
奥のおじさんの声「はいよ」
吉岡「ああ、悦子君と鮫島君は、はじめてだってな（と壮十郎に注いでいる）」
壮十郎「はあ」
陽平「悦ちゃんていってな。結婚したがってるから気をつけろよ」
悦子「あら、いつ結婚したがったよう」
笑う。「いらっしゃい」とおばちゃんの声。
陽平「まあまあ、とにかく乾杯しましょうよ。ここンとこ、酒っ気、油っ気全然、縁なかったもんな。ハハハ」
吉岡「じゃ、ご苦労さん」
悦子「乾杯」
陽平「カンパーイ」
壮十郎「（コップをあげない。堅くなっている）」
吉岡「どうした？」
壮十郎「（コップをあげ）なにげない顔して下さい」
陽平「うん？」
悦子「なに？」
吉岡「まさか」
壮十郎「（うなずく）」
陽平「え？（と店内を見ようとする）」
壮十郎「見るな」
陽平「いるのかよ？」
壮十郎「いま入って来た」
吉岡「（見る）」
はなれた隅に犯人がいる。
吉岡「あの男か」
壮十郎「ええ」
陽平「どうする。え？　どうするよ」
吉岡「知らん顔してろ」

おばちゃん「（犯人の男の所へお茶を持って行き）はい。なんにしますかァ？」
男「肉なん下さい（と意外に温和しい声）」
おばちゃん「おそばですか？」
男「うん、おそば」
おばちゃん「肉なんそば一丁」
奥のおじさんの声「はいよ」
吉岡「（おばちゃんの所に行き）電話を借りたいんだが」
おばちゃん「あ、そこ、どうぞ（と奥との境を指す）」
吉岡「ああ（と電話へ行く）」
　テーブルの三人。カチンカチンになっている。
陽平「見てえな、おい」
壮十郎「よせ」
陽平「一度も見てねえってのは、気になるぜ」
壮十郎「間違いない」
陽平「フフフ（と笑い）こうやってよ、こうやって笑ってよ（と何気なく振り返る）」
男「（何気なく陽平を見る）」
陽平「（目が合ったので、ハッとする）」
男「（ギクリとする）」
陽平「あ、あ（と顔を戻す）」
男「（突然、パッと立ち上がって表へとび出す）」
壮十郎「（物も言わず、とび出す）」
陽平「逃げたッ！（ととび出す）」
吉岡「（とび出して行く）」

■町の道（夕方）

逃げる男。追う壮十郎、陽平、吉岡。

■町の裏道

逃げる男。追う壮十郎と陽平。

■廃車置場

逃げる男。追いつめる壮十郎と陽平。横からとび出す吉岡。悦子。乱闘になる。男、ナイフを抜くが、吉岡に叩き落とされる。壮十郎が背後から押さえ込み、ひきずり倒す。その上に乗る陽平。泣き出す犯人。一瞬、気をのまれる四人。泣いている犯人。

■私鉄電車の駅（夜）

空いている。四人、並んで坐っている。

陽平「（はしゃいでいる）ハハハハ、まったく、あんな愛想のいい警察見たことなかったね。そうですか、ご苦労さまって、署長の顔見たかよ、悦子」

悦子「見たよ（彼女も後味悪い）」

陽平「ヒッヒッヒッヒッ、執念ですな、だと。ハハハハ、手前も執念持てってなもんよ。あの犯人、泣きやがって、泣くなって言ったって泣きやがって、泣くくらいなら痴漢なんかするなって言ったら、尚泣きやがって甘ったれた野郎じゃねえか。あんな面してまあ、よくまあ、女の子追っかけて、ギャーッなんて（と追いすがって捕まえる仕草を悦子にする）」

悦子「やだア（と押しのける）」

吉岡「いい加減にしないか」

陽平「なによ。なに不機嫌になってんのよ？　さっきから」

吉岡「俺は、こんな時に、はしゃぎ回る奴が嫌いだ」

陽平「よく嫌いだとか好きだとか言う人だねえ、この人は」

■私鉄電車が走る

■走る私鉄電車の中

四人、並んで立っている。込んでいる。

壮十郎「後味、悪いもんですね」

吉岡「うむ――」

陽平「靴屋がカバンをなおしたか」

吉岡「うむ」

悦子「なんのこと？」

陽平「あとであとで」

悦子「なによ、いいじゃない、勿体つけなくたって」

陽平「だからな」

悦子「うん」

陽平「靴屋のところへ誰かがよ」

悦子「うん」

陽平「カバンを持って来て、なおしてくれって――」

陽平の声、音楽で消されて――。

■私鉄電車が走り去る

線路が冷たく光っていて――。

「男たちの旅路・第Ⅱ部 1話」キャスト・スタッフクレジット

キャスト

吉岡晋太郎――鶴田浩二
杉本陽平――水谷 豊
島津悦子――桃井かおり
鮫島壮十郎――柴 俊夫
浜宮聖子――五十嵐淳子
田中 清――金井 大
大沢司令補――橋爪 功
野島化学・守衛――北見治一
犯人の男――土師孝也
小田警備会社社長――池部 良

スタッフ

音楽――ミッキー・吉野
美術――水速信孝
技術――森野文治
効果――広瀬洋介
擬闘――林 邦史朗
制作――近藤 晋
演出――中村克史

2

冬の樹

「自分を愛しとらんから、子供を愛することもできんのだ。叱ってやらなきゃあいかんのだ。抱きしめてやらなきゃいかんのだ」

■テレビ局公開番組ホール（昼）

開幕前。客席ほぼうめられている。カメラの点検をしている技師。係員が舞台の袖へ現れ、

係員「えー、ちょっと聞いて下さーい（と一礼する）」

バラバラに拍手する観客。

係員「本番前に二、三お願いと説明をさして下さい。今日はどうも私共の公開番組『ミュージック・フォー・ユー』にお出でいただいてありがとうございました」

拍手をされて、ちょっと照れる係員。

■楽屋口に近い駐車場（昼）

大型の乗用車が入って来る。中をのぞきこむように十人ほどの女の子たちが小走りに近づく。それを「ちょっと、ちょっと、ちょっと」と両手をひろげて止めるのは制服の陽平である。

陽平「駄目だよ、入って来ちゃ。あぶないじゃないの。下がって下がって」

女の子A「（陽平など全く無視して車の方を見ていて）あーら、なんだ中年（とがっかりする）」

女の子B「おじさんだ」

陽平の制止と関係なく女の子たち背を向けて戻って行く。

陽平「誰も来ないんだから。もう行ってよ（と、彼女たちの背中に向かって言う）」

乗用車の中年男、楽屋口へ入って行く。

陽平「（女の子たちに）あんたらよう、公開番組見に来たんじゃないの？」

女の子A「見に来たんだよ」

陽平「そんなら入んなよ。はじまってからじゃ入れないよ」

女の子B「ムーン・シャドウ待ってるんだもん」

陽平「ムーン・シャドウ？」

女の子B「ムーン・シャドウ知らないの？」

女の子A「モグリ（ほんとォ、などと他の女の子たちもはやしたてる）」

陽平「ムーン・シャドウだってなんだってねえ。とっくに入っちゃってんだよ。今頃になって歌手が入って来るわけないじゃないの」

女の子B「入って来るんだもん」

女の子A「そういうスケジュールなんだもん」

陽平「スケジュールなんて、何処で調べるのよ、あ

んたら」

ひとりの子が「来たァ」と陽平の言葉の終りを待たずにとび上がる。「ワッ」「キャッ」と駐車場入口をふさごうとする女の子たち。

陽平「ちょっとちょっとちょっと（と走って行って道をあけようとする）」

マイクロバス入って来る。「ミッキー」「ユキ坊！」などと声をかける女の子たち。

■公開番組ホール（昼）
本番中。ワーッ、キャーッと声をあげる客席の女の子たち。歌うグループ・サウンズ。

タイトル「冬の樹」

以下、クレジットタイトル。

■駐車場（昼）
悦子「（制服で、楽屋口から出て来て、陽平に）なに？　呼んだ？」
陽平「（車の間を来ながら）帰りだよ、帰り」
悦子「帰りって――」
陽平「タレントの帰る時、ひとりでこんなとこガードできるかよ。ガーッ、と来るよ、ガーッて。すげえんだから、女の子たちよ」

■公開番組ホール（昼）
唄、続く、タイトルも続く。女の子たち、興奮して声をかけたりしている。

■駐車場（昼）
警備会社の車がいま着いた感じで助手席から制服の吉岡が降りる。運転席から壮十郎が降りる。後部座席から聖子、降りる。
陽平「（悦子と共に近づきながら）なんかねぇ、とにかく女の子たちすげェんですね」

■公開番組ホール（昼）
興奮の中で唄終る。拍手。キャーッ。

■駐車場（昼）
沢山の女の子たちがキャメラに向かって走って来る。横から陽平、悦子、壮十郎が両手をひろげて阻止しようとする。陽平、ホイッスルを吹く。マイククロバスへムーン・シャドウのメンバー、吉岡と聖子に守られて楽屋口から急ぐ。「ミッキー！　ユキ坊！　竜太」などと叫びながら、陽平たちのガードの一部を押し切って女の子たちマイクロバスの方へ殺到する。ピピピッと笛の音。悦子、倒れる。吉岡の帽子ふっとぶ。陽平、壮十郎、女の子たちを押しもどそうとする。ムーン・シャドウのメンバーのひとりのシャツが破れる。キャメラも、激しく揺れてしまう。混乱である。

■楽屋・廊下（昼）

陽平「（表からふっとんで来て、ある控室のドアをあけ、振り返る）」
吉岡「（女の子のひとりを抱きかかえて急ぎ入って来る）」

■駐車場（昼）

マイクロバス走り出す。それを追って窓を叩いたりする女の子たち。それを止める聖子。ホイッスル。

■楽屋の電話口（昼）

陽平「（出ていて）はい、意識失っています。外傷はありません」

■楽屋の一室（昼）

吉岡、目を閉じてぐったりしている女の子平山美子の頭を注意深くあげて、座蒲団を二つ折りしたものを入れる。

■楽屋の電話口（昼）

外から悦子をささえるようにして壮十郎入って来る。楽屋の一室（吉岡のいる一室）の方へ。その間、陽平、電話に出ていて、
陽平「楽屋です。楽屋口で待ってます。はい、動かしません。はい、よろしくお願いします」

■楽屋の一室（昼）

壮十郎「（悦子と共に入って来て）どうですか？（悦子を椅子へ導く）」
吉岡「（毛布をかけながら）ああ」
悦子「（椅子へくずれるように坐る）」
壮十郎「大丈夫かい？（と悦子に聞く）」
吉岡「（悦子を見て）どうした？」

壮十郎「ええ（と言いかけた時）」
陽平「（入って来て）先生すぐ来ます。なるべく動かすなって言ってます（と美子をのぞきこむ）」
吉岡「ああ」
陽平「とにかくまいったよなぁ、めちゃめちゃじゃないの。ワーワーキャーキャーってもう（悦子を壮十郎が気づかってるのを見て）どうしたの——悦子」
壮十郎「痛いのかい？」
悦子「うん（我慢していて）ころんでさあ、ちょっと手をついたんだけど（と左手を痛そうにする）」
陽平「真っ青じゃねえか（と壮十郎をどけて悦子の前にしゃがみ）どうした？」
吉岡「（近づき）腕をどうした？」
陽平「曲げられっか？　こういう風にできるか？（と曲げてみる）」
悦子「ちょっと、そんなことさぁ（息が荒い）」
吉岡「無理するな。いま、先生が来てくれる」
壮十郎「動かさない方がいい」

■駐車場（昼）

聖子、気持がゆるみ車によりかかって、息をつく。へたばっている。

■楽屋の一室（昼）

陽平「苦しいか？　苦しいのかよ」
悦子「なんか、気持悪く、なっちゃったァ（とやり場がない顔）」
陽平「水、水のむかよ（妙な声を聞き、ギクリとする）」
吉岡「（振り返る）」
壮十郎「（見る）」
美子「（気がついて泣き出したのである。ショックを受けて、耐えられないように、子供のように泣く）」
吉岡「（傍へ行き）大丈夫だ。たいした事はないと思う。大丈夫だ。いま先生が来る」
壮十郎「大丈夫だよ」
そんな声と関わりなく、泣き声をあげている美子。

■団地・階段（夕方）

吉岡、美子を背負った壮十郎が階段をのぼって行く。二階ほど上の踊り場に美子の父親平山修一が

急ぎ現れ、下をのぞくが見えず、しかし、急ぎ階段を降りて行く。吉岡たちに出会って、
平山「あ（と立ち止まり）その子の父親です（と挑戦するように言う）」
吉岡「さきほどお電話で失礼いたしました（と言いかけるが）」
平山「（聞く耳を持たず）とにかく、入って下さい（とひき返す）」
すぐ美子の母親京子とぶつかり、
京子「美子ちゃん――（と背負われている美子の方へ行こうとする）」
平山「（押し戻しながら）いいから、行くんだ」

■平山家・中（夕方）

2DKほどの家。ドアがあき、京子が入って来て、怒りを押さえた声で、
京子「こっちへ運んで下さい（と美子の部屋の方へ行き、襖をひろくあける）」
壮十郎「失礼します（と美子を背負って入って来て靴を脱ぐ）」
平山「（背後にいて、その後ろの吉岡へ）大丈夫なんだろうね。こんな風に、運んで来て大丈夫なんですね？」
吉岡「はい。大丈夫ということで」
平山「頭なんだからね。困るなあ、いい加減なことじゃあ（と上がる）」
吉岡「お電話で申し上げました通り」
平山「ま、いいから、上がって下さい、閉めて下さい」
吉岡「はあ（と一礼する）」
美子の部屋である。四畳半に蒲団が敷かれていて、そこへ壮十郎、美子を寝かす。京子、目を閉じている美子をささえて横にしながら、
京子「大丈夫？ 美子ちゃん。家よ、家についたのよ」
美子「（横にたり、うるさそうに）わかってるわよ」
京子「だって、ぐったりしてるんだもん。意識ないのかと思ったわよ」
ダイニングキッチンで平山、その美子と京子のやりとりを見ていて振り返り、
平山「（吉岡へ）掛けて下さい」
吉岡「（箱に入った果物の詰め合わせを持ったまま立っていて）はあ（と掛けない）」
壮十郎「（出て来て、平山に一礼）」

平山「あなたも掛けて」
壮十郎「はあ」
吉岡「どうも、この度は私共の警備の不備で、お嬢さまに、申し訳ないことをいたしまして（と一礼）」
平山「とにかく掛けてもらいましょう（と腰を掛けながら）家で待ってろというのには、まいりましたよ」
吉岡「失礼します（と掛ける）」
壮十郎「（一礼して、掛ける）」
平山「会社に家内から電話かかって来て、娘が怪我したって言う。何処でだと言うと、テレビ局だ。それじゃあ、すぐそこへ行くって言ったら、あんたらの方で、家で待ってろって言ったって言う」
吉岡「はあ」
平山「のんびり家で待てるかって、局へ電話したって、何処にいるんだか、なかなかあんた方が、捕まりゃしない」
吉岡「（一礼）」
平山「漸くあんたが出て、吉岡さんだったかな？」
吉岡「はい。申しおくれまして（と名刺を出しにかかる）」
平山「いまレントゲンもすんだ。たいしたことはない。これから家へ送るって言うから急いで、タクシーつかって家へ戻ってくりゃあ、仲々あんた来やしない」
吉岡「申し訳ありません（と名刺を平山の前へ出す）」
平山「（受けとって見ながら）どうなんですか？　本当のところは」
吉岡「はあ？」
平山「たいしたことはないといって、今の状態はなんですか？　ひとりで階段も上がれない状態をあんた方は、たいした事はないと言うんですか？」
吉岡「大変な目にあわれたんで、そのせいかと思いますが」
平山「なんです？」
吉岡「診察の結果は軽い脳震盪で心配ないと」
平山「現に、あの状態でいるのを軽い脳震盪で片付けようって言うんですか？」
吉岡「ですからそれは、ショックをお受けになって」

平山「ショックもあんた方のせいでしょう。肉体的になんでもなけりゃあ、責任はないって言うんですか？」
吉岡「いいえ――」
平山「おぶさらなけりゃ家へ帰れないというのは大変なことじゃないですか！」
吉岡「申し訳ありません」
平山「金をとられるのが怖いのかなんか知らないが、たいしたことはない、軽い脳震盪だと誠意がないじゃないですか！　なんでもないって、いいくるめる気しかあんた方にはないんでしょう！」
吉岡「私は、いいくるめるつもりなどありません」
平山「とにかく一緒に行ってもらいましょう」
吉岡「何処へですか」
平山「別の医者に診せるんですよ。一方的になんでもないと言われて、はいそうですかとひきさがれますか。あとでなんかあったって、あんた方は相手にしないでしょう！」
吉岡「そんなことはありません」
平山「信用してないんですよ。私は組織ってものを信用してないんだ。あんた方は責任を逃げることしか考えてないんだ。立ち会ってもらいましょう。本当に、なんでもないかどうか。私が指定した医者でもう一度診断してもらいましょう！」
吉岡「――」
壮十郎「――」

■会議室（夕方）

その一隅で、救急箱をあけ、田中が聖子の掌に、消毒液をぬっている。

聖子「（しみて）ああッ（と顔をしかめる）」
田中「ほっといちゃ駄目じゃないか」
聖子「忘れちゃってたんです」
田中「そんなあんた、破傷風にでもなったら大変だよ」
聖子「しみるわァ（と痛がっている）」

■洋食屋（夜）

本社の近くの狭い店である。

吉岡「（ドアをあけて入って来る。私服）」

壮十郎「(続く)」
「いらっしゃい」「いらっしゃい」と老夫婦でやっている。隅で悦子と陽平が向き合って、カキフライかなにかを食べている。悦子は、左腕を吊っている。
陽平「(ドアの方が見える位置で)あ、彼女ヒビいっちゃった、司令補」
吉岡「ああ(近づいて来る)」
悦子「やんなっちゃったァ(と、振り返って苦笑気味に迎える)」
吉岡「えらい目にあったな」
陽平「ま、労災で金は出るし、給料もまんまだから遊んで肥れって言ってんですよ」
悦子「からかってばっかりいるんだから」
吉岡「(腰掛けながら)あの子にかかずらって、ほっといて悪かった」
悦子「いいえ」
壮十郎「痛む?(と陽平の横へ掛ける)」
悦子「平気だけど――」
陽平「さっき泣いたんだよな、少し」
悦子「言わないいって言ったのにィ」
陽平「よしよし怒るなよ、悦子」
悦子「ほんとにもう」
おばちゃん「なんにします?(とコップの水を二つ運んで来る)」
吉岡「定食はなに?」
陽平「これ定食」
吉岡「じゃ、定食だ」
おばちゃん「カキフライ、今日は。フフフ」
壮十郎「ぼくも」
おばちゃん「(戻りながら)定食二枚」
おじさん「はいよ」
陽平「家まで送ったんですって?」
吉岡「ああ」
陽平「(壮十郎に)あんた廊下おぶってたじゃないの」
壮十郎「ああ(と苦笑)」
陽平「しかし大げさな娘だねえ。泣き出した時は、どうなっちゃったかと思ったよ」
壮十郎「司令補がよく怒らない、と思いましたよ(と今まで言いたかったのを我慢していて言う)」
陽平「なによ? 何処で?」
壮十郎「こじらせてもいけないと思って、我慢してましたが」
陽平「向こうの親かよ？」
吉岡「ま、娘が、かつがれて帰って来たんだ。多少
理屈に合わん興奮をしても仕方がない」
壮十郎「はあ」
陽平「そうかよ。やられたのかよ（と苦笑）」
吉岡「（話題を変えたくて悦子へ）当分不自由だな」
悦子「ええ」
陽平「着替えなんか手伝っちゃうって言ってんのに
いやらしいとか、なんとか遠慮しちゃっても
う、我儘だって言ってんのよ、オレ。手伝っ
ちゃうよ、オレ。ヒヒヒ」
吉岡「（急にキッとなって）お前は、下らないことを
言いすぎる」
陽平「（目をそらし）シラケルウ——」
吉岡「しょっ中お前は、ぐらぐら動いて、しゃべっ
ている」
陽平「あたらないでくれよねえ、娘の親になんか言
われたからって（と水をのむ）」
吉岡「別の事だ（しかし図星でチラとやりきれない表情
が横切る）」
壮十郎「（見て、目を落とす）」

■警備会社本社あたりの情景（日曜日）（朝）

■警備会社・社長室（朝）

吉岡「（制服でドアをあけ）お呼びですか？」
小田「ああ、ご苦労さん（と立ち上がりながら応接セッ
トのソファへ坐れというように手で示して、半紙に
包んだ金を持って、吉岡の方へ来ながら）日曜日
の朝から悪いがね、昨日の例の家《うち》へね」
吉岡「はあ」
小田「悪いがもう一度行ってもらいたいんだ（半紙
の包みを置いて、吉岡の方へ押し）これ持って、頭
を下げて来てくれないか」
吉岡「なにか言って来たんですか？」
小田「誠意がないって言うんだねえ」
吉岡「しかし——」
小田「果物の詰め合わせぐらいで、ごまかすな、と
言うんだ」
吉岡「（半紙を見て）いくらですか？（ととる）」
小田「三万だ」

吉岡「出すことありませんね」
小田「そうだろうが、局に言うとか、新聞に投書するとか、えらい剣幕なんだよ」
吉岡「軽い脳震盪だったんです」
小田「勿論わかってるが、騒がれてお得意なくしたくないんだ」
吉岡「金が目あてなら、三万で黙りはしないでしょう」
小田「その通りだ。実は、私に来いと言っている」
吉岡「社長に？」
小田「行くのは簡単だが、これから大阪へ行かなくちゃならない」
吉岡「私が詫びただけではいかんと言うんですか？」
小田「君は悪いと思っていないと言うんだ」
吉岡「そんなこと言われても」
小田「しかし（冗談めかして吉岡を指し）本当に悪いと思ってないでしょう？　ハハハハ（と立ち上がり）そういうことは微妙に伝わるもんですよ、向こうに（とカバンをとって中へ何かを入れたりしながら）ま、吉岡さん、貫禄あるから、向こうは気圧されて、バカにされたような気がするんでしょ。とにかく、誠意をもって頭下げて来て下さい。まいた種には、ちがいないんだから。ハハハハハ」

■平山家・ダイニングキッチン（昼）
テーブルに金包みを押しやって、
平山「私は金が欲しくて抗議をしたんじゃありません。こんなものを持って来るなんて、私の抗議した気持がわかっていない証拠ですよ」
吉岡「これはお詫びの一端です。昨日の私の態度に、無礼なところがあったようで」
平山「あったようで、とはなんですか。わかってないじゃないですか。きのうのあなたは、全部口先だけでしたよ。たいしたことはない、軽い脳震盪だ。あとは、果物の詰め合わせじゃないですか。弱い個人に対する会社の態度っていうのはいつもこうなんだ。形だけなんだ。娘をひどい目にあわしたことを、これっぽっちもすまないと思ってないんだ。軽い脳震盪なら果物で充分だろう。ああ、充分ですよ。果物だっていりませんよ。誠意をもって詫びてくれれば、果物もなにもいりませんよ。心がこもってないと言ってるんですよ。現実に娘は、おぶさってここまで来るほどのショックを受けてるんです。そのことをどう思うか、と私は言ってるんです」

吉岡「――」

平山「あなた方の責任でしょう。警備をしていたのはあなたなんでしょう！」

吉岡「失礼だが、あなたは娘さんを叱りましたか？」

■平山家・美子の部屋（昼）

美子「（寝ころがっていて、ハッと耳をすます）」

平山「娘を？」

■平山家・夫婦の部屋（昼）

京子、掃除機の傍で、コードをぬいた手を止めている。

吉岡の声「お嬢さんに悪いところはありませんか？」

■平山家・ダイニングキッチン（昼）

平山「責任を転嫁しようとするんですか？」

吉岡「私たちの責任は認めています。あれほど沢山の娘たちが、あんな風に殺到するとは思わなかった」

平山「ファンがスターに殺到するのは常識でしょう」

吉岡「柵でもつくっておけばよかったと思っています」

平山「五人ぐらいの人間で、押さえられると思う方がどうかしてますよ」

吉岡「しかし、川の水が溢れたのではない。止めるのを無視したのは娘さんたちです。両手をひろげて止める私たちを押しのけて殺到したのは、人間です。その人間たちに責任はないですか？」

平山「群集心理にまきこまれた人間に、冷静さを要求しても無理でしょう。一人ぐらいが冷静になったって、押さえがきくわけがない」

吉岡「そうでしょうか？　群集というほどの人数ではなかったが、仮に群集だとしても、まきこまれた人間に責任はありませんか？」

平山「一種のヒステリィ状態でしょう。そういう時のファンなんてものは、川の水と同じようなもんですよ。止めるのをきかなかったと非難するようでは、警備のプロとは言えないんじゃありませんか？　娘たちの冷静な判断をあてにするようじゃ、スターの警備なんてできるわけがない」

吉岡「私は娘さんたちを川の水とは思わない。群集心理にまきこまれたとすれば、まきこまれた人間にも責任があると思う。ヒステリィ状態だったとすれば、あの程度のことで、ヒステリィ状態になる人間に責任があると思う」

平山「つまり、自分には責任がないと言いたいわけだ」

吉岡「責任は両方にあると言ってるんです」

平山「それが本音ですか。それじゃあ心がこもらないわけだ」

吉岡「あなたは一方的に私たちを非難する。自分の娘に悪いところはなかったか、とは考えない」

平山「私を非難するんですか！」

吉岡「非難します」

平山「呆れたもんだな」

吉岡「私が親なら、娘を叱る。警備員が止めるのを無視した娘を叱ります」

平山「あなたはえらく冷静らしいが、人間てものは判断力をなくす時があるんですよ、カーッとして、わけがわからなく――」

吉岡「何故あの程度のことでわけがわからなくなるんです？　甘えているからです。わけがわからなくなったと言えば許してくれる親がいるからです。止めきれなかった警備員が悪いと言ってくれる親がいるからです」

平山「なにしに来たんだ、あんたは」

吉岡「群集心理などということで納得してはいけない。娘さんの責任をキチッと示して叱らなければいけない」

平山「余計なお世話だな」

吉岡「たしかに余計なお世話だ（と立ち上がる）黙っていられなかった」

平山「金を持って行きなさい。呆れた会社だ」

吉岡「会社ではない。個人として言ったんです」

平山「そんな使い分けは認めませんよ」

吉岡「何故そんなことを言う？」

平山「言葉づかいに気をつけなさい」

吉岡「自分を棚にあげて、権利の主張ばかりして来たんだろう」
平山「なにを言ってるんだ！」
吉岡「その子供が、自分を棚にあげても無理はない（と玄関へ）」
平山「このままじゃすみませんよ！」
吉岡「――」
平山「私は誠意を示せと言ったんだ。それが誠意ですか！　それがあんたの会社の誠意かい！」
吉岡「（振り返り）私の誠意だ。娘さんを叱りなさい（と出て行ってしまう）」
平山「なんて野郎だ。金を持って行けと言ったんだ！（と金の包みをテーブルからとってドアへ叩きつける）」

■団地・表（昼）
吉岡「（車に乗りこむ）」

■団地階段（昼）
金包みを握り、美子駆け降りて来る。

■団地・表（昼）
走り出す車。美子追いかける。

■団地・表・車の中（昼）
吉岡「（美子に気がつく）」
美子「（走っている）」
吉岡「（脇へ寄せて止める）」
美子「（追いついて、助手席側のドアをあけようとする）」
吉岡「（ロックをはずす）」
美子「（あけて、とびこむように入って坐り、ドアを閉め、金をフロントガラス前の空間にほうるように置くと、荒い息）」
吉岡「（美子を見る）」
美子「あんたたち、悪くないわ」
吉岡「両方に責任があった、と言っているんだ」
美子「悪くないって言ってるんだから、素直にそうかって言ったらいいでしょうッ！」
吉岡「――」
美子「（荒い息）」
吉岡「他に用事は？」
美子「（荒い息をしているが、急に外へとび出してドアを激しく閉める）」
吉岡「――（走り出す）」

■団地・表（昼）

遠ざかる車をにらんでいる美子。

■警備会社・会議室（昼）

小田、大沢、吉岡他幹部六人。

大沢「まあ、これは吉岡さん一流の理屈で、私たちにはよくわかる。十七にもなって、まだキャアキャア歌手に夢中になっている娘をどう思ってんだって、私だって言ってみたい気になる。しかし（苦笑し）誠意を示しに行ってお説教をして来たのは、やっぱりまずいんでね。向こうはひっこみがつきゃしない。四十男が説教されて、成程、成程だけじゃ、女房の手前も格好がつかない。で、ひどく文句を言って来ましてね。先程、社長と私が、改めて父親の会社の近くまで出向き、喫茶店で詫びを入れたわけです。ま、社長が、なかなかうまくお話し下さったんですが」

小田「いや、結果的には一向にうまくなくってね。とにかく金はどうしても受けとらんのです。吉岡さんに、なんらかのペナルティをあたえよ、と言うんです」

吉岡「――」

小田「弱ったが、相当プライドが傷ついたようで、その点は、どうしてもゆずらない。で、まあ名目上ですが――十日間の停職という事で了承させたわけです。勿論、実際には働いて貰っていていいんですが、あの男の剣幕じゃ、調べに来かねないところがあってね。フフ」

吉岡「その通りお受けします」

小田「いや、なんか、子供じみた揉め事でねえ」

吉岡「迷惑をかけました（と一礼する）」

■路面電車が行く（夕方）

■電車の中（夕方）

乗っている吉岡。

■吉岡のアパート・外階段（夕方）
階段に腰を掛けて待っている悦子。

■商店街（夕方）
吉岡、八百屋で大根を買っている。
吉岡「これ、半分ってわけにはいかないかな」
親父「すみませんねえ。切りたくないなあ、ちょっと」

■吉岡のアパート・外階段（夕方）
悦子、依然としていて一方を見、
悦子「あら（と微笑して立ち上がり）大根、買ったの」
吉岡「（見上げて）なんだい？（と微笑）」
悦子「ちょっとね（と微笑）」
吉岡「どうだ、腕は？（と上がって来る）」
悦子「まいったわ、一人じゃなんにもできないんだもん」
吉岡「どうしてる？（とドアへ）」
悦子「母ンとこに、ちょっと行ってたんだけど」
吉岡「そうか（と鍵を出す）」
悦子「男いるし、私いるとさあ、やっぱ嫌がるのよねえ」
吉岡「そうか（と鍵をあける）」
悦子「またアパート帰って来たんだけどさあ、隣りの人、ちょっと親切なんだけど、キャバレーつとめてるから、朝なんか頼むと悪いし、夜はいないでしょう」

■吉岡の部屋（夕方）
吉岡「（入って）友達はいないのかい？」
悦子「（入って来て）電話局の頃の人ンとこ、一泊ぐらいずつ、三泊ぐらいはできるかなあ、と思ってるけど――」
吉岡「そうか（と荷物を置き、カーテンをあけ、窓をあけたりする）」
悦子「停職くっちゃったんだってね」
吉岡「ああ」
悦子「世渡りうまくないからなあ」
吉岡「（苦笑）」
悦子「一人でしょんぼりしてるんだろうと思ったからさあ」
吉岡「来てくれたわけか」

悦子「今度は、掃除なんかしてやれないけど」
吉岡「やれないことはないだろう。右手が自由なら掃除ぐらいできるさ」
悦子「そういうこと言うからなあ（と笑う）」
吉岡「（苦笑して）言葉づかいも、元へ戻った。注意しても三日も保《も》たんじゃないか」
悦子「そんなにいい言葉つかってもらいたい？」
吉岡「礼儀はあった方がいい」
悦子「そういうとこ変ってんのよねえ。私が、あんただったら――」
吉岡「あんたはないだろう」
悦子「ほら、すぐそういうとこ敏感だけど、みんな平等で、仲が良い方がいいと思うけどなあ」
吉岡「年上の人間には、それなりの敬意を表するものだ（薬罐をガスにかけたり、買い物を紙袋から出したりしている）」
悦子「どうして？」
吉岡「どうしてって、それだけ人生についての知恵もある」
悦子「そうかなあ。バッカな年上だっているんじゃない」
吉岡「礼儀というのは理屈じゃないんだ。守ればいいんだ」
悦子「ほら、そう言ってごまかしちゃう。横暴なんだよなあ、この人（と好意は溢れて笑ってしまう）」

ブザーが鳴る。

吉岡「はい」
悦子「あいてるわァ（と立つ）」
美子「（ドアをあけ）こんにちは（と目を合わせないようにして一礼）」
悦子「あら」
吉岡「よくこんな所まで（と美子に向かう）」
悦子「気ィ失った人でしょう？　あン時」
美子「停職になったって聞いて、やんなっちゃったわ（と目を伏せる）」
悦子「ああ、あんたのお父さんが、させたわけだもんね」
吉岡「それで来てくれたの？」
美子「大っ嫌いだわ、うちの父なんか」
吉岡「ま、上がらないか」
悦子「どうぞ」

美子「父のこと蹴とばしてやったわ。背中思いきり
　殴ってやったわ」
吉岡「そんなことしちゃいかんな」
美子「それだけ、言おうと思って来ただけ。さよな
　ら（と行こうとする）」
悦子「ちょっとちょっと（ととび出して行く）」

■階段（夕方）

美子「（上でちょっと立ち止まり）すいませんでした
　（と一礼して降りて行く）」
悦子「ちょっと（と捕まえそこねて）私ね、腕ヒビ
　いっちゃってるから、追っかけると、痛いの
　よ」
美子「（下で立ち止まる）」
悦子「あんた、料理つくれる？」
美子「（振り返って、見上げる）」
悦子「悪いと思うんならさ、なんかつくってよ、な
　んでもいいから」

■吉岡の部屋（夜）

三人で、お膳をかこんで、カレーを食べている。野菜いためがとり分けてある。

悦子「（笑っている）」
吉岡「（苦笑して）いつまで笑ってるんだ」
悦子「だって、カレーなんて私、うまい下手なんか
　ないと思ってたけど」
吉岡「いいから、黙って食べろ」
悦子「水っ気がなくなっちゃって、ボタボタなんだ
　もん、おどろいちゃったわよ（と笑う）」
吉岡「うまいじゃないか」
美子「いいんです（目を伏せ）今日は、いくらから
　かわれても、仕様がないと思ってるわ」
悦子「あら、そういう風にマジになっちゃったら、楽
　しくなくなっちゃうじゃない」
美子「あの時、腕にヒビが入った人がいたなんて知
　らなかったわ」
悦子「あんたのせいじゃないもの」
美子「私が、泣いたり、おぶさったり、随分大げさ
　に見えたでしょう（と怒ったように言う）」
悦子「私にはそんなこと思う余裕なかったもん」
美子「（吉岡へ）みんなで笑ってたんじゃないんです
　か？　軽い脳震盪で、おぶさって帰る私を」

吉岡「笑いはしないさ」
美子「じゃ、どう思ってました？」
吉岡「意気地がない、と思った。自分で歩けばいいいと思った」
美子「何故そう言わなかったの？」
吉岡「私たちの方から歩けとは言えなかった」
美子「言ってくれればよかった」
吉岡「他人はそんなことは言わない」
美子「（目を伏せ）親も言わないわ」
吉岡「人のせいにしてはいかん。何故歩けるのに歩かなかった？」
美子「歩けないと思ったのよ。大事にしてくれるから、歩き出したら倒れるかと思ったの」
吉岡「倒れてもいいから歩いてみよう、という気持はなかったのかな？」
美子「なかったわ。軽い軽いってお医者さんが言うんで、なんだか癪に触ってたわ。気を失ったことなんてはじめてだし、あんまり軽く扱ってもらいたくないって思ってたわ」
吉岡「（うなずき）これからは、すぐ人を非難しないことだ。自分は、どうだったか、振り返ることだ」
美子「――」
吉岡「見場《みば》は悪いが、味はいいよ（と食べる）」
悦子「（二人のやりとりに気をとられていて、我にかえり、フフと笑って）ほんと（と食べる）」
美子「――（食べる）」

■都電の線路（夜）
電車が通っていて。よけていた悦子と美子、停留所の方へ歩く。
悦子「あんたさあ、親に甘やかされてるのよねぇ」
美子「そうかしら？　全然そうは思わないけど」
悦子「だって、お父さんあんたのこと怒らないで、警備会社のことばっかり怒ったって言うじゃない」
美子「でも、甘やかしてるんじゃないわ。なんにも言わないだけなのよ。冷たいのよ」
悦子「言われない方がいいじゃない」
美子「いいけど――私なんかまだわかんないことあるから、言われた方がいい時だってあるわ」
悦子「へえ」

美子「吉岡さんになんか言われると、そうかって思うもの」
悦子「なんにも言わないわけ、親」
美子「言うと私が怒鳴るから、面倒くさいから言わないのよ。愚痴みたいに、ボソボソ言ったり、気まぐれに怒鳴ったりするけど、ちゃんと怒ったり注意したりしないわ」
悦子「へえ」
美子「中学頃までは勉強しろって随分言われたけどこの頃はもう言わないし、十七なんだから自分の判断でやれ、なんて、体裁のいいこと言って、全然おりちゃってるわ」
悦子「それが嫌《や》なわけ？」
美子「そりゃ十七なんだから、ごちゃごちゃ言われたくないわ。言われりゃあ、言い返して、大騒ぎになるわ。でも、段々大騒ぎにならなくなったのよ。言い返すと、黙っちゃうの。それなら勝手にしろっていう風に黙っちゃうの。でも本当に子供に注意したいんだったら、私がどんなに言い返したって、こうだって怒ればいいじゃない。なんかさ、フッと冷たいのよ、面倒くさがるのよ」
悦子「それ、面倒くさがってんじゃなくてさ、自信ないんだと思うな」
美子「そうかしら？」
悦子「あんたに言い返されると、あ、親の方が古いのかなあ、なんて思って、自信なくなって黙っちゃうんじゃないかなぁ」
美子「そうかしら――」
悦子「だって、大人、自信ないじゃない」
美子「そうかもしれないけど――私だって自信ないわ」
悦子「フフ、あんたも、吉岡さんいいと思ったんでしょ？」
美子「え？」
悦子「私もそうなの。あの人、古くさくてうるさいとこあるけど、自信あるじゃない。こうしなくてはいけない、なんて、もっともらしく言うじゃない。あれ、ちょっと変ってるんでさぁ。私も時々つき合ってるのよ」
美子「愛人かなんかかと思ったわ」
悦子「やだ。フフフ」

二人、笑って――。

■テレビ局・裏門（昼）

立哨している陽平のところへ悦子が来てしゃべっている。

陽平「それで、どうしたのよ？」

悦子「電車に乗って、大塚まで行って別れたよ」

陽平「なんだよ、そういうのアパート連れてって洗濯さしたりしちまえばよかったんだ」

悦子「でも恋人いるらしいんだもん」

陽平「いるわけねえだろ」

悦子「どうして？」

陽平「恋人できりゃ歌手になんかキャアキャア言うかよ」

悦子「でも親切だとかさ、男のこと言ってたもん」

陽平「言ってみたいのよ、いねえのに」

悦子「歌手だってさあ、そんな好きじゃないって言ってたよ」

陽平「好きじゃないのに、どうして追っかけるのよ」

悦子「迷ってんだって」

陽平「なにを？（電話のベル。その方へ行く）」

悦子「その男とつき合っていいかどうか」

陽平「そんなバカバカしい（電話をとり）もしもし」

■テレビ局・警備員室（昼）

モニターの前にいて電話に出ている田中。

田中「もしもしじゃないよ。勤務中に、悦ちゃんとしゃべるなんてとんでもないよ。見えてるんだから、こっちは」

モニターの中の悦子。

■ある喫茶店・トイレ（夕方）

トイレの中で、制服を脱いでドアのハンドバッグハンガーに掛け、着替えている美子。

■ある喫茶店・店内（夕方）

身綺麗な遊び人風の袴田が、煙草を消しながら微笑してトイレから来る美子を迎える。

袴田「早くなったな」

美子「やだわ（と坐る）」

袴田「見えてるよ、制服」

美子「ほんと（と紙袋にはみ出した制服をつっこむ）」

袴田「今日はいいね?」
美子「（ドキリとするが微笑で）なにを?」
袴田「（笑って）そんなにドッキリするなよ」
美子「ドッキリなんてしないけど」
袴田「なんだと思った?」
美子「え?」
袴田「ホテルでも誘われたと思った?」
美子「そうじゃないけど」
袴田「じゃ、なんだと思った?」
美子「お酒でしょ?」
袴田「軽く食事して、それからなら、そんなに酔いやしないさ」
美子「でもなんか怖いわ。わからなくなったりしたら」
袴田「ぼくがついてるじゃないか」
美子「そりゃそうだけど――」
袴田「信用できない?」
美子「そうじゃないけど」
袴田「あんまり臆病だと魅力ないな」
美子「でも、私の学校ってわりとうるさいのよね」
袴田「わかりゃしないじゃない」
美子「お酒って匂うでしょ。帰るとわかるし」
袴田「子供だなあ」
美子「子供なのよ、私。だからさ、だから私、あなたみたいな人がさぁ、ヨーロッパ行って来たり、モデルの人と知り合いがあったりする人が、どうして、私なんかとつき合うのかわからないのよ」
袴田「そこがいいんじゃないか」
美子「そこがって?」
袴田「自分の魅力に気がついてないところがいいんだ」
美子「なんだか、困るわ（と照れる）」
袴田「（微笑する）」

■あるスナック（夜）

陽平「（ドアをあけて入って来て）ああ腹へッたァ（とカウンターの隅の悦子の横に掛けに行く）」
マスター「いらっしゃい」
陽平「（掛けながら）生姜焼きにライス。それからビール。ああ、冷えやがって立哨してると小便近くて、まいっちまうよ」

マスター「そうだろうねぇ」
陽平「ところが、うるせえんだよ。小便ですって言ったって、持ち場をはなれたとかなんとか」
マスター「遠いの？　便所」
陽平「遠いんだよ。してから立てって言うけど、してから立ったって出たくなるんだから仕様がないじゃないの」
マスター「（ビールを出して）まあガードマンに抜けられちゃ困ることも困るだろうけど」
陽平「飲みたかったァ（と注ぎ）寒いんだから日本酒って思うだろ。ビール飲みてェんだよ、どういう生理かねぇ、これ（悦子へ）挨拶は？（と飲む）」
悦子「うん？（とコーラを前にしている）」
陽平「人がねえ、急いで来てやったんだよ。黙って関係ない顔してんなよ」
悦子「言う暇ないじゃん、あんたしゃべってばかりいるんだもん」
陽平「じゃ、いま言えよ（飲む）」
悦子「今晩は」
陽平「どうだよ、ヒビはくっついたかよ？」
悦子「わからないよ、そんなこと」
陽平「いいよなあ、働かねえで、給料貰って遊んでんだから。俺も足の一本も折るかなあ、仕事中に」
マスター「いいじゃない」
陽平「言ってくれるねえ」
マスター「（戸口を見て）あ」
壮十郎「なんだ、来てたの」
陽平「あんたも知ってんのかよ、この店」
壮十郎「ああ（と陽平とは反対側の悦子の横へ行きながら）悦ちゃんが教えてくれたんだ」
陽平「またまた隅の方へ入りこむじゃねえか。こっち来りゃあいいだろう、こっち（と、自分の悦子とは反対側の席を叩く）」
壮十郎「女性の傍のがいいんだ」
陽平「カーッ。恥を知らないねぇ、三十男は」
悦子「（壮十郎に）寒かったでしょう」
壮十郎「ああ、日本酒下さい」
マスター「はい」
陽平「（調子を変え低く）よう、悦子よう、悦子」
悦子「なに？」

陽平「向こうにだけ『寒かったでしょう』はないだろう、お前」
悦子「暑かったとは言えないだろう？」
陽平「とぼけやがって。このスナックは、他の奴には教えねえって言ったじゃねえか。なんでこんなのに教えんだよ？」
悦子「ちょっと気に入ったんだもん」
陽平「(くわれて絶望し) おう。言いたいことを言うねえ」

■あるバー（夜）

美子「(カンパリソーダー風のものを飲んで)」
袴田「弱い酒だよ（と微笑)」
美子「おいしいけど、フフ、なんかポーッとして来る」
袴田「(微笑)」

■あるスナック（夜）

陽平「(食べた生美焼とライスの皿をカウンターにあげながら) あの娘？」
悦子「うん」
陽平「此処へ来るって？」
悦子「来るかどうかわかんないよ」
壮十郎「水を下さい（とチャーハンを食べている)」
マスター「はい」
陽平「なんて言ったのよ」
悦子「ただね、女子高だって言うから」
陽平「うん」
悦子「女ばっかりで、世界がひろがんないって言うから」
陽平「うん」
悦子「そんなら、ここへ気が向いたらいらっしゃいって言ったのよ」
陽平「そんなの待ってられるかよ。来ねえかもしれねえじゃねえか」
悦子「来るかもしれないじゃない」
陽平「それで、俺が高校生とつき合うのかよ？」
悦子「やならいいよ」
陽平「子供で相手になりゃしねえや」
悦子「いいもん、この人（壮十郎）と待ってるから」
陽平「俺ひとりで何処行けって言うのよ？」
悦子「だって、此処にいるの、やなんでしょ」

陽平「やじゃねえさ」
悦子「(壮十郎に) おいしいでしょ、此処のチャーハン」
壮十郎「ああ、うまい」
陽平「ああ、くやしいねえ、俺」

■タクシーの中 (夜)

袴田「会ってくれって、どういう人?」
美子「親でも親戚でもないのよ」
袴田「やだな、ぼくは」
美子「どうして?」
袴田「二人でいたいじゃないか、どうして誰かと会わなきゃいけないの?」
美子「面白い人なのよ。こんな人がいたかって、ちょっとおどろくと思うの」
袴田「ぼくがなにをした? いやな事したかい? 君に」
美子「そんなこと言ってないじゃない」
袴田「警戒してるじゃないか。いいかい。デートの最中に、他の人に会ってくれなんて、どのくらい失礼なことかわかるかい?」
美子「——」
袴田「わかるだろ」
美子「——」
袴田「運転手さん、悪いけど、西大久保へ行ってくれる?」
美子「——」
袴田「会いたくなくたって不思議はないだろ? (と言いきかせるように優しく)」
美子「——」
袴田「人に会ってくれなんて変なこと考えるんだなあ (と微笑)」
美子「西大久保って——」
袴田「うん? (とやさしい)」
美子「アパートでしょ」
袴田「いい加減に信用してもらいたいな」
美子「——」

■あるスナック (夜)

陽平「よう、よう (と眠っている悦子をゆすって) 寝るなよ、壮十郎、帰っちゃったぞ。俺はつき合ってやったんだぞ。眠るなよ、おい」

悦子「（起きない）」

■吉岡のアパート・部屋の前（夜）

吉岡「（ドアをあけ）どうした？（と意外な顔）」
美子「（目を伏せ）今晩は」
吉岡「こんなおそく、どうした？」
美子「（目を伏せたまま）ちょっといいですか？」
吉岡「そりゃいいが、お母さんたち、知ってるのかな？」
美子「いいんです」
吉岡「（ちょっと考え）入りなさい」
美子「（制服の入った紙袋を持って入る）」

■吉岡の部屋（夜）

吉岡「（アイロンをかけていたのである。コードをはずし、アイロン台と洗濯物を隅へおしやり）坐りなさい（と流しへ行く）」
美子「（上がって、すぐのところに坐る）」
吉岡「（コップの水を持って美子のところへ行き）酒なんか飲んじゃいかんな」
美子「（コップを受けとり）そんなにすぐわかる？（目は合わせない）」
吉岡「誰と飲んだ？」
美子「ある人（と水を飲む）」
吉岡「何処で飲んだ？」
美子「バー」
吉岡「何処の？（とコップをとる）」
美子「何処でもいいじゃない」
吉岡「どういう男だ？」
美子「男？」
吉岡「男だろ、一緒に行ったのは」
美子「――」
吉岡「君たちの生活を知らんが、スナックではなくバーへ行くというのは、高校生同士ではあるまい」
美子「――」
吉岡「年上の男だね。しかも、高校生に酒を飲ますことをなんとも思っていない男だ。何処で知り合った？　どういう男だ？」
美子「なんで、そんなに聞くのよ？」
吉岡「十七の子供が酔っぱらって来れば経緯《いきさつ》を聞くのは当り前だろう」

美子「――」
吉岡「なにをして貰いたい？　私に何をして貰いたい？」
美子「どうして？」
吉岡「じゃあ、私のところへ何しに来た？」
美子「おどろいちゃうわ」
吉岡「なにが？」
美子「刑事みたいに察しがいいけど、私、別に、頼みがあって来たんじゃないわ」
吉岡「じゃあ、なんで来た？」
美子「来たいから来ただけよ」
吉岡「家へ送ろう。その前に電話しよう」
美子「いいのよ」
吉岡「君はよくても、お母さんたちは心配している」
美子「心配なんかしてないわ」
吉岡「なにをすねている？」
美子「心配してるわよ。そりゃ心配してるけど、私のこと心配してるのかどうかわからないわ」
吉岡「他の誰の心配をする？」
美子「自分たちの心配よ。私が、妙なことになれば親の自分たちが非難されるでしょ。だから心配してるのよ。責任なくなれば、私なんかどうなってもいいのよ。あの人たち、早く私が大人になって、責任なくなってホッとしたいと思っているだけなのよ。本当に心配なんかしてないわ、私がどんなことをしてようと、迷惑かけなきゃ、いいのよ。私のために面倒にまきこまれて、警察行ったり、そんなことが怖いだけなのよ。そういう心配してるだけなのよ」
吉岡「親の愛情を、そんなふうにたかくくっちゃいかん」
美子「親の気持がわかる？」
吉岡「わかるさ」
美子「子供もないのに、どうしてわかるのよ」
吉岡「じゃあ君はどうしてわかる？　どうして親の気持を、そんな風に考える？」
美子「感じるからよ」
吉岡「一緒に行こう（と立って替上着をとり、着たりする）」
美子「見せたくないわ」
吉岡「（支度している）」

美子「どうせわめくだけよ。『こんなおそくまで何処行ってた』」
吉岡「聞くのは当り前だろう」
美子「でも察したりなんかはしないのよ。『何処でもいいでしょ。迷惑はかけないわ』私が、そう言えばおしまいよ。『ああ、迷惑かけないで頂戴。もう十七なんですからね。自分の責任よ、なんでも』そう言って終り。それで、終り。私が、どんな人間と、どんなことをしゃべって、どんな思いをして、どんなことに悩んでるか、そういうことには興味がないのよ。それで、私を心配してるって言えるかしら？」
吉岡「親になにを期待してる？　甘えてはいかん」
美子「でも甘えたい時だってあるわ。さっきのあんたみたいに『男だ。年上だ。なにをして貰いたい？』って、ヅカヅカ入って来てもらいたい時だってあるわ」
吉岡「立ちなさい」
美子「――」
吉岡「行こう」
美子「着替えさして貰うわ。制服じゃないとまずいの（と紙袋から制服を出す）」
吉岡「（顔をそむける）」
美子「（脱ぎはじめながら）出てった時とちがう格好してれば、いくら面倒くさくたって、どうしたの、どこで着替えたのって、親なら一応聞かなくちゃならないでしょ。そういう面倒はぶいてやるのよ」
吉岡「（顔をそむけたまま動かない）」

■タクシーの中（夜）

走る窓より見た街の灯があって、吉岡と制服の美子、並んで乗っている。

美子「さっきアイロンかけてたのね」
吉岡「ああ」
美子「そんな事もするのね」
吉岡「酔いがさめたか」
美子「え？」
吉岡「もう飲むんじゃないぞ」
美子「（グッと胸にとどくが）わかんないわ、そんなこと（と窓の外を見る）」

■団地・表（夜）

タクシー着く。

■団地・表・タクシーの中（夜）

美子「お願い、このまま帰って」
吉岡「（運転手に五千円札を渡す）すまないが、これで」
美子「帰って」
吉岡「とにかく降りよう（と出る）」
美子「（続いて）大丈夫だから、帰って」

■団地・表（夜）

吉岡「お母さんたちに、なんて言う？」
美子「言ったでしょ。『ほっといて！　迷惑かけないわ』ってわめけば終りなの」
吉岡「いいかい。正直にお母さんたちに言うんだ」
運転手「はい、お客さん」
吉岡「ああ（とおつりを受けとり）ありがとう」
美子「言ってどうなるの？」
吉岡「相談にのってもらうんだ」
美子「そんな事別にないもの」

タクシー走り去る。

吉岡「いいから、今日のことを、お母さんたちに話すんだ」
美子「——」
吉岡「どうしたらいいか、教えてくれるさ」
美子「温和しくしてろって言うだけよ。他に知恵がある筈ないわ」
吉岡「きめてかからずに、話すんだ」
美子「——」
吉岡「いいね！」
美子「（納得はせずに）いいわ。（微笑して）ありがとう（目は合わせず）とにかく、いまあんたが家へ来たら、大騒ぎになるでしょ。ここでいいの」
吉岡「ああ」
美子「タクシー、帰さなきゃよかったのに」
吉岡「ひとりなら、タクシーを使うこともない」
美子「（微笑し）ひとりで頑張ってるのね」
吉岡「（苦笑）」

■平山家・ダイニングキッチン（夜）

京子「おそけりゃ、おそくなるって電話をしたらいいでしょ！」
平山「心配して出たり入ったり、どれだけ迷惑かけたと思ってるんだ」
美子「(逃げるように自分の部屋の襖をあけ) 少しは人のことを信用してよ。勉強してたのよ。迷惑かけないわよ (と入って襖を閉める)」
京子「電話をかければいいのよ！」
平山「こんなに遅く、なにかあったらどうするんだ！」
京子「一生めちゃめちゃになったって知らないから！」

■団地・表 (朝)

吉岡、階段を上がって行く。

■平山家・前の廊下 (朝)

京子「(ドアをあけ) あら (とちょっとおびえたような顔をする)」
吉岡「お早うございます」
京子「なんでしょう？」
吉岡「少しよろしいですか？」
京子「主人、会社ですけど——」
吉岡「ご迷惑でしょうか？」
京子「(目を落とし) 停職だそうですけど、仕方がないんじゃないかしら」
吉岡「恨みごとを言いに来たんじゃないんです。お嬢さんのことです」
京子「美子の？」

■平山家・ダイニングキッチン (朝)

吉岡「(腰掛けていて、目を落とし) ご存知ないことばかりだと思いますが」
京子「ええ、二度まで、お宅に伺ってるなんて」
吉岡「どんな相手か、それも、ご存知ないんですね？」
京子「ええ。そりゃあ、いまの高校生ですから、ボーイフレンドの一人や二人、あるだろうとは思ってましたけど——」
吉岡「余計なお節介で、われながら伺うのが、気重《きおも》でしたが、ただ事ではないという気がしたもので」
京子「悪い相手だとお思いですか？」
吉岡「少なくとも、お嬢さんは、その男とつき合うことを迷っています」

京子「（うなずく）」
吉岡「しかし、魅力もあるらしい。自分がそこへ行ってしまうのを怖れている。止めてくれる人を求めている」
京子「――」
吉岡「いや、お嬢さんがなにを言ったわけでもありません。私の、勝手な推測です。お母さんの勘の方が正しいでしょう」
京子「いいえ、私は気がつかなかったんですから」
吉岡「なにかのお役に立てば、と思って、伺いました」
京子「はずかしいわ」
吉岡「失礼します（と立つ）」
京子「私たち、あなたに、悪い事をしたのに（と立つ）」
吉岡「いいえ」
京子「ありがとうございました」
吉岡「（一礼して靴をはく）」
京子「（なんと言っていいかわからず、吉岡の足元を見て立っている）」

■団地・表（夜）
夜の情景。短く入って――。

■平山家・ダイニングキッチン（夜）
平山「（美子を平手打ちする）」
美子「――」
京子「言いなさいよ、なに強情はってるのよ」
平山「どういう男だ？　バーへ飲みに行くなんて、スケバンとかわらないじゃないかッ！」
京子「お母さんたちの頃なんて喫茶店も行かなかったわ」
平山「なんだ、そのふくれッ面は！　酒のむ高校生なんて学校行く資格はないよッ！　やめちまえッ！（と逆上してひっぱたく）」
京子「ただじゃないんだから、学校はッ！」

■道（朝）
美子、制服にカバンと紙袋を持ってぐいぐい歩く。

■国電の中（昼）
美子、乗っている。

■盛り場（昼）
美子、着替えていて、グイグイ歩く。
■坂道（昼）
美子、グイグイ歩く。
■吉岡の部屋（昼）
窓の手すりか、物干しのあたりかで、金槌を使う修理をしている。手造りの男の印象。ブザーが鳴る。
吉岡「（顔をあげる）どなた？」
■吉岡の部屋の前（昼）
平山「（立っていて）平山です」
■吉岡の部屋（昼）
吉岡「あいてます、どうぞ（と金槌を道具箱へキチンとしまう）」
平山「（あけ）伺ってますか、娘」
吉岡「どうしました？」
平山「家を出たようなんです」
吉岡「家を？」
平山「昨夜、少し叱りました。朝、学校へ行ったとばかり思っていたんですが、学校から、どうかしたかという電話がありました」
吉岡「ええ——」
平山「会社へ家内が電話をよこして、会社から真っ直ぐ此処へまいったのですが」
吉岡「ご覧の通り、お嬢さんは来てませんが——」
平山「いろいろ勝手を言いながら、こういう時に（と詫びようとする）」
吉岡「そんなことはいいです。他に、心あたりは」
平山「その、つき合っていたようだという男の見当は、おつきにならないでしょうか」
吉岡「つきませんね」
平山「学校の友達は学校ですし、お恥ずかしいことですが、他にどういうつき合いがあったか全く——」
吉岡「金は持っていますか？」
平山「さあ、いくらもいま私（と胸をさぐる）」
吉岡「娘さんのことです」
平山「さあ。とにかく家内からの電話で、カッとなって、ここへ駆けつけたものですから」
吉岡「お宅へ行き宜しょう。手がかりがあるかもしれない（と支度にかかる）」

■平山家・美子の部屋（昼）

洋服ダンスやら机やら、手帳やらを両親と吉岡が調べている。間あって――。

平山「この頃の子供は、なにも書かんのですね。日記も、感想文も、なにもない。こうなってみると、娘のことをなにひとつ知らんことに、われながら、おどろきます。もう少し、友人の名前とか、なんとか、聞いとけばよかったと――」
京子「私の事を言ってるんでしょうけど、あのくらいの年頃は干渉されるのを嫌がるのよ。聞いたってなんにも言わないのよ」
平山「お前のことなんか言ってないだろう」
京子「でも思ってるでしょう。わかるわよ。だけど、あなたなんか全部私に押しつけて逃げてるだけじゃないの。私を非難する資格なんかないわよ」
平山「お前が怒れ怒れって言ったんじゃないか」
京子「あなたがあんまり知らん顔だからでしょう！」
平山「よさないか。人前で、よさないか」
京子「自分が言い出したんじゃないの」
平山「よさないかって言ってるんだ！」
京子「――」
吉岡「――（黙々と葉書などを読んでいる）」

■吉岡の部屋（回想）

美子「あの人たち、早く私が大人になって、責任なくなってホッとしたいと思っているだけなのよ。本当に心配なんかしてないわ。私がどんなことをしようと、迷惑かけなきゃいいのよ。私のために面倒にまきこまれて、警察行ったり、そんなことが怖いだけなのよ。そういう心配してるだけなのよ」

■あるスナック（夜）

吉岡「男と一緒という心配がある。だから、一刻も早く見つけたい。両親は、友達にあたっている。しかし、一人で遊ぶことが多い子だった。

盛り場をさがしてみたい。幸い三人とも顔はおぼえている。協力してもらいたいんだ。仕事ではないが、力を貸してもらいたいんだ。どうだ？　力を貸してくれるか？　どうだ？」
悦子「そりゃ（いいけど）」
壮十郎「いいです」
陽平「いいけど――」
吉岡「いいけどなんだ（と珍しくいら立ち）俺がお前にものを頼んだことがあるか！　気持よくウンと言ったらいいだろう！」

■盛り場A（夜）
悦子、陽平、壮十郎が私服で歩いている。通る人々を気を付けながら歩く。
陽平「そりゃ気持よくウンぐらいいくらだって言うけどよ。まるで雲つかむような話じゃないの、そりゃ顔はおぼえているよ、だけど東京は広いんだからね。そうそう都合よく俺たちの前に出て来るわけがないじゃないの」

■盛り場B（夜）
吉岡が歩いている。やはり通る人々に目を光らせるが、いらいらと気がせいている。

■盛り場A・別のところ（夜）
悦子がどんどん歩いて大通りへ行く。
陽平「おい、なんだよ、急に、なに走り出すんだよ、よう（と追いかける）」
壮十郎「どうしたんだ（と追いかける）」
悦子「（タクシーつかまえようと手をあげながら）思い出したの、洋服着替える喫茶店があるって言ったのよ。男も、そこへ来るって言ったのよ。私があのスナック教えたら、私もって。『ローアン』って言ったのよ」
陽平「ローアン」
悦子「そう。新宿の『ローアン』って言ったわ」
陽平「なんで、そんな事早く思い出さねえんだよ」
この会話中にタクシーつかまり、乗り込んで去る。
会話だけが、街の車の流れの中に残って聞こえる。

■あるスナック（夜）
悦子、陽平、壮十郎、水割り飲んでだれている。
マスター「そりゃ無理よ。いくらよく行くったって、新宿の喫茶店じゃ、そうそう顔までおぼえちゃいないよ」
陽平「そういうこと」
マスター「ましてあんた、客の住所聞こうなんて、そりゃ非常識通りこして」
陽平「バカだよな」
悦子「私がバカだって言うのかさぁ」
陽平「マスターが言ったんだろう」
マスター「言わないじゃないの、俺」
陽平「まったくまあ、それから歩いたの歩かないのって」
吉岡「（とび込んで来て）電話帳かしてくれ。職業別じゃない方だ」
陽平「司令補」
悦子「どうしたの？」
マスター「これ」
吉岡「（奪うようにとり、一冊を選んでめくりはじめる）」
壮十郎「わかったんですか？」
吉岡「学校の友達で、男の名前と電話番号を知っているのがいた」
悦子「住所調べるわけ？」
陽平「警察へ言やあいいじゃない」
吉岡「彼と一緒かどうかわからないだろう（と名前を指でたどっている。早い）」
陽平「そりゃ一緒ですよ。いま頃、彼女は彼のアパートで」
壮十郎「軽口叩いてる時じゃないだろう！」
陽平「急に怒るな、急に」
悦子「あったの？」
吉岡「これだ。西大久保だな」

■袴田のアパート・表（夜）
小さいが一応鉄筋のアパート。その二階へ、吉岡、壮十郎、悦子、陽平の順で現れ、表札を見て歩いて行く。
吉岡「（足を止める）」
壮十郎「いるようですね」
吉岡「ああ」
悦子「テレビつけてる」

陽平「どう？（と耳をすます）」
吉岡「（チャイムを押す）」
壮十郎「（耳をすましている）」
吉岡「ちょっとものものしい。はずして待ってくれ」
壮十郎「はあ」
悦子「テレビとまった」
陽平「ああ」
吉岡「――」
ガチャリと錠をはずす音がして、
袴田の声「（警戒した声で）どなた？」
吉岡「吉岡というものですが――」
袴田「（いきなり吉岡にぶつけるように外開きのドアを激しくあけ、花瓶をぶつけて、階段の方へ走る）」
吉岡「（パッと追いかける）」
陽平「待てッ！（と追いかける）」

■アパートの前の駐車場（夜）
袴田「（なにかにつまずいて、ころぶ）」
吉岡「（その上にかぶさるようにとびかかる）」
陽平「（走りよろうとして横あいから出て来た男につきとばされる）なにをッ！」
あっという間に、悦子も壮十郎もそれぞれ男たちにつかまって、手錠をかけられている。
陽平「（手錠をかけられて）なによ、これ。これ、なによ」
吉岡「（ひき起こされて手錠。荒い息）」
袴田「（手錠をかけられている）」

■団地・表（朝）
朝の情景。

■平山家・ダイニングキッチン（朝）
京子「（台所からお盆にのせた味噌汁を持ってテーブルの方へ来て）どうぞ。あの、おみおつけだけ、急いでつくりましたから。すぐご飯も炊けますから」
壮十郎「おかまいなく」
京子「いいえ。私たちのために、大変な目におあいになって」
吉岡、悦子、陽平、壮十郎、がっくり腰をおろしている。
陽平「しかし、しまらねえ話だよな。みんなで、捕まっちまったんだから」
壮十郎「警察がはりこんでいるとは思わなかった」
悦子「ほんと」
陽平「ま、お宅には、よかったけど――」
京子「ええ、ともかく、あの男と一緒じゃなかったんで――ホッとしました」
平山「（おしんこを切っていて、持って来て）どうぞ（と置く）」
陽平「おじさんも、ほっとしたでしょう」
平山「はあ（と戻る）」
悦子「まだみつからないんだもん（陽平をつつく）」
陽平「五、六千円しか持ってなきゃ、帰ってくるさあ」
壮十郎「しかし、あぶないところだったよなあ」
陽平「ほんとほんと」
京子「高校生くどいて、十何人も売春させていたなんて――」
陽平「時間の問題だったわけよ」
悦子「あ、でもさあ。家出してもさあ、男ンとこ行かなかったんだから、わりとしっかりしてんのよ、あの子」
京子「どうぞ。おかわりありますから。めし上がって下さい（と一礼して台所へ）」
陽平「あ、いただきます」
壮十郎「いただきます」
悦子「いただくけど（と吉岡を見て）司令補、どうしたんですか？」
吉岡「――うん？」
悦子「おみおつけ、いただいたら」
吉岡「ああ。いや、いただくといい」
陽平「なにしょんぼりしてるんですか」
悦子「お腹すいたでしょう？」
吉岡「ああ（と苦笑）」
陽平「やっぱり司令補みたいに気どってるとよう。手錠はめられて、ひっぱられただけでもショックなんだよなあ。ヒヒ」
壮十郎「冗談はよせ」
陽平「冗談じゃねえさ」
壮十郎「とにかく、はしゃぐのはよせ」
陽平「はしゃぐわけねえだろ」
壮十郎「娘さんは見つかってないんだ。大きな声を出すな（強く言う）」
陽平「（口の中でブツブツ言っている）」

平山「（味噌汁を持って来て）私も、ご一緒させていただきます」
悦子「あ、どうぞ」
壮十郎「どうぞ」
平山「まったく、みなさんに、ご迷惑をかけて」
悦子「そんな、いいんです」
壮十郎「すぐ帰って来ますよ。そんな気がするな」
平山「そうならいいんですが――」
吉岡「帰って来たら、どうします？」
平山「は？」
吉岡「どうします？　帰って来たら」
平山「はあ。むずかしい年頃ですから、どういう顔をすべきかと迷っていますが」
吉岡「私は（内心の怒りを押さえながら）どういう顔をすべきかなどと聞いているんじゃありません。どういう顔をしたいかと聞いたんです。抱きしめたいか、はり倒したいかと聞いたんです」
平山「はあ」
悦子「なに怒ってるの？」
吉岡「どっちです？　抱きしめたいか、はり倒したいか、どっちです？」
平山「さあ、どっちでしょうか――」
吉岡「そんなこともわからんのですか！」
壮十郎「司令補」
吉岡「あんたも四十を越してるんでしょう。何故そう態度が決まらんのです？」
陽平「どうしたの？」
吉岡「態度が決まらんということは、生き方が決まっとらんということだ」
悦子「ちょっと（止めようとする）」
吉岡「居丈高に人を非難したかと思うとたちまち卑屈な顔になる。生き方が決まらんから、娘を満足に叱ることもできん。怒鳴ったり、甘やかすことしかできんのだ」
壮十郎「急に何を怒ってるんです？」
吉岡「私は、こういう人間たちが、子供の親だということに我慢がならん」
陽平「おいおい（と呆れる）」
壮十郎「いい加減にして下さい」
吉岡「いい年をして、まだ子供じみていて、自分中心だ。子供を本当に愛するということを知らん。子供の生活に、本当に心を寄せたことがあるか？　どんなことを考え、どんな淋しさを持っているか、本気で想像したことがあるか。子供はもう一人前だとかなんとか言って、子供から逃げてるんだ、あんたらは」

悦子「どうしちゃったの？」

吉岡「勉強しろとおどかす以外、子供を教育するということを知らんのだ。自分を愛しとらんから、子供を愛することもできんのだ。あの子はな、あの子は、まだ一人前じゃあないんだ。叱ってやらなきゃあいかんのだ。抱きしめてやらなきゃいかんのだ。私にはわかるぞ。あの子が、どんな思いで町を歩いてるかわかるぞ」

陽平「司令補にわかるわけないじゃないですか」

吉岡「なんだと？」

陽平「戦中派のコチコチに、いまの娘の気持がわかるわけないでしょう」

吉岡「わかるんだ」

悦子「でも、あの、子供いないんだしさあ」

吉岡「子供がいなくたってわかる」

陽平「そんなこと言ったって駄目よ。ハハハハ」

吉岡「なにがおかしいッ！」

陽平「二、三回つき合ったぐらいで、親よりわかるわけないじゃないですかッ！」

吉岡「わかるからわかると言ってるんだ」

壮十郎「司令補！　ちょっと失礼じゃないですか、こちらに（と強く冷静にたしなめる）」

吉岡「（その壮十郎を一瞬見て、目をそらし）しっかり抱いてやれと言ってるんだ。帰って来たら、しっかり抱いてやれ、と言ってるんだ（立って玄関の方へ）」

悦子「司令補！」

陽平「ちょっと」

壮十郎「司令補！」

■団地・階段（昼）

吉岡、どんどん階段を降りて行くのを、長く。音楽で。

■テレビ局・公開番組（昼）

ムーン・シャドウが演奏している。

■テレビ局・玄関とロビー（昼）
陽平「（職員通用口のような所から制服でロビーへ出て来て小走りに行きながら）おい、まだかよ？　悦子」
悦子「（私服で、腕はまだ吊っていて、ロビーのガラス越しに表を見ていて）まだ」
陽平「もう三十分になるじゃねえか」

■公開番組（昼）
ムーン・シャドウ唄っている。

■テレビ局・玄関とロビー（昼）
タクシーが、やって来て、すべり込む。平山と京子が飛び降りる。
悦子「（飛び出して行き）いました。いました」
平山「（駆けより）ありがとう」
陽平「（駆けより）一階の隅です」
京子「ありがとう（とロビーへ）」
平山「（急ぎながらロビーへ）なにからなにまで（と客席の方へ行こうとする）」
悦子「あ（とさえぎり）いま、中へは入れないんです。テレビをとっているから」
陽平「でも、いなくなったりしませんよ。司令補と壮十郎が見てますから」
平山「そうですか」

■テレビ局・公開番組・副調整室（昼）
ムーン・シャドウの演奏。キャーキャーいう客席。その隅で、動かず、しょんぼりとその演奏を見つめている美子。その美子をはなれて見つめている壮十郎。副調整室でモニターテレビから映る美子をじっと見入る吉岡。ムーン・シャドウの演奏。キャアキャアいう女の子たち。そして美子。

■テレビ局・ロビー（昼）
平山「（落ち着きがなく待っている）」
京子「（目を伏せて待っている）」
悦子「あの、会ったらどうしますか？」
平山「えっ？」
悦子「抱いてあげます？」
陽平「そんなこと、そん時にならなきゃわからねえさ。ねぇ」
平山「吉岡さんには叱られそうだがせいぜい、泣いちゃうぐらいでしょうか（と苦笑）」
陽平「それでいいンすよ、それで。司令補はちょっとね、アナクロなんだから。ハハハハハ」

■公開番組・副調整室（昼）

ムーン・シャドウの演奏。
吉岡「（美子を見ている）」
美子「（しょんぼり、演奏を見ている）」

■同じ公開番組スタジオ（昼）

観客席は空《から》である。舞台で、あと始末をする人がいる。その観客席の隅にポツンと吉岡がいる。それをはなれたドアから見る悦子、陽平、壮十郎。悦子、ちょっと目を落とし、それから吉岡の方へ行く。陽平、壮十郎も続く。吉岡ポツンといる。近づく悦子、陽平、壮十郎。後ろの席に並んで掛ける。
吉岡「――どうした？」
悦子「三人で、泣きながら帰ったわ」
吉岡「そうか」
陽平「よろしくって言ってました」
壮十郎「改めて伺うって言ってました」
吉岡「そんなことはいい」
悦子「フフ、司令補、一所懸命だったわね（とちょっとしみじみ言う）」
吉岡「――」
悦子「ああいう娘さん、欲しいんでしょ？」
陽平「よせよ」
悦子「わかるわ。なんか、わかったわ」
吉岡「つまらんことを言うな」
悦子「フフ、でも、わかったもん。司令補もいまからでいいから、結婚して家庭持てばいいのよ。人の娘じゃ、どうせ、向こうのもんだもん」
吉岡「もうよせ」
陽平「（小声で悦子に本気で）よせ、よせ、もう」
悦子「うん」
壮十郎「――（吉岡を見ている）」
吉岡「――（後ろ姿のまま舞台を見ている）」
三人、黙って、その吉岡を見、それぞれの思いで目を伏せたりする。舞台の照明が消えて行く。「はい、いいよ」などと裏方の声が聞こえたりする。灯り、更に消えて行く。静かに、エンドマークが出る。

「男たちの旅路・第Ⅱ部 2話」キャスト・スタッフクレジット

キャスト

吉岡晋太郎――鶴田浩二
杉本陽平――水谷 豊
島津悦子――桃井かおり
鮫島壮十郎――柴 俊夫
浜宮聖子――五十嵐淳子
田中 清――金井 大
大沢司令補――橋爪 功
平山修一――滝田裕介
平山京子――川口敦子
平山美子――竹井みどり
ムーン・シャドウ――ゴダイゴ
小田警備会社社長――池部 良

スタッフ

音楽――ミッキー・吉野
美術――青柳敏郎
技術――広門隆二
効果――柏原宣一
擬闘――林 邦史朗
制作――近藤 晋
演出――高野喜世志

3

釧路まで

「もっとすごい奴が、もっと素晴しい奴が、もっと生きたいと思いながら、沢山死んで行きました」

■ある美術館・表（夜）

閉館後。「クメール芸術展」という垂れ幕が風に揺れている。

■その展覧会場のある階

エレヴェーターがあき、警備会社小田社長、吉岡、陽平、壮十郎が、降りて会場の方へ。出迎えるように田中が、敬礼し、

田中「お待ちしてました」

小田「ご苦労さん（と軽く手をあげ会場中央にある大きな像の前へ）」

田中の他に三人ほどの警備士がいて、小田に敬礼する。

小田「（彼らに）ご苦労さん（と微笑で会釈し、像の前で立ち止まり）これなんだがね、吉岡さん」

吉岡「はあ（と像を見る）」

カンボジアのクメール彫刻で、巨石のクメール神である。

田中「仲々の人気でしてね」

小田「カンボジアのアンコールワット周辺の石像だそうだがね。シンガポールにあったんだねぇ」

吉岡「はあ」

小田「大体、クメールの彫刻ってもんは、でっかい石に刻んだもんなんで、持ち運んで展覧会がやれるというようなものじゃないそうだ」

吉岡「はあ」

小田「手頃といえば手頃なこの石像は、十九世紀後半に、フランス系の人間が、すでに運び出していた。持ち主がかわり、何カ所かを転々としたらしい」

吉岡「（うなずく）」

小田「いま東京で、これを目玉に、展覧会が開かれているわけだが、次は北海道のデパートを三カ所回る予定になっている」

吉岡「（うなずく）」

小田「なにも言わずに此処まで来てもらったが、実は、この石像を爆破するという予告の手紙がデパートに来ているんだ」

田中「（すでに知っていて）まったくねぇ」

小田「人員を増《ふや》して警備しているが、問題は、北海道へ運ぶ時なんだ」

吉岡「（うなずく）」

小田「当初、飛行機を予定していたが、その予定はかなりの人間が知っている」
吉岡「（うなずく）」
小田「念のため裏をかき、深夜に晴海埠頭を出る釧路行きのフェリーを使うことにした」
吉岡「（うなずく）」
小田「出発は、明後日の夜だ。三人に警備を頼みたいんだ（吉岡へ）やってもらえるね？」
吉岡「脅迫状を拝見できますか？」
小田「（胸ポケットから出しながら）コピーだがね」
吉岡「いたずらの可能性もあるのでしょうか？」
小田「私の勘では、いたずらではない」
壮十郎「なんだって言うんですか？」
小田「展覧会を中止して石像をカンボジアへ返せ、と言うんだ」
壮十郎「日本人じゃないんですか？」
小田「日本人さ。不当に運び出したものだから、カンボジアへ返せ、と言う。そこまではよし、としてもいい。しかし、返さなければ爆破するというのでは理屈にもなにもなりゃあしない。返さなきゃならんと思ってるものを何故爆破するんだ」
吉岡「（読んでいる）」
小田「更にいくつもの理屈を並べている。現在のカンボジア人民に関心を持たず、呑気にクメール芸術を鑑賞しようという教養主義が許せん、と言う。デパートの商業主義と手を結んだ主催者の意識が許せん、と言う。いずれも子供染みた屁理屈だ。いくら理屈を並べても、十一、二世紀につくられたこの石像を爆破する権利は、誰にもない。（壮十郎に）そうじゃないかね？」
壮十郎「はい」
小田「犯人が正しいと思うかね？」
壮十郎「思いません」
小田「君は、どうだ（と陽平にきく）」
陽平「は？」
小田「こんなものは爆破した方がいいと思うかね？（思想テストのつもりできく）」
陽平「いえ、別に」
小田「別に、程度かい？」
陽平「こんなもんこわしてみても、なにがはじまるわけでもないし、へへへ」
小田「犯人をにくいとは思わないかね？　本気で、これを守ろうという気はないかね？」
陽平「守りますよ、仕事だから」
小田「いいだろう。私は、この彫刻を爆破するなどという思い上がりに腹が立つが、君たちが一緒に怒ってくれなくても仕方がない。仕事だから守る、というのでもいいとしよう。とにかく、無事に北海道まで届けてもらいたい。（吉岡へ）やってくれるね。吉岡さん」
吉岡「やりましょう（冷静である）」
小田「飛行機もそうだが、船の上も爆破という事になれば生命にかかわる。犯人が乗ることは、九〇パーセントない、と思うが、充分気をつけて行って来てもらいたい」
吉岡「わかりました」
小田「（壮十郎へ）頼むよ」
壮十郎「はい」
小田「（陽平へ）気をつけてな」
陽平「あ、はぁ」

■晴海フェリー埠頭（夜）
釧路行きフェリーDデッキにコンテナー形式のトラックが続々と乗り込んで行く。チェックする船員の傍で見ている壮十郎。

タイトル「釧路まで」

以下、クレジットタイトル。

■フェリー、Cデッキ
乗用車、新車が積み込まれている。岡崎パーサーに説明を受けている吉岡。

■フェリー、乗客入口
住所氏名を書き入れた乗船券を受けとっている係員。その傍で、手帳に記入している陽平。タイトル、続く。客の中に、うさんくさい、すごみのある青年がいる。谷村である。

■ブリッジ
上田船長が、サードオフィサー、コーターマスターらと共にいる。双眼鏡で暗い海を見ている。

■船尾

出航前の準備をする船員たち。

■埠頭の駐車場一隅

田中先任長を中心に、五、六名の警備員が一台のトラックを警備して待機している。

■フェリー、乗客入口

待合室からの通路と船をきりはなし、客の乗船を終える。タイトル、終る。

陽平「(見ていて)じゃ、これで、もう客は乗って来ませんね」
係員「はい。乗れません」

■Cデッキ

乗用車の乗り込み口が遮断される。見ている吉岡と岡崎。そこへ陽平、来て、

陽平「(敬礼し)客の乗り込みは終りました。もう上からは誰も乗りません」
吉岡「ここも終りだ」

■Dデッキ

コンテナーの最終車から前部運転席が切りはなされ、出て行く。出口側が遮断される。

岡崎「(遮断されはじめるのを見て)はい。これで、他の車輛、乗客の乗り込みは、全部終りました」
吉岡「(うなずき、陽平と壮十郎の方を向き)簡単に説明する。この甲板はトラック、この上が乗用車のデッキだ」
陽平「わかってます」
吉岡「黙って聞け」
陽平「はい」
吉岡「トラックはおおむね、コンテナー部分だけを積んで、運転手は乗って行かない。釧路へつくと、釧路のトレーラーが待っていて、コンテナーを運び出す」

■Cデッキ

吉岡の声「それは乗用車も同じで、乗用車だけを船で運び、自分は飛行機で行くという人も少なくない。新車が、車だけ運ばれて行くということも多い」

■Dデッキ

吉岡「従って、車の数に比べて乗客の数は少ない。つまり、チェックしやすい。その上、乗客は、車を此処において、上にあがると、航行中、二度と車の場所へは戻れない。危険なためだ。ドアは、こちら側からあくが、客室側からはあかない仕掛けになっている。従って、現在、此処とこの上の乗用車デッキに人がいないことを確認すれば、人間は、客室デッキ以外の場所にはいないと一応は考えていい。そして、いま、此処にもこの上にも、我々が見たかぎりでは、人はいないようだ」

壮十郎「はい」

陽平「しかし」

吉岡「なんだ？」

陽平「トラックの上だってなんだって、かくれようと思えば、いくらでもかくれられるんじゃないんですか？」

吉岡「乗用車については、調べたつもりだ」

壮十郎「トラックは、全部をあけるのは無理ですが、冷凍車にかくれるわけにはいかないし、コンテナーにかくれるというのも、そう簡単じゃないと思います」

吉岡「勿論、安心するわけにはいかないが、一応の確認はすませた、ということだ」

壮十郎「そう思います」

陽平「わかりました」

吉岡「じゃ、石像を入れてもいいだろう（壮十郎に言う）」

壮十郎「はい（トランシーバーのボタンを押し）こちらTYK、こちらTYK、鮫島です。どうぞ」

田中の声「はいはい。こちらTYK田中。スタンバイ、オーケー。どうぞ」

壮十郎「スタートして下さい。どうぞ」

■埠頭の駐車場一隅

田中「了解。スタートします。どうぞ（と言いながら、手をあげる）」

トラック、灯りをつけ、エンジンをかける。

■Dデッキ

待っている吉岡、壮十郎、陽平、岡崎。

■埠頭
トラック、点々といる警備士の前をDデッキへ。

■Dデッキ
トラック、入って来て、係員に誘導され、その一郭にあるシャッターつきのトラック繋留《けいりゅう》のスペースへ入って行く。トラック、コンテナーの列の隅で、荷台からそっとジーンズの男の足が床に降りる。吉岡たち、石像をのせたトラックに気をとられている。ジーンズの足、客室へのドアの方へ敏捷に行く。トラック、エンジンを切る。ジーンズの足止まる。トラックの運転手、降りる。シャッターがおりる。ジーンズの足、客室への階段を素早く上がって行く。

岡崎「(電話に出ていて)はい。シャッター閉まりました。お願いします」

■機関室
中西機関長「(鍵をかける)」

■ブリッジ
上田船長「(鍵をかける)」

■Dデッキ
岡崎「(吉岡たちに説明する)このシャッターは、機関長と船長と両方の鍵がなければあきません。まずこの中へ入るということは不可能だと思います」

陽平「入るのは不可能でも、この穴はなんですか?(とシャッターの脇の穴を指し)ダイナマイトなら簡単に入るでしょう」

岡崎「消防法で完全密閉を禁じられているのです。中の火災に気がつきませんから」

陽平「しかし、こんな穴だらけ、まずいな。(吉岡へ)まずいでしょう? 司令補」

吉岡「シャッターがないよりはいい。(田中たちへ)ご苦労さん。行って来ます」

田中「行ってらっしゃい(敬礼)」

壮十郎「行ってまいります」

田中「気をつけてな」

陽平「行って来ます」

田中「船から落ちるなよ」
陽平「どうして俺にだけ、そういうこと言うんです
か」

■埠頭岸壁
「螢の光」が流れる。岸壁をはなれるフェリー。

■Cデッキ
乗用車が並んでいる。そこから客室へ行くドアのあたりで、名簿を見ている吉岡と壮十郎。「螢の光」やや小さく聞こえる。
陽平「(傍で岸壁の方に気をとられて) おうおう、船ってェのは性こりもなく、いまでも螢の光をやってるんだねぇ。なんかこう淋しくなっちゃうねぇ、聞いてると (シニカルではなくセンチになっている)」
吉岡「(名簿から顔をあげ) これでは組み合わせがわからんが、一人旅というのはいなかったか？」
陽平「あ、いますよ、えー、こいつと、こいつと、こいつ」
吉岡「二十八歳、五十二歳、二十一歳か」
陽平「全部で三十二人。大体、顔もおぼえてますから」
吉岡「三十二人か」
壮十郎「定員八百人でしょ？」
陽平「シーズンオフは仕様がねえんだよ」
吉岡「一番悪い時期だ」
陽平「とにかく、そいでも新婚が乗ってんだから捨てたもんじゃないって」
壮十郎「そうか」

■一等客室通路
新婚らしい二人がドアをあけ、入って行く。
陽平の声「一等の四人てェのは、新婚一組と女の子二人なんスよ」

■二等客室
大部屋である。二十三人ほどの客。
陽平の声「二等が二十三人。家族連れ三組。男のひとり旅が、さっき言った三人。人相の悪いのがいるけど、やたらすごんでっから、たいしたことないと思いますね」

■ドライバー客室

二段ベッドである。ビールを飲んでいる浴衣のドライバー五人。

陽平の声「あとは、トラックドライバーの部屋で五人」

■Cデッキ

陽平「ま、誰があやしいか、あとでゆっくり見に行って来て下さい（と港の方を見て）おうおう、港の灯りが遠くなるじゃないの。寒いねえ、どうも。ヒヒヒヒ」

吉岡「いいか」

陽平「え？」

壮十郎「（見る）」

吉岡「言うまでもないことだが、お客さんに、気分の悪い思いをさせてはいかん。調べるような顔で、歩き回ったりすることは禁ずる」

陽平「じゃ、これ（制服）も脱いだ方がいいんじゃないんですか？　お客さん、感じ悪いスよ、こんなのが歩いてっと」

吉岡「いいだろう」

■夜の海

遠い灯りだけになっている。船首。

■船長室の前

吉岡「（まだ制服で来て）船長。ちょっとよろしいですか？」

■船長室

上田「（制服から、略服に着替えていて）どなた？」

吉岡「東洋警備の吉岡です」

上田「あ、どうぞ」

吉岡「（入って来て）さきほどは、ほんとの通りすがりで（一礼）」

上田「いや、港を出るまでは、船長も忙しくてね。さあ、どうぞ」

吉岡「積み荷のことでは、気をつかっていただきまして」

上田「いやいや。どうぞ（とすすめ）しかし、ここまで追いかけて来て爆破するバカもおらんでしょう（と笑う）」

吉岡「（掛けながら）そうならいいんですが」

■乗用車デッキ入口

陽平「（私服になって来て）なんだよ。まだクソ真面目に立ってんのかよ」
壮十郎「（制服のままいて）お前が来るまでは仕様がないだろう」
陽平「どっちかが立ってるっていうのかよ？」
壮十郎「二時間交替だ」
陽平「冗談じゃないよ。このドア、こっちからはあかないんだぜ（と押してみせ）下にいるなら上がって来ねえで、ドカンとやるだろうが。こんな所立ってたって、なんにもなんねえだろうが」
壮十郎「勿論、下の巡回も交替する時にやる」
陽平「やれって言うのかよ。あの野郎が（吉岡が、の意）」
壮十郎「言わないが、やるんだ」
陽平「どうして？」
壮十郎「それが仕事だろう」
陽平「やりすぎたよ、やりすぎ」
壮十郎「三人しかいないんだ、やりすぎということはない（と行こうとする）」
陽平「ちょっと待った、ちょっと」
壮十郎「なんだ？」
陽平「ヒヒヒ、一等船室のな、百十二号室の前を通れ」
壮十郎「何故だ？」
陽平「ちっとあいてんだ、ドアが」
壮十郎「なにを言ってる」
陽平「女の子二人がよ、暖房完備で下着でウロウロしてんのが、バッチリ」
壮十郎「くだらないことを言うな（と行く）」

■一等船室・廊下

百十二号室のドアが、たしかにあいている。壮十郎、はなれて立ち、おそるおそる近づき、ドアの脇の壁をノックし、
壮十郎「失礼します」
返事がない。
壮十郎「百十二号室のお客さん。失礼します（とノック）」
返事がない。
壮十郎「（不審な気がして）失礼します（とのぞく）」

■百十二号・一等船室

狭い二人部屋である。

壮十郎「（ドアを押しあけ）いないんですか？（と入って、二段ベッドを見る。下着がある）何処行ったんだ（と窓の手前のテーブルへ目をやりギクリとし）救けて！（とテーブルの上の手帳の切れはしに書いた文字を読んで、サッとその紙をとりに行く）」

と、いきなり毛布をかぶせられる。

壮十郎「なにをする！（ともがいて毛布をとると）」

笑い声が湧き、それは、狭い壁にはりついている悦子と聖子である。

壮十郎「（左右の二人を見て）どうしたんだ？（と呆っ気にとられている）」

■一等サロン

テレビと椅子のある部屋。制服の吉岡が、椅子に掛け名簿を見ている。その前に腰掛けている悦子と聖子。その後方横に立っている陽平。

吉岡「つまり陽平が誘ったわけか」
悦子「人のせいにするのは悪いけど」
陽平「いいスよ。俺が誘ったんス」
吉岡「どんなことが起こるかわからない船だぞ。警備の邪魔になるとは思わなかったのか？」
悦子「邪魔はしません」
吉岡「聖子君らしくないじゃないか」
聖子「えー、でも、陽平君の言うことがもっともだという気がして――」
吉岡「なんと言った？」
聖子「なんだか私が、ナチスの女の将校みたいな顔になって来たって言うんです」
吉岡「ナチスの？」
陽平「ほら、女の人が、命令通りに動き出すと、ものすごく融通きかないでしょう。そういうふうになっちゃいけないって言ったんです。パーッと、なんにも考えないで、休暇とってフェリーに乗って、北海道でスキーでもやろうじゃんか、と誘ったんです」
悦子「なんにもさ」
吉岡「うん？」
悦子「なんにも、どうせ起こらないし、野郎ばっかりじゃ三十三時間ももたないから休みとって、乗れよ乗れよって」
陽平「最終的には自分の意志で乗ったんだろう。そう全部人のせいにするのは、男らしくねえって言うか」
悦子「男じゃないもん」
陽平「そりゃそうだけど」
吉岡「桜田ひろみ、というのはどっちだ」
悦子「私」
吉岡「偽名を使うなら、もう少し本当らしい名前をつけるんだな」
悦子「あ、やっぱり（わかった、と笑う）」
吉岡「文京区真砂町は、聖子君か」
聖子「はい」
吉岡「真砂町は町名改正でなくなっている。いまは本郷四丁目だ」
聖子「そうですか」
吉岡「船の上にいる限り陽平は、勤務だ。一切口はきかないように（と立つ）」
陽平「あ、でも、当直終ったらいいんじゃないですか。休み時間なら」
吉岡「休み時間は眠るんだ。二十四時間勤務だ」

■夜明けの海

■乗用車デッキ入口

陽平、椅子を置き、腰掛けて居眠りをしている。

■警備員室

二段ベッド両側の四人用部屋。壮十郎が眠っている。

■Dデッキ

トラックの陰から吉岡（私服の防寒着）ギクリと一方を見る。遠くのトラックの陰へサッとかくれる男がいる。吉岡、息をのみトラック一台分ほど、素早く男の方へ走る。相手も走って近づく。
吉岡「（トラックの陰で靴音を聞く）」
男、トラックの陰に止まる。上田船長である。
上田「（トラックの陰で）ことによると、東洋警備の吉岡さんか（と大きく言う）」
吉岡「（別のトラックの陰で）そうです」
上田「（笑って通路へ現れ）肝を冷やした」
吉岡「（現れ）はあ（と一礼）」

■乗用車デッキ

上田と吉岡、歩いている。

上田「これでも船長でね、やはり、気になる」

吉岡「はあ」

■乗用車デッキ入口

陽平「(入って来る上田と吉岡を見て立ち上がり) あ、ご苦労さまです。異常ありません」

上田「ご苦労さん (と行く)」

吉岡「(いきなり陽平をはり倒す)」

陽平「あッ (と倒れて) おう痛ェ」

上田「(振り返って笑って見ている)」

吉岡「船長も私も、このドアを通って、下へ行ったんだ。恥ずかしいと思わんのか」

■ブリッジ

上田「(正面の窓にあり) いずこも若いもんは使いにくいですな (と苦笑)」

吉岡「はあ (と並ぶ)」

上田「一晩見回って、どうやら異常はないようだ」

吉岡「はあ」

上田「昼間、よく寝かしておいた方がいいでしょう」

吉岡「いいえ、三十三時間ぐらい、仮眠なしで起きていたっていいんです」

上田「あんたも軍隊経験あり、か」

吉岡「はい」

上田「歩哨は立っていたからねえ (と苦笑し) 腰を掛けて、尚かつ居眠りは、腹が立つよね (と笑う)」

吉岡「(苦笑)」

上田「しかし、私は、釧路へ近づくまでは、ほっといても大丈夫だと思うね」

吉岡「そうでしょうか」

上田「ご覧なさい。どっちを見ても海ばかりだ。ここで、Dデッキを爆破してみなさい。石像だけじゃすみやしない。のせてるトラックが、まずドカンといく。火災になれば、他のトラックのガソリンにも引火する、一番底だからね、船だって無事にすまない。どれだけ石像をこわしたいのか知らんが、船を沈めて、六、七十人の人間をこの海にほうり出そうとは思わんでしょう」

吉岡「そうでしょうか」
上田「第一、自分の生命があぶないや。釧路に近ければね、助けも早く来る。犠牲も少なくてすむ」
吉岡「そんなことを考える奴じゃありませんね」
上田「人の生命《いのち》はともかく自分の生命は考えるだろう」
吉岡「考えればいいのですが――」
上田「考えないかね？」
吉岡「石像をこわすというのは、奴らの主義のためですからね。金儲けや自分のためのためではない。主義や思想のためです」
上田「うむ」
吉岡「その思想は、私にはさっぱりわかりませんが、ともあれ、思想のために石像をこわそうとしている」
上田「うむ」
吉岡「そういう人間は怖いですよ。自分の生命など考えません」
上田「うむ」
吉岡「敵だと思っている人間の生命も考えません」
上田「そうだったねえ」
吉岡「は？」
上田「私も自分の生命など考えなかった」
吉岡「船長が？」
上田「いくつで終戦でした？」
吉岡「二十歳です」
上田「私は三十三だった。並より頭が固くてね。日本のために死ぬ気だった」
吉岡「私も、そうでした」
上田「いつの世にもいるんだね」
吉岡「はあ」
上田「あなたの言うとおりだ。石像をこわそうなんて男は、自分の生命は考えない」
吉岡「はあ」
上田「（急に感情がこみあげて）しかし、全然ちがうね。あの頃とじゃ全然ちがうよ」
吉岡「（上田を見る）」
上田「（海を見たまま）石像をこわすなんて、まるでわけがわからんじゃないか。私らは、そうじゃなかった。親兄弟、妻子を守る。日本の山河を守る。はっきりした、誰にでもわかる目的があった。カンボジアが、どうのこうのと、理屈だけで頭へ血がのぼった奴らとは全然ちがうやね」
吉岡「はあ」
上田「ちがうでしょう?」
吉岡「ちがいます」
上田「そうさ。そんなチャチなんじゃなかった」
吉岡「(うなずく)」
上田「もっとみんな切実だったよ。みんな、いい奴だった。いい奴のまんま死んで行った」
吉岡「そうでした」
上田「一緒にされちゃあたまんないや」
吉岡「はあ」
上田「(ちょっとムキになったのをやわらげて)たまんないや(と笑ってみせる)」
吉岡「(微笑して、うなずく)」

■Bデッキ

海を見ているすごみのある若い男、谷村。少しはなれた手すりで、身を寄せ合って海を見ている新婚夫婦。不安な気分の音楽が流れて——。

■二等船室

一人旅の中年、眠っている。家族連れの子供が通路を走っている。

■レストラン

トラックドライバーがビールを飲んでいる。一人旅のもう一人の男が、ラーメンを食べている。

■案内所のあるホール

その壁面の地図に航路を豆電球で示す装置があり、まだ平《たいら》のあたりである。

陽平「(その地図をかくすように顔を出し、地図を見ている悦子、聖子に)エヘヘヘ」

悦子と聖子、チョコレートと煎餅を食べて無視する。

陽平「いま、俺、休み、いま代わったとこ。へへへ。どうしてるかと思ってよう、気になってたン。フフ太平洋見たかよ? ま、外は風あるしな、冷てェしな、肌にはよくねえかもしれねえけどな」
悦子「行こうか」

聖子「うん」

陽平「ちょっとよ（と前へ立ちはだかり）そりゃないだろ。一緒に乗ってんじゃないの（行こうとする聖子をさえぎり）休暇とってんだろ？　休暇の時まで上役の言う事きくことないじゃない。そういうコチコチだから段々面白味のない顔に（聖子に指をひねられ）イテ（ともだえる）」

聖子「（行く）」

陽平「悦子ちゃん」

悦子「（一等客室の方へ消えかけて）うん？」

陽平「一人麻雀教えてやろうかァ」

悦子「（興味を持ち）一人麻雀？（と気が好くつられそうになる腕をひっぱられる）」

聖子「（連れ去る）」

悦子の声「いいわァ（教えてくれなくていい、という口調）」

■海

昼の海。

■機関室

コントロール室より壮十郎、出て来て「上です」というように鉄階段を指して上がる。続いて中西機関長が上がって行く。機関音が大きい。

■機関室への入口

まだ外へ出ない位置で、壮十郎立ち止まり、

壮十郎「このドアは、いつもあいているんですか？」

中西「ああ。いちいちあけるのも面倒だからな」

壮十郎「（ドアを半分閉めかけ）これは、救命具かなにかですか？」

中西「うん？」

ドアに粘着テープで、たたんだ寝袋がはりつけてある。

中西「なんだい、これは？」

壮十郎「心当りはありませんか？」

中西「救命具じゃないね、こりゃあ」

■同じ場所

寝袋をとめていたテープをとり、いま、その寝袋がひろげられる。ひろげたのは吉岡である。壮十郎、中西、岡崎パーサー。

壮十郎「寝袋ですね」

中西「寝袋？」
吉岡「乗組員のものかどうか――」
中西「うちの連中はあんた――」
吉岡「（中西と岡崎を交互に見て）調べてもらえますか？」
岡崎「従業員は部屋をもっていますし、こんな所へ寝袋をかくす理由がありませんが」
中西「そうだ」
吉岡「念のために調べて下さい」
岡崎「わかりました（と一礼して去る）」
吉岡「（壮十郎へ）元通りにしといてくれ」
壮十郎「はい」
中西「じゃ、やっぱり乗ってるのかね？」
吉岡「わかりませんね」

■船長室

上田「（作業衣で机にいて振り返り）寝袋？」
吉岡「はい。うちのものをつけて、パーサーの岡崎さんとオフィサーの方が船内を回ってくれてます」
上田「寝袋を使ったとなれば、船客ではないね」
吉岡「はい」
上田「無論従業員でもない」
吉岡「はい」
上田「どうやって乗り込んだ？」
吉岡「わかりません」
上田「信じられんね。この寒空に、そうまでして石像をこわそうって気持が全くわからんね」
吉岡「いや、それとは無関係なものかも知れませんが」

■Bデッキ

非常用端艇《ボート》の中を調べるオフィサーと壮十郎。煙突の周囲を見て歩く陽平。

■機関室（エンジンルーム）

隅を調べて行く吉岡と上田。

■一等船室A

あけて中を調べる壮十郎。

■一等船室B
あけて中を調べる岡崎パーサー。

■一等船室・廊下
オフィサーの一人が、ある部屋の鍵をあけ、ドアをあけている。陽平、百十二号室のドアをノックする。
陽平「すみません。東洋警備のものですが」
壮十郎「（他の部屋から出て来て）そこはいいだろう（とドアを閉める）」
陽平「手を抜くわけにはいかねえやな（ノックして）えー、東洋警備のものですが」
悦子「（カチャリと細くあけ）なに？」
陽平「あ、どうも（敬礼し）えー、ちょっとね、あいてる部屋が多いんでね、悪いのが乗ってないか調べてるン。ヒヒヒ」
悦子「（陽平を見つめている）」
陽平「そんなそんな、しらけた顔して見るなよ。ヒヒ、一緒によ、酒ぐらい飲みたかったのにな、フフ」
悦子「（目を伏せ）頑張って」
陽平「へへ、しおらしいこと言うじゃないの。ヒヒヒ」
悦子「（ドアを閉める）」
陽平「あ」

■百十二号室
悦子「（閉めた形でいる）」
三浦「（爆破計画犯である。聖子にナイフをつきつけている）鍵をかけるんだ」
悦子「（仕方なく鍵をかける）」

■船長室
上田の前に、吉岡、壮十郎、岡崎、チーフオフィサー、コーターマスターらが立っている。
上田「どうだい、吉岡さん」
吉岡「は」
上田「これだけさがして見つからんということは、九〇パーセント乗ってないと考えていいと思う」
吉岡「寝袋の説明がつきませんが」
上田「だから一〇パーセントはわからんと言ってるんだ。九千トンの船だ。われわれが気がつかない隠れ場所がないとは言えない」
吉岡「はい」

上田「念のために、展覧会を中止したらどうかね？」
吉岡「展覧会を？」
上田「犯人の要求は、それなんでしょう。展覧会を中止して石像をカンボジアに返せば、文句はないんでしょう」
吉岡「しかし、主催者は、そう簡単に」
上田「本当にそうしろ、と言ってるんじゃない。掲示を出すんですよ。多少、お客さんが変に思うかも知れんが、北海道でのクメール展は中止した、と船のあちこちに貼り出すんです」
吉岡「信用するでしょうか」
上田「わからんが、やらんよりはいい」
吉岡「はあ」
上田「そして、夜を待つ。寝袋を取りに来るものがいるかどうか、夜を待つんだ」
吉岡「とりには来ないでしょう」
上田「そうかね」
吉岡「これだけさがしているのを、犯人がいれば気がついていない筈はありません」
上田「じゃあ、どうしたらいいのかね？」
吉岡「船を、八戸あたりにつけることはできませんか」
上田「つけてどうする？」
吉岡「客を降して、徹底的に調べます」
上田「徹底的に調べたじゃないか。寝袋ひとつで、船の予定を簡単にかえるわけにはいきませんよ」
吉岡「Cデッキに、煙草の吸い殻がありました（とハンカチをとり出す）」
上田「Cデッキのどこに？」
吉岡「乗用車デッキです」
上田「禁煙区域だが……」
吉岡「車を入れた時に、客が捨てたものかもしれません」
上田「どうかね？　パーサー」
岡崎「注意はしていますが、ないとは言えません」
上田「ルールを守らん客は、いつでもいるもんだ。八戸へつける理由にはならんね」
吉岡「わかりました」
上田「いらいらする話だね。何故、カンボジアの石像を、あちこち運んで、みんなが見なきゃならんのだ。爆破する奴も馬鹿げてるが、危険をおかして展覧会を開く方も馬鹿げてないかね。そんなことにまきこまれて、この船が、あぶない橋をわたるのは、まったく迷惑だ。展覧会など、誰が本気で見たがってるっていうんだ」

■海（昼）

チャイムが鳴り、船内アナウンス。

アナウンス「お客さまに、お知らせいたします」

■乗用車デッキ入口

陽平、立ったまま居眠りしていて、ハッとする。

アナウンス「来る三月一日より、釧路、旭川、札幌で開催される予定の――」

■二等船室

アナウンス「クメール芸術展は、都合により中止すると、ただいま、東京より連絡がございましたのでお伝えいたします」

■百十二号室

アナウンス「クメール芸術展中止のお知らせでございました」

三浦「子供だましを言いやがって（ギャングではない。学生が言っている印象）」

聖子「（手足をしばられている）」

悦子「（お茶いれて）どうぞ」

三浦「いらねえって言ってるだろ」

悦子「あ、あの、私、悪気があって言うんじゃないけどさ」

三浦「なんだ？（油断なく聖子にナイフをつきつけている）」

悦子「ちょっと知ってる子がいるのよ」

三浦「さっきの野郎か？」

悦子「二人でさ、あんまり、とじこもってると変に思うんじゃないかって思うんだけど」

三浦「言いふらして来いよ」

悦子「え？」

三浦「ここに俺がいるって、さわいで来いって言ってるんだ」

悦子「そんなことしないよ、そんなこと」

三浦「じゃあ何故そんなこと気にするんだ」

悦子「だから変に思うって」

三浦「変に思って誰かが来りゃあ、お前らは都合がいいだろうが」
悦子「あんたは困るでしょう」
三浦「俺の心配なんかするな。黙って坐ってりゃあ
いいんだ」
悦子「――うん」
三浦「――」
悦子「――（ちょっと三浦を見て、情けない微笑をして、
目を伏せる）」
聖子「――」
三浦「よし。この窓から見える甲板に出るんだ。寄
り道はするな。十五秒あれば行ける筈だ」
悦子「そんな――」
三浦「行って立ってろ。見回りは、しょっ中ウロウ
ロしてやがる。誰かが見るだろう。十分いて、
また十五秒で戻って来るんだ。口をきくん
じゃないぞ」
悦子「話しかけられたら？」
三浦「笑って、うなずけばいい。余計なことを言い
やがったら、本当にこいつ（聖子）を刺す。仮
にな、仮に知らせやがって、この部屋をとり
まいても、この女が一緒にいるって事を忘れ
るな。必ず殺すぞ」
悦子「わかった（とうなずく）」

■Aデッキ
午後の海を見て、手すりにもたれ、寒風にさらさ
れている悦子。

■百十二号室
三浦「（カーテンのすき間から、その悦子を見ている）」
聖子「（後ろ手の縄をばらりとほどく）」
三浦「（聖子を見る）」
聖子「（表情をかえない）」
三浦「（またカーテンの外をみようとした時）」
聖子「（いきなり三浦の腕を叩いてナイフを落とす）」
三浦「（あっという間に、聖子を殴り倒している）」
聖子「（恐怖の顔）」
三浦「（素早くナイフを拾って、つきつけ）余計なこと
をするな」

■Aデッキ
吉岡「寒かないか？」

悦子「（振り返り）あ（ううん、と首を振って微笑する）」
吉岡「聖子君は、どうした？」
悦子「あ（うん、とうなずく）」

■百十二号室

　窓から見ている三浦。聖子の手を、後ろ手にねじって押さえている。

■Aデッキ

吉岡「どうした？」
悦子「うん（とうなずいて微笑）」
吉岡「うんて、どうした？」
悦子「うん（と微笑しながら訴える）」
三浦「（見ている）」
吉岡「（微笑しながら）部屋に誰かいるのか？」
悦子「うん（と微笑）」
吉岡「聖子君の他にだな（と笑う）」
悦子「うん（と笑ってみせる）」
吉岡「わかった（微笑し）頑張れよ（笑って手をあげて行く）」
悦子「（見送って微笑してみせる）」
三浦「（見ている）」

■警備員室

吉岡「（外からあけ、中の壮十郎へ）いたぞ」
壮十郎「（ベッドからとび起きる）」

■Aデッキ

　もう悦子はいない。

■一等船室の通路

　吉岡と壮十郎、ドアの両側に立っていて、吉岡、うなずく。壮十郎、ボーイの姿。
壮十郎「（ノックをする）失礼いたします。ボーイですが（ノック）」
　返事がない。
壮十郎「魔法瓶のお湯を持ってまいりましたが（返事がない。吉岡を見る）」
吉岡「（あけてみろ、という仕草）」
壮十郎「お客様、ちょっと失礼いたします（とノブを回すと、あく。ぐっとあけて、ハッとする）」
吉岡「（小さく）どうした？」

壮十郎「（とび込む）」

■百十二号室

悦子も聖子も殴られて頭から血を流して倒れている。

壮十郎「どうした？（と悦子を起こす）」
吉岡「――」
悦子「（頭に血を流しながら）逃げた」
吉岡「（パッと外へ）」

■無線室

三浦、無線機を椅子かなにかで、叩きこわしている。傍の床に倒れている無線士。

■Dデッキ

駆け降りて来る吉岡、壮十郎、陽平。

吉岡「（シャッターのところへ来て）大丈夫だ。異常ない」
壮十郎「かくれましょう（パッと脇のトラックの陰へ走る）」
吉岡「（続く）」
陽平「（続く）」
吉岡「（陽平へ）船長に話して、海上保安庁へ無線を打つように言ってくれ」
陽平「了解（と通路へ戻ろうとする）」
吉岡「（ひき戻し）陰を走るんだ」

■案内所のあるホール

一等船室の方からオフィサーらが、後ずさるように来る。続いて上田もあとずさって現れ、

上田「なにが欲しい。させたいことを言ってみろ。言うとおりにしてやる」
三浦「（岡崎パーサーの腕をねじ上げ、首筋にナイフを押しつけて現れる）」

インフォメーションのカウンターの中に女性が一人、すくんだようにいる。

上田「展覧会が中止になったことは知ってるだろう。石像はカンボジアに戻る。さっき東京から連絡があった」
三浦「嘘をつけ！」
上田「嘘ではない」
三浦「確かめようがないだろう！」

上田「だから、あんた、無線をこわさなきゃよかったんだ。こわさなきゃ、電話で確かめられたんだ」

岡崎「（スキを狙って三浦をつきとばして逃げようとする）」

三浦「（刺す）」

岡崎「（脇腹を押さえて）ワッ（とよろめく）」

三浦「（カウンターに素早く腰をのせる）」

上田「なにをする！」

三浦「（カウンターの中へとびおり、女性をひっぱり、前にひき出し、背後から首にナイフをつける）」

上田「石像がこわしたけりゃ、こわしたらいい。釧路へついたら、こわさせてやる。約束してもいい」

三浦「お前の言うことは全部ペテンだ」

上田「そんなことはない」

三浦「全員、壁に向かって立て」

上田「私が、なにを嘘ついた。本当に石像はこわさせてやろうじゃないか」

三浦「釧路のお巡りの前でか？」

上田「警察には言わんさ」

三浦「壁に向かって立てと言ってるんだ」

上田「いいか、展覧会は中止だ。石像はカンボジアへ返す（自分だけは壁を背に立つ）」

三浦「信用できるかッ！」

上田「じゃあ、電話をなおそうじゃないか。なおして東京へかけてみようじゃないか」

三浦「かけると、向こうが本当のことを言うかよ！」

上田「言うとも。この船が、こんな目にあってることは誰も知らんのだ。電話をかけて、展覧会は何日からか聞いてみりゃあいい。中止だって言うさ」

三浦「俺がつかまるまでは中止だと言うだろうさ」

上田「じゃあ、どうしたらいい？」

三浦「石像は爆破する」

上田「それじゃあカンボジアに悪かないかね。悪いから返せってあんたは言ってるんだろう」

三浦「どうせ返しはしない」

上田「返すさ。私が責任持とうじゃないか」

三浦「あんたに、そんな力はない。見世物にされて、あちこち回るより、石像は破壊されることを望んでいる筈だ」

上田「石は、なんにも望みやせんさ」

三浦「石は、望んでいる！」

上田「わかった。望んでいる、こわされたくないとね」

三浦「こわされたいと望んでいるんだ！」
上田「大声を出すな。ご婦人がおびえている」
三浦「石像は、商業主義と教養主義の玩具《おもちゃ》にされてあちこち回るより、破壊されることを望んでいるんだ」
上田「それじゃ海へほうり込め。そうだ。みんなで、かついで、海へほうり込もうじゃないか。爆破なんて馬鹿げている。もし船に穴があいたら、どうする？　罪のないお客さんまで、海の真中に投げ出されるんだ」
壮十郎「（そっとカウンターの下を、這うようにしてカウンター入口の方へゆっくり行く）」
吉岡「（カウンターと平行したあたりに立つ）」
陽平「（立つ）」
三浦「船の底にあるものを、どうやって海へ投げるんだ！」
上田「いいかい。大抵のハイジャックは、罪のない人民には迷惑をかけまいとするじゃないか。あんたも、そういう気をつかわないと、人民を敵に回すことにならんかね！」
三浦「罪のない人民などいない！　自分だけは罪がないと思っている人間に警告する！　罪のない人民などいないッ！」
上田「――（次第に余裕がなくなる）」
三浦「壁に向かって立て！（カウンターを蹴とばし）そこにいる男共、立てッ！」
壮十郎「（カウンターの下で息をのんでいる）」
陽平「（カウンターの下にいる）」
三浦「立たなきゃ刺すぞ」
女性「（少し刺されて）ヒッ（と悲鳴）」
三浦「立て！　立ちやがれ！」
壮十郎「（立つ）」
三浦「もう一人もだ」
陽平「（立つ）」
三浦「壁に向かって立つんだ！」
吉岡「――（一人、カウンターと平行した位置で動かない）」
上田「（三浦を見つめている）」
三浦「のろのろするな、壁に向かって立つんだッ」
上田「（三浦を見つめている）」
三浦「なんだ、船長！　お前だけ、特別だとでも思ってるのか？　俺の方を見るなッ！　壁を向け、壁に向かって立てと言ってるんだ！」
上田「（いままでの余裕なく、にらんで）息子としゃべってるような気がするよ」
三浦「安っぽいこと言うな」
上田「とっくに家をとび出して行ったがね。お前と同じだ！　奴の言うことはわけがわからなかった。お前と同じだ。お前と同じに、バカ気たことをほざいて、家族をめちゃめちゃにして行きやがった！（二歩出る）」
三浦「近づくと女を刺すぞ！」
上田「俺を刺せ！　刺したきゃ俺を刺せ！（とカウンターへ走る）」
吉岡「（パッと出て止める）」
上田「（止められて、もがくが、止められる）」
三浦「――」
上田「（息を荒らげている）」
吉岡「（腕をつかんでいる）」

■Dデッキ

ドアがあき、三浦、女性にナイフをつきつけたまま降りて来る。吉岡が続く。

三浦「止まれ！　来るんじゃねえッ！」
吉岡「（階段途中で立ち止まる）」
三浦「そうだ。そこで動くな（パッとドアを閉める）」

■ドアの中

壮十郎「（吉岡の後ろにいて）鍵があります（と吉岡の横をすり抜けようとする）」
吉岡「（つかまえ、振り返って陽平に）シャッターの鍵をあけるように言うんだ」
陽平「あ、鍵？」
吉岡「穴からダイナマイトをほうりこまれたら終りだ」
陽平「了解！（ひき返す）」

■Dデッキ

シャッター前。三浦、女性を背後から殴り倒す。失神する女性、三浦、素早くランドセルのように背負ったズックのカバンをおろし、ダイナマイトを五本ほどテープでまいたものをとり出す。Dデッキのドアがあく。

三浦「動くなッ！（と叫ぶ）」

吉岡「――（止まる）」
壮十郎「――（止まる）」
三浦「動けば火をつける」
吉岡「――」

■ブリッジ
上田「（駆け込んで来て、シャッターの鍵をあける）」

■機関室
陽平「機関長！　シャッターの鍵をあけて下さい！
機関長！　どこですかッ！」

■Ｄデッキ
三浦「（胸ポケットからライターを出す）」
吉岡「なにをする」
三浦「動くなッ！」
吉岡「やめんかッ」
三浦「（ライターをつける、ダイナマイトをかざす）」
吉岡「（走る）」
壮十郎「（走る）」
三浦「（火をつけて、シャッターの穴へほうり込む）」
吉岡「（シャッターにとりつき、あけようとする）」
壮十郎「（あけようとする）」

■機関室
陽平「（鍵穴に近く鍵をもって来るが、どこが鍵穴かわからない）どこが鍵です――？」
中西「そこだ！」

■Ｄデッキ
吉岡「（シャッターを、上げようとする）」
壮十郎「（シャッターを上げようとする）」

■機関室
陽平「（鍵をあける）」

■Ｄデッキ
吉岡と壮十郎、シャッターを上げ、ダイナマイトの導火線を見て、
吉岡「間に合わん」
二人、バッと伏せる。シンとした瞬間。ダイナマイト、発火しない。

吉岡「（顔をあげる）」
壮十郎「（顔をあげる）」

■乗用車デッキ入口

チーフオフィサーや船員たちが、押されるように
ドドッと後退する。止まらない。後退し続ける。
ナイフを真剣に振りながら道をあけさせる三浦。

■案内所のあるホール

ドドッと船員たち、後退して登場。すぐ続いて三
浦現れ、壁を背にする。悦子、頭に繃帯を巻いて、
デッキの入口あたりで、立っている。

三浦「（チラとその悦子を見て）お前！　そこの女！」
悦子「あ、あたし？」
三浦「こっちへ来い」
チーフオフィサー「行くんじゃない！」
三浦「来いったら来るんだ！」
悦子「行けないわ」
チーフオフィサー「行くなッ！」
三浦「（スルスルッと悦子に近づき腕をつかむと、ナイフ
をつきつける）」
悦子「あ、また、私？」

■レストラン

三浦「（悦子の首にナイフをかざして、入って来る）」
悦子「（情けない）」
三浦「（振り返り）そこから入るなッ！」
オフィサーたち、立ち止まる。
三浦「（中央へ悦子を連れて来て）坐れ」
悦子「（椅子に掛けようとする）」
三浦「床に坐るんだッ！」
悦子「――（情けなく床に坐る）」
三浦「（背後へ回り、膝をつく）いつでも、背中を刺せ
るぞ」
悦子「わかったわ」
三浦「（疲れた息をつき）動くな」
悦子「うん――」
オフィサーたち「（その三浦を見ていて、とびかかろうとす
る）」
三浦「（パッと見る）」
オフィサーたち「（ギクリと止まる）」
三浦「船長はいるかッ！」

オフィサー「此処にはいない」

■無線室

こわれた無線機に向かっているセカンドオフィサー。それを見ている船長上田。

■レストラン

三浦「釧路へ着くのは明日の朝八時だな」
オフィサー「（うなずく）」
三浦「八時だなッ！」
オフィサー「そうだ」
三浦「船長に言え、その前に、どこかの港へつけようとしてもそうはいかん。その時は、この女を刺す、と言え」
オフィサー「——」
三浦「わかったなッ！」
オフィサー「わかった」
三浦「口先だけじゃないぞ」
オフィサー「わかった」

■ブリッジ

吉岡「（先に入った上田に）言うなりにするしかないでしょう」
上田「——（窓へ寄り海を見る）」
吉岡「人質がいる以上、危険は犯せません」
上田「目的がバカ気ている。わけがわからんから癪に触るんだ」

■無線室

直しているセカンドオフィサー。

■レストラン

入口で陽平、あぐらをかいて三浦をにらんでいる。
三浦、依然として悦子の背後にいて、陽平を見て、
三浦「もっとさがってろ、と言ってるんだ」
陽平「これだけさがってりゃあいいじゃないか」
三浦「さからうと刺すぞ」
陽平「刺せば、その人キャアキャア言うよ。俺たち踏み込むよ」
三浦「——」
陽平「やたらに刺す刺す言わねえ方がいい」

三浦「口だけじゃないぞ！」
陽平「肝心な時まで刺さねぇ方がいいって言ってんだ！」
三浦「――」
悦子「悦子。がんばれよな」
陽平「うん――（情けない）」
三浦「余計なことを言うなッ！」

■調理室

這うように入り込む壮十郎。

■案内所のあるホールまでの通路

上田「すれちがう船があればね」
吉岡「はい」
上田「トランシーバーがつかえるんだ」
吉岡「そうですか」
上田「生憎、一向なにも見えん」
吉岡「（うなずく）」
上田「どうします？」
吉岡「は？」
上田「危険は犯せんといって、ほっとくわけにはいかんでしょう」
吉岡「動き出します」
上田「いつ？」
吉岡「奴も考えているんでしょう。さっきと同じ要領で下へ降りては、失敗する公算が大きい」
上田「うむ」
吉岡「すぐには動かんでしょうが、必ず動きます」
上田「うむ」

■案内所のあるホール

一同、上田を見て迎える顔。

上田「どうだ」
オフィサー「動きません」
吉岡「動くまで待とう。慌てるのはよそう」

■レストラン

悦子「（膝を立て、そこに顎をうずめていて）お尻がさ」
三浦「うん？」
悦子「冷えるのよね」
三浦「そうか」
悦子「あんた、冷えない？」

三浦「（陽平へ）おい、若僧！」
陽平「（にらんでいて）よくお前、そういうことを言えるな！　自分だって、お前——」
三浦「毛布を三つ四つ持って来い」
陽平「寝る気かよ？」
三浦「持ってくりゃあいいんだ！」

■夕方の海

■無線室
上田「（入って）まだなおらんか」
セカンドオフィサー「（イライラと）全力はつくしてます」

■調理場
壮十郎「（レストランへの通路の傍で、膝をついている。そっとレストランを見る）」

■レストラン
毛布を敷き、前から毛布を抱くようにして背中は三浦にさらしたままの悦子。三浦、毛布を敷いている。陽平、毛布をかぶって、敷いている。

■案内所のあるホール
吉岡「（カウンターを背にして立っている）」
チーフオフィサーをはじめ、船員たちが吉岡をかこむように立っていて——。
チーフオフィサー「（声は押さえて）相手はナイフひとつです。ここまで大事をとることはないんじゃありませんか」
吉岡「ナイフひとつでも人は殺せますよ」
チーフオフィサー「四方から、いっせいにとびかかって、あの女性が逃げれば」
吉岡「とびかかった人が刺されたら、どうします？」
チーフオフィサー「——」
吉岡「あの男は、ためらわない。今まで五人が負傷しているのです。そのうち三人は、かなりの傷を負っている」

■二等船室
一区画に、無線技士、岡崎、Dデッキで殴られた女性が横になっており、看護婦と聖子が、傍につき添っている。他の客たち、みんな、息をひそめたようにして腰をおろしている。ボーイと、ウェイトレスが、おにぎりを配っている。やたらすごんでいた男、谷村がつと立つ。

■案内所のあるホール

吉岡「もう少し待ちましょう（声を押さえてとりかこんでいる船員たちに言う）」

■レストラン

悦子「あんた」
三浦「なんだ」
悦子「ダイナマイト、火つけたんでしょう」
三浦「ああ」
悦子「爆発しなかったね」
三浦「スペアがある。またやるさ」
悦子「どうして、そんなことするの？」
三浦「――」
悦子「淋しいの？」
三浦「バカなこと言うな（ニべもなく言う）」
悦子「わかんないんだもの」
三浦「犯罪だからだ」
悦子「え？」
三浦「人の目を覚ますんだ」
悦子「わかんないのよねえ」
三浦「わからなきゃ黙ってろ」

■夜の海

■調理室

壮十郎「（ギクリと振り向く）」
やたらすごんでいた男谷村「（料理用ナイフを持って、スルスルと壮十郎に近づく）」
壮十郎「（声にしないで）なにしに来た！」
谷村「お前こそ、なにをぐずぐずしてやがる（と小声で言う）」

■レストラン

三浦「（ピクリとその方を見る）」

■調理室

壮十郎「（声にしないで）しゃべるなッ！」

■レストラン

三浦「そこに誰がいる?」

■調理室

谷村「(とび出そうとする)」

壮十郎「(押さえる)」

三浦の声「出て来い!」

壮十郎「(谷村を押さえている)」

三浦「出て来い、そこの男!」

谷村「ワーッ(と壮十郎をふりきって奇声を発してとび出す)」

■レストラン

悦子「(ふっとぶようにころがる)」

三浦「(ふっとんで陽平とは逆側のガラス戸に走りながらわざと椅子を倒す)」

陽平「(その椅子につまずいて倒れる)」

三浦「(ガラス戸を辛うじてあけ、外へとび出る)」

吉岡「(素早くそのガラス戸からとび出す)」

■海(夜)

■二等船室

客。負傷者全員いる。

上田「船長の上田です。対策に追われて、ご挨拶がおくれました。パーサー、一等航海士がご報告しております通り、犯人は、まだ捕まえておりません。しかし凶器はナイフだけで、捕まえるのは時間の問題です。どうか、この部屋からお出にならないように願います」

男客A「今頃船長がノコノコ出て来るのは、おそすぎないかね?」

上田「ごもっとも」

男客B「狙われるようなものを、客と一緒に積み込んだ責任を、どうするんだ!」

上田「ごもっともです」

■Dデッキ

壮十郎、オフィサー、船員三人ほどで、シャッターを警備している。波の音。

■二等船室

男客Ａ「いいかね？　大勢でさがせば、見つからん筈がないでしょう！」
男客Ｂ「ナイフ一本の男に、なにを怖がってるんだ！」
吉岡「（上田にかわって相手をしている）暗いところをさがし回り、これ以上犠牲を出したくないのです」
男客Ａ「朝までになにかあったら、どうする？」
吉岡「なにかとはなんです？」
男客Ａ「ヤケを起こして、船を沈めようとかなんとか」
吉岡「ナイフ一本では船は沈みません」
男客Ｂ「無線は、まだなおらんのかね？」
上田「ご承知のように、無線技士が負傷して、他のものが修理をしています。全力をつくしています」
吉岡「朝なら海上保安庁と連絡がとれているかもしれない。釧路にも近くなっている。いま探し歩いて、誰かが人質にされたら、どうします？　その方が怖い。朝まで待ちましょう。船は予定通り、釧路に向かっているのです。朝まで待って、どんな不都合がありますか？」

■Ｄデッキへの階段

悦子「（前シーンの吉岡の語尾に答えるように）でも、ダイナマイト持ってるんですよ。本当はナイフだけじゃないんですよ」
吉岡「（悦子の前をおりて行く）わかってる」
悦子「朝までに、それドカンとやったらどうするんですか？」
吉岡「大丈夫だ」
悦子「どうして？」
吉岡「（立ち止まって振り返り）奴だって、ダイナマイトは切り札だ。肝心な所で使おうと思うだろう」
悦子「（うなずく）」
吉岡「刺激しなければ、朝までなにもせんさ」
悦子「本当に？」
吉岡「（微笑して）本当に、だ（無論、吉岡はわからないと思っているが、安心させるために微笑する。言うまでに間がある）」

■海（夜）

■二等船室

一応みんな横になっている。聖子、悦子が負傷者に水を飲ませたりしている。入口で、陽平、制服を着て、ガードしている。真面目である。

■Dデッキ

吉岡、壮十郎、立っている。オフィサー、椅子に掛け腕組みして目を閉じている。

■ブリッジ

暗い、その中で、立ちつくしている上田。緑色のレーダーが、円を描いている。

■海（夜）

■煙突

■旗

■機関室

轟音。

■海

暗い。

■無線室

まだ、なおらない。

■二等船室

しんとしている。陽平、がんばってガードに立っている。

■Dデッキ

吉岡と壮十郎。音楽、ここで終って――。

■海

水平線が、薄明るくなっている。

■従業員用階段

なんらかの凶器となるようなものを持って階段を降りて行く船員、三、四人。

■ブリッジ
上田「(夜明けの海を見ている)」

■Bデッキ
吉岡「(制服で、ドアを押しあけて甲板へ出て来る。風が強い)」

■Cデッキ
壮十郎、陽平出て来る。制服。

■Dデッキ
船員たちが、シャッターを背に立っている。

■二等船室
みんな起きて窓から見たり、耳をすましたりしている。

■Aデッキ
上田「(ブリッジからドアをあけ、出る)」

■Bデッキ
吉岡、通路から広い場所へ出るために警戒し、ゆっくり姿を現す。誰もいない。

■乗用車デッキ
陽平、壮十郎、ゆっくりドアをあけ、入って行く。誰もいない。車がゆれている。

■Aデッキ
上田「(いきなり背後から襲われる)ウオッ!(三浦である)」

■Bデッキ
吉岡「(ハッと上を見て、駆け上がる)」

■Aデッキ
三浦「(ひきずり倒した上田の首を腕でしめながら)近よると、しめ殺すぞ」
上田「かまわん、やれ!」
三浦「殺すぞ!」
吉岡「――」

三浦「（しめて行く）」
上田「（苦しい）」
吉岡「殺してどうなる？　何をしてる？　お前は、一
　体、何をしてるんだ！（悲しいような気持で叫ぶ）」
三浦「――（にらんでいる）」
吉岡「そんなことをして、何になる？」
三浦「――（にらみながら、フッと手がゆるむ）」
上田「（必死で三浦をつき倒す）」
三浦「（倒れる）」
吉岡「（走る）」
三浦「（その吉岡を蹴とばして、Bデッキへ）」
上田「（とびかかるが、殴り倒される）」

■Bデッキ

三浦「（とび降りると、走りながら、ズボンのベルトのダ
　イナマイトを出し）来やがると、やるぞォ！（と
　叫んで、振り返る）」
吉岡「（かまわず、とび降りるように階段を降りる）」
三浦「（物陰に走り、夢中でライターをさぐる）」
吉岡「（そのダイナマイトを、蹴とばす）」
　ダイナマイト、床をふっとんで行く。

三浦「（悲痛に）畜生！（ナイフを出す）」
壮十郎「（その背後にサッと現れる）」
三浦「（素早くその方を見る）」
陽平「（現れる）」
吉岡「諦めろ！」
壮十郎「ナイフを捨てろ！」
三浦「（ナイフをパッと投げつけ、船尾へ走る）」
吉岡「やめろ！　待たんか！（走る）」
　壮十郎、陽平も追う。三浦、走る。壮十郎、陽平、
　吉岡が追いついた時、三浦はいない。海へとび込
　んだのである。
陽平「（下を見て）落ちた！」
壮十郎「あそこだ」
吉岡「――（見る）」
陽平「船長、落っこった！」
上田「（はなれて立ったまま）」
壮十郎「落ちました、船長！」
吉岡「船長！」
上田「ほっとけ！」
陽平「なんだって！」
上田「ほっとけばいい（とブリッジへ早足）」

壮十郎「船長！」

■ブリッジ

上田「（かなりのスピードで入って来て窓に立つ）」
陽平「（とび込んで来て）船長！　ほっとけとはなんだ！」
壮十郎「（とび込んで）人が落ちた（コーターマスターに言う）船を回して下さい！」
上田「なにもすることはないッ！」
陽平「なんてこと言うんだ、あんたは！」
壮十郎「（コーターマスターに）船尾で、人が落ちたんです。どうすればいいんですか？」
上田「私が船長だ。余計な口を出すなッ！」
陽平「ほっとけば、死ぬんだぞ！」
上田「死ねばいいッ！」
吉岡「（立っている）」
陽平「人命だぞ、人間ひとりほっとくのかよッ！」
壮十郎「エンジンを止めて下さい。どうしたらいいんです！（コーターマスターに言う）」
上田「止めることはないッ！」
壮十郎「殺すんですかッ！」
上田「殺してなにが悪い。あんな奴を助けて、何になる！（陽平へ）人命だと？　人の命なら、どんな奴でも大事か？　小僧」
陽平「あんたに殺す権利はないよッ！」
上田「助けて、どうする？　あんな奴を助けて、何になるッ！」
吉岡「（上田の首にナイフをつきつける。三浦のナイフである）」
上田「なにをする？」
吉岡「助けるには、どうします？」
上田「なんで、そんなに生命《いのち》が大事だ。クズは死んだ方がいいじゃないか」
吉岡「あんたのためだ。命令をしなさいッ！」
上田「――」
吉岡「しなさいッ！」
上田「エンジンを止めろ」
吉岡「（うなずき）それでいい」
上田「（顔をそむけ、窓枠あたりを握るようにして海を見る）」

■船腹（時間経過）

止まっている船。その船腹を、海面から、おろした非常用端艇が吊り上げられて来る。乗っている船員、数人。人工呼吸をしている船員。ずぶ濡れ、意識のない三浦。

■船上

Bデッキに船がつり上げられて来る。見ている客たち。

■Bデッキの見えるAデッキ

上田「（つり上げられて来る端艇を見ている）」
吉岡「（背後に現れ、その上田を見る）」
上田「（見ている）」
吉岡「（ゆっくり背後に近づき）助かるようです」
上田「（はじめて吉岡に気づき）礼を言わなきゃいけないね（と気落ちした声で言う）」
吉岡「乱暴をいたしました」
上田「冷静だね、あんたは」
吉岡「いいえ」
上田「量見が狭いんだ、私は」
吉岡「同じです」
上田「若いのが人命が大事とかわめいていたが、なにを言うかと思っちまう。あんな勝手なバカヤロウを何故ムキになって助けなきゃならないのかと思っちまう」
吉岡「もっとすごい奴が、もっと素晴しい奴が、もっと生きたいと思いながら、沢山死んで行きました」
上田「（吉岡の顔を見る）」
吉岡「（微笑して）私も、量見は狭いんです」
上田「そりゃどうかな」
吉岡「助けたのは反射神経です」
上田「（笑って）いやいや、私たちもね、昔、あんな風に見えたのかもしれないよ」
吉岡「――」
上田「冷静な平和主義者から見れば、あの頃の私たちも頭へ血がのぼったバカヤロウに見えたのかもしれない」
吉岡「あんな若僧とはちがいます」
上田「そうかな？」
吉岡「ちがいます」
上田「（海を見て）ともかく助けちまった」
吉岡「はい」

上田「この人口過剰の時代に、バカヤロウひとり助けちまった」
吉岡「はい」
上田「バカヤロウの若僧をね（息子を思い出しているのである）」
吉岡「（その上田の気持がわかる。うなずく）」

■Cデッキ

シャッター前に腰掛けている陽平と壮十郎。疲れている。

壮十郎「（目をあげ）ありがとう（と紙コップのコーヒーを受けとる）」
陽平「サンキューよ（とこれも受けとる）」
渡したのは、悦子が陽平に、聖子が壮十郎にである。
悦子「まだ番してなきゃいけないのかさ？」
陽平「そりゃそうよ」
悦子「もういいじゃない」
陽平「そんなね、そんな素人みたいなこと言うなよ」
悦子「そう？」
陽平「こういう時があぶねえんだって。警備の常識だろう！」
悦子「そうなの？」
陽平「困るねえ。そういう事おぼえといてくれよ。早い話があいつは、さくらかもしれないだろう？」
悦子「さくら？」
陽平「二人組でよ。あいつがワーワーワーワー騒いで、気をそらしといてよ。やっと、ほっとした時狙ってもう一人がドカンて」
悦子「そんなこと（バカにする）」
陽平「ないとは言えないだろうが」
悦子「ないよ」
陽平「まったくまあ、これでガードウーマンなんだから、会社も大変だよ。へへへッ」
壮十郎「（苦笑）」
聖子「疲れたでしょ」
壮十郎「ちょっとね」
聖子「こんな事になるなんて、思わなかったわ」
壮十郎「ああ」
陽平「（悦子へ）よう」
悦子「うん？」
陽平「お前も言えよ」

悦子「なんて？」
陽平「疲れたでしょってよ」
悦子「私の方が疲れたもん。こっちは自腹で乗って疲れてるんだから」
陽平「おうおう（と絶望し）大変な違いだねえ、こちらさんは」
悦子「だってさあ。自分は坐っちゃって（と笑いながら言う）」
壮十郎「そうだ、立て立て、陽平」
陽平「そりゃ、ないだろ」
など、ワイワイとはしゃいで、笑い合う四人。

■ブリッジ

吉岡と上田、海を見ている。
吉岡「息子さん、おいくつですか？」
上田「いくつかねえ。忘れることにしてんでね」
吉岡「（小さくうなずく）」
上田「あのバカヤロウと同じぐらいだろう」
吉岡「おひとりですか？」
上田「うん。ひとり息子（と苦笑）」
吉岡「そうですか」
上田「三年になるかねえ」
吉岡「（うなずく）」
上田「わけのわからねえ事をほざいて。まるで宇宙人とね、フフ、宇宙人と喧嘩してるような按配だった」
吉岡「（うなずく）」
上田「出て行きやがって、かみさん、寝込むし、ひでえ目にあった」
吉岡「（うなずく）」
上田「話が――（フッと泣きのようなものが冗談めかした中に入って）話が、全然通じねえってェのは、まいっちまうよねえ（と笑う）」
吉岡「（うなずく）」
上田「（気持をはげまして）あんた、お子さんは？」
吉岡「おりません」
上田「そう。いや、はじめっから、奥さんと二人の方が」
吉岡「いえ」
上田「うん？」
吉岡「ひとりなんです」
上田「そう」

吉岡「思うところあって、ひとりなんですが」
上田「そう」
吉岡「息子でもあって」
上田「腹を立ててみたいかね？」
吉岡「はい」
上田「（笑って）同じことだよ、つまりは、ひとりだ」
吉岡「はあ」
上田「つまりは、ひとりよ」
二人、薄く笑って――。

■釧路港
冬の釧路港が近くなって来る。

「男たちの旅路・第Ⅱ部 3話」キャスト・スタッフクレジット

キャスト

吉岡晋太郎――鶴田浩二
杉本陽平――水谷 豊
島津悦子――桃井かおり
鮫島壮十郎――柴 俊夫
浜宮聖子――五十嵐淳子
田中先任長――金井 大
岡崎パーサー――久世龍之介
チーフ・オフィサー――山本 聰
セカンド・オフィサー――高並 功
中西機関長――小池 栄
谷村――益富信孝
上田船長――田崎 潤
三浦正行――長塚京三
小田警備会社社長――池部 良

スタッフ

音楽――ミッキー・吉野
美術――蒔田 穰
技術――杉村忠彦
効果――広瀬洋介
擬闘――林 邦史朗
制作――近藤 晋
演出――中村克史

III

一九七七年十一月十二日〜十二月三日 放映

1

シルバー・シート

「人間は、して来たことで、敬意を表されてはいけないかね？　いまは、もうろくばあさんでも、立派に何人かの子供を育てた、ということで、敬意を表されてはいかんかね？」

■東京国際空港（昼）

滑走路に向け巨体を方向転換するジャンボ。送迎デッキで見ている人々。国内線チケットカウンターの忙しさ。計器に置かれる大型スーツケース。ロビーでお辞儀しあっている人々。

滑走路に向かうジャンボ。国内線出発ゲートでハイジャック防止チェックをする杉本陽平と島津悦子。滑走路へ向かって行くジャンボ。国際線チケットカウンターの海外へ行く日本人団体客。そのスーツケースの列。

滑走路でスタートの位置へゆっくり動くジャンボ。「東京国際空港」の文字。忙しく行くガードマン。位置につくジャンボ。

出発ロビー、別れを惜しむ白人たち。ロビーの椅子に腰掛け、うなずくようにしてその白人たちを見ている本木《もとき》義郎。

スタート寸前のジャンボ。憧れのように白人を見ている本木。チェックしている悦子と陽平。

スタートするジャンボ。空港の外でウロつく野良犬。離陸するジャンボ。本木。遠くなって行くジャンボ。

出発便標示板がパラパラとかわる。またもやひどい音をたてて別のジャンボが巨体を滑走路に向けて移動して行く。

■空港内コーヒーショップ

隅で向き合っている陽平と悦子。制服である。帽子はテーブルに置いてある。

悦子が陽平に説教をしている。陽平はそんな立場が面白くなくて仕様がない。掌で目をこすったり、ちょっと横を向いたりしている。

悦子「ちょっと」

陽平「（横を向いていて）うん？」

悦子「ちゃんと聞きなさいよ」

陽平「聞いてるよ」

悦子「あっち見てたじゃない」

陽平「横向いて、耳を悦子の方にまっすぐ向けてたわけよ。ヒヒヒ（蹴とばされ）イテェッ」

悦子「いいか」

陽平「おう、イテ」

悦子「あんたの言い方は感じ悪いわけ」

陽平「わかった」

悦子「(陽平の口真似で) 失礼しますよォ」
陽平「そう言っちゃいけないのよね。失礼します。
ピシャッ。ニコッ。タッタッタッ (とボディ
チェックの仕草をして) さっぱりとやらなくちゃ
いけない。ありがとうございました (と客に
一礼する仕草)」
悦子「馬鹿にしてんの?」
陽平「してないよ。フフフ」
悦子「女に指導されるのが、いやなんでしょ?」
陽平「指導されちゃうよォ」
悦子「私は、空港警備のテストを」
陽平「合格したわけ。俺、落ちたわけ。でも俺は悦
ちゃんと一緒に空港警備をしたいわけ。だっ
て、ここのが、工事現場の警備なんかより、ナ
ンボか (わざと関西叱りで) 格好いいもんなあ。
フフ (悦子の顔を見て笑いやめる)」
悦子「(じっと陽平を見ている)」
陽平「だから、悦ちゃんの言うことをききます。よ
ろしく、お願いします。フフ、にらまないで。
にらまないでン」
悦子「バカ」
陽平「(笑う)」
悦子「(笑う)」
本木「(隣りのテーブルから二人を見ていて、一緒に笑っ
ている)」
陽平「(その方を見る)」
悦子「(その方を見る)」
本木「いいね、若い人は。いまのうちだ (と笑う)」

■国際線出発ロビーの前の道

本木を中に悦子と陽平歩いて来ながら、
陽平「それで、おじいちゃんは、なにしに此処へ来
たんですか?」
本木「うん?」
陽平「誰かの見送りですか?」
本木「いやあ」
悦子「見学ですか?」
本木「ロンドンへなあ」
悦子「ロンドンへ?」
陽平「ロンドンへ行くの? おじいちゃん」
本木「ロンドンの、ハイドパークという公園を知っ
てるかね?」

陽平「聞いたことあるよ」
悦子「あるわ」
本木「そうかね」
陽平「その公園が、どうかしたの？」
本木「いや（と立ち止まる）」
悦子「どうしたの？」
陽平「どうしたの？　おじいちゃん」
本木「失礼する。ハハハハ（と淋しく笑う）」

■国内線第一出発ロビー・ゲート
ロビーの混雑。
悦子「失礼します（ボディチェックをはじめる）」
陽平「失礼します（と青年にボディチェックをはじめる）」
青年「くすぐったい。よせよ（とかがんだ陽平の頭を両手でパタパタと叩き、笑いながら身もだえる。短く）」

■空港・表（夜）
情景。

■空港内警備会社・支所
プレハブである。そこのガラス戸をあけ、
船山「（入って来て）船山警備士、警備終りました」
若杉「（続いて入って来て）若杉警備士、警備終りました」
板橋所長「（私服で机に向かっていて）ご苦労さん」
陽平「（他の二人ほどと一緒に部屋の一郭の仕切りの中で着替えている）」
悦子「（別の一郭で、やはり着替えている）」
船山「またロンドン来てますねえ」
板橋「ああ、じいさんか？」
船山「いま国際線のロビー歩いてましたよ」
清川「（テーブルの前で着替え前の姿で煙草をすっていて）しばらく来なかったけどなあ」
短く、国際線ロビーにただずむ本木。
陽平「（着替えながら出て来て）あのじいさん、よく来るんですか？」
船山「もうあんたつかまったのか？」
陽平「ロンドンとか言ってたなあ」
清川「ああ、ロンドンだ」
悦子「（着替えて現れ）なに言いたいのかよくわから

なかったけど」
板橋「しつこかったろう?」
陽平「そうかなあ」
悦子「そんなことなかったねえ」
船山「気をつけろよ、しつこいんだから」
悦子「そうですか」
板橋「みんな、あれにつかまって往生したんだ」
陽平「そんなすごいんですか」
清川「目が合ったらおしまいだよ。ぺちゃぺちゃ、ぺちゃぺちゃ」
悦子「そうかなあ」
陽平「そうでもなかったよねえ」
清川「とにかく、しゃべりたくてうずうずしてるんだ」

国際線ロビーで、人を求めるように立っている本木。

板橋「ああいうのは空港に用があって来てるんじゃないんだからね。排除するに越したことはないんだが、人権もあるから、やたらにはできない」
清川「相手にしないこと」
船山「知らん顔してることよ」
板橋「横を向くことだ」
清川「ほんと、横向くの。パッと離れちゃう」
陽平「はあ」
悦子「へえ」

■蒲田行きの定期バス

悦子と陽平、並んで乗ってゆられている。陽平の横に本木、腰を掛けている。

陽平「（悦子に耳を寄せ）よう」
悦子「うん?」
陽平「いつの間にか隣りにいるよ」
悦子「わかってるよ」
陽平「どうする? 席移る?」
悦子「移ろうか?」
陽平「まったく（と本木の方を見てギクリとする）」
本木「（笑って陽平を見ている）」
陽平「あ、フフフ」
本木「やっぱり、あんたたちか」
陽平「はい。あんたたち。フフフ」
本木「制服を脱ぐとわからないなあ」

陽平「そうでしょ？　フフフ」
悦子「あ。陽平、あれ、なんだ（と反対側のドアを指して立って行き、窓の外を見る）」
陽平「あ、なに？（と追って行き外を見て）あれ？　なんだろう」
悦子「ついでだから、ここ坐ろうか（と坐る）」
陽平「うん。坐ろう（と坐り、ちらっと目をあげて本木を見て）フフフ（と笑う）」
悦子「（目をあげ本木を見て）すいません。フフフ」
本木「（その二人を、淋しく諦めた目で見ながら、微笑している）」

■空港（昼）

ジャンボが飛び立って行く。国際線ロビーで標示板を見ている本木。国内線ロビーでボディチェックをしている悦子と陽平。パラパラとかわる標示板。ロンドン。パリ、ニューヨークなどの文字。

■空港内コーヒーショップ

悦子と陽平、クスクス楽しそうに笑っている。
悦子「嘘」
陽平「ほんとだよ。全部女物。いい年したおやじのカバンの中、女物ばっかり。口紅だのファウンデーションだのクリームだの」
悦子「セールスの人かもしれないじゃない」
陽平「ちがうって。ピーンと来たね。あれは女の格好するんだよ、どっかで」
悦子「（改まって）ちょっと」
陽平「うん？」
悦子「私たちは、ハイジャックのォ、チェックをォ、してるわけ」
陽平「（悦子の台詞のリズムに合わせ）だからァ、お客のォ、他の秘密にィ（早口で）首をつっこんじゃいけないわけね？」
悦子「そういうこと」
陽平「しらけるじゃない。すぐ教育するんだから（と横を見て、あ、となる）」
悦子「（見て、あ、と顔を戻す）」
陽平「（小声で悦子に顔をよせ）まいったね、ちゃんと横にいるよ」
悦子「（小声で）ほんと」
ウェイトレス「（本木のところへ水を持って来て）いらっ

しゃいませ」
本木「紅茶をくれたまえ」
ウェイトレス「少々お待ち下さい（と去る）」
陽平「どうする？」
悦子「ツーって行こう（とコーヒーをのむ）」
陽平「（慌ててのみ干す）」
本木「慌てることはない」
悦子「（コップ止まってしまう）」
本木「そんなに嫌なら話しかけんよ」
陽平「別に、俺たち、そんな」
本木「私にだってプライドというものがある。ゆっくり、のんでいなさい」
悦子「（コップをおろす）」
陽平「（コップを置く）」
本木「きっと、みんなで言ってるんだろう。あのじいさんに話しかけられたらえらいことだから、逃げてしまえとね」
悦子「いえ」
陽平「（悦子に）ねえ（言ってないよねえ）」
本木「私にも悪い点がある。空港へ来て、外国の匂いがなつかしくて、つい誰彼となく話しかけた。しかし、それが迷惑なことがわかった」
悦子「（うなずく）」
本木「だから嫌がるものに話そうとは思わない」
陽平「はあ」
本木「それにしても何故年寄りが、なつかしさを少しばかり口にするのを、毛嫌いするのかね？」
陽平「あ、もう時間だね、もう（と時計を見て立とうとする）」
本木「まだ時間じゃあないだろう（と非難をするように見る）」
陽平「はあ」
悦子「（立とうとしていた腰をおとす）」
本木「ゆっくりしたまえ」
陽平「はあ（と腰をおとす）」
本木「一時間の休憩としたって、まだ三十分はある筈だ」
陽平「はあ」
本木「情けないじゃないか。いい若いものが、そんなふうに年寄りを避けるなんて、情けないじゃないか」
陽平「はあ」

本木「年寄りには、君たちにない知恵も知識もある。私は、ロンドンで十二年間、通信社の記者をしていた。君たちは、マクドナルドを知ってるかね？」
陽平「あ、ハンバーガーの？」
悦子「知ってるわ」
本木「そんなもんじゃないよ（と叱る）」
陽平「はあ」
本木「イギリス労働党の党首だ。一九二三年、私はロンドンへ渡った。第一次大戦が終り、ロイド・ジョージが失墜し、ロンドンは失業者が溢れてた。大英帝国は凋落したか。そんな事が言われていた。しかし、そんなもんじゃあなかった。私はただ街を歩いて、溜息をついていた。日本はなんとまだ貧しい底の浅い国であることかと骨身にしみてこたえていた」
陽平「イテ（と小さく言い）なんだよ」
悦子「だって、行こうって合図してるのに（と小さい声で言い、本木の方を見る）」
本木「（ただ目を閉じている）」
陽平「口で言えばいいじゃないの（と立ち）行こうよ、さあ」
悦子「行くよ。（弁解がましく）相手しなくていいってこの人（本木）言ったんだもの」
陽平「そうだよ。言ったんだから、俺たち、勝手に行くよなあ（と気がとがめるが行く）」
悦子「行くわ、やっぱり、そりゃあ（と気がとがめながら行く）」
本木「（目を閉じている）」

■国内線第一ロビー・ゲート

混雑しているロビー、売店の賑わい。ゲートでボディチェックをしている悦子と陽平。「失礼します」「ありがとうございました」

■滑走路（夜）

飛び立って行くジャンボ。

■空港・表

シャッターが、キュルキュルと音をたてておりて来る。

■ロビー

がらんとした各ロビーに、本日のフライトは終了したので、空港ビルは閉めるから、内部にいる人は出てくれ、というアナウンスが聞こえている。

■空港内警備会社・支所

ドッと笑い声をあげて雑談している板橋、清川、船山、若杉、他数人。

清川「こんなでかいトランク、手持ちじゃ困るって言ったって、なんて言ったたって持ち込むってきかないんだよ」

若杉「まいったわ、私も」

悦子「（不服そうに私服で）あの、島津警備士、帰ります」

板橋「あ、ご苦労さん」

「ご苦労さん」と、口々に言う一同。悦子、外へ出てガラス戸を閉める。

■外

第三出発ロビーの方から制服のまま走って来た陽平。「あ、悦ちゃん」

悦子「（バスの方へ行こうとしていて振り向き）なによ。どこ行ってたのよ。人が待ってるのに」

陽平「（駆けよって）そ、それどころじゃないんだって」

悦子「どうしたの？」

陽平「国際線のロビーでよ、あのおやじさん」

悦子「どうしたの？」

■国際線ロビー

空港ビルの警備員が三人ほどで、隅の椅子によりかかったままの本木を、ゆっくり横にしようとしている。

警備員「ゆっくりだぞ、ゆっくり、慌てるな」

悦子と陽平、駆けて来て立ち止まり、

悦子「ああッ（とショックを受け）あの人だわァ」

陽平「びっくりしたよ、俺も」

悦子「自、自殺ですか？　その人」

警備員「（にらんで低く早く）まだ死んじゃいないよ」

悦子「（陽平に）あんた、死んだって言うから」

陽平「静かに、静かにィ（と制する）」

警備員「よおし、よし（と横にし終える）」

本木「（目を閉じて意識がない）」
悦子「ああ、あのおじいちゃんだわァ（と自責の念がこみあげる）」

■吉岡のアパート・表（昼・雨）

■アパート・部屋

吉岡「（お茶をいれながら）脳溢血か」
悦子「（しょんぼりと）ええ」
陽平「結局、病院へ行くまでに死んじゃったんですよね」
悦子「脳溢血じゃないかって、空港ビルの人、随分ゆっくり横にしてたのに、私、大きな声で、自殺ですか？　なんて言っちゃって」
陽平「そんなことで死ぬわけないじゃないか」
吉岡「そりゃあそうだ。そんな事を気に病んじゃあいかん」
悦子「そのことはさあ、そんなにも気に病まないんだけどさあ」
陽平「その前に、ちょっとつめたくしたからね。俺も、なんか、ひっかかるんですよ」
悦子「（声もちょっと震えて）そうなのよねえ」
吉岡「まあ、のめ（と二人の前にお茶を出す）」
悦子「――」
陽平「――」
吉岡「若いうちは、思わぬ残酷なことをしてしまうものだ。私も、あとで考えれば、何故あんなことが言えたのだろう、と思うようなことを、人に言ってしまったことがある。傷つけたことがある」
悦子「――」
吉岡「いいじゃないか。おまいりに行ってくればいい。誰も変だと思いやしないさ」
陽平「（うなずく）」
吉岡「いいことだ。陽平がそんな気になるとは、見直したよ」
陽平「いえ、俺は、そのそんな気にはあんまりならなかったんだけど、悦ちゃんが」
吉岡「そんなことだろうと思った（と、苦笑する）」
悦子「私だって柄じゃないんだけど」
吉岡「照れることはない。何処だ？　その人の家は」
陽平「それが、近いんだよね。だから、ちょっと此処へも寄ったわけなんだけど」
吉岡「このあたりか?」
陽平「あたりって言っても、都電で、九つばかり向
こうだけど」
吉岡「そうか(それにしても、そんな近くかという感じ)」

■都電が走って行く(雨)

■養老院・爽風荘・表
看板に雨が降っている。

■その一室
六畳に二人で暮らしている。門前保正と曾根吉太郎の部屋である。段ボールに白い布をかけた箱の上に、本木の写真と線香、バナナがのせてある。その前で手を合わせている悦子と陽平。二人が持って来た果物の籠がある。手をおろす二人。
門前「折角来ていただいたのに、こんなことで、まことに残念ですが、昨夜、故人の次男坊というのが、前橋からやって来まして」
曾根「それはもう話したよ、保《やす》さん(とやさしく言う。決して嘲笑したりすることはなく、両者には、敬意といたわりがある)」
門前「ああ話しましたか」
悦子「ええ――」
曾根「来た時、玄関で話してさ、それでもまあ写真はまつってあるからってんで、あがってもらったんだよ」
門前「ああ、そうでした」
曾根「オート三輪でやって来て、これとこれとこれとって、めぼしいもの積みこみやがって、あとはいらないから捨ててくれと来やがった。遺骨なんかあんた、横抱えにして、ひどいもんだったよ」
門前「そうでした。ひどいもんだった」
辻本満夫「あ、いいかな?(とのぞく)」
曾根「ああ、入んな」
辻本「へえ。この人らかね」
門前「ああ」
辻本「辻本、って言います(と一礼し、振り返って)この人は私と同室の須田さん」
須田「(初対面の人には弱く)ああ(と一礼)」

辻本「空港で、本木さんと知り合ったんだって?」
曾根「ガードマンだってんだよ」
辻本「ほう、ガードマン。そうですか」
悦子「(うなずき)じゃ、あの、私たち」
陽平「失礼します」
辻本「ゆっくりしてって下さいよ」
曾根「そうだよ」
門前「お茶ものんでないよ」
曾根「ああ、のんでよ、お茶ぐらい。汚かないよ、これ。ハハハハ」
悦子「はあ。じゃ(と湯呑みをとる)」
陽平「いただきます(と湯呑みをとる)」
辻本「それじゃあなんだね、二人とも本木さんのロンドン話聞かされたわけか?」
悦子「(仕方なく)はあ」
陽平「ええ、まあ」
辻本「そうか」
門前「そう」
曾根「そりゃあよく聞いてやったよ」
門前「ああ、よく聞いて下さった」
辻本「聞き手がなくてねえ、あの人のは」
曾根「ああ。私らは我慢して百万遍聞いたけど、他所へ行っても相手がいないや」
辻本「そりゃありがとう」
門前「ありがとう」
曾根「ありがとよ」
須田「どうもありがとう(と一礼)」
悦子と陽平、困るが「いいえ」と一礼。

■爽風荘・廊下

老人四人と陽平、悦子の合唱で「北の宿から」が聞こえる。

■院長室

高田院長「(黙々と一人書類にペンを走らせている。歌、聞こえている)」
シゲノ「(そっとドアをあけ、のぞき)院長様(と媚び、へつらいがあって)まあ私、呆れちゃったわァ(と入って来ながら)大きな声出して、ワー、ワー、ワー、ワー、あれ、お酒のんでるんですよ」
高田「わかっとる」

シゲノ「そりゃわかってらっしゃるわよねえ。私、もう余程出掛けてって言ってやろうかと思ったんですよ。でも、私らが言ったって聞くような連中じゃないでしょう。でも、呆れたわ。若い女ひき入れちゃって。昼間っから、メートルあげちゃって、ホームの規則をどう思ってるんでしょうか。あんまり私、非常識じゃないかと思って」

高田「(書いている)」

シゲノ「院長様に、失礼じゃないかと思って。フフフ、ねえ」

■門前たちの部屋

老人四人と陽平、悦子、いい機嫌で歌の終りあたりを唄って終る。陽平たちには安大ボトルのウィスキー、老人たちは日本酒の一升瓶の冷酒をのんでいる。

曾根「さあいこうや、さあ(と陽平に注ごうとする)」

陽平「もう駄目駄目、酔っぱらっちゃったよ」

悦子「私も、ポーッとなっちゃったわァ」

曾根「それが供養《くよう》だって」

辻本「ああ、それが供養。ここでね、こんな若い子たちが、酔っぱらってくれたのは、開闢《かいびゃく》以来じゃないか」

曾根「開闢以来。さあ」

陽平「(注がれ)しかしまいったね、ここで酒のもうとは思わなかったね」

悦子「ほんと。お線香あげに来て、都はるみ唄っちゃあ悪いわよねえ」

須田「(急に、また唄い出し)女ごころの未練でしょうかァ(と目を閉じたままそこまで唄って、悦子と陽平を見てにこりとする)」

辻本「(笑って)嬉しいんだよ、みんな」

曾根「ああ、この人(須田)なんてね、人前で歌唄ったことないんだよ。気が小さいんだよ。なあ(と須田の肩を叩いて笑う)」

須田「(また)女ごころのォ」

曾根「わかったわかったわかった(と肩を叩き笑う)」

門前「——(微笑している)」

急に、襖が大きくあく。高田である。老人と陽平と悦子、その方を見る。

■廊下

老婆たちが、門前たちの部屋の方を窺っている。

■門前たちの部屋

曾根「(沈黙を破って) ハハハ、ちっと、うるさかったでしょう? ま、本木さんの供養と思って」
高田「歌を唄ったことを私はとやかく言おうとは思わない」
門前「――」
高田「迷惑に思った人もいるかもしれんが、そのくらいの元気はあった方がいいと私は思っている」
門前「院長」
高田「なんだね?」
門前「お客さんがおります」
辻本「本木さんにね、お線香をあげに来てくれたんですよ」
高田「ありがとう」
陽平「いえ」
悦子「いえ」
高田「折角の席をこわしたくないと思っていた。我慢をしていた。しかし、いい加減に切りあげてもらいたい。昼間の酒は、固く禁じている。規律のためだけではない、健康のために禁じている。それがこんなに公然と破られようとは思わなかった。あんた方は、この院内でいわば指導的立場にある人たちじゃなかったのかね? いくら本木さんの供養のためとはいえ――」
門前「院長」
高田「残念だよ、門前さん」
門前「この酒をのんでみて下さい(と湯呑みを出す)」
高田「どういうことかね?」
曾根「へへ、ま、一杯やってみて下さいよ(と一升瓶を門前の持っている湯呑みに注ぐ)」
高田「私は酒はやらん。どういうことかね?」
辻本「水ですよ」
高田「水?」
悦子「――」
陽平「水?」
曾根「へへ、あんたらには知られたくなかったがね」
辻本「(陽平と悦子へ) 昼間、のめないんだよ、私ら」

悦子「そう」
門前「いや、折角来てくれたあんた方を、私らは、もてなしたかった。長くいてもらいたかった」
曾根「で、私がね、ちょっと思いついた。だってあんた、あんたらだけのめって言ったって、そりゃのみにくいもんねえ」
辻本「いや、しかし、半分ぐらい、私らも酔ったような気になっていた」
曾根「そうそう」
須田「そうだよ」
高田「そうか――」
門前「つまらんことで、ご心配をかけましたが」
高田「いや。信頼を裏切らんでくれて嬉しい。失礼した（と襖を閉めて去る）」
陽平「（ちょっと間あってクックックッと笑い）あんたら、相当な玉だねえ、やるねえ。ヒヒヒヒ」
悦子「水だとは思わなかったわァ」
陽平「そうじゃないって。ねえ（と曾根に言う）」
曾根「え？」
陽平「院長、酒のまないんでしょう？　そう言ってたじゃない（と悦子へ）」
悦子「言ってたよ」
陽平「その院長にのめって言う、そりゃのまないよ。どういうことだ？　水だ。ヒヒ、本当は水じゃないんでしょう。考えてるねえ。ヒヒヒヒ」
曾根「いやあ、水だよ」
辻本「水なんだ」
陽平「ほんとに？（手近の湯呑みをとってのみ）ほ」
悦子「水？」
陽平「みんな、うまいねえ、酔ったふりうまいねえ（と見回す）」
門前「だまして、すまなかった」
陽平「哀しいねえ。哀しい話じゃねえか。あんたら、気の毒だなあ。可哀相だなあ」
門前「（遺憾で）いやあ――」
陽平「いい年した大人が、酒禁じられて、のむふりして俺たちもてなしてくれたなんて、哀しい話じゃねえか」
曾根「そんな、しめっぽい話じゃないんだよ」
陽平「いやあ。しめっぽい話よ。年をとるってェのは、やだねえ。もっとみんなが大事にしてやらなきゃ可哀相だよ。皺はよるし、身体は不自由になるし、頭だってぼけて来てよ。そりゃあ、悦ちゃん、元気な奴が、大事にしてやらなきゃいけないよ。まいった（ポケットから札を出し）俺、みんなに、五千円寄付しちゃう」
門前「いや、そんなことは」
陽平「遠慮するなって、おじいちゃん。ほら、五千円（と畳に札を置きポンと叩く）」
悦子「私も、私も一万円寄付しちゃう（とハンドバッグをあける）」
辻本「そりゃあいけないよ」
曾根「いけないよ」
陽平「稼げる奴が、弱いもんを助けるのは当り前だよ。頑張んなきゃ駄目だよ、おじいちゃん！」
悦子「頑張って下さい（と一万円札を出す）」
門前「いや、金は結構だ」
曾根「そうだよ」
辻本「いいんだよ」
陽平「そんなね、人の好意を無にするもんじゃないよ。受けとんなよ。気持よく受けとんなよ。気取ったってはじまらないじゃないの。不自由してるんじゃないの」

門前たち、淋しい顔で、薄く微笑して目を伏せてしまう。

■東京国際空港（昼・晴）

ジャンボが、飛び立って行く。

■送迎者デッキ

私服の吉岡と制服の陽平がいて、ジェットの動きを見ながら、
陽平「（相変らず落ち着きなく）そりゃ無理矢理、金置いて来たけどね、まいったなあ、俺。司令補も一度行ってみるといいんですよ。とにかく、その四人は、まだましな方でね。身体の不自由なのが一杯いるんだからね」

■養老院・実写

陽平の声「そりゃテレビなんかで見たことあるけどさあ。目の前で見ると、大変だなあなんて思ってね。俺、酒のんでたから、ちょっと失礼なことも言ったかもしれないけど、ほんと言ってまいったの。ああ、いまに俺だって、こう

いう時が来るんだなあって」

■送迎者デッキ

陽平「そりゃあ五千円ぐらい、出さなきゃたまらない気がしたね、俺」

吉岡「そうか」

陽平「司令補なんかね。いい格好して、特攻隊のことをみんなが忘れてるなんて言ってるけど、特攻隊なんかいい方よ。本だって映画だってあるじゃないの。そんなんじゃないんだなあ」

■養老院・実写

陽平の声「たーだ、こう、年とってるんだよねえ。たーだ、もう足なんか弱くなってさあ」

■送迎者デッキ

陽平「こんなさ、こんな賑やかな所と、なんの関係もないんだよねえ」

空港内の華やかなショットと養老院をカットバックして――。

陽平の声「ああいうとこ見て、こういうとこ見ると、こんなに華やかで、こんなに外国なんか行っていいのかって思っちゃうんだよねえ」

吉岡「お前も青年だな」

陽平「そりゃ、なんですか？」

吉岡「（微笑して）そんなにカッカするとは思わなかった」

陽平「そりゃあしますよ、すれっからしじゃないもん」

吉岡「他人の現実に、目が行くのはいいことだ（と戻って行く）」

陽平「それだけ？　人が、これだけしゃべって、そんなこと言って終り？（と前へ立ちはだかる）」

吉岡「どうしたらいい？」

陽平「俺も三万円ぐらい寄付しようとか、そのくらいのこと言ってもらいたいですねえ」

吉岡「また行くのか？」

陽平「行きますよ。カッとなってもすぐ忘れちゃうんじゃ、人間として、情けないじゃないですか」

吉岡「喜んでもらえるなら、三万円でも寄付しよう。しかし、本当に喜んでくれるかな？（と行ってしまう）」
陽平「喜ぶにきまってるじゃないの。ケチだねえ。スパッと出してこそ、吉岡司令補じゃないのォ」

■悦子のアパート・廊下

悦子「（中から、パジャマにガウン姿であけ）あら」
吉岡「どうした？」
悦子「やだわ（と嬉しく笑い、大きくあけ）どうぞ（と奥へ行く）」
吉岡「ここでいいんだ。どんな具合かと思って、のぞいただけだ」

■悦子の部屋

悦子「（蒲団を二つ折りにし隅へ押しやり）上がって。あ、空気こもってるかしら（と窓へ行きあける）」
吉岡「熱があるんだろう」
悦子「たいしたことないの（座蒲団を出して）どうぞ」
吉岡「起こしたんじゃ見舞いにならん（ドアを閉めながら）寝てなきゃ駄目だ」
悦子「来てくれるなんて思ってもいなかったわ（と台所へ行っている）」
吉岡「（上がりながら）空港へ巡察に行ったら休みなんでな。お茶なんかいらんぞ（と窓を閉め）医者に見せたか？」
悦子「血圧低いのよねえ。時々ふらっとするの」
吉岡「そりゃいかんな」
悦子「ううん。そんな人一杯いるのよ。半分怠けて休んだの（と座敷へ戻り）坐って。どうぞ（と先に坐る）」
吉岡「罐詰買って来た（と紙袋を悦子の方へ置きながら坐る）」
悦子「あら罐詰？（とのぞき）重かったでしょう、こんなに」
吉岡「（正座で）うまかないが、病気の時はな」
悦子「そうなの。罐詰あると、たすかるわ」
吉岡「ああ」
悦子「やだ。正座なんかしないでよ。あぐらかいてよ」
吉岡「あ、そうか（苦笑してあぐらになる）」
悦子「やあねえ、固くなってるじゃない」
吉岡「バカ言え」
悦子「司令補って、そういうとこおっかしいのねえ

（とからかうように見つめて）コチコチになったりするのよねえ（とのぞきこむ）」
吉岡「病人がなに言ってるか」
悦子「（笑って、急須とお茶の罐などをとりながら）いい年してウブなんだもの。可愛くなっちゃう」
吉岡「いい加減にしないか」
悦子「フフフ、そう、空港へ巡察に行ったの」
吉岡「ああ」
悦子「陽平、どうしてた？」
吉岡「どうしてましたか？　と言うんだ」
悦子「はじまったァ」
吉岡「いちいち言ってなきゃ、元へ戻っちまうじゃないか」
悦子「文句を言わせてみたいっていうところもあるのよ。司令補やっぱり文句言ってるの一番似合うもの」
吉岡「バカを言うな」
悦子「あ、ビールの方がいい？」
吉岡「お茶もビールもいらん。見舞いに来て、誰がビールなんかのむか」
悦子「思った通りのこと言うから、笑っちゃうわ（笑う）」
吉岡「じゃ、帰る（と立つ）」
悦子「ちょっとお茶ぐらいのんでってよ」
吉岡「人をからかう奴は嫌いだ（と行こうとする）」
悦子「待ってよ。もう少しいてよ（と本心が溢れて言う）」
吉岡「（振り返る）」
悦子「淋しいんだもの。もう少しいてよ」
吉岡「横になるんだ」
悦子「お茶、のんでから、横になる。なります（しょんぼり言う）」
吉岡「（微笑して）陽平、つまらなさそうだったよ（と坐る）」
悦子「そう――ですか」
吉岡「休憩時間に、随分養老院の話を聞かされた」
悦子「私も、ショックだったわァ」
吉岡「そうか――」
悦子「年寄りばっかりいるでしょう。そういうのってやっぱり自然じゃないのよねえ。年とるのって、やだなあ、と思ったし、気の毒だなあ、と思ったし、その前に死んじゃった方がいいって――」
吉岡「そんなことを言うもんじゃない」
悦子「そうね。お湯、まだ沸かなくてごめんなさい」
吉岡「急いではいないよ」
悦子「なんか――早く帰りたいのかな、なんて思ったりして。フフフ」
吉岡「（微笑して、悦子を可愛いと思う）」

■警備会社付近の街（夜）
情景。

■警備会社・廊下
陽平「（私服である。ドアをあけ）吉岡司令補いますか？　いないか（と閉め、次のドアへ行こうとして通りかかった制服の女性に）あ、吉岡さん、知らない？」
警備士「（女性）さあ」
陽平「仕様がないなあ（と次のドアをあけ）えーと、誰もいないと（と閉め）吉岡さん。吉岡司令補いませんか？（と怒鳴る）」
吉岡の声「おう」
陽平「あ、いるんじゃないの。何処ですか？（と手前へ来る）」

■警備会社・便所
吉岡「（小便をしていて）なんか用か？（制服）」
陽平「（のぞき）あれ、こんなとこへかくれてたんですか？（自分も並ぶ）」
吉岡「誰がかくれるか（手洗いへ）」
陽平「人が走り回ってさがしてるのに、まあ」
吉岡「（手を洗いながら）どうした？」
陽平「いや、ちょっと大変なことになっちゃったんですよ」
吉岡「大変？」
陽平「とにかく、信じられないって言うのかなんて言うのか」
吉岡「悦子君がどうかしたのか？」
陽平「悦ちゃん関係ないですよ」
吉岡「そうか。お前も賑やかな男だ（と出て行ってしまう）」
陽平「あ、ちょっと（下を見て）長いな」

■警備会社・廊下
吉岡「（エレヴェーターのボタンを押す）」
陽平「司令補！（チャックをあげながら現れ）行っちゃうことはないでしょ、司令補は」
吉岡「手を洗わないのか」
陽平「洗うひまないでしょう」
吉岡「洗って来い」
陽平「行っちゃうでしょう」
吉岡「ロッカールームにいる」
陽平「あ（と戻りかけ）洗わなくてもいいんだけどなあ、俺」

■ロッカールーム
吉岡「（すでにズボンなどは私服になっていて、着替えながら）デンジャック？」
陽平「（声をひそめ）人に言っちゃあやですよ」
吉岡「なんのことかわからんじゃないか」
陽平「怒らないで怒らないで。とにかくこれは秘密にしてくれって頼まれてるんですけどね」
吉岡「――（着替えている）」
陽平「電車をジャックしちゃったんですよ」
吉岡「誰が？」
陽平「誰だと思います？（と吉岡の腕をつかむ）」
吉岡「触るな、洗わんで（振りはらう）」

■荒川車庫（都電）
夜の車庫の中の一台に灯りがついている。そのチンチン電車の側面に立って怒鳴っている高田。その側にいる車庫所長の相沢、その部下二名。
高田「（怒鳴って）門前さん！　門前さん、顔を見せなさい！　門前さん！」
門前「（電車の窓にゆっくり顔を見せる）」
高田「他の人も顔を見せなさいッ！　全員四人共顔を見せなさいッ！　辻本さん！　辻本さん！　曾根さんに須田さん！　曾根さんに須田さん！」
四人、窓に顔を出す。
高田「何故こんなことをする！　何故こんな馬鹿なことをする！　これは立派な犯罪だよ！　要求があるなら言いなさい！　私に文句があるなら、言いなさい！」
門前「（ちょっと待てというように手で高田の叫びを制す

る）」
高田「いい年をして、はずかしいとは思わんのかね？（門前の制止で口をつぐむ）」
門前「（制止の手をおろし）私たちは（咳払いをし）私たちは――聞こえますか？」
高田「聞こえますよ、よく聞こえる」
門前「私たちは、院長に要求があるわけではありません」
高田「じゃあ、誰にある？」
門前「以上（と消える）」
他の三人も消える。
高田「待ちなさい。顔を見せなさい！　誰に要求がある、誰にだ！」

■車庫・所長室

高田「（吉岡に説明をしている。相沢、部下二人、陽平がいる）えー、夕食が終りまして、午後七時四十二、三分であったでしょうか、突然電話がかかりまして、私か出ますと、こちら（と相沢を掌で示し）都電の所長さんであると言われる」
相沢「（律義にちょっと会釈する）」
高田「所長さんが、どのような御用でございますか、と伺うと、お宅に門前という老人はいるかというお尋ねです。そりゃあ、おります。門前は、たしかに、私共に入っておる年寄りだが、どうかいたしましたかときくと、他三名でチンチン電車を占拠していると言われる」
相沢「（また律義に会釈する）」
高田「占拠？　占拠とは、つまり場所を占有することでございますかと伺うと、まさしく電車を占拠して中にとじこもっていると言う。まさか、と思いました」

■電車の中

門前「（一点を見て、姿勢よく腰掛けている）」
高田の声「門前は、工作機械の技師として一流の腕前を誇った人間であり、辻本は出版社を経営したこともある人間です。曾根は腕のたしかな指物師で須田は元都電の――（絶句する）」

■車庫への道

高田「都電の運転手ですが、気の弱い善人でして、決して四人とも電車を占拠するなどということはね上りの学生のようなことをするわけがないと申しましたら、とにかく、お宅の人間だと言っているから、一度見に来てくれと言われまして、徒歩でも十分足らずでございますから、駆け足で五、六分でしたでしょうか。どうですか。所長」

相沢「さあ」

高田「ともあれ、七分とはかからずに駆けつけましたところ、お話のとおり」

■車庫

陽平が先頭、その次に吉岡、続いて高田、相沢、他二名が来る。電車の傍に、一人所員がついて、

所員「なんか、中では動いてるけど（と言いながら迎える）」

陽平「ねえ。どういうんだろうねえ（と、もっともらしく首をひねって見上げる）」

吉岡「（立ち止まり見上げる）」

高田「えー、中の四人に告げる！」

吉岡「私が言いましょう」

高田「そうですか」

吉岡「私は、吉岡といいます。先日、若いものが、お宅へ伺いました。警備会社の上司であります！」

門前「（顔を見せる）」

陽平「あの人、門前さんです」

吉岡「門前さん」

門前「（一礼）」

吉岡「ここの所長さんも、お宅の院長さんも、できるだけ警察沙汰にはしたくないと言われています」

門前「――（表情がない）」

吉岡「私になんの力もありませんが、ご相談を受けまして、参上したわけです」

陽平「俺がね、お宅ンとこへ、シュークリーム買って来たんだよ。そしたら、お宅ここにいるって言うだろ。院長なんか困ってるだろ。これだって、都のもんだからね、そうそうかくしてはおけないって所長も言ってるんだよ。そ

うなりゃ警察沙汰じゃないの。ちょっと待って言ったんだよ。警察に言う前にさ、ガードマンの立派なの連れて来るから、せめてガードマン沙汰ぐらいで解決しましょうってさ、上役、無理言って連れて来ちゃったんだよ。立派なガードマンて、この人。この人にさ、なんか言うことあったら言った方がいいよ。悪いようにはしないよ！」
吉岡「待遇の問題ですか？　どのようなご不満ですか？」
門前「待遇の問題ではありません。以上（と一礼して見えなくなる）」
高田「門前くん！　門前くん！」
吉岡「――」

■爽風荘・門前たちの部屋
高田「（灯りをつけ）門前と曽根がこの部屋であります」
吉岡「（戸口に立っていて中へ入りながら）蒲団はありますか？」
高田「あ、蒲団はどうですかな（と、押入れをあけ）ありませんな（と驚く）」
吉岡「炊事をここですることもありましたか？」
高田「いえ、火の気は炊事場に限るということにしてありますので」
吉岡「石油コンロのようなものは使っていなかったわけですね」
高田「はあ。その筈であります」

■車庫・所長室
陽平「（所長相手に）まあ、我々プロの判断から言いますとね、蒲団を持ち込んだとしても、そうは長くいられるもんじゃないんですよねえ」
所長「そうですか」
陽平「排泄ですよ。食糧は三日でも四日でも持ちこめますよ。しかし、排泄は、三日も四日も我慢するわけにはいきませんからね」
所長「そりゃあそうだ」
陽平「ましてや老人は近いでしょ？　電車の中で、どうします？　やっちまったら、今度はくさくて、いられない」
所員「（ポリバケツを持って入って来て）所長」

所長「どうした?」
所員「電車から、紐で（電車から金具のついた紐でポリバケツが、おろされる画面があり）このバケツがツーツーっとおりて来まして。ひょいっとはずれて紐だけ、ひゅーっとまた上がって行って」
所長「中は?　その（見当がついている）」
所員「はい。小便と、その――」
所長「ここまで持って来ることはないじゃないか（と臭気に顔をしかめる）」
陽平「やりますねえ、敵は。やる気ですねえ」

■車庫

入庫して来る電車。トラバーサーで運ばれて行く電車。その中で依然として動かない老人たちの電車。日よけのシャッターが窓をかくして行く。

検車係が、入庫して来た電車を、ハンマーで叩いて音を聞いたりしている。

入庫前に洗車されるところなど、終電に近い車庫のスケッチ。やって来る吉岡と陽平と高田、相沢も途中から入って――、

吉岡「（カーテンをかけ終えた車輛を見上げる）」
高田「一体、どういうつもりなのか」
陽平「とにかく寝る気ですよねえ」
相沢「終電車が入庫すれば、変電所が電気切るからね」
吉岡「明日の運行にはさしつかえない、と言われましたね?」
相沢「一晩やそこらならね。六十二輛あって、動いてるのは四十輛ばかりだから」
吉岡「どうですか?　私も寝る気だと思う（と車輛を見上げ）相手は老人だし、今夜は宿直の方にまかせて、寝《やす》むことにしませんか?」
相沢「車輛をこれ以上、どうこうされなければねえ」
吉岡「まず何もしないでしょう」
相沢「ただ、明日の朝早くには解決してもらわないと」
吉岡「わかっています」
相沢「責任上、それ以上警察や交通局へ知らせないわけにはいきませんから」
吉岡「方法は考えています。今晩は、これ以上無理をしたくないんです」

相沢「まあ、明日の朝、出てくれるならねえ」
吉岡「きっと、なんとかします」
高田「そう願えますか？」
相沢「はあ」
高田「なんとも訳のわからんことで（と一礼）」
陽平「おっさんたち、お寝《やす》み！　俺たちも寝るよ。明日、またなッ！」

■タクシーの中

吉岡「（陽平と乗っていて）明日はお前は勤務だ」
陽平「気になって羽田なんか行っちゃあいらんないですよ」
吉岡「仕事は仕事だ」
陽平「司令補は、どうするんですか？」
吉岡「休みだ」
陽平「そりゃないよ。そりゃあ」
吉岡「心配することはない」
陽平「どうしてですか？　どうしようもなくてウロウロしてただけじゃないの、司令補だって」
吉岡「方法はある」
陽平「そりゃあ手はあるでしょう。相手はじいさんだもの。ドアぶっこわして、みんなでひっぱり出しちゃえば終りだろうけど」
吉岡「そんなことはせん」
陽平「じゃ、どうするんですか？」
吉岡「お前は仕事に行けばいいんだ」
陽平「またまたもっともらしい顔をしちゃって。ほんとは困っているんでしょっ？　へへへ（のぞき込み、吉岡に叩かれて、どこかへぶつける）」

■車庫（朝）

五時十五分頃。シンとしている。例の車輌も、動きがない。まだ眠っている。と、低く車輌が一斉にゴンゴンゴンと唸り出す。変電所のスイッチが入り、コンプレッサーが作動してエアタンクに空気が送りこまれる音。トラバーサーが動く。一輌、始発電車が車庫から現れる。出勤して来る乗務員たち。

■車庫所長室

相沢の受話器を持ち上げようとした手を、吉岡の手が強く押さえる。

吉岡「待って下さい」
相沢「待てませんね。はなしなさい」
吉岡「やるだけやらせて下さい」
相沢「あんたは方法があると言ったんですよ。だから私は今朝まで待ったんだ。それだって大げさじゃなく馘をかけてるんだよ。車庫の所長が電車をとられて、なにもしないで一晩すごしたんだ。大変なことだよ、これは」
高田「ごもっともで」
吉岡「あと十分待って下さい。私の言い分も聞いて下さい」
相沢「誠意をもって話すなんてことならね、昨夜だってできたことじゃないですか」
吉岡「昨夜は、あちらも興奮しています。疲れています」
相沢「手をはなしなさい。とにかく十分だけは待とう（吉岡の手をふり払う）」
高田「ご好意は、まことに（と一礼する）」
相沢「だけど十分ですよ。方法がある。そう昨夜あんた（吉岡）は言ったんだ。どんな方法かと思うじゃないですか。誠意をもって説得する、と来た。そんなものが方法と言えますか。そんなことで、あのじいさんたちが、ホイホイ出て来ると思いますか？　院長さん」
高田「出て来てもらいたい、とは思いますが」
相沢「大体説得をするなら、ガードマンのあんた（吉岡）より、日頃から世話をなさっている院長さんの方が、ずっと効果がある筈だ。院長さんは、昨夜から随分電車の外で怒鳴ったんだ。それでも通じないから、あんたの方法をあてにしたんじゃないですか。あんたが、また怒鳴るだけなら、問題は解決なんかするわけないですよ」
吉岡「私は怒鳴るのではなく、なんとか中へ入って話したいと思うのです」
相沢「どうやって中へ入るんです？」
吉岡「多少乱暴でもドアをあけて入ります。手伝ってもらおうと、非番の部下を頼みました（壮十郎がいる）」
相沢「ドアがそんなに簡単にあきますかね」
吉岡「あかなれば梯子をかけて窓から話してもいいと思います。無論、いろいろ他の方法も考えました。しかし、私には、あの老人たちが何を考えて占拠をしたのか正直いって、歯がたたんのです。院長への不満でも、待遇の問題でもないと言う。それでいて、要求を言わない。都や政府になにかを訴えたいのでしょうか？　それなら、メッセージを書いて、とじこもればいいことでしょう。なにを要求しているのか？　何故それを言わないのか？　私は――ふと、要求がないのではないか、という気がして来たのです」

相沢「要求がない？」

高田「ない？」

吉岡「無論、ないわけではないが、たとえば親身な愛情を求めるというようなことだったらどうでしょう？　要求して、すぐ満たされるわけはない。いや、永久に満たされないかもしれない。しかし、激しくそれを求めている。そういうようなものなのではないか」

高田「そんなことのために、電車を占拠しますか？」

吉岡「ですから、これは推測です。しかし、愛情を求めて、満たされない子供が、わざと憎まれるような事をするということもあります」

高田「老人は子供ではない」

吉岡「無論そうです」

高田「うがちすぎではありませんか？」

吉岡「そうかもしれません。ただ、あの人たちに要求があるとすれば、なにか心の問題ではないか、という気がするんです。だから下手に策を弄してはいけない。誠意をもって対するしかない。そんなふうに思えて来たのです」

壮十郎「いいですか？」

吉岡「うん？」

壮十郎「私は、相手がマスコミではないかという気がするんですが」

吉岡「マスコミ？」

高田「マスコミ？」

壮十郎「要求を言わずに電車にとじこもっていれば、話題になります」

相沢「そりゃあ、なる」

壮十郎「あの人たちは、少人数の、院長や私たちではなく、もっと沢山の人に訴えたいことがあって、みんなの注目が集まるのを待っているのではないでしょうか?」
高田「なにを訴えたいと言うんだね?」
壮十郎「わかりません。しかし、老人が東京の片隅の路面電車を占拠するというのは、いかにもマスコミが喜びそうではありませんか。飛行機や新幹線を占拠することを考えれば、まだしも罪がありません。みんなに、フッと昔を振り返らせる効果もある」
相沢「それは、そうかもわからないな」
壮十郎「ためしに、私が新聞記者と名乗って、狙いを聞きに行くのは、どうでしょうか?」
相沢「それは名案かもしれない」
吉岡「私は反対だな」
相沢「どうしてです?」
吉岡「あの人たちを、だますのはよくない」
壮十郎「しかし、ほっとけば話題になります」
相沢「そりゃあなる」
壮十郎「そうなれば、警察も黙ってはいないでしょう。あの人たちは逮捕されます」
吉岡「もし狙いが、君の言うとおりなら、逮捕は覚悟の上だろう。話題にさせてあげればいい。君が、新聞記者に化けるより本物の新聞記者を呼んだ方がいい。テレビやラジオを呼べばいい」
壮十郎「そうかもしれません」
相沢「テレビが来るまで私が黙っていると思うんですか?」
高田「テレビ、ラジオは反対ですな」
相沢「私も反対です」
壮十郎「縄つきが出ると困りますか?(と高田へ聞く)」
高田「そんな次元の低いことを言っとるんじゃないよ! 私は、老人ホームに、半生を傾けた人間だ。安手な体面など考えておらん。ただ、漸くこの頃、老人に対する福祉が、少しずつ向上しはじめている。老人ホームも、かつての養老院のイメージから比べれば、格段に改善されて来ている。それは、なんだかんだ言ったって、世間の関心のおかげですよ。世間の同情や理解がなければ、改善はされませんよ。そんな時、老人が電車を占拠したというようなことが世間に出たら、折角同情を集めはじめた世間の——」

壮十郎「それはちがうな。それは、親の世話になっている学生はなにも言うな、という理屈と同じじゃありませんか。子供や老人はなにも言うな。不満を口にするな、世話になっているのだから温和しくしていろという理屈と（同じじゃありませんか）」

高田「それがいかんかね？　世話になっている人間は温和しくしていろと言うのが何故いかんかね？」

壮十郎「金を稼がない人間は、人間じゃないんですか？　金を稼ぐ人間だけが、ものを言えるなんて、おかしいと思いますね。私は、司令補の言うとおり、だますのがいけないなら、いますぐマスコミを呼べばいいと思う」

吉岡「いや、その前にだ。その前に、私は、誠意をつくして、話し合うことが大事だと思う」

相沢「そんなら、議論をしている間に、話し合って来たらいいでしょう！　時間がたつのが、こっちは困るんだ！」

悦子の声「所長室って二階ですか？」

吉岡「う？（声の方を見る）」

悦子の声「所長室どこ？」

壮十郎「ここだ、二階だ（と戸口へ）」

悦子の声「人質が、とられてるって」

相沢「人質？」

吉岡「人質？」

悦子「（現れ）私、いま来たら、宿直の人とかいう人が、みんなを呼んでくれって」

壮十郎「（飛び出す）」

吉岡「（飛び出す）」

■車庫

車輌の窓から、ほぼ出かかっている陽平。

陽平「お、おっかないよ。すごく高いよ」

壮十郎、吉岡、悦子、高田、相沢が駆けて来る。

所員「（陽平の下で手をさしのべ、受けとめようかどうしようか迷っていて、壮十郎たちへ）あ、この人、この中にいたんです」

陽平「（とびおり）おう、ズシンと来た。ズシン！」

吉岡「なにをしてる、こんな所で？」

悦子「羽田の勤務、どうしたの？」

陽平「仕様がないだろ。ここに一晩いたんだから」

■所長室
吉岡「（陽平に）なんだと言っている？　なにが要求だと言っている？」
悦子、壮十郎、高田、相沢がいる。
陽平「だから司令補がね、明日になったら手があるって言ってたからさ。つまらない手にひっかからないで、夜中のうちに出て来て、ホームへ帰っちまいなよって言いに行ったんですよ」

■車庫（夜）
車輌のドアが半分あき、
曾根「上がれ」
陽平「（下にいて）え？」
曾根「上がれ（と手をさしのべる）」

■所長室
悦子「上がったの？」
陽平「そりゃ上がったさ。入ったさ」

■電車の中（夜）
ドアが閉まり、曾根が錠をおろす。懐中電灯だけで、その電灯が、曾根から陽平に移る。陽平、まぶしがり、
陽平「なんか、おっかないんだな。フフ」
辻本「（自分を照らし）辻本だ」
陽平「ああ、どうも」
辻本「どうしている？　警察へ言ったか？」
陽平「言わないよ。フフ、いちいち、こう照らすの、やめようじゃない。上の方へ吊るそうじゃない」

■所長室
吉岡「で、要求はなんだと言ってる？」
陽平「それが人をからかっちまって、まともなこと言わないんですよ」

■電車の中（夜）
曾根「柳橋のな、綺麗どころ十人ばかり呼んでくれや。ワハハハ」

■所長室
陽平「はしゃいじゃって、楽しそうでね」

高田「門前や辻本までがかね？」
陽平「あの人たちは、いじめるんですよ」
悦子「どうやって？」

■電車の中

門前「どうかね？　私らの要求をあててみんかね？」
辻本「ああ、あてたら出してやろうじゃないか。それまでは、入った以上ちょっと出すわけにはいかないぞ」
門前「ああ。あてられるまで、私らと、ずーっと、ここで、暮らせ。暮らせばいい」
曾根「一生暮らせ。ワハハハ」
門前「どうかね？」
辻本「どうかね？　にいさん」

■所長室

陽平「わりとしつこいんですよ。しかし、じいさんの要求なんて俺の知ったことじゃないよねえ」

■電車の中

門前「どうだ？　若いの」
辻本「なんだと思う？」
曾根「言ってみなよ、言って」
陽平「部屋にクーラー入れろっていうことかな？」
門前「ちがう」
陽平「温泉につれてけってことか」
辻本「ちがう」
陽平「待遇じゃないって言ったな。待遇じゃないとすると、その――待遇じゃなきゃなんなのよ？わかるわけないじゃない。じいさんのこと、俺にわかるわけないじゃない」
門前「――（じっと陽平を見ている）」
陽平「もうよそうよ。おっかない顔するのよそうよ。好意だよ。俺が、ここへ来たのは、好意なんだからね。好意だよ、善意」
辻本「（ちょっと淋しく笑い）好意か。好意にはちがいない」
門前「うむ。ま、わからんだろうねえ（と薄く笑う）」
陽平「そうよ。わかりっこないよ。やだよ、おどかしちゃ。よそうよ、おじさん。よそうったら」
曾根「（笑い出し）よすか」
須田「（笑っている）」

陽平「（なんとなく不気味で）やだな、訳わからないじゃないの。からかわないでよ（と女振りで言い）フフフ、ハハハハ」

■所長室

悦子「それで？」
陽平「だからさあ、あとは、要求とかなんとか聞けないからさあ」
吉岡「どうした？」
陽平「雑談したりしてて、そのうち、じいさんたち疲れて」
悦子「寝ちゃったの？」
陽平「寝ちゃったさ。懐中電灯消しちまえば、真暗だよ。俺ひとり起きてたって、することなんにもないもの」
吉岡「そうか」
「所長いますか？」という声が戸口でする。一同、見てギクリとする。警官である。五十がらみの江上である。
江上「ちょっと耳にしたもんでね」
相沢「（ガタガタと固くなって）ご苦労、さまです」
江上「ああ（とちょっと敬礼しながら）まさかと言ったんだけど、電車を一輌ジャックされてるなんていう噂を耳にしたもんでね」
相沢「それは、その、本来なら、直ちに連絡をとり、管理責任者としては」
江上「ジャックされてるのかね？（驚く）」
相沢「老人であります。相手は老人でありますからして」
江上「そりゃあ老人だってなんだって、公共物を不法に占拠しているなら、そりゃあ由々しきことじゃないですか？」
相沢「その通りです！　いまあの、お電話をしようと思っていたところでして（と電話をとる）」
江上「ここにいるんだから、しなくていいですよ」
相沢「はあ――」
吉岡「ジャックというほどのことじゃないんです。電車好きの老人が」
陽平「そう。使ってない電車にちょっと乗ってるだけなんですよ」
悦子「ご心配なく。フフフ」
壮十郎「すぐいなくなるって言ってるんですから」

江上「誰かね？　あんたたちは（ギロリ）」

■車庫

江上「（電車のドアをあけようとしてあかず、叩き）あけなさい！　警察だ！　顔を見せなさい！（と叩き）院長！」
高田「（一同と共にいて）はい」
江上「これは立派なジャックじゃないですか。電ジャックですよ、これは」
高田「ごもっとも」
江上「所長さん！」
相沢「はい」
江上「こりゃあ、私が言うことじゃないけど、当局へ報告しとかなきゃ、大変なことになるよ」
相沢「はあ」
江上「管理責任者はあんたでしょうが。こんなことかくしとったら進退問題になるよ！」
相沢「ただちに、その（と行こうとする）」
江上「ちょっと待ったちょっと」
相沢「はあ（と振り返る）」
江上「院長！」
高田「はい」
江上「まあ院長とすれば、大事《おおごと》にしたくないというのも無理はない」
高田「はい」
江上「家族呼ぼうじゃないの。一遍、家族呼んで、おじいちゃん出て来なさい、お父さん出て来なさいと、ここで呼ばせてみようじゃないの」
高田「はあ」
江上「年寄りのことだ。そういうのには、弱いはずだ。一回、それだけは試みて、それから大事にしようじゃないの」
院長「お言葉でありますが——」
江上「反対かね？」
院長「家族がおらんのです」
江上「ウ？」
院長「中の四人は、揃って、家族がおりません」
江上「こりゃ弱った（と見上げる）そんじゃ仕様がない。そんじゃ仕様がねえな」
相沢「では、あの、私は、あの（と走って行こうとする）」
吉岡「（その前に立ちはだかり）ちょっと待って下さい」

相沢「待てません」
吉岡「一時間、いや三十分でいい（と行こうとする相沢の腕をつかむ）」
江上「なにをするの、あんたは」
吉岡「大事にする前に、私に一度話をさせて下さい」
江上「話もなにも、返事をしないじゃないかね」
吉岡「（電車の方へ）門前さん。聞こえますか？　私と話をさせて下さい。私を中へ入れて下さい。杉本陽平の上司です」
江上「（電車の方へ）どうかね？　この人と話をするかね？」
吉岡「パトカーを呼ぶと言っています。その前に話をさせて下さい」
所員B「所長さん（と走って来る）」
相沢「なんだ？」
所員B「営業所の所長が、百十番したそうです」
江上「私がいるのに、なんてことを」
陽平「司令補！」
吉岡「（見る）」
電車のドアがあく。
相沢「私の立場がなくなるじゃないか（とふりきって表へ走る）」
江上「ちょっと待て（と吉岡の方も気になって、ウロウロする）」

■電車の中

閉める曾根。吉岡、入っている。
門前「パトカーが来たようだね」
吉岡「いいえ、此処までは来ない筈です。できるだけ穏便にすましたいと思います。私に、なにか、お手伝いできることはありませんか？」

■営業所前

陽平「（走って来て）ちょっと待って。とにかく、ここから入らないで（と巡査を阻止する）」
壮十郎「お願いします（と両手を拡げる）」
江上「（追いついて、二人をポカポカとやり）俺をさしおいて、この野郎」

■電車の中

門前「これだけのことをしたのですから、警察へ行くことは当然だと思っております」

吉岡「それはそうでしょうが」
門前「むしろ、一人前にあつかって貰えず、年寄りだからと、大目に見られることの方が、残念です」
吉岡「しかし、いま捕まってしまえば、みなさんのなさったことは無意味じゃありませんか？　なにかを訴えたかったんじゃないんですか？　何を訴えたかったか、それだけでも聞かせていただけませんか」
辻本「なにを訴えたかったと思いますか？」
吉岡「わかりませんが、こういうことでマスコミを注目させ、広くなにかを訴えたいのではないかと申すものもありました」
辻本「マスコミねえ」
曾根「(笑って)私ら古い人間だからねえ。そんな洒落たことはあんた、考えないや」
辻本「いや、私は考えないでもなかった。しかし、実際に記者会見なんてことになったら、どうかねえ——震えが来て声も出ないんじゃないかねえ。フフフ」
門前「吉岡さんでしたね？」
吉岡「はい」
門前「昨夜杉本陽平君から、あなたのことは、いろいろ聞きました」
吉岡「そうですか」
曾根「悪口の方が多かったけどね、結構あんたを気に入ってるようだった」
門前「そう」
辻本「ありゃあ、好きなんだね、あんたを。ハハハハ」
門前「仲々のご人格らしいが」
吉岡「いいえ」
門前「私らが、なにを訴えたかったか、あるいは、なにを要求したかったか、わかりますか？」
吉岡「はあ——」
辻本「わかるかね？」
曾根「フフフ、昨晩も、これであの若いのを、しごいてね。ハハハハ」
吉岡「なにか精神的なことではないか、という程度で——」
門前「そう。あなたにもわからんでしょう」
吉岡「はい。具体的には——」

辻本「ま、私らもそうでねえ。年をとるまでは、年をとるってことが、どういうことかわからなかった。他人事みたいに思ってる。しかし、あっという間に、自分のことなんだねえ」
吉岡「（うなずく）」
門前「自分を必要としてくれる人がいません」
辻本「ただ世間のね、重荷になっちまう」
門前「私は、人に愛情を感じる。しかし、私が愛されることはない」
辻本「仕事をしたくても、場もないし、力もない。大体、仕事に喜びを感じなくなってくる。名誉なんてものの空しさもわかってくる」
門前「もうろくがはじまったかな、と思う」
辻本「しかし、自分のもうろくは自分でわからない」
門前「使い捨てられた人間です」
吉岡「いえ——」
門前「あんたもいまに使い捨てられてしまう」
吉岡「——」
門前「しかし、年をとった人間はね、あんた方が、小さい頃、電車を動かしていた人間です」
辻本「踏切りをつくったり、学校をつくったり、米をつくっていた人間だ。あんたが、ころんだ時、起こしてくれた人間かもしれない。しかし、いまは、そんな力がなくなってしまった。じいさんになってしまった。すると、もう、誰も敬意を表することがない」
吉岡「——」
門前「気の毒だとは言ってくれる。同情はしてくれる」
辻本「しかし、敬意を表することはない。右手の不自由な役立たずのじじいに誰が敬意を表するか、と言われるかもしれない。しかし、人間は、して来たことで、敬意を表されてはいけないかね？　いまは、もうろくばあさんでも、立派に何人かの子供を育てた、ということで、敬意を表されてはいかんかね？」
吉岡「（うなずく）」
辻本「空港でなくなった本木さんだってね。死ぬ前は、昔の話ばかりしているただのじいさんだったかもしれない。しかし、ロンドンで有能な記者だった時があるんだよ。そういう過去を大切にしてやらなきゃあ、人間の一生ってえのは、なんだい？　年をとりゃあ、誰だっておとろえるよ。めざましいことはできないよ。でもね、この人はなにかをして来た人だ、こうこうこういうことをして来た人だってんで、敬意を表されちゃいけないのかね？　それがなけりゃ、門前さんじゃないけど、次々ただだ使い捨てられて行くだけじゃないの！」

■車庫

十人ほどの警官が、電車の傍に来て、待機している。その背後の壮十郎、陽平、悦子。江上も高田も相沢もいる。

■電車の中

吉岡「お気持はわかりましたが、違うんじゃありませんか」
門前「──」
辻本「──」
吉岡「私も似たような気持を持ったことがあります。いや、現在も持っていると言っていい。杉本陽平からお聞きかもしれませんが、私はいまだに、戦争というものを引きずっている人間です。戦争の体験から、ぬけ出せずにいるのです。馬鹿だと言われます。いいかげんにしろと言われます。しかし、まわりがあまりに早く忘れすぎる。いや、忘れるならまだいい。誤解をし、たかをくくっている。それがやりきれなくて、戦争からぬけ出せずにいるのです。たくさんの友人をなくしました。その友人たちが、内心は軍国主義反対だったと言われると、違うと思い、軍の教育にだまされていたと言われると、違うと思い、何故、抵抗しなかったのか、などと言われると、カッとなり、つまりは何もわからないのだと思います。せめて俺一人は、死んだ友人たちの本当の姿を忘れずにいようと思うのです。しかし、それを世に訴えようとは思わない。言葉で伝えられるようなことはたかがしれています。つまりは、一緒に生きた人間が忘れずにいてやるしかないと思うのです。誰も皆さんに敬意を払わないのはご無念でしょう。しかし、それをこんなことで訴えては、立派な過去を汚すだけではありませんか。こんなことをした皆さんに、世間が敬意を表すると思いますか。私は間違っているのではないかと思いますね」
門前「吉岡さん」
吉岡「はい」
門前「あなたの言われることは理屈だ」
吉岡「理屈でしょうか」
辻本「まだ若いんだ」
吉岡「そうでしょうか」
辻本「若いから理屈で納得できる。年寄りのね、本当に無念な淋しい気持を、あんたはまだわからない」
吉岡「――」
門前「吉岡さん」
吉岡「はい」
門前「あなたの二十年後ですよ」
吉岡「は？」
門前「二十年後には、今の私たちと同じです」
吉岡「は」
辻本「二十年後にはわかる。あんたの言ったことが理屈だったことがわかるでしょう」

吉岡「私は二十年後の覚悟はできています。少なくとも、こんなことはしない。年をとればわかるなどと言うくらいなら、何故こんな所へとじこもったのです？　――はっきり言いましょう。みなさんは甘えている。何を訴えたかったか考えてみろなどと謎をかけ、年をとったらわかるなどとつきはなすなら、何故こんなことをしたのです。こんなことをした以上通じても通じなくても、みなさんの想いを表へ出て言いなさい。そうでなければ、若い連中には、みなさんのしたことが、なんのことかわからないでしょう。言いなさい。戸をあけて、言うだけは言いなさい。でなければ、すねた子供が押入れにとじこもったのと変らんじゃありませんか。あけましょう。戸をあけて、外の連中にしゃべりましょう」
門前「吉岡さん」
吉岡「はい」
門前「押入れにとじこもったんですよ」
吉岡「え？」
門前「私たちは、すねて押入れにとじこもった子供です」

吉岡「みなさんは子供ではない。ひらき直るのは、おやめなさい」

辻本「ひらきなおってるんじゃない。通じないことは百も承知だった。はじめからこんなことをして、どうとかなるとも思わなかった。ただ空港で死んだ本木さんの骨が帰って来た時、淋しくてね、無念でね、口惜しくてね、温和しくばっかりして死んじまいたくなかったんだ」

吉岡「それでもやるべきじゃなかったと思いますね。男は、こんなふうに甘えるべきじゃなかった。そう言っておきます」

曾根「私はね、ただね、門前さんが、どうだね、電車をハイジャックせんかと言い出した時は、嬉しかったね。ハハハ。ホームに入っていると、万事遠慮がちになるもんでね。そんなことは考えつきもしないや。パーッとね、パーッと目の前がひろがったような気がしたよ。久し振りで、目的があった。計画たてながら、生き生きしてたねえ」

須田「（突然）お前な（ふるえるように立ち上がり、気の弱い人がカーッとなった口調で）お前にはわからねえんだ（と吉岡を指し）畜生。お前なんかに、きいたふうなことを言われなくったってな。俺たちは、なんだってわかってるんだ。そりゃあ世話になってるよ。世話になってる人間がこんなことをしちゃあいけねえよ。税金つかって世話になってる人間は温和しくしてりゃあいいよ。そんなことはわかってんだ。それでもな、それでも、ワーッと、ワーッと無茶やりたくなる年寄りの気持を、お前は、あんたは、わからねえんだ。わからねえんだ。お前には――」

曾根「わかった。もういいやな、おっさん」

須田「わからねえんだ、こういう奴には！」

吉岡「――」

門前「吉岡さん」

吉岡「はい」

門前「これは、老人の要領を得ん、悪あがきです。だまって、警察にひきわたして下さい」

吉岡「――」

門前「ひきわたしてくれますね」

■車庫の表

中から、警官に腕をつかまれて、門前、辻本、曾根、須田が、次々と現れてパトカーへ。吉岡、終りに現れる。

陽平「なんだって言ったんですか？」
壮十郎「いいんですか、ただ捕まえさせて」
悦子「お年寄りだからとか、言ってやらなくていいんですか？」
陽平「おまわり、ひきずってるじゃないですか」
吉岡「いいんだ」
陽平「どうしてですか？　どうしていいんですか」
江上「（来て吉岡へ）ちょっとあんたも同行してもらえんかね？」
吉岡「まいりましょう（と行く）」
陽平「じいさんたち、くたびれてんだからねッ。（見送って）なんだよ、あれじゃ、なんにもならないじゃないの」
壮十郎「やっぱり、間に合っても間に合わなくても、テレビを呼んだ方がよかったな」
悦子「なんか（吉岡は）しょんぼりしてるじゃない」
陽平「俺が代りに行きゃあよかったよ。俺なら、警官前にして、じいさんたちは、こういうことを要求してるぞって、わめいてやったのによ」

■路面電車が行く

■走る電車の中

吉岡を中に、悦子、陽平、壮十郎が吊り皮につかまっている。

悦子「（吉岡を気にしていて）どうしちゃったの？　元気ないわ」
吉岡「うん？（と苦笑）」
陽平「じいさん、なに言ったんですか？」
壮十郎「要求ってなんですか？」
吉岡「お前も年をとる、と言われた」
陽平「そんなこと当り前じゃないの」
吉岡「そうだ」
壮十郎「だから、なんだって言うんですか？」
吉岡「それだけのことだ。みんな、年をとる」
陽平「それが、どうだって言うんですか？」

吉岡「――」
陽平「なにがなんだかわからないじゃないですか。代表であんたを入れたんだから、俺たちに説明する義務があるんじゃないですか。また司令補、きついこと言ったんでしょう」
壮十郎「もうよせ」
悦子「あとで、あとでよ」
陽平「なんであとでよ」
壮十郎「しつこいんだ、お前は」
吉岡「――」

■空港（夕景）
ジャンボが巨体を滑走路へ。

■国内線出発ロビー
混雑しているチケットカウンター。売店の賑わい。

■滑走路
ジャンボが、位置につかんとしている。

■国際線ロビー
華やかな送迎風景。団体など。

■都電・荒川車庫
何事もなかったようにしんとしている車庫、電車群。

「男たちの旅路・第Ⅲ部　1話」キャスト・スタッフクレジット

キャスト

吉岡晋太郎――鶴田浩二
杉本陽平――水谷　豊
島津悦子――桃井かおり
鮫島壮十郎――柴　俊夫
門前保正――笠　智衆
曽根吉太郎――殿山泰司
辻本満夫――加藤　嘉
須田良作――藤原釜足
本木義郎――志村　喬
高田院長――佐々木孝丸
相沢車庫長――村上不二夫
江上巡査――金内喜久夫
板橋空港警備所長――草薙幸二郎
青木シゲノ――新村礼子

スタッフ

音楽――ミッキー・吉野
美術――吉保舜三
技術――箱崎敏行
効果――広瀬洋介
記録――高室晃三郎
擬闘――林　邦史朗
制作――沼野芳脩
演出――中村克史

2 墓場の島

「キザな男を続けていれば、いつかは本当にキザな男になって、キザのいやらしさもわからなくなるだろう。俺は、そんなふうにめちゃめちゃになるのが、いやなんだ」

■ステージ
暗闇の中から、拍手と口笛と「戸部！　竜！」などの声。いきなりスポットの中に、戸部竜作が立っている。

竜作「（マイクを持って、ほぼ直立不動で、ポッンとさらされているように見える。伏し目がちに、拍手の終るのを待っていて）声をはり上げて――どうして、声をはり上げて、人の心が唄えるだろう。大声を上げて、どうしてやわらかな心の、喜びや悲しみが唄えるだろう。歌が心の歌であるなら、本当の心の歌であるなら、歌はつぶやくように唄わなければならない（ゆっくり深い息をして）墓場の島へ行った（待ってました、というような拍手しずまるまで悠々と待って）墓場だけの島。もの言わぬ島。俺のやさしさを、俺の思い出を、俺の夏、俺の夜明け、俺の美佐子を葬った墓場の島へ行った」

前奏と拍手の中から、タイトル音楽湧き上がって、竜作が唄う声は聞こえない。観客の反応。つぶやくように唄う竜作。

■劇場の裏
タイトル、続く。

警備会社の車が着き、陽平、制服で降り、中の人間に敬礼して楽屋口へ。

■ステージ
唄っている竜作。

観客の反応。

■楽屋・竜作の化粧室
鏡が壁面にズラリと並んでいる。誰もいない。小さな部屋。陽平、ドアをあけ、のぞく。

■ステージ
唄っている竜作。ステージの袖で、舞台を見ている和泉啓吾。タイトル終る。

■楽屋・廊下
十六ミリキャメラを持ったキャメラマンとディレクター、プロデューサーが、舞台の方から駆けて来て、振り返ってキャメラを向ける。竜作、上着を脱ぎながら早足でやって来て上着を野田正一に渡しながら化粧室へ。続いて野田、和泉が入り、キャメラが入って行く。

■化粧室

シャツを脱ぎながら竜作、着替えのつい立ての中へ入って行く。キャメラ、その見えかくれする竜作を追う。陽平、あっ気にとられて見ている。

ディレクター「今日のこれからの予定を言ってみてくれますか？」

竜作「えーと（ちょっとつい立ての上から和泉の方を見て）いいんですか？　言って」

和泉「いいさ（と微笑しかけて、キャメラが自分の方向を向いているのに気付き）あ、私は、影の人間ですから（急ぎ、やわらかく拒否して竜作を撮ってくれ、というように手を竜作の方へさしのべながら）どうぞ」

竜作「（いままでニコリともしなかったのが、和泉が、隅へ逃げるのを見てからかいたくなり）えー、いまの照れていたのが、ぼくの歌を見つけてくれたマネージャーの和泉さんです。（途中から十六ミリキャメラは竜作に戻って来ている）えー、これからの予定は（と、また着替えながら笑顔を消して）日本テレビの紅白歌のベストテンのリハーサル。それから、本番との間に、フジテレビのスター千一夜——（としゃべっている）」

陽平「（我にかえり、隣りの和泉に）あ、あのォ」

和泉「うん？」

陽平「（声を低く）東洋警備の杉本です（と敬礼する）」

■走る乗用車

大型乗用車の後部座席に、竜作と和泉、助手席に野田と陽平が乗っている。

竜作「（コールドを塗って、顔を落としている）」

和泉「（竜作に不機嫌に注意している）キャメラが回っている時に、あんな気のいい顔をしてどうするんだ。俺がマネージャーだとか、余計なことじゃないか。ヒットしたのは墓場の島だぞ。墓場の島の歌手が、いいとこのぼんぼんみたいに、ニコニコキャメラに向かって笑い顔を見せて、どうするんだよ。不機嫌な顔をしてりゃあいいんだ。予定を聞かせろなんて言われたら、知らないな、とか言っておきゃあいいんだ。とにかく絶対に笑っちゃあ駄目だ。笑うなって何百遍も言ってるじゃないか」

竜作「（神妙にうなずいている）」

和泉「それから東洋警備」

陽平「あ、はい」

和泉「東洋警備は、戸部竜作のヒットをバカにしてるのか？」

陽平「そんなことありませんけど」

和泉「いまはもう五十万枚売れてるんだぞ」

陽平「はあ」

和泉「ものすごいファンなんだ。何処へ行ったって、もみくちゃにされるんだ。なにをされるかわからないから、あんたンとこへ頼んだんだ」

陽平「わかっています」

和泉「わかってたら帰って言ってくれよ。頑丈で、でかい奴じゃなきゃつとまらないってな。戸部竜作を一人でガードできるガードマンを頼んだんだ。ファンを押しのけて車から降ろしたり乗せたりするのに、へなへなしたチビじゃどうにもならないってよく言っておいてくれよ」

■警備会社・事務室

吉岡「へなへなしたチビだと？」

陽平「（子供が泣きそうな顔で、心を許せる人に不服を訴えるように口をとがらせて）だから他の奴と代れって、行ったらすぐ車に乗せられて、すぐそう言われて、渋谷の駅で降ろされて、人を馬鹿にしてるというかなんていうか」

吉岡「それでお前は黙って帰って来たのか？」

陽平「向こうがやだって言うもの仕様がないでしょう」

吉岡「お前にミスはなかったんだな？」

陽平「ミスもなにも、行ったら舞台が終って、すぐ車に乗せられたんだから」

吉岡「それじゃあお前の力はわからないじゃないか」

陽平「だから格好だけ見て言ってるんですよ」

吉岡「なら、何故お前は抗議しない？」

陽平「抗議って――」

吉岡「自分の力を見てから言ってくれ、と何故頑張らなかった。何故言われるままに帰って来た?」
陽平「そんな、そんなこと言うけどねぇ」
吉岡「この仕事は、お前の希望だぞ。お前が希望して、私が派遣したんだ」
陽平「そうだけど――」
吉岡「もう一度行って来い。やれるかどうか見てから馘《くび》にしろ、と言って来い」
陽平「言いにくいよ、そんなこと」
吉岡「行ってくるんだ!」

■テレビ局・ロビー

和泉「(煙草をもみ消している)」
陽平「(その前に立っている)」
和泉「外観も大事なんだ。そんなこともわからないのか」
陽平「でも、ぼくは、そんなにヘナヘナしてるつもりはないし、チビでもないし」
和泉「高見山みたいにでかいのがいいんだよ(と立つ)戸部竜作が、こーんなでかい男にガードされてるというのは、イメージとしても悪くないんだ。あんたに、ガードされてるんじゃ、竜作のイメージがダウンするんだよ。大物に見えねえんだよ」

■警備会社・事務室(夕方)

吉岡「それで、お前は黙って帰って来たのか?(窓辺に立って外を見ている)」
陽平「だって、大きくなるわけにはいかないでしょう! 司令補だって、なれって言われて、なれますか? 大きい小さいを言われちゃあ、どうしようもないんじゃないんですか」
吉岡「はじめから、向こうがそういう条件を出して来たのなら仕方がない。依頼があった時、大男という指定はなかった。外観の指定はなかった。(振り返り)もう一度行って来い」
陽平「だって、大きいのがいいって言ってるんだからさ」
吉岡「大きくなくても立派につとまると言いはって来い!」
田中「(傍にいて、たまりかね)司令補、そりゃ、他の人間にした方がいいですよ。また、これが行ったら、この契約はぶっこわれちゃいますよ」
陽平「そうですよ。また行く勇気ないよ、俺」
吉岡「私は、大きい男より、お前の方がふさわしいと思って、派遣したんだ」
陽平「司令補がどう思ったって、金出すのは向こうなんだから」
田中「そう。金出す奴が、やっぱり強いんだからねえ」
吉岡「(田中へ)墓場の島という歌を聞きましたか?」
田中「ああ、なんとなくね。この頃よく、やってるから」
吉岡「(陽平へ)私は、丁寧に聞いたつもりだ。あれは、孤独な青年の歌だ。そうじゃないか?」
陽平「そりゃまあそうだけど」
吉岡「その青年が、高見山のような大きな男にガードされているのを見て、ファンはいい気持がするかね? 友達のような陽平が一所懸命ガードしてるのと、どっちのイメージの方がいいかね?」
田中「なるほど」
吉岡「警備会社も、その程度には神経をつかって人を派遣している。充分仕事ができると判断してお前を向けたんだ。もっと胸をはっていいんだ。胸をはって、俺を使ってみろ、と言いはっていいんだ!」

■別の楽屋・化粧室

陽平「(和泉の前で胸をはって立っている)」
和泉「(腰を下し電話に向かい笑っている)いやいや、お声がかかるのを待ってたのよオほんとよ、ほんとほんと(と笑い)え? そう三日間。そこんところ丁度大阪と神戸でね。うん? すみませんねえ、残念だなあ、なんとか私も出したいんだけどねえ。そんなこと言わないでよ。来月なら、なんとかしますから、ええ、どうも(改まって)どうも、どうも、お見捨てなく。え? またまたまた(と笑って向こうが切ったので笑顔をやめ、電話を切り、陽平を見る)」
陽平「(慌てて胸をはる)」
和泉「なるほど、(うなずき)大男よりあんたの方がイメージがいいか?(と見上げる)」
陽平「ええ(と胸をはる)」
和泉「そんなに神経をつかってるならその制服はな

んだい？　制服で来るっていうのは、どういうわけだい？」

陽平「その方がいいかと思って」

和泉「いいわけないだろう。制服の男にしょっ中ガードされてる戸部竜作をファンがどう思うよ？」

陽平「さすがスターだわァ」

和泉「思うわけないだろう」

陽平「そうでしょうか」

和泉「お巡りを連想するんだよ。なんか、竜作がしょっ中警察にしょっぴかれてるような印象をあたえるじゃないか」

陽平「ほんじゃあ、脱ぎます」

和泉「いいだろう。着替えて九時までに戻って来い。しかし、仕事をこなせなきゃあ明日にだってとり替えるぞ」

陽平「わかってます」

■ある楽屋入口（夜）

陽平、車まで竜作をかばうようにして運ぶ。私服である。野田も一方をかばい、警備員もいる。しかし、女の子たちの攻撃はものすごい。

■車の中

後部に竜作と和泉。前部に陽平と野田。

野田「（陽平の頬のひっかき傷にバンドエイドをはっている）ひどいのよね。私も一回やられたことあるんだけど、ひっかいた傷っていうのは、仲々消えないのよねえ（ことさら女っぽく話す必要はない）」

陽平「どうも（と礼を言い）背中もちょっと痛いや（と背をのばす）」

野田「やられたよ私も。三つ四つ叩かれたハハハ」

和泉「東洋警備さんよ」

陽平「は？」

和泉「いまはテレビ局の警備員が四人もいたんだ。そんな所で、おどろいてちゃ、この先ともつとまりゃしないぜ」

陽平「おどろいてやしません。こういうことは前にもありました」

和泉「竜作はちゃんと寝てるんだろうな？（ともう陽平を忘れている）」

竜作「ちゃんとって——（と苦笑）」
和泉「眠れる時は、眠っているだろうな、ということだ」
竜作「まあ、そう言われてるから」
和泉「昨夜は何時に寝た？」
竜作「帰ったのが、夜中の二時ですよ」
和泉「そんなことはわかっている」
竜作「三時には寝ましたよ」
和泉「二時半に寝るんだ。そのくらいにしなけりゃもたなくなる」
竜作「もちますよ」
和泉「もっていないから言ってるんだ。いいか、君の歌は、マイクを通さなきゃ使いものにならないんだ」
竜作「今更言われたくないな」
和泉「悪口を言ってるんじゃない。誰だってマイクを使っている時代だ。マイクを楽器のひとつだと思えば、恥でもなんでもない。つぶやくような歌が唄えるというのもマイクあってのことだ。しかし、マイクは敏感だからな。ごまかしが効かないんだ」
竜作「ごまかしちゃいませんよ」
和泉「いや、今夜の歌はたるんでいた。つぶやくような歌は、ちょっとたるむとすぐばれる。ピリピリしてなきゃ、すぐたるんで聞こえるんだ。早く眠れ、今夜は、帰ったらすぐ眠るんだ」
竜作「——」
和泉「わかったな」
竜作「——」
和泉「わかったな」
竜作「わかりました」

■悦子のアパート・部屋と廊下（朝）

悦子「（ドアをあけ廊下の陽平に、パジャマのまま眠そうに）ちょっと、まだ八時よ」
陽平「八時なら立派な朝じゃないの」
悦子「休みなのよ（とドアを閉め）ゆっくり眠りたいわよ（と蒲団をかぶる）」
陽平「だけどよう（とドアを細くあけ）ちょっとおどろいちゃったんだよ。戸部竜作。戸部竜作のボディガードになったんだからよ、俺（と入って来て、ドアを閉める）」

悦子「なによ、入って来たの？　ドア閉めたの？」

陽平「俺がなんにもするわけないだろう！」

悦子「どうして？」

陽平「信用しろよ。悦子にしゃべりたくて来たんじゃないか（とちょっと泣きが入って土間に立っている）」

悦子「カーテンあけてよ」

陽平「え？」

悦子「カーテンあけて、風入れてよ」

陽平「あ（靴を脱ぎながら）とにかく哀れなんだよ。俺、びっくりしちゃったよ。へえ、これがスターってもんかってよ。スターなんてもんは（とカーテンをあけ、窓をあけ）あ、お早うございます」

悦子「やだ、誰に言ってるの？」

陽平「なんか、びっくりして行っちゃったよ」

悦子「誤解するじゃない（と起き上がる）」

陽平「そんなこと気にする悦子じゃないだろう（とそれでもちょっと遠慮がちにはなれて坐りながら）とにかく、マネージャーとかいうのが、すげえんだよ。威張っちゃって、今夜のはたるんでた、とか、そういうことじゃんじゃん言うんだよ。それで戸部がなんて言うと思う？　黙ってハイハイよ。まいったね。あんなにヘイコラしてるもんとは思わなかったねえ」

悦子「マネージャーが見つけて売り出した子なんでしょう（台所でうがいをする）」

陽平「それにしたって、五十万枚、ベストワン、新人賞間違いなしっていう歌手だろう。もっとわがままだっていいと思うよ。大体、マネージャーなんか戸部のおかげでものすごく儲けてるわけじゃないの」

悦子「いやらしいじゃない」

陽平「なにが？」

悦子「あたると、すぐ威張るなんていやらしいじゃない」

陽平「そりゃそうかもしれないけど」

悦子「ハイハイ言ってるなんて、ちょっと私いいと思うよ」

陽平「そりゃまあ俺だっていいとは思ったけどさあ」

悦子「口きいた？」

陽平「戸部と？」

悦子「そりゃきいたよね?」
陽平「よろしくなんて言ってたけどさ。とにかく、ものすごく忙しいんだよ。しゃべるヒマなんかないんだよ。そのかわり肩だいて、車までガードして、かばってやったりしたけどよ」
悦子「百恵じゃなくて、がっかりでしょう?」
陽平「なに言ってるんだよう(と照れる)」
悦子「タレントのボディガードになりたいって言ってて」
陽平「冗談だよ」
悦子「百恵がいいけど、駄目なら、都はるみでもいいなあって言ってたら、男でガッカリじゃない(とからかう)」
陽平「きついこと言うなあ、悦子も(とくさりながら笑う)」
悦子「(気が好く笑っている)」

■録音スタジオ・入口

また、娘たちの攻撃を、陽平が夢中でさばいている。短く。

■スタジオ・ミキサールーム

スタジオの方に、演奏家と竜作いて、まだ、打ち合わせやチューニングをしている。ミキサールームでは、ミキサーが音のバランスを見たりしている。その背後の椅子に和泉とスタッフ三人ほど。
脇の方で、陽平が野田に、鼻に綿をつめてもらい血のハンカチを持って、壁に頭をもたせて上を見ている。

野田「まあまあ、当節の娘っこっていうものは、よくまあ手を出すよなあ」
陽平「ガーンて」
野田「ねえ、ガーンてやりやがったものねえ。まともに」
和泉「静かにしないか」
野田「はい」
和泉「新曲を入れるんだ。全員がはりつめてなくてどうするんだ」
野田「どうも(と一礼し)とまった?(と小声で陽平にきく)」
陽平「大丈夫ですよ(と上を向いたまま鼻の綿をつっこむ)」

歓声と拍手。

■ステージ

暗闇の中で歓声と拍手が聞こえ、またいきなり、竜作が高い椅子にかけてマイクをかまえている姿がスポットの中に浮かぶ。拍手がやむ。

竜作「砂漠へ帰るのか？　と人は言う。そう、俺は砂漠の自分の土地へ帰る。此処にいれば、たしかに水の不自由はない。しかし、誰もがのむ水だ。誰もがのむ水を、俺はのみたくない。砂漠へ帰り、熱い太陽と乾きに耐えて俺は、自分の、ささやかだが自分の水の湧いて来るのを待つ（深く息をつき）砂漠へ帰った」

拍手、待ってました、と言う声。

■楽屋口（夜）

また、娘たちの攻勢。陽平と野田と竜作が車へ。

■車の中

走っている。例の位置。例のメンバー。

和泉「新曲は、まだ理屈っぽいな」

野田「受けていたじゃないですか」

和泉「もっとわかりやすくなければ駄目だ。レコーディングはし直しだ。もう暫く、墓場の島でやって行く」

竜作「──」

和泉「それから東洋警備さん。あんたは馘だ」

陽平「（おどろいて振り返り）何故ですか？」

野田「うまくなったんじゃないですか？」

和泉「うまくなった。しかし、相手が、竜作のファンだということを忘れている。ファンから、ただ竜作をひきはなすことばかり考えている」

陽平「サインでもさせろって言うんですか？　あんな時に（カッとなって言う）」

■吉岡のアパート・部屋（夜）

蒲団を二つ折りにして隅へやり、ちゃぶ台で、陽平にビールをついでやっている。

吉岡「それでお前は、どうなんだ？」

陽平「やめてやりますよ。当り前じゃないですか」

吉岡「そうか」

陽平「他の奴にやらせてみりゃあいいんですよ。あの娘っこどもを追い払いながら、愛嬌をふりまけなんて、誰にできますか？　頬っぺたひっかかれて、鼻ぶん殴られて、誰がサインの世話までできますか？　誰がやったって同じですよ」
吉岡「鮫島君を派遣しよう」
陽平「壮十郎を、ですか？」
吉岡「誰がやっても同じかどうか、やらせてみようじゃないか」
陽平「（ちょっと傷つくが虚勢をはり）ああ、いいじゃないですか。やらせて、みようじゃないですか。ハハハハハ」

■新幹線・グリーン車内（昼）

酔った男、渡辺、ドアがあいて通路を歩いて来る。両側を見ながら壮十郎と竜作の席を一度通りすぎ、
渡辺「あ、ここか（とひき返して）戸部竜作さん、戸部竜作さんでしょ？」
壮十郎「そうですが――」
渡辺「なんだ、あんた？　おつきか？」
壮十郎「そうです」
渡辺「へえ。スターともなると、二枚目のおつきがつくもんだなあ。ハハハ」
竜作「（窓の外を見ている）」
壮十郎「どういう御用でしょう？」
渡辺「そんなお前、人気商売だろう？　そんなしらけた声を出しちゃいけないよ」
壮十郎「ちょっと疲れてますんで」
渡辺「ファンだよ、ファン。竜作さん、握手。握手（と手を出す）」
壮十郎「しかし（竜作の手を見て黙る）」
竜作「（握手をし）よろしく（とはなそうとする）」
渡辺「（その手をはなさず）へへ、竜作、つぶやくように唄うなんぞとは、うまいことを言ったよなあ。ハハハ」
壮十郎「すいません（とはなそうとする）」
渡辺「お前は声が出ねえんだ」
和泉「（前の席にいる。聞いている）」
野田「（聞いている）」
渡辺「布施明のように、でかい声が出ねえもんだから、つぶやくように唄う、と来た。唄うべきだ、と来た。ハハハ」
壮十郎「（はなして）やめて下さい（と立つ）」

渡辺「本当のことを言われると迷惑かい？」
壮十郎「席はどこですか？（と押して、ドアの方へ）」
渡辺「（押されながら）へへ、ごまかしは効かないぞ。そうそう長くは保たねえぞ。声が出ない歌手が大金稼ぎやがって。恥ずかしいと思え、恥ずかしいと（と追い出されてしまう）」
竜作「――」

■警備会社・廊下（夜）
制服の陽平が、ひとりで笑いながら小走りに事務室へ入って行く。

■警備会社・事務室
事務員はもういない。陽平、窓際の吉岡の方へ。
陽平「司令補！　へへ、言ったでしょう。馘だそうじゃないですか、壮十郎（と近づき傍のソファに壮十郎がいるのに気づき）なんだ、お前、いたのか？」
壮十郎「ああ」
田中「（その横にいる）」
陽平「そりゃそうだよ。あんなとこ誰だってつとまるわけないいんだよ。やな野郎だろ？　あのマネージャー。たまに金が入ったもんだからいい気になりやがって、去年なんかあいつコーヒー代にも困ってたっていうんだからよ」
吉岡「申告はどうした？」
陽平「申告？」
吉岡「呼ばれて来た時は、その上司の前に立って」
陽平「またまた、いいじゃないですか、誰もいないんだから」
吉岡「私がいる」
田中「私もいるぞ」
陽平「まったくまあ、つまらねえことにこだわる人たちだねえ（急に直立不動になって敬礼し）杉本警備士、まいりました（すぐ、ぐじゃぐじゃになり）なんだって言うんだ、壮十郎（と手近の椅子をひきよせて坐る）」
壮十郎「うん？」
陽平「なんで馘だって言われた？　女の子に愛嬌ふりまけとか言われたかよ？」
吉岡「お前に来いと言っている」
陽平「え？」
吉岡「鮫島君の代りにお前を呼べと言ってるんだ」

陽平「へへへ、やっとわかったかよ。俺の有難味がやっとわかったか。ね、司令補。こう見えても俺有能なんだから。ちゃんとやってるんだからへへへへ（壮十郎へ）またお前は格好つけてバチッと女の子しめだしたんだろう。なんだっていうんだマネージャー。なんで馘だって言うんだ？」
壮十郎「うむ——」
陽平「なにが気に入らねえって言われたよ？」
田中「言わないんだ」
陽平「言わない？　理由も聞かないで、お前、馘になって来たのか？」
壮十郎「そうじゃない」
陽平「じゃあなんだ？」
壮十郎「理由は言ったが、此処で言いたくないんだ」
陽平「どうして？　それじゃあ、代りにまた行く俺は、気分悪いじゃないの。気をつけようがないじゃないの」
吉岡「また行くか？」
陽平「え？　そりゃ行きたかないよ。行きたかないけど、向こうが是非にと言ってるのに、つっぱねるわけにもいかないじゃないですか。やっぱりこれでこっちは食ってるんだから、そうプライドばっかり高くもしちゃあいられないよ。ねえ、（田中へ）先任長」
田中「まあ、そうだな」
吉岡「鮫島君」
壮十郎「はい」
吉岡「彼が行くなら、君の馘の理由を聞かないわけにはいかない」
陽平「そりゃそうだよ。どういうヘマをして馘になったか。聞いとかなきゃ俺だって落ち着かないよ。言っちまえよ。なに見栄はってるんだよ」
壮十郎「見栄をはってはいない」
田中「じゃあなんだい？」
吉岡「言いたまえ」
陽平「言いたまえ、言いたまえ」
壮十郎「仕事に、落度はないと言われました」
陽平「ほう、あいつにしちゃあ、ひかえ目じゃないの」
壮十郎「ただ——」
陽平「ただ、なに？」
壮十郎「私は——これは私が言うんじゃないんです」

陽平「わかってるわかってる」
壮十郎「私が、ちょっと背が高く、顔立ちもいいので、スターが見劣りがする。と言うんです」
陽平「あ（とくわれてしまう）」
田中「（笑い出す）」
吉岡「（苦笑する）」
陽平「じゃあなにかよ？　俺なら、スターは見劣りしないって言うのかよ？　そりゃあないよ、そりゃあ侮辱だよ。行かないよ。司令補、俺行きませんよ。なに言ってんだよ、人権問題だよ。冗談じゃないよ！　先任長！　笑わないで下さい！　笑わないで先任長！」

■車の中（夜）

また助手席に野田と陽平、後部に竜作と和泉。沈黙の間あって――。

和泉「東洋警備さんよ」
陽平「はい」
和泉「あんたをまたやとったのは、警備の仕方が気に入ったためじゃあない」
陽平「わかってます。どうせね（と小さく言う）」
和泉「私が気に入ったからでもない」
陽平「いいですよ、もう」
和泉「黙って聞け！」
陽平「なんですか？」
和泉「竜作が、あんたを希望したんだ」
陽平「え？」
竜作「――（疲れ果てた顔で、窓の外の空を見ている）」
和泉「鳥取から出て来て、あっという間に有名になったんでな。話相手がいないんだ。時たま相手をしてやってくれ」
陽平「へえ――（嬉しさが、こみ上げてくる）そうですか。俺を、竜作さんが、希望してくれたんですか（と押さえながら言う）」
和泉「そうだ」
陽平「へえ――」
竜作「――（まったく表情なく、空を見ていて、ゆっくり陽平を見、薄く微笑）」

■悦子のアパート・部屋と廊下（朝）

陽平「（ドアをあけて、土間に半分身体を入れた感じで）とにかく、俺が気に入っちゃったって言うんだよ」
悦子「（出勤するために、窓の鍵を締めながら）へえ」
陽平「スターが、どうしてもって言えば、マネージャーは、どうしようもないよ。いくら威張ってるあいつでも、結局俺に、頼むしかないわけよ。頼むぞ、なんてよ。フフフフ、口惜しそうに言ってやがんの。ハハハハ」
悦子「（カーテンをかけ、土間へ来ながら）それで話をしたのかさ？」
陽平「あ、竜作と？」
悦子「そうよ（と靴をはく）」
陽平「それが暇がねえんだよ。とにかく、分刻みで、移動してるだろ。車の中は、みんな一緒だし、彼は、くたびれて、ボーッとしてるしよ、夜は夜中だし、とにかくしゃべる暇なんか、ありゃあしねえんだよ。哀れだねえ。スターなんか、なるもんじゃないね。顔知られてるから、めったなことはできないしよ。売れてる時に、とにかく稼いじまおうってマネージャーは鬼みたいに、仕事揃えて来るしよ。話相手もなにも、お早う。それだけだよ。まったく哀れよ。スターなんて、なるもんじゃないよ」
悦子「（ドアを閉め、鍵をかけたりしながら）なるのよそうね」
陽平「あ、よそうね。スターなんか、フフフ」

■車の中（夜）

今夜は和泉がいない。助手席に、陽平と野田。後部で横になっている竜作。また、沈黙の間あって
――。
竜作「陽平さんよ」
陽平「（野田につつかれ）あ、え？」
竜作「今夜、ちょっとのむの、つき合ってよ（疲れ果てていて言う）」
陽平「あ、いいですよ、つき合います」

■マンション一室

2DKぐらいの感じ、まだあまり調度などが揃っていないが、綺麗な部屋。ソファでころがっている竜作。傍のテーブルで、水割りをつくっている陽平。
陽平「できましたよ」

竜作「うん」
陽平「くたびれてるんですね」
竜作「（身体を起こし）敬語は、よそうじゃない」
陽平「あ、敬語？」
竜作「対等で行こうじゃない」
陽平「そりゃいいですね、そりゃ、いいな。行きましょ。へへ、対等に行きましょ、へへへ、じゃ（と乾杯）」
竜作「ああ（とのむ）」
陽平「しかし、すごいスケジュールだよねえ」
竜作「うむ――」
陽平「あんまり、言うことききすぎるんじゃないかね？」
竜作「俺が鳥取のバーで唄ってたのをな」
陽平「うん」
竜作「商売じゃないよ。客でさ、ギター弾いて唄ってたらよ」
陽平「あいつが？（来たわけ？　の意）」
竜作「もう一回聞かせろって、近寄って来たわけよ」
陽平「へえ」
竜作「ガソリンスタンド勤めてたのを、やめろって言ってな」
陽平「うん」
竜作「東京へ出て来た。あいつ、自分の金で、俺の歌を吹き込んだんだ」
陽平「そう」
竜作「しかし、いろんなものくっつけて、俺の歌とは言えないんだ」
陽平「そう」
竜作「声が出ないとわかると、つぶやくように唄う歌手で売り出そうなんて言っちゃってよ」
陽平「なるほど」
竜作「できたテープをレコード会社へ売り込んだんだ」
陽平「そう」
竜作「だから、普通のマネージャーとはちがうんだ。威張っても仕様がないんだ」
陽平「でも、あんたのフィーリングがうけてるんだからね」
竜作「うむ」
陽平「あんなに、言わしとくことないと思うよ」
竜作「俺が」

陽平「うん?」
竜作「このまま、言うなりになってると思うかい?」
陽平「あ、ちがうの?」
竜作「まだ、あんたを信用できないからな」
陽平「信用してくれていいけどな」
竜作「ちゃんと、考えてるんだ」
陽平「なにを?」
竜作「フフフ」
陽平「なにをやるの?」
竜作「フフフ（とのむ）」

■テレビ局・副調室

　モニターに竜作がうつっている。
ディレクター「はい。本番行きます。本番です」
タイムキーパー「VTR、スタートしました。三十秒前」
ディレクター「はい。ライト消して下さい」
　ステージの竜作、パッと闇の中。
タイムキーパーの声「二十秒前」

■テレビ局・食堂

陽平「（ラーメンを急ぎ食べている）」

■テレビ局・副調室

タイムキーパーの声「五秒前、四秒前、三秒前、二秒前」

■ステージ

　スポットの前に竜作、浮かぶ。

竜作「（マイクを持ち）声をはり上げて――どうして声をはり上げて、人の心が唄えるだろう。大声をあげて」

　急にドドッと足音がして、新幹線で竜作にからんだ渡辺が、ナイフを持ってとびかかって行く。竜作手でナイフをよけるので手を切る。忽ちガードマンらが走って渡辺をとり押さえようとする。灯りがつく。渡辺、ナイフを振り回しながら、
渡辺「俺はね、こういう、小生意気な若僧がね、声も出ないのにね、スターとかなんとかになって、大金稼いでるのは、よくないと思うんだ。若い奴がね、地道に働く気をなくすんだよ! 世の中悪くしてるよッ! 大金稼ぎやがって!」

　そこまで、乱闘になりながら、聞きとれる台詞で言って、とり押さえられる。

■テレビ局・廊下

陽平「（殴られて、壁に背をぶつける）」

和泉「何処へ行ってたんだ！　竜作が刺されたのに、お前は何処へ行ってたんだ！」

陽平「どこを、どこを刺されたんですか？」

和泉「（医務室へ急いでいる）」

■医務室

和泉「どうだ？　大丈夫か？」

野田「ええ」

竜作「（繃帯をされながら）たいしたことないですよ」

和泉「ほんとうですか？（と医者に聞く）」

医者「ああ、全治三日ってところだ」

和泉「（ほっとして）そうですか」

陽平「（ドアから、ちょっと震えるように見ている）」

和泉「（キッと陽平を見て）馘だ。貴様は、馘だ！」

■プロダクション・事務室（昼）

吉岡「（隅のソファで、私服で、じっと待っている）」

陽平「（その横でジリジリして）司令補、いいですよ。馘なら馘でいいですよ」

吉岡「言うべきことは言っておかなきゃあいかん」

陽平「言ったってわかるような相手じゃないですよ。急に金が入ってカーッと血がのぼってるんだから、司令補の言うことなんか聞きゃしないですよ」

吉岡「それでも、言うべきことは言っておかなきゃいかんのだ」

陽平「そりゃあね、そりゃあ、俺のために、こうやってカッカしてくれるのは嬉しいんだけど――親父だってお袋だって、こんな風にカッカしてくれるとは思えないから、そりゃ嬉しいんだけど（ドアの音で、その方を見る）」

女事務員「（二人ほどいて）お帰りなさい（と口々に言う）」

和泉「（相変らずの鼻息で）どうした？　小林からの返事は？」

女事務員「喜んで明日打ち合わせに伺うって」

和泉「そうか」

女事務員「あの、さっきから東洋警備の方が――」

吉岡「（すでに立っていて一礼）」

和泉「しつこいなあ。まだ私をさがしてたのか？」

吉岡「東洋警備の司令補をしております（と名刺を出そうとする）」

和泉「電話でも言ったように（と机の中から書類を出し、カバンに入れながら）金を出せとは言ってないんだ。ただ馘だと言ってるんだ。文句はないだろう」

吉岡「文句はあります」

和泉「なんだと？」

吉岡「彼に落度はありませんでした」

和泉「ボディガードじゃないか」

吉岡「テレビ局の中の本番です。ガードマンもいれば、局の人もいる。全員が、戸部竜作さんに目が行っている時です。一番、危険なことが起こりにくいと判断し、つき添っている野田さんに断って、食事に走ったのです。それも十五分足らずの間です」

和泉「しかし、事件は起こった。彼の判断が間違っていたんだ」

吉岡「私がボディガードでも、あの時間を選んだと思います」

和泉「じゃあ、あんたも無能なんだ」

吉岡「食事もせずにガードすることはできません。無論、厳密に言えば、まったく罪がないとは言えません」

和泉「そりゃあそうだよ。ボディガードなんだからな」

吉岡「しかし、あなたは、この青年を殴ったあげく馘にした。それほどの罪がこの青年にありますか？」

和泉「――（吉岡を見つめている）」

吉岡「悪意でもあるように、あなたは（と言って絶句する）」

和泉「まいったな（と、小さく言い目を伏せて首を振り）まいった（と苦笑すると）」

吉岡「――（和泉を見ていて）やはり」

陽平「（わけがわからず二人を見る）」

和泉「気がつかなかった」

吉岡「ああ」

和泉「そうか、警備会社か？」

吉岡「ああ」

陽平「ま、まさか、三十二年ぶりとかいうんじゃないでしょうね？」

吉岡「三十二年ぶりだ」
陽平「じゃ、あの、特攻隊の?」
和泉「そうだ」
吉岡「そうだ」
陽平「やだな、俺そういうの。なんですか? 特攻隊の仲間だと喧嘩やめちゃうんですか? それじゃあ、俺は、どうなるんですか、俺は(と机を叩く)」

■天ぷら屋の小部屋(夜)

つき出しで、日本酒をのんでいる吉岡と和泉。

和泉「そうか、小田さん、警備会社をやってるのか」
吉岡「ああ。七年前にな、駒込の井沢の未亡人がやってるバーでばったり会ってな」
和泉「バーやってるの」
吉岡「ああ。いまはもう、やめたがな」
和泉「そうか。あれはまあ急いで結婚したからな。急いで嫁さん貰って、急いで死んじまいやがった。罪なことをしたもんだ。ハハハ」
吉岡「(笑顔なくのむ)」
和泉「で、その未亡人と、あんた、なんかあったわけ?」
吉岡「俺はそんなことはせん」
和泉「ムキになるなよ(と笑い)そうかよ。そういう所で、特攻隊が会ったりするわけか」
吉岡「うむ」
和泉「関係ないねえ。俺は、特攻隊なんてのは、全く関係ないよ。変ったろ、俺」
吉岡「お互いさまだ」
和泉「いやあ、あんたはまだ口調が残ってるよ。昼間あんたがガンガン言ってるのを聞いてて、フーッと思い出したよ。軍隊だ。こいつは吉岡だ! ハハハハ」
吉岡「(苦笑してのむ)」
和泉「ま、いいときに会ったよ。ちっと前なら、あんたに焼酎もふるまえなかった」
吉岡「大ヒットじゃないか」
和泉「二十七年よ、二十七年間、どう魔がさしたか歌手のマネージャー稼業をしててね」
吉岡「そう」
和泉「もっぱらドサ回り。売れない歌手連れて、北海道から九州まで歩いて、フフフいつか、ヒットをとばしてやろう、いつかベストワン歌手をと――段々思わなくなっちゃってねえフフフ」

吉岡「うむ」

和泉「ま、こんなことで、一生終っちまうのかなあ、と思ってた。鳥取のバーでね、フッと歌が聞こえて来た。見るとね、隅で若僧が、ギターかかえて唄ってるんだよ。それが変にいいんだなあ。細工しなけりゃ駄目だが、細工すれば、ものになる。ま、二十七年やってりゃあね、多少の勘はあるよ。ちょっともう一回聞かしてくれないかって、三回ぐらい聞いたかなあ、いいんだよ」

吉岡「うむ」

和泉「レコード会社になんか、とっくに信用ないからね。テープにしちまわなきゃ駄目だと思った。借金しようにも、相手がいないよ。フフ半分サギだ」

吉岡「サギ?」

和泉「わけありの、女がいてね」

吉岡「うむ」

和泉「一緒になろう、なんて。急にね。メロドラマ、フフフ」

吉岡「うむ」

和泉「で、金つくって、録音して、売り込んで、蓋をあけたら、大当りだ。ハハハ」

吉岡「そう」

和泉「いまの俺なら、いくらだってあんたにおごれるんだ」

吉岡「いや」

和泉「ところが悲しいかな、贅沢を知らない。ついこういう所へ入っちまう。おそい。サービス悪い。フフ（手を叩き、大声で）よう、酒ないよ、天ぷら、まだかい! ハハハハハハ」

吉岡「（フッと淋しく、しかし微笑を返す）」

■ある楽屋口（昼）

陽平「（竜作をファンからかばいながら）腕がいたいんだよ。さわるなよ。腕が痛いんだから」

竜作「（車の中へ入る。首から三角巾で腕をつっている）」

■竜作のマンション・部屋（夜）

コップに氷が入れられる。三つのコップである。ウイスキーが注がれる。注いでいるのは陽平である。その手もとを見ている竜作。陽平の横に、はじめてスターの前へ来た悦子がなんとなく固くなっている。

竜作「――」

陽平「（水を入れて水割りをつくりながら）なによ、バカにシンとしちゃってるじゃないの。なんかしゃべれよ、悦子」

悦子「なにしゃべっていいかわからないわ」

陽平「目の前にスターがいるんだよ。なんだよ、連れてけ連れてけって言っといて」

悦子「あーら、私、連れてけなんて言わないじゃないか」

陽平「（悦子の口調で）誘ったらキャアって言ったじゃないか」

悦子「言わないでよ、そんなこと」

陽平「はい。水割り、三丁ね（と各自に渡しながら）しかし、まあ、怪我をしても、休めないんだから竜作さんも大変だよね」

悦子「ほんとねえ」

陽平「ほんじゃ、どうもお疲れさま」

悦子「お疲れさま？（とちょっと芸能用語に照れながらコップをあげ、竜作に）いただきます」

竜作「どうぞ（とのむ）」

陽平「ああ、うまい。おれもこの頃、やっと酒の味がわかって来てねえ」

悦子「オホホホ」

陽平「ほんとなんだから、悦子は。（竜作に）ね、言ったでしょう、俺もこういうの相手に苦労して来たのよ」

悦子「こっちの台詞よう」

竜作「（二人と一緒に笑う）」

陽平「でさ？　どうなの？　俺のこと、まだ信用しない？（と竜作にきく）」

竜作「うん？」

陽平「ほら、言ってたじゃないの。なんかやるって」

竜作「（苦笑する）」

陽平「なにやるの？　なにやるのよ？　俺気になって仕様がないんだよ」

悦子「あ、あのなんか、こちらが、おやりになるっていうのねえ（とすでに陽平から聞いている）」

陽平「敬語はなしよ。おやりになるなんて言うなよ」

悦子「そりゃあ柄じゃないけどさあ。フフフ」
竜作「引退するのよ」
陽平「引退？」
悦子「引退ってやめるの？　歌」
竜作「おれがスターに見えるかい？」
陽平「見えるよ、そりゃあ」
竜作「あんたの方が、余程スター面してるよ」
陽平「スター面ってことはないけど」
竜作「俺は先が見えてるよ」
陽平「なに言ってるのよ」
悦子「そんなことないわよ」
竜作「そんなことないって本気で思う？」
悦子「そ、そう、まともに聞かれると困るけど」
陽平「現にすごい人気じゃないの」
竜作「こんなものは半年もてばいい方さ。そうじゃないかい？」
陽平「そりゃあ（困る）」
悦子「ねえ、そりゃあ（困る）」
竜作「もともと声がいいわけじゃないんだ。なんかのはずみでヒットしたんだ。そんな人気がいつまでも続くと思うほど馬鹿じゃないさ」
陽平「そうか──」
竜作「一発ヒットとばして消えちまった歌手はいくらでもいる。俺もその一人だ。世の中、ものすごく倦きっぽいからな。俺はもう次のレコードは売れないと思ってるよ」
陽平「そりゃあまた、バカにさめたこと言うじゃない」
竜作「どうだい？　段々売れなくなってそれでもしがみついて唄ってるのと、パッと先手を打ってやめちまうのと、どっちがいい？」
陽平「そりゃまあ、やめちまえば格好はいいけどさあ」
竜作「やめちまうのさ。これ以上しがみついてりゃあ、どんなことになるかわかるだろう？　いつ落目になるか、不安で不安で仕様がない。それでも、しがみつく。ヒットを出そうとする。金を使う。それでも二匹目のどじょうはいないのさ。周りが見切りをつけちまっている。もうこいつじゃ儲からないと見捨てちまっている。フフフ、アア、俺は消耗品だったのか。その頃になって、漸く気がつく。そんなドジな目にはあいたくないんだ。やめちまうのさ。スパッとやめちまう。フフフフ」
悦子「でも、そうしたら、その、マネージャーの人がっかりするんじゃない？」
竜作「――（悦子を見る）」
悦子「あ（出すぎたと思い）私が口を出すことじゃないけどさあ」
陽平「ま、あのマネージャーなんか、どうなったっていいけどよ。俺は、なんか勿体ない気がするなあ。折角儲かるのに、自分でやめちまうことないんじゃないかなあ」
竜作「俺は、もともと、こんな陰気くさい人間じゃないんだ」
悦子「陰気くさいってことはないけど」
竜作「（カッと思い出し）笑うな、って言いやがる。ハキハキ返事をするな、愛想をよくするな、お前は墓場の島のスターだ。小便するのも格好を考えろ、と来た。あいつが勝手に考えた型の中へ無理矢理はめこみやがって、金が欲しかったら言うとおりにしろ、スターでいたかったら言うとおりにしろ、と来た。そんなもんに、いつまでもヘイコラしてたら、俺は、どうなる？　本当の俺は、どうなるんだ？　どうなるんだよ？（陽平にせまる）」
陽平「あ、俺、本当のあんたを知らねえからさ」
竜作「本当の俺は気楽なもんよ。キザで、格好をつけたバカが大嫌いな、オッチョコチョイの、ゲラゲラ笑う、鳥取のおにいちゃんよ」
陽平「へえ。そりゃいいじゃない」
竜作「（かげりを意識的にまったくなくして、底抜けに明るくニコニコして）いい湯だな、アハハ、いい湯だな、ここは鳥取、皆生《かいけ》の湯」
陽平「（忽ちのって明るく）ババンババンバンバン（と合の手を入れる）」
悦子「（合の手）」
　三人でもう一節歌い、大笑いをする。
竜作「（首を振って苦笑になり）こういう俺がな、ドンドン押しつぶされちまうんだ」
　シンとする。
陽平「で、いつ、引退するのよ？」
竜作「マネージャーには、絶対秘密だぞ」
陽平「うん――」

竜作「いきなり舞台で言わなきゃ、あいつが、必死で止めやがるからな」
陽平「うん――」
悦子「で、いつ、あの――」
竜作「来月の、四日あたりだ」
悦子「そんなに早く？」
竜作「それだって後始末に何ケ月かかるかわからないんだ。早いとこしないと、次々仕事をとってくるからな。四日だ。四日の新宿の舞台でやるつもりだ」
陽平「そう」
悦子「そう」

■プロダクション・事務所（昼）

和泉「（濛々とした煙草の煙の中で作詞家らしき三人ほどを相手に）みなさんを前にして、私のようなものが意見を言えば、心の中でなにをとお思いになるでしょう。たしかに、私はドサ回りのマネージャー。大学でろくな勉強もせずに学徒出陣。学はない。ただ、戸部竜作を見つけた。見つけて売り出した人間として二枚目のレコードのプロデュースをさせていただいている人間として、多少のことを言わせてもらえば、先日録音していただいたテープは、決してベストとは言えなかった。これは私の独断じゃあありません。あっちこっちへテープを持ち込んで聞いてもらったのです。理屈っぽい、暗い、単調だという意見が圧倒的なんです。ここにデーターがあります。一枚目のレコードがヒットしたのは、中学生から高校生に受けたからなんです。つまり、多少の理屈はいい。しかし、ある程度以上は、彼らの理解を超えるんです。だから、もっとわかりやすくしなければいけない。第二に、つぶやくような歌というのは、単調になりやすいんです。一枚目はそれでもよかった。声をはり上げて唄う歌に、正面から挑戦したからです。反抗的な姿勢が受けたんです。しかしそんなものは、すぐ倦きられてしまいます。もっとメロディの魅力、編曲の楽しさがなければいけない。つぶやきに、明るさがなければいけない。歌詞の内容に、どこか単純な一本の線がなければいけない。それを戸部竜作という陰気な歌手が唄って丁度バランスがとれる。私は、ない知恵しぼって、そんなふうに考えるんです。もちろん僭越《せんえつ》です。ですが、あえて私が、こんなことを申し上げるのは、二枚目のレコードを絶対にヒットさせたいからです。多少おくれても、何度でもとり直して、当るものにしたい。当るものにしたいんです。よろしくお願いします。よろしくお願いいたします（と一礼）」

■警備会社・屋上（夕方）

陽平「（得意でせわしく来て振り返り）誰にも言わないって約束できますか？」

吉岡「なんだ？」

陽平「へへへ、司令補はね、若い奴は、くだらねえとか、意気地がないとか、言いたい放題言ってるけどね。そんなもんじゃないって証拠があるんですよ、証拠が」

吉岡「仕事の話だと言ったんだぞ」

陽平「仕事の話ですよ。へへ、大体、あのマネージャー、司令補の戦友っていうのはなんですか。金を儲けることしか考えていない。当りゃあいいなあ、次のレコードが当りゃあいいなあ、どうしたら当るかなあ、そんなことしか考えてない。こないだなんか、ビルの屋上のお稲荷さんで、手を合わして拝んでやがんの。近寄ったら、商売繁盛商売繁盛（と手をこすり合わせ、可笑しくてケラケラ笑ってしまう）」

吉岡「要点を言え。なんのことかわからんじゃないか」

陽平「誰にも言いませんね？」

吉岡「どういうことだ？」

陽平「若い奴にも骨があるってことですよ」

吉岡「うん？」

陽平「若い奴は、ただ楽をしたくて、小生意気で、勇気がなくてなんて思ってるでしょうが、そんなことはない。あのスターがですよ。いまあれだけ売れてる戸部竜作が来月の四日に引退しちまうんですよ」

吉岡「引退？」

陽平「そりゃ大変な勇気だよね。じっとしてりゃあまだまだ三年や四年は金が入ってくる。いまはとにかく絶頂期。女の子たちが、キャアキャア言って、触ってエなんて言っちゃって、もうもてもての時にですよ。それ全部おっぽり出してやめちまうっていうんだから、これが勇気じゃなくてなんですか、司令補！」

吉岡「何故やめる？」

陽平「本当の歌を唄わせない！（叫ぶ）」

吉岡「うむ？」

陽平「あのマネージャーは金のことばかり考えて、本当にあいつが唄いたい歌を唄わせない。あいつが笑いたくても笑わせない。あいつがあんみつ食べたくても、フルーツポンチ食べたくても、駄目と言う。イメージに合わないものは駄目。ポケットウイスキーをらっぱ呑みして、くすぐられても笑わないで、（低音で）青春を葬った（もとの声で）そんなことを言ってなきゃならない。そんなものはうんざりだ。なにもかもほっぽり出して、やめちまうんだ。やめてやるんだって、どう思いますか、この勇気？」

吉岡「それを和泉は知ってるのか？」

陽平「内緒ですよ、内緒。そんなもん知ったら、そりゃ金づるだもん、どんなことして止めにかかるかわかりゃあしない」

吉岡「ぬき打ちにやろうって言うのか？」

陽平「そりゃそうですよ。新宿の舞台で、四日にいきなり引退宣言。みなさん！　全国のみなさん！　てなもんですよ」

吉岡「和泉はどうなる？」

陽平「そりゃショックでしょう」

吉岡「和泉の気持は考えないのか？　あそこまで成功させた和泉が、どうなってもいいのか？」

陽平「気持を考えないのは和泉の方でしょう。金儲けのために型にはめて、がんじがらめにしたのは和泉の方じゃないですか」

吉岡「（戻って行こうとする）」

陽平「ちょっと待ってよ、ちょっと（と慌てて止め）和泉に言うんじゃないでしょうね。誰にも言わないって約束したじゃないですか」

吉岡「そんな約束はせん」

陽平「そりゃ困るよ（と必死で止めて）俺の口からバレたら、俺は立場ないよ」

吉岡「じゃあ何故私に話した？（と押し戻されて言う）」
陽平「言うまいと思ったけど、司令補の顔見たら、言ってやりたくなったんですよ。若い奴若い奴ってバカにしたり毛嫌いしたりするけど、こういう骨のある――」
吉岡「骨などない。こらえ性がないだけだ（と行こうとする）」
陽平「ちょっと待ってよ。仕事の話がすんでないじゃないですか（立ちはだかる）」
吉岡「なんだ？」
陽平「今度、ガードするタレントは女の方がいいんですけど」
吉岡「バカモノ（と押しのけて中へ）」
陽平「司令補！　和泉に言ったら、司令補なんか、もう、知らないからッ！（と大声で必死でわめいてしまう）」

■車の中（夜）

いつものメンバーが乗っている。陽平、吉岡へ言ったことが悔やまれて、イライラしている。

野田「どうしたの？」
陽平「え？」
野田「おしっこ？」
陽平「そうじゃないですよ（と振り返り）あのオ」
和泉「なんだ？」
陽平「お友達の、あの司令補と、この頃会いますか？」
和泉「会わんが、なんだ？」
陽平「いいえ、あの人、この頃ちょっと変ですから、言うことあんまり信用しない方がいいと思って。フフフ」
和泉「考え事をしてるんだ。余計な口きくな」
陽平「あ、フフ、どうも、フフ（と竜作をチラと見て、前を向く）」

■竜作のマンション・表

竜作たちの車が停まる。

■車の中

竜作「お休みなさい」
和泉「お休み」
陽平「上まで行こうか？」
竜作「いいよ、このまま行ってくれ（と出る）」

野田「お休み」
陽平「お休み」

■竜作の部屋の前・廊下

吉岡「（立っている）」
竜作の声「（遠く）お休み（車のドアの閉まる音）」

■マンション・表

車、遠くなって行く。

■竜作の部屋の前

竜作「（ギクリと立ち止まり）誰ですか？」
吉岡「東洋警備の吉岡というものです」
竜作「俺に、なにか？」
吉岡「ええ」
竜作「困るな、こんな夜。昼間事務所を通してくれませんか？」
吉岡「引退のことでお話がしたいんです」
竜作「引退？」
吉岡「そうです」
竜作「あいつら――」
吉岡「いや、杉本に罪はありません。私が約束をやぶった」

■竜作の部屋

竜作「（ソファにドスンと腰をおろし）疲れてるんです。長い話は困るな」
吉岡「（その前の椅子に、ゆっくりかけながら）私は、和泉の戦友です」
竜作「ああ、あんたですか」
吉岡「しかし、和泉の側に立って、なにかを言おうというのではありません」
竜作「だったら関係ないんじゃないですかねえ」
吉岡「和泉の側に立とうとは思わんが、知らん顔のできることではないでしょう」
竜作「なにが言いたいんです」
吉岡「あんたは、フェアじゃない」
竜作「そうかな」
吉岡「何故だまし打ちのようなことをするんです？やめたいなら、やめたい、と和泉に言いなさい。それが、あなたを見つけて世に送り出した男への筋というもんじゃないですか？」

竜作「俺は金蔓《かねづる》ですよ。やめたいなんて言ったら、どんな手を使ってくるかもわからない」

吉岡「かまわんじゃないですか。唄うのはあんただ。あんたがどうでも唄わないと頑張れば、あいつになにができます？」

竜作「なんでもできますよ。あいつだってそうなりゃあ必死だからね」

吉岡「あんたも必死になればいい。不満があるなら、あいつに言えばいい。本当の歌を唄わせないということだが、唄わせろ、とあいつに言ったことがあるのかね？」

竜作「返事は決まってるでしょう」

吉岡「どう決まってる？」

竜作「そんなもん商売になるか。そう言うだけですよ」

吉岡「それでも唄わせろ、と頑張るのが勇気じゃないかね？　引退する勇気より、本当の歌を唄わせろ、と言うのが歌い手の勇気なんじゃないかね」

竜作「あんたは、和泉さんの強引さを知らないんだ。だから綺麗事を言ってるんだ」

吉岡「あんたの歌を見つけた男だ。そんなにわかるんとは思えない」

竜作「見つけてめちゃめちゃにしたんですよ。二枚目のレコードは俺の曲では駄目だときた。プロに頼んでますよ。あの人は、俺の歌なんか、はじめから好きじゃないんだ」

吉岡「いい、と言っていたよ」

竜作「売れると思っただけですよ。それも細工をすれば売れると思ったんだ。うまいことを言って東京へ連れ出して、人の歌をめちゃめちゃにして金を儲けただけですよ。そんな奴に、俺が恩を感じなくちゃいけないんですか？　筋を通さなくちゃいけないんですか？」

吉岡「聞かせてもらえないか。どんなふうに君の歌をめちゃめちゃにしたか、はじめの歌を聞かせてもらえないか」

竜作「唄えなくなっちまったね」

吉岡「――」

竜作「売り物の歌がしみこんじまったよ。これ以上売り物になるのが嫌だっていうのが、そんなに無理かね」

吉岡「——」

竜作「俺のね、俺の生まれた漁港に、ほんとに墓場だけの島があるんだよ。死ぬと船で、その小さな島へ棺をはこぶんだ。五百メートル四方ぐらいしかない、小さな島だ。全部墓なんだ。ばあさんがね、親父のお袋、ばあさんが死んだんだよ。いいばあさんでね、葬式はいい天気で、俺が船漕いで——エンジンは使わないんだ、葬式は——ばあさん、墓場へ埋めたんだ。その歌つくったんだよ」

吉岡「(うなずく)」

竜作「ところが、レコードになった時は、どうだい? ばあさんじゃ売り物にならない。恋人にしろ。恋人が死んだことにしろ」

吉岡「——」

竜作「俺の青春だかを葬ったことにされて——なるほど、そのせいで当ったんだろう。でも、俺の歌じゃなくなってるんだ」

吉岡「しかし、それを君は唄った」

竜作「そうさ。唄ったのはたしかに俺だ。しかしね、俺だって、そんなに強かないんだよ。鳥取から出て来て、東京の真ん中でひき回されて、これが当ればどんな夢だってかなうようなことを言われれば、フラフラとなっても仕様がないだろう。しかし、間違いに気がついたってわけさ。気がついたら、早く足を洗うのが一番じゃないかね? 何度も言うけど、俺だって強くないんだ。本当を言えば、この生活を失くしちまうのは、いやだって、十分毎に思ってるんだ。しかし、いまなら、まだやめられる。もっと贅沢に慣れちまえば、やめることなんか考えもしなくなるだろう。自分が金儲けの歌を唄っているのか本当の歌を唄っているのかもわからなくなるだろう。マネージャーの注文に合わせて、キザな男を続けていれば、いつかは本当にキザな男になって、キザのいやらしさもわからなくなるだろう。俺は、そんなふうにめちゃめちゃになるのが、いやなんだ」

吉岡「それを和泉に話したら、どうなるんだ?」

竜作「機関銃のようにしゃべるね。なんてバカだとかなんとか、あの手この手で、止めるに決まってるさ。金が欲しくないか？　欲しいさ。女が欲しくないか？　欲しいさ。スターの気分は悪いか？　悪くないさ。ものすごい家を建ててようじゃないか。車は、よかったらいますぐポルシェでもフェラーリでもいいんだぞ」

吉岡「ほんとに、そう言うかな？」

竜作「言うに決まってるさ。何度も言うけど俺は、そんなに強くないんだ。そんなふうに和泉さんに言われれば、フラフラして引退の決心なんかふっとんじまうような気がするんだ。だから、黙ってやるのさ。フェアじゃないかもしれないが、ぬき打ちにやるしかないんだよ！」

吉岡「君は歌が好きなんだろう？」

竜作「唄いたい歌ならね」

吉岡「唄いたい歌を、みんなの前で唄うのが一番いいんだろう？」

竜作「それに越したことはないさ」

吉岡「お邪魔した（と立つ）」

竜作「まさか和泉さんに話すんじゃないだろうな（と立つ）」

吉岡「君が言えないなら、私が言ってやろうじゃないか」

竜作「冗談じゃない、やめてくれよ。大体、あの人は、明日の午後まで、居場所はわからないんだ」

吉岡「一度は、あいつにチャンスをあたえるべきだ（ドアへ）まったくの抜き打ちではあいつが可哀想じゃないか」

竜作「それじゃあ、明日の昼の公演で言っちまうぜ」

吉岡「明日？」

竜作「そうさ。明日の一時から、渋谷で唄うんだ。あの人は、そのあとのテレビ局まで、女の所にしけこんでる筈だ。見つかりっこないさ。あんたが見つける前に、俺は、みんなの前で引退をしゃべっちまう」

吉岡「何故、こわがる？　何故、和泉と話さない？」

竜作「わかりっこないからだよ」

吉岡「あいつは、そんな男じゃない筈だ。きっと、さがし出して、説得してやる。せめて明後日まで待つんだ（と出て行く。ドアが閉まる）」

竜作「待つもんか。待ったら終わりだ。言ったろう。俺は、そんなに強くないんだ」

■吉岡の車の中
吉岡、夜の道を運転して行く。

■東京の街（昼）
翌日の情景。

■竜作の車の中
野田が前に、竜作と陽平が並んで後ろに乗っている。

陽平「いや、俺は、その、まさか、あいつがあんたンところへ行くなんて思っていなかったんでね、つい、その、口をすべらせたっていうかつまり、あんたに、ものすごく感心しちまったからさ。誰かに、こんな男がいるって言いたくてたまらなくなっちまったんだよ」
野田「――（正面を向いて怒ったように黙っている）」
竜作「頼みがあるんだ」
陽平「頼み？　いいさ、なんでもやるさ。金借せなんていうのは、駄目だけどよ。フフフ」
竜作「これから行く会場で、俺は引退しちまう」
野田「（おどろいて）引退？（と振り返る）」
陽平「そりゃ、司令補が、マネージャーをさがしてるんじゃなあ（仕方がない）」
野田「どういうことよ、竜作さん」
竜作「舞台へ上がるまで、俺をガードしてくれ（と野田を無視する）」
陽平「そりゃそうだよ。ガードは、俺の仕事だもん。女の子がいくら来たって、はねのけ、押しのけ」
竜作「真面目に聞けよ」
陽平「真面目だよ。真面目でも、俺、こういう口調なんだよ（と困って、真面目な顔で言う）」
竜作「ファンのことを言ってるんじゃないんだ」
陽平「あ、じゃあ、誰？」
竜作「マネージャーさ。もし、マネージャーが来たら、あいつの言うことを俺の耳に入れないでくれ」
陽平「あ、そう？（そりゃ難かしい、と思う）」
竜作「あいつは、必死で止めるだろう。うまいことを言うだろう。それを聞いたら駄目になっちまうかもしれない」
陽平「それを俺が止めりゃあいいんだね？」
竜作「ああ」
陽平「やってみるよ。一所懸命」

竜作「ああ」
陽平「しっかり、引退しちまってくれよ。格好よく、な」
竜作「ああ――」

■第三京浜

吉岡の車が東京方面へ――。

■その車の中

助手席に和泉。後部座席に、二十七、八の水商売らしい女、窓に頭をつけるようにして眠っている。
和泉「(笑って) そうか、そういうことか」
吉岡「うむ」
和泉「しかし、さすがガードマンだな。よく、俺をつきとめた」
吉岡「どうなんだ?」
和泉「うむ?」
吉岡「好きな歌を唄わせてやるというわけにはいかんのか?」
和泉「(笑って) そんなことは、誰でも言うんだよ」
吉岡「うむ?」
和泉「ちょっと売れると、若僧の歌い手は必ずそんなことを言い出す。本当の歌を唄いたい。ヒットばかり狙った金儲けの歌は唄いたくない。(苦笑し) しかし、本当の歌とはなんだい? みんなが唄い、みんながレコードを買った歌が、本当の歌じゃないのかい? 人をだまして五十万枚は売れないよ。それは、人の心を打ったんだ。本当の歌なんだ。ところが、若僧は、そうじゃない、と言う。どっか他所に本当の歌なんてものがあると思ってる。それじゃあ、それを唄ってみろ、と言う。すると、貧弱な、ひとりよがりの歌しか唄えないのさ。ハシカみたいなもんだ。言わせておきゃあいいんだ」
吉岡「引退すると言ってるんだぞ。引退言言をすると言ってるんだ」
和泉「そんなことを言ってるだけだ」
吉岡「俺には、そうは思えん」
和泉「舞台へ上がってみろ、キャアキャアいうファンが目の前にいる。その前で引退だなんて言い出せるもんか。若僧にそんな根性があるわけがない」
吉岡「見くびったもんだな」
和泉「四畳半にいたんだぞ。汚い四畳半のアパートにな。それが、あっという間にマンション住まいの結構な生活だ。捨てるなんて言えるもんか。言ってみるだけなんだ」
吉岡「俺たちの若い頃は、どうだった？」
和泉「うむ？」
吉岡「そんな安っぽかったか？」
和泉「さあ、似たようなもんだろ」
吉岡「楽な暮らしばかり求めたか？　国のためなら死んでもいいと思ったんじゃなかったか？」
和泉「あれはああいう時だ。日本中、ボーッとなってた時だ」
吉岡「ボーッとなってたのか？　死んだ奴らはボーッとなってたのか？」
和泉「昔の話は、どうでもいいじゃないか」
吉岡「見くびらん方がいい。若い奴は金じゃなくても動くぞ。お前のように、金のことばかり考えてやせん」
和泉「とにかく行ってみようじゃないか」

■楽屋口
ファンにかこまれながら、竜作、陽平、野田、中へ入って行く。

■吉岡の車の中
吉岡「どうだ？」
和泉「うん？」
吉岡「あの青年に思うように唄わせてみないか」
和泉「駄目だな。あいつにそんな力はない」
吉岡「売れなくてもいいじゃないか」
和泉「売れなくて野原で唄うなら勝手さ」
吉岡「お前は、あの青年に笑うな、と言うそうじゃないか」
和泉「悪いか？」
吉岡「そんなふうに型にはめなきゃ売れないというのはおかしかないか？」
和泉「おかしいさ。しかし、現実は、そうしなけりゃ売れんのだ。型にはめて、イメージをはっきりさせなきゃ売れんのだ」
吉岡「引退させてやれ」
和泉「うむ？」

吉岡「本人がのぞむなら、邪魔をするな。したいようにさせてやれ」
和泉「お前は、いつまでも、特攻隊だ。ハハハハ」
吉岡「――」

■会場

ワーッと歓声を上げる観客。唄っている有名歌手。

■楽屋

竜作「（つい立てを殴りつける。イライラしている）」
陽平「落ち着けよ。大丈夫だ。マネージャーは来ないよ。来ても、俺が、外へ連れ出すよ。あんたは、思うようにやりゃあいいんだ。格好よく引退宣言すりゃあいいんだ」
竜作「少し黙ってないかよ。べちゃべちゃしゃべりやがって！」
陽平「わかったよ。あんたの気を楽にしようとしただけじゃないか。俺は、あんたが、そうやって迷ってるのが、ものすごくよくわかるんだ。俺だって迷うよ。あのマンション、あのファン、あのレコード、みんななくなっちまうんだから」
竜作「黙ってろって言ってるのがわからねえのかッ！」
野田「あの、しかし、あの――」
竜作「黙っててくれって言ってるんだ！」
野田「うん――」
舞台監督「戸部さん（とノックをして、ドアをあけ）五分前ですから」
野田「あ、どうも」
舞台監督「（去る）」
陽平「五分前か――」
竜作「うるさいって言ってるんだ！」
陽平「わかってるよ――わかってる」
いきなりドアがあく。ハッと見る三人。吉岡である。
陽平「司令補！　ひどいじゃないですか！」
吉岡「（竜作へ）戸部君――」
竜作「なんです？」
吉岡「引退したまえ。私は反対しない」
和泉「私だって反対するとは言わんがね（と微笑で現れる）」
竜作「（顔をそむけ）陽平、頼んだ筈だぞ」

陽平「ああ、わかってる。ちょっと、あの、ちょっと和泉さん、表へ（はねとばされる）」
和泉「（真剣に止めたいのだが、余裕をもって）本当に後悔しないかね？　一度引退した歌手が、カムバックするのは、むずかしい。こんなに簡単に決めていいのかね？　一生後悔することにならんかね？　あのファン、あの歓声、あの人気を簡単に捨ててお前になにが残る？」
竜作「陽平！」
陽平「わかってる。和泉さん（はねとばされる）」
和泉「あの鳥取のアパートへ帰って、なにがあるって言うんだ？」
竜作「吉岡さん！」
吉岡「なんだ？」
竜作「この人を黙らせたらどうですか！　引退したまえって言ったじゃないですか」
吉岡「何故、こわがる？　堂々と胸をはれ。こいつの言うことをはねとばしてみろ」
和泉「ああ、はねとばしてみればいい」
竜作「もう時間だ（と行こうとする）」
和泉「（その腕をつかみ）世の中、どこ行ったってやりたいことばかりはできないぞ」
陽平「だから、あんたの言うことを聞けっていうのかい（と間に入ろうとするが、和泉にはねとばされる）司令補！　助けて下さいよ。どうして黙ってみてるんですか！」
吉岡「静かにしないか！」
竜作「はなして下さい」
和泉「はなす前に言っておく。お前は、やめたって本当の生活とやらはできないぞ。この世界で、精いっぱい生きなかった奴が、他の世界で、精いっぱい生きられるわけがないんだ！」
陽平「ペテンだね、ペテンじゃないか。竜作、だまされるなよ」
吉岡「和泉。もういいだろう」
和泉「いいとも（とはなす）」
竜作「――（動けずにいる）」
和泉「よく考えるんだ。お前は、一生を棒に振ろうとしてるんだ」
吉岡「そんなことはないぞ。本当に生きようとしているかもしれない。自分を信じろ。人の言うことを聞くな。自分の声だけを聞くんだ」

舞台監督「戸部さん、スタンバイです」
野田「はい」
竜作「――」
和泉「一緒に頑張ろうじゃないか」
竜作「――（パッと出て行く）」
間あって、
陽平「引退するね、フフ、もうあいつのもんだ。えらいじゃないか。こんな歌手がいたかね？素晴らしいじゃないの！」
和泉「やかましいッ！」
陽平「あたるなよ！　俺にあたるなよッ！」
吉岡「大きな声を出すな」
和泉「（不安につき上げられ）フフ、あいつが、引退できるわけがない（パッと舞台の方へ）」

■会場
拍手。歓声。戸部竜作、スポットの中に立つ。

■舞台の袖
和泉「（来て立つ）」
陽平「（来て立つ）」
吉岡「（来て立つ）」
野田「（来て立つ）」

■舞台
竜作「（じっと動かない）」
バンドマスター「（ちょっと不審で振り返る）」
竜作「――」

■舞台の袖
和泉「（青ざめ）竜作（と小さく）」

■客席
「どうした？」「どうしたの？」「竜作さん！」の声。
ザワザワする。「竜作！」

■舞台
竜作「（ゆっくりマイクを口に近づける）」

■舞台の袖
和泉「――」
吉岡「――」

陽平「――」

■舞台
竜作「墓場の島があった」
「待ってました！」の声。拍手。

■舞台の袖
和泉「（フーッと息をつく）」

■舞台
竜作「墓場だけの島。もの言わぬ島。俺のやさしさを、俺の思い出を、俺の夏、俺の夜明け、俺の美佐子を葬った墓場の島へ行った」
前奏。

■舞台の袖
陽平「唄ったあとで言うんだ」
和泉「言うもんか」
陽平「言いますよね、司令補！　唄ったあとで言いますよね」
吉岡「黙って聞かないか」

■舞台
唄う竜作。
死ねば　ただの土くれに
戻るだけだと　身に沁みている
墓場がなんになるだろう
花や線香が　なんになる
死んじまえば　終り
死んじまえば　終り
どうして俺は此処へ来た
風の音
美佐子の声じゃない
波の音
美佐子の声じゃない
ひとり墓場の島で――
間奏と拍手のうちに――

■一杯のみ屋
吉岡、陽平、悦子、壮十郎、カウンターに並んでいる。
吉岡「やれよ、もっと」
陽平「ええ――（注がれる）」
悦子「やっぱりねえ、なかなか、さからえないもんなのねえ」
壮十郎「やらないの？（悦子にビール）」
悦子「いいの、禁酒してるのよ」
壮十郎「どうかした？」
悦子「ううん。たいしたことないんだけどね」
陽平「だけどね、司令補」
吉岡「うむ？」
陽平「だからって、若い奴をバカにして貰いたくないね」
吉岡「バカにはせんさ」
陽平「言えなくて当り前だよ。司令補だって、あいつの立場になれば、言えるかどうかわからないと思うよね」
吉岡「言えんな」
陽平「そうだよ。言えねえよ。あいつはとにかく、一度は引退しようって思ったんだ。それだけだって、たいしたもんじゃないか。そうじゃないかよ！」
吉岡「そうだ」
陽平「たいしたもんだよ、あいつは（と泣く）」
壮十郎「泣くなよ、陽平」
悦子「泣くな」
陽平「別に、泣いちゃいねえけどよ。あの野郎、どんな思いで、毎日同じ歌、唄ってるかと思うと（と泣く）」
悦子「泣き上戸」
壮十郎「泣くな」
吉岡「泣けばいい、泣けばいいさ」
陽平「そうさ。お前らも泣け！　司令補も泣けよ（と泣く）」

■舞台

唄っている竜作。

■一杯のみ屋

泣いている陽平。しんとしている三人。

■舞台

唄っている竜作。

「男たちの旅路・第Ⅲ部 2話」キャスト・スタッフクレジット

キャスト

吉岡晋太郎——鶴田浩二
杉本陽平——水谷 豊
島津悦子——桃井かおり
鮫島壮十郎——柴 俊夫
和泉敬吾——高松英郎
戸部竜作——根津甚八
田中先任長——金井 大
野田正一——菅沼 赫
渡辺——多田幸雄
テレビ局ディレクター——井原幹雄
プロダクションの女性——神保なおみ
医者——井原幹雄
有名歌手——キャンディーズ

スタッフ

音楽——ミッキー・吉野
美術——青柳敏郎
技術——広門隆二
効果——柏原宜一
記録——大橋冨美子
擬闘——林 邦史朗
制作——沼野芳脩
演出——重光亨彦

3

別離

「本気で生きたいって思うまでに手間がかかったわ。特攻隊の頃とちがって、いまは手間がかかるのよ」

■盛夏の海岸（昼）
海水浴場である。快晴、混雑。
タイトル。

■海浜ホテル・宿直室
シャツとパンツで、二段ベッドで目を覚ます陽平。
タイトル、続く。

■海岸
人々。

■海浜ホテル・宿直室
壁にかけてある制服制帽のズボンをひき抜く陽平。

■海岸と宿直室
砂浜の人々と、ズボンにアイロンをかけている陽平をカットバックして、タイトル終る。

■海浜ホテル・プールサイド（深夜）
プールにも、もう人はいない。陽平、制服制帽で懐中電灯を持って巡察して来る。茂みを見て、ギクリと足を止める。植込みの陰から、男女四本の裸の足が見えているのである。そっと近づく。ビーチタオルの上に水着のまま倒れている若い男女である。

陽平、女の胸のあたりを見る。呼吸をしている。男を見る。腹がゆっくり呼吸している。ちょっと冷汗をぬぐい、

陽平「もしもし（と言う。反応がない。男と女とどっちに触ろうか短く迷って、女の肩に触れ）もしもし、ただ、あの寝てるんでしょうね？　毒薬のんだりなんかしてるわけじゃないと思うけど。もしもし（と肩をゆする）」
女「（少し反応する）」
陽平「もしもし、お寝みのところ、すいませんけど」
女「（急に、陽平を見、その目に恐怖が走り）誰！」
陽平「いえ、あの、ガードマンです（と敬礼）」
女「びっくりするじゃないの、触ったりして！」
男「（ギクリとして）なんだよ（と半分寝呆けて身体を起こす）」
陽平「いえ、あの、ここへ」
女「こんな近くで、この人、のぞいているのよ私を」

陽平「このホテルにお泊まりのお客様でしょうか」
女「決まってるでしょう」
男「他所から入って来たと言うのか？」
陽平「いえ、もう一時すぎですので、お部屋の方でお寝みいただきたいと思いまして」
男「なんでだ？」
陽平「不用心でございますし（敬語は下手）」
男「用心するのは、お前らの役目だろうが（と立ち上がる）」
陽平「はい。そうですが」
女「（立ち上がり）びっくりしたわ」
男「高い金とりやがって、うるさいこと言うんじゃないよ」

■ホテルの一郭
陽平、巡察して来る。定時にそこを通過したという記録装置にメモする。

■海
夜の海。火を燃やして騒いでいる数人の男女。

■調理室前の廊下
陽平、巡察して来る。通りすぎて、ハッとして調理室のドアを見に、数歩戻る。調理室のドアが細くあいている。

■調理室
陽平「（中へ入り、懐中電灯を照らして行き、ハッとして冷蔵庫を照らす）」
冷蔵庫のドアが押されて閉まる。手は見えない。
陽平「（あとずさり、ドアの傍のスイッチを入れる）」
灯りがつく。しんとしている調理室。
陽平「誰ですか？　そこにいる人、立ちなさい！　いることはわかっている。立ちなさい！（とゆっくり冷蔵庫の方へ行こうとしてハッとする）」
前方の通路に、ハムとかグレープフルーツなどが、散らばっている。
陽平「（ギクリと振り向こうとした時）」
三人ほどの青年にとびがかられて袋叩きにあう陽平。

■ホテル・表
　警備会社の車が着く。急ぎ降りる吉岡、悦子。運転していたのは壮十郎である。

■ホテル・宿直室前の廊下
ボーイ「（半分階段を降りて来て）その右のドアね（と続いて来る悦子に言う）」
悦子「あ、どうも」
ボーイ「（戻って行く）悪いのがいるよねえ」
悦子「すいませんでした（と見送る）」

■宿直室
陽平「（二段ベッドで、悦子の声を聞いて、小さく目が輝く。頬のあたりに殴られた痣《あざ》がある。ノックの音。か弱い顔をつくり）はい」
悦子「（あけ、陽平を見て）大丈夫？」
陽平「（か弱く微笑し）ああ」
悦子「びっくりしたわ（と近づく）」
陽平「（息絶え絶えでもないが、重病みたいに）悦子が、来るとは、思わなかったな」
悦子「苦しそうじゃない」
陽平「大丈夫さ（と、力をふりしぼって笑う）」
悦子「司令補も壮十郎も来てるのよ」
陽平「そうかい」
悦子「いま、支配人に挨拶している。私だけ、急いで此処へさ」
陽平「悦子だけ（と手をさしのべ）急いで此処へか？」
悦子「うん？（と手の意味を聞く）」
陽平「手を」
悦子「（握りしめてやり）何処痛い？」
陽平「全部」
悦子「（素直に）全部？　そんなにやられたの？（と手をさらに強く握りしめてやる）」
陽平「悦子（とまるで臨終である）」
悦子「陽平（足音の方を見る）」
　ドタドタと吉岡と壮十郎入って来て、
吉岡「おう（近づく）えらい目にあったな」
陽平「ええ」
壮十郎「なにしてるんだ？　陽平」
悦子「なにしてるって、身体中痛いって言ってるのよ」
吉岡「ほんとか？」

陽平「いや、あの」
壮十郎「一人でお前、はね回ってお巡りに説明したそうじゃないか」
悦子「そうなの？」
吉岡「なんでもなくてよかったたって、支配人も言ってたぞ」
陽平「そりゃまあ、なんでもないんだけど」
悦子「なんでもないの？」
陽平「いや、なんでもなくもないと言うか」
悦子「（手をふりほどき）やあねえ、いまにも死にそうだったのよう」
陽平「だって、だってだって、甘えたかったんだもん」
吉岡「バカモノ」
悦子「バカモノ」
壮十郎「バカモノ」

■ホテル・表

吉岡「（車の運転席のドアをあけ、振り返って）じゃ、突然でご苦労だが、交替して頼むよ」
壮十郎「はい」
吉岡「（玄関の方を見て、しかし、まだ午前三時ぐらいなので、声は押さえて）どうするんだ？」
悦子「（玄関のあたりで陽平に説得されていて）あ（と吉岡の方を見て）帰ります（と車の方へ）」
陽平「（すぐ追いながら大声で）折角此処まで来たんじゃないの。すぐ帰っちまうことないじゃないの」
壮十郎「大きいぞ（声が、の意）」
吉岡「何時だと思ってるんだ」
陽平「だけど、悦子がもう、すぐ帰る帰るって（と唇をとがらせる）」
吉岡「（微笑し）此処に残ってどうする？」
陽平「どうするって、壮十郎が替ってくれるんなら、夜明けの海を見せてやろうと思ってるのに」
悦子「いいよ、私、別に」
吉岡「眠くないなら、つき合ってやれよ。私と帰っても面白くないだろう（と車に乗り込む）」
陽平「そうだよ。司令補と帰ったって仕様がないじゃないか」
悦子「仕様がないかもしれないけど（と帰りたいけど、我慢する）」

■海（夜明け）

薄明の水平線。陽平、逆立ちでもなんでもいい。はしゃいでみせて腰をおろして海を見ている悦子の傍へドスンと身を投げ出し、

陽平「どうよ？　いい気持だろうが」

悦子「そんなに元気あるなら、あの人に替ってもらうことなかったじゃない」

陽平「いいじゃないの、替ろうと思って来たんだろ。ただ帰しちゃ悪いじゃないの」

悦子「どうして一人ぐらい捕まえなかったのよ？」

陽平「四人だよ、四人。これ見てよ（と頬の痣を指し）なんでもないったって、殴られてるんだから。男らしくしようと思って、なんでもないって言ってるけど、本当はショック受けてるんだから」

悦子「ハム三本もとられたんだって？」

陽平「そう言うけどね、俺が見つけたから、三本ですんだんだよ。四本目は床にころがってたんだから。レタスだって、人参だって、とられないですんだんだから」

悦子「あの人なら」

陽平「うん？」

悦子の声「四人とも捕まえてたね」

波の音。

■ホテルの一郭

壮十郎「（巡察している）」

■海岸

波の音続いて。陽平、しょんぼりして、

陽平「悦子は壮十郎のこと好きかよ？」

悦子「嫌いじゃないよ」

陽平「結婚とかそういう意味で好きかよ？」

悦子「（笑って）そんなこと、考えてないよ」

陽平「本当か？」

悦子「どうしたのよ」

陽平「あんな奴のことほめんだもん」

悦子「やぁねぇ、子供ねぇ（と笑う）」

陽平「悦子」

悦子「うん？」

陽平「俺、あんな夜中、悦子が来てくれてよ、ものすごく、思いがけなかったよ」

悦子「そう」
陽平「嬉しかったよ」
悦子「銀行の引越しの応援に行ってたのよ。仮店舗
　に移るのを、十二時近くまで警備してたのよ」
陽平「じゃあ、すごく疲れてただろうに」
悦子「本社に戻ったら、司令補が、あんたの所へ行
　くって言うからさ」
陽平「よく来てくれたよ」
悦子「いいのよ」
陽平「ジーンと来ちまったよ」
悦子「そんなに言わないで」
陽平「俺、だから言うんじゃなくて、前からズーッ
　と思ってたんだけど」
悦子「なにを？」
陽平「結婚してもいいと思ってるんだ」
悦子「誰と？」
陽平「誰と？（と呆っ気にとられる）」
悦子「誰とよ？」
陽平「そりゃあないだろ、そりゃあ」
悦子「（笑って顔をそらし）陽平ってさぁ、B型でしょ
　う？」

陽平「B型？」
悦子「血液型よ（と立つ）」
陽平「話そらすなよ」
悦子「こないだ、そういう本読んでたらさ、B型っ
　て陽平、そっくりなんだもん（と笑って海の方
　へ行く）」
陽平「そんなこと、いま関係ないだろう」
悦子「オッチョコチョイなの、オッチョコチョイ（と
　海を見て言う）」
陽平「（悦子を追いかけ）悦子、俺がいま、なにを言
　い出したと思うんだ」
悦子「出て来たわ（太陽が、の意）」
陽平「悦子！」
悦子「そんな話よそう（と微笑）」
陽平「よそうって」
悦子「見てよ、いいとこじゃない、いま」
陽平「いいとこって（と太陽を見る）」
悦子「綺麗！」
陽平「（悦子を見て）悦子（と力なく言う）」
悦子「（太陽を見ている横顔が美しい）まぶしィ」
陽平「悦子（と口の中で言い、太陽を見る）」

太陽。波。

■吉岡のアパート・部屋（昼）

吉岡「（ドアをあけ）おう」
陽平「あ、いいスか？　いま」
吉岡「なんだ？（と窓辺へ行く。下着を干していたのである）」
陽平「あの（入ってドアを閉め）突然すいません」
吉岡「どうした？（と干している）」
陽平「あの昨夜は、ご心配をかけまして申し訳ありませんでした（といつもと違う）」
吉岡「う？（と思わず振り返る）」
陽平「いえ、あの、昨夜はですね。ご心配をかけまして申し訳ありませんでした」
吉岡「そうか（とつい嬉しい気がして微笑）」
陽平「は？」
吉岡「いや。上がれ。そうか（とまた干しはじめ）それを言いに来たのか？」
陽平「いえ、それだけでもないいんですけど、お礼も言わなければいけないと思いまして」
吉岡「（微笑して）お前も、大人になったたな」
陽平「はぁ、これも、ひとえに、司令補のおかげだと、あの、なんて言うか、ありがたく思っておる次第であります」
吉岡「（笑って）どうした？」
陽平「は？」
吉岡「いや、笑っちゃいかんな（とバケツを台所の隅へ置きに行きながら）そんな挨拶ができるようになったのは、大変な進歩だ」
陽平「はぁ、自分でも、意外で、あの」
吉岡「（手を洗いながら）あとで痛むような所はなかったか？」
陽平「はぁ。ありません」
吉岡「（水を止め）泳いだのか？」
陽平「いえ、泳ぎませんでした。悦子が、あの、なんか泳ぎたくないって言うんで、七時頃、電車に乗りました」
吉岡「私も、さっきまで寝てた。眠ったか？」
陽平「いえ、なんだか眠れなくて」
吉岡「まだ興奮してるのか？（と冷蔵庫から麦茶を冷やしたのを出し、コップを二つとったりする）」
陽平「そういうわけじゃないスけど」

吉岡「海へ行って、野宿して、いたずら半分にホテルへ盗みに入ったんだろう（と腰をおろす）」
陽平「はぁ」
吉岡「（麦茶を注ぎながら）ま、怪我をしないで何よりだった」
陽平「はぁーあのォ」
吉岡「うん？」
陽平「これ、つまらないものですが（と干しそばなどの詰合せの箱をさし出す）」
吉岡「なんだ？　これは？」
陽平「そばやうどんの詰合せです」
吉岡「何故こんなことをする？」
陽平「いえ」
吉岡「お前が殴られたと聞けば、上司が駆けつけるのは当り前だ」
陽平「そうじゃないんです。これは、これから、あの、言うことの、ワイロって言うか」
吉岡「ワイロ？」
陽平「ワイロじゃないです。なんて言うか。あの、ちょっと、頼みたいことがあって」
吉岡「うん？」
陽平「よろしく、お願いします」
吉岡「なにをだ？」
陽平「はぁ、ちょっと、言いにくいけど」
吉岡「どうも、挨拶ができすぎだと思った」
陽平「はぁ」
吉岡「私にものを頼む時だけ、私に合わせるわけか」
陽平「そういうわけじゃないけど」
吉岡「物を頼む相手をつくるには、日頃が大事だ。いつもは、ろくにお早うも言わんで」
陽平「言ってますよ、お早うぐらい」
吉岡「お早うございますだ」
陽平「だから言ってますよ、お早うございますぐらい」
吉岡「（笑って）なんだ？　俺にできることなら、なんでも力になるぞ」
陽平「まったく（と安心して）駄目かと思ったよ、司令補おどかすからやんなっちゃうよ（とコップを倒す）あぁッ」
吉岡「雑巾だ！　雑巾！」
陽平「は、はいッ！」

■レストラン（夜）

吉岡と悦子のテーブルに、ウェイターがワインを持って来ていて、吉岡のグラスに半分ほど注ぐ。

吉岡「うむ？」
ウェイター「どうぞ」
吉岡「あまり甘くないものを選んだつもりでございますが」
ウェイター「ああ（と特に知らないことで照れたり不遜にはならず）味見をするわけ？」
吉岡「はい、いかがでございましょうか？」
ウェイター「うむ（とのんでみる）いいでしょう」
吉岡「はい（と会釈して悦子の方へ回って悦子のグラスに注ぐ）」
ウェイター「いけないって言ったら、どうするの？」
吉岡「お好みに合うものをお持ちいたします」
ウェイター「そう」
吉岡「失礼いたしました（と去る）」
ウェイター「さあ」
吉岡「ええ」
悦子「（グラスを持ち）よくわからんが、取り替えろと言うほどでもないようだ」
吉岡「こんなとこ、司令補嫌いかと思ってたわ」
悦子「嫌いじゃないが、入らない」
吉岡「でしょう」
悦子「独りで、こんな所へ来ても、うまくもなんともない」
吉岡「（苦笑して）ほんとね（と吉岡のワインに注ぐ）」
悦子「悦ちゃんもやれよ（注がれる）」
吉岡「だから言ったでしょう」
悦子「ワインぐらいいいだろう」
吉岡「そうね」
悦子「貧血なんていうのには、かえっていいんじゃないのか？」
吉岡「少しずつのむわ」
悦子「無理してのむことはないが」
吉岡「（少しのみ）おいしい」
悦子「そうか」
吉岡「（微笑して）意外だわ」
悦子「うん？」
吉岡「司令補に、こんな所でご馳走になるなんて」
悦子「何度も言うんだな」
吉岡「だって、どうしたのかと思って。フフ」

吉岡「若い子は、のみ屋よりいいかと思ったんだ」
悦子「私に合わせたんですか？」
吉岡「そうだ」
悦子「あら、司令補が、ほんとに、どうしちゃったのかしら。フフフ」
吉岡「下心があるんだ」
悦子「やだ（なにかなあ、というしいたずらな、嬉しい顔）」
吉岡「（笑って）実は、陽平が、昨日、昼間訪ねて来てな」
悦子「あら（と、軽い失望）」
吉岡「とぼけられたって、がっかりしてたぞ」
悦子「とぼけたわけじゃないけど」
吉岡「あいつ、可哀相なくらいコチコチになってな。私に泣きついて来た」
悦子「そうですか」
吉岡「気持を聞いてくれって言うんだ。悦ちゃんと結婚したいって言うんだよ」
悦子「――」
吉岡「急に言い出したようだが、そんなことはない。前から、ずっとそう思っていたと言うんだ」
悦子「断って、くれますか？」
吉岡「どうして？」
悦子「そんな気ないわ、悪いけど、断ってくれますか？」
吉岡「誰か、好きな人でもいるのかな？」
悦子「――」
吉岡「いるのかい、もう？」
悦子「――」
ウェイター「お待たせいたしました（と、スモークサーモンを二人の前へそれぞれ置いて行く）」

■タクシーの中

吉岡と悦子、乗っている。間あって、
吉岡「悦ちゃん」
悦子「え？」
吉岡「勝手な憶測だが、何かわけがあるんじゃないのか？」
悦子「わけって？」
吉岡「バカに沈みこんでいる」
悦子「そうかしら？」
吉岡「陽平は好きだが、なにかわけがあって断ると言うんじゃないだろうな」

悦子「そうじゃないわ」
吉岡「本当かい？」
悦子「陽平と、一緒になるなんて、嫌だわ」
吉岡「しかし、妙に元気がない」
悦子「――」
吉岡「断ったせいかい？」
悦子「（急に運転手に）運転手さん、都電の荒川線の方へ行ってくれますか？」
吉岡「どうした？」
悦子「今日、アパート帰りたくないの。泊めて下さい（と小声で言う）」
吉岡「アパートに誰かいるのか？」
悦子「誰も、いないわ。誰も（急に涙がこみ上げて来て横を向く）」
吉岡「どうした？」
悦子「（耐えようとするが、泣いてしまう）」

■吉岡のアパートの部屋

灯りがつく。吉岡が、ドアをあけて、すぐ脇のスイッチを入れたのである。

吉岡「さあ（と後ろの悦子に言って靴を脱ぎ、窓へ行き、窓をあける）」
悦子「（入って戸を閉める）」
吉岡「網戸がないんでな。あけると蚊が入って来る（と蚊取り線香が半分ぐらいで消されている線香立てを棚の上からとって来て火をつけながら）あけないわけにはいかない。坐れよ」
悦子「（上がったところに立っていて坐る）」
吉岡「なに遠慮してる。もっと、こっちへ来いよ」
悦子「やんなっちゃうわ。泣いたりして、まいったわ（と笑顔をつくろうとしながら言う）」
吉岡「いいじゃないか。そういう悦子もたまにはいいさ」
悦子「やあねぇ（と苦笑しながら、やや近づく）」
吉岡「女は、弱いところもなきゃあ可愛いげがない」
悦子「古いこと言ってる」
吉岡「古いもんか。男はみんなそう思ってる」
悦子「（苦笑して）お茶いれますね（と立つ）」
吉岡「麦茶なら、冷蔵庫だが（このあたりで蚊取り線香に火がつく）」
悦子「どっちがいいですか？」
吉岡「熱いお茶のむか」

悦子「（うなずいて台所へ行き薬罐に水を入れたりの動き
　　にかかる）」
吉岡「（煎餅の罐をとりに戸棚の方へ行きながら）買い物
　　が億劫でな。つまむようなものもないが」
悦子「やっぱり男ねぇ」
吉岡「うん？」
悦子「（水を止め）棚なんか、ほこりがたまってる」
吉岡「ああ、すぐたまるんだ」
悦子「このお鍋なんか、随分使わないんでしょう？」
吉岡「ああ、大抵こっちの鍋で間に合わせちゃうん
　　でな」
悦子「（茶筆筒へお茶っ葉をとりに来ながら）みがいて
　　あげるわ、明日」
吉岡「（ちょっと反応しかかるが、苦笑して）一枚だ」
悦子「え？」
吉岡「煎餅が一枚残ってる」
悦子「半分こしよう」
吉岡「悦子にやるよ」
悦子「いいわよ。分けあって食べるなんていいじゃ
　　ない」
吉岡「（苦笑して）悦子」
悦子「え？」
吉岡「どうした？」
悦子「え？」
吉岡「えってことはないだろう。なにがあった？」
悦子「（ちょっと淋しく苦笑）」
吉岡「何故アパートへ帰りたくない？」
悦子「――」
吉岡「相談に乗るぞ」
悦子「（小さくうなずく）」
吉岡「どうした？」
悦子「今晩、泊めてくれる？」
吉岡「うむ（と困る）」
悦子「嫌でしょう？」
吉岡「泊めてやりたいがな」
悦子「そう言うと思ったわ」
吉岡「（苦笑してみせ）俺も、男だからな」
悦子「いいのよ」
吉岡「うん？」
悦子「したいようにしても、いいのよ」
吉岡「なにを言ってる」
悦子「ほんとよ（と吉岡を真剣に見る）」

吉岡「（照れたりせず、目を伏せ、考える間あって）悦子
　（見て）なにがあったか言うんだ」
悦子「（その吉岡を見つめている）」
吉岡「言いなさい」
悦子「私、ガードマン、これ以上、やってられない
　の（と目を伏せる）」
吉岡「何故？」
悦子「くたびれるの」
吉岡「くたびれる？」
悦子「駄目なのよ。階段上るだけでもね、ものすご
　く大変なの。段々大変になって来るの」
吉岡「医者に見せたか？」
悦子「（うなずく）」
吉岡「なんだと言うんだ？」
悦子「――」
吉岡「低血圧、じゃ、ないのか？」
悦子「（うなずく）」
吉岡「なんだ？」
悦子「赤血球がね」
吉岡「うん？」
悦子「足りないんだって」
吉岡「どういうことだ？」
悦子「自分で新しい血をつくる力がなくなってるっ
　て言うの」
吉岡「新しい血を？」
悦子「まだ、そんな悪くないのよ。ひと月に一回ぐ
　らい、輸血すれば、いいんだけど」
吉岡「血液がいるな」
悦子「（うなずく）」
吉岡「入院の必要はないのか？」
悦子「あんまり貧血が、ひどければ、しなくちゃい
　けないの」
吉岡「うむ」
悦子「まだ、わりと大丈夫だからいいんだけど、ガ
　ードマンは――」
吉岡「当り前だ。そりゃあ、やめなくちゃいけない」
悦子「怪我がね」
吉岡「うむ？」
悦子「怖いの。怪我して血が出ると止まらなくなっ
　て死ぬの」
吉岡「医者に会いたいな。明日一緒に行こう」
悦子「温和しい、じっとしているような仕事じゃな

いと」

吉岡「仕事なんかしちゃあいかん」

悦子「食べていけないもん」

吉岡「病人がなにを言ってる」

悦子「だって、一人だもの」

吉岡「お母さんがいるじゃないか。お母さんに知らせたのか？」

悦子「帰りたくないわ。母のとこなんか、帰るくらいなら、一人で死んだ方がいいわ」

吉岡「なにを言ってる」

悦子「迷惑がるだけだよ。男にみついで、男の機嫌とって生きてるんだもの。病気で私が戻ったら、どんな顔するか目に見えるわ」

吉岡「親というものはそんなもんじゃない」

悦子「じゃあ、どんなもの？　子供なんか、どうでもなれっていう親だっているのよ。司令補、甘っちょろいから知らないのよ」

吉岡「知らせないというのは、いけない」

悦子「知らせて嫌な顔されるの、たまらないわ」

吉岡「病気なんだ。一人で頑張るわけにはいかないじゃないか」

悦子「司令補は、どうなの？」

吉岡「どうって？」

悦子「病気になっても、一人でしょ？　お母さんなんかいないでしょ？」

吉岡「私は、そうだが」

悦子「同じよ。私だって一人で死ぬわ」

吉岡「何故死ぬんだ？　なおすんじゃないか」

悦子「私を、やとってくれませんか？」

吉岡「うん？」

悦子「食べさせてくれればいいの。掃除したり、ご飯つくったり、洗濯したりするわ。ここで一緒に暮らしちゃいけませんか？」

吉岡「無茶を言うな」

悦子「そうね、厄介よね」

吉岡「厄介で言うんじゃない。一部屋だ」

悦子「わかってるわ」

吉岡「力にはなる。いくらでも、力にはなるぞ」

悦子「（反応せず）陽平に、病気のこと言わないでください ね」

吉岡「しかし（黙っているのも——）」

悦子「プロポーズした相手が病気だって知ったら、

ほっとけないじゃない。迷惑だと思ったたって、すぐ知らん顔できないじゃない。そんな思いさせたくないのよ。司令補だけ知っててくれればいいの。陽平には、ただその気になれないって、言っておいてくれればにいいの」

吉岡「――」

悦子「帰るわ」

吉岡「お茶をのんで行けばいい。送って行くよ」

悦子「（ゆっくり立ちながら）周りを気にするのね？」

吉岡「周りを？」

悦子「そんなに、いい人でいたい？」

吉岡「なにを言う」

悦子「私を泊めて、いろんなことを言われるのが、嫌なんでしょう？」

吉岡「バカを言うな」

悦子「じゃあ、何故？　何故私を泊めないの？　私がいいって言ってるならいいじゃない」

吉岡「人にはそれぞれ生き方がある」

悦子「格好いいこと言って。結局臆病なのよ（と靴をはきながら）私がしつこいと困るからでしょ？　私がお金せびると思う？　それとも、結婚してくれなんて言い出すと思う？　それとも、司令補って女嫌い？　女になんにも感じないのかしら？」

吉岡「それだけ元気があれば大丈夫だ」

悦子「話をそらせないでよ」

吉岡「嫁入り前の娘じゃないか」

悦子「ずれたこと言わないで」

吉岡「男一人の部屋へ泊まったりしちゃあいかん」

悦子「呆れちゃうわ」

吉岡「私はもうたしなめる年齢だ」

悦子「人が、人がどんな思いで、泊めてって言ったと思うのよ？　帰りたくないのよ。一人のアパートへ、暗いアパートへ、帰りたくないのよ。つまらない、常識みたいなことばっかり言って。人の淋しいことなんか全然わからないで（ドアをあけて飛び出す）」

吉岡「悦子（と追う）」

■アパート・外階段

悦子「（駆けおりようとして、ちょっとよろけて手すりにつかまる）」

吉岡「（追って来て腕をつかまえ）泊まっていけばいい」
悦子「いいのよ（とほどこうとする）」
吉岡「来なさい」
悦子「迷惑だわ。いいのよ（と泣く）」
吉岡「いいんだ。泊まっていけばいい（とやさしく言う）」

■吉岡の部屋

窓から月が見える。蚊取り線香の煙がただよい、悦子、窓の方を向いて目をあけて蒲団の中にいる。吉岡、ちゃぶ台の前で、一人酒をのんでいる。

■吉岡の部屋（朝）

悦子、蒲団で眠っている。吉岡、ちゃぶ台の傍で、ごろ寝している。カーテンがかかっていたり、眠る前の吉岡の配慮がある。

■アパート・外階段

主婦三人ほどが、階段下でしゃべっている。
主婦A「そうなのよ。女が、泣いたりして、この階段でごたごたしてて」
主婦B「やっぱり男ねぇ」
主婦C「ほんと、固い人に見えたけどねぇ」
「ちょっとごめんなさいよォ」と主婦の間を分けて階段を駆け上がる陽平。

■吉岡の部屋の前

陽平「（来てノックする）司令補！　お早うございます（ノック）」

■吉岡の部屋

悦子「（ハッと目をあける）」
陽平の声「お早うございます（ノック）」
吉岡「（身体を起こし）おう」
陽平の声「まだ寝てるんですか？　出勤しないでいいんですか（ノック）」
悦子「（身体を起こし）陽平（傷つくと思う）」
吉岡「そこにいればいい（陽平の方へ）こら、叩くな、もう（と立ってドアへ行き）早いじゃないか（とサンダルをはく）」

■吉岡の部屋の前

陽平「早かないですよ、早か。これでも遠慮して、九時まで待ったんですよ」

吉岡「（ドアをあけ）今日は夜勤なんでな（と外へ出て）寝坊した（と背中でドアを閉める）」

陽平「あの、昨夜、会ってくれたんでしょうね？」

吉岡「会った（と階段の方へ）」

陽平「悦子、なんて言ってましたか？」

吉岡「うむ（と立ち止まる）」

陽平「あの（来て下を見て）中へ入れて下さいよ。こんな所で、返事聞くの、俺」

吉岡「散らかってるんだ」

陽平「散らかってたって別にいいじゃないですか。掃除してやりますよ、俺（あっという間もなく戻ってドアをあけてしまう）」

吉岡「（おどろいて）陽平！」

■吉岡の部屋

蒲団の上に棒立ちになっている悦子。スリップである。

陽平「（呆然としている）」

■吉岡の部屋の前

吉岡「陽平、いいか（誤解をするな）」

陽平「（いきなり吉岡に殴りかかる）」

吉岡「待て。誤解するな」

陽平「（荒れ狂い、吉岡を押し倒して、嵐のように階段を駆けおりて行ってしまう）」

吉岡「（主婦の目の中で、ゆっくり立ち上がる）」

■海岸

海水浴をする人々。

■ホテル・プールサイド

壮十郎は海水パンツ。陽平は、前シーンの服装で、その隅にいて、

陽平「あんな汚え野郎だとは思わなかったよ。あんなことしやがるとは思わなかったよ（と忿懣やるかたなく、泣き声）」

壮十郎「訳があるんじゃないのか？」

陽平「どういう訳があるってんだ？　スリップ一枚で、あいつの蒲団にいたんだぞ。どう誤解のしようがあるって言うんだ」

壮十郎「俺に、なにをしてもらいたい？」
陽平「別に、なにをしてもらいたいわけじゃないよ」
壮十郎「そうか」
陽平「そうかはないだろ。落ち着いてんじゃないよ！」
壮十郎「どうしたらいい？」
陽平「どうしたらって、俺は、もう誰かになんか言わなきゃたまらないから、こうやって、ここまでふっとんで来たんじゃないか。のんびりプールで泳いでやがって」
壮十郎「勤務は夜だ」
陽平「一緒になって、もうちょっと怒るとかなんとか、エキサイトしろよ、エキサイト！」
壮十郎「向こうの言い分も聞かなければ信じられない」
陽平「よくまあ、人のことだと思いやがって、もう」
目の前の水から顔を出して、プーッと息をして顔の水を切る青年。
陽平「この野郎（と声が震える）」
壮十郎「うん？」
陽平「お前だ！　お前（と青年を指さす）」
青年「（ハッとする）」
陽平「ハムを盗んだ奴は、こいつだ！」
逃げる青年。陽平追い、プールに飛び込み、壮十郎も飛び込んで大乱闘のうちに――。

■警備会社・本社・廊下（昼）
制服の壮十郎が会議室をノックする。

■会議室
誰もいないかに見える。椅子の背に制服の上衣。
吉岡「おう」
壮十郎「（入って）鮫島です（と閉める）」
吉岡「（上衣を脱ぎ、ネクタイをゆるめた姿で、椅子から身体を起こす。椅子を並べて横になっていたのである）ああ」
壮十郎「めずらしいですね」
吉岡「疲れてな」
壮十郎「具合悪いんですか？」
吉岡「いや。コソ泥捕まえたそうだな」
壮十郎「はい。丁度陽平が来ていて」
吉岡「うむ」
壮十郎「司令補と会ってくれって頼まれました」

吉岡「うむ」
壮十郎「ぬけられなくて、三日ほどたちましたが、さっき戻って来ました」
吉岡「寝てないのか？」
壮十郎「いえ、三十分ほど海岸で寝て来ました」
吉岡「そりゃあご苦労さん」
壮十郎「なにがあったんですか？」
吉岡「うむ」
壮十郎「悦ちゃん、会社休んでますね」
吉岡「貧血がひどいんだ」
壮十郎「病気ですか」
吉岡「うむ」
壮十郎「じゃあ、司令補のところで寝てたっていうのは、倒れたかなんかして」
吉岡「そうじゃあないが、陽平が想像するようなことではない」
壮十郎「そう思ってました」
吉岡「うむ」
壮十郎「これから、あいつのアパートへ行って来ます。早く司令補に会えって、電話でうるさかったんです」
吉岡「そうか」
壮十郎「仕事休んで、毎晩のんでたようです。病気だと聞いたらおどろくでしょう、ホッともするでしょうが」
吉岡「ただ」
壮十郎「は？」
吉岡「悦子君の看病はな、私がする。そう言ってくれ」
壮十郎「司令補が？」
吉岡「悦子君は、陽平とは結婚する気はないと言っている。しつこくせんように言ってくれ」
壮十郎「しかし、司令補が看病するというのは」
吉岡「おかしいか？」
壮十郎「お母さんがいるんじゃないんですか？」
吉岡「俺が看病しちゃいかんか？」
壮十郎「そこまで司令補がすることは」
吉岡「（イライラと）母親のところへ帰りたくないと言ってるんだ。誰かが看てやらなきゃならないだろう」
壮十郎「陽平にやらせちゃあいけませんか」
吉岡「なにを言う。プロポーズを断った相手に看病を頼めるか」
壮十郎「しかし、若い女性を、司令補が一人で看病するというのも」
吉岡「下司な想像をするな」
壮十郎「別に下司な想像をしてるわけじゃありません。どこか不自然な気がして（とちょっとカッとなって言う）」
吉岡「なにが不自然だ？　病人を俺が看るのが、なにが不自然だ！」
壮十郎「――」
吉岡「余計な口をはさまんでくれ！」
壮十郎「――」
吉岡「（自制し）行ってくれ」
壮十郎「（目を伏せ）失礼します（と出て行く）」
吉岡「――」
壮十郎「（ドアの外で、間あって、吉岡のいるドアをゆっくり振り返る）」

■吉岡のアパート・外階段（夜）

吉岡「（帰って来る。犬の声。疲れている）」

■吉岡の部屋の前

陽平「（ドアの前に腰をおろしていて、吉岡の方をにらみながら立ち上がる）」
吉岡「――（立ち止まって、陽平を見る）」
陽平「（大声ではなく）悦子を何処へかくしたんだい？」
吉岡「（鍵をポケットから出しドアに近づく）」
陽平「アパートへ行けば引越したって言う。会社へ行っても届けてない。何処へ悦子をかくしたんだ。まさか、ここじゃないだろうな。返事しねえけど、中にいるんじゃないだろうな」
吉岡「どかないか。中で話そう」
陽平「病気ってのは本当かよ？　わかったもんじゃないぞ。悦子を、どっかに、とじこめてるんじゃないだろうな」
吉岡「（ドアをあけ）中で話そう」

■吉岡の部屋

灯りがつく。
吉岡「（いつものように入って、窓の鍵をあけ、窓をあけるという行程をする）」
陽平「（ドアを閉め）俺は、もっとあんたを信用してたぞ。こんなことをする奴だとは思わなかったぞ」
吉岡「――」
陽平「悦子をどこへやったんだ？　まるで誘拐じゃないか。悦子はここで寝てた。そのあと姿を消した。あんたが、乱暴して、どっかへとじこめたって、そう思えば思えるんだぞ」
吉岡「そんなことはしない」
陽平「じゃあ病気っていうのは、なんだ？　ちゃんとした病名を聞こうじゃないか」
吉岡「――」
陽平「悦子が、俺のプロポーズを断っただと？　悦子の口から聞こうじゃないか。あんたを信用できないんだ。悦子に会わせてもらおうじゃねえか！」
吉岡「頼みがある」
陽平「頼みだと？　勝手なことして頼みだと？」
吉岡「病名は、再生不良性貧血だ」
陽平「会わせなきゃ信用できないね」
吉岡「血液がいるんだ。輸血をするんでな」
陽平「（おどろき）そんな病気なのかい？」

吉岡「悪化すればわからんが、いまはひと月に二度ぐらいの輸血でいいそうだ。献血して、その手帳を、私にくれないか」
陽平「何故会わせないんだ？　悦子はどんなふうなんだ？」
吉岡「元気はないが、普通にしている」
陽平「何処にいるんだ？」
吉岡「約束する」
陽平「なにを？」
吉岡「私は、悦子君の看病をするが、それ以上のことは、決してしない」
陽平「それ以上って、キスとか、そういうことかよ？」
吉岡「そうだ」
陽平「当り前だ！　いくつだと思ってるんだ！」
吉岡「だから、ほっておいてくれないか」
陽平「見舞いもさせないのか」
吉岡「そうだ」
陽平「何故、悦子を、そんなに、かくすんだ！」
吉岡「惚れてるんだ」
陽平「え？」
吉岡「惚れちまったんだ」

陽平「ぬけぬけ、ぬけぬけ言ってくれるじゃないの」
吉岡「何もせん。ただ、俺一人で、癒してやりたい。ほっといてくれ」
陽平「悦子は、どうなるんだ？　悦子は、俺の顔も見られないで、ただとじこめられているのかよッ！　そんな勝手を」
吉岡「（陽平の腕をつかんで、廊下へドドッと押しまくって行く）」
陽平「な、なにを」
吉岡「（陽平を外に出してドアを閉める）」

■吉岡の部屋の前
陽平「恥ずかしくないのかッ！　特攻隊がこんなことして、恥ずかしくないのかよッ！（ドアを蹴とばす）」

■都電・停留所（夕方）
都電が着く。家の陰から、陽平、そっとその都電を見る。降りて来る人々の中に、吉岡がいる。歩いて行く吉岡。つける陽平。

■道A
買い物をする吉岡。そっと窺っている陽平。

■道B
吉岡、花屋の前を通りすぎてふと戻り花を買う。
陽平、窺っている。

■道C
吉岡が行く。陽平、つけて行く。

■道D
陽平、吉岡を見失って、走ってひき返したりする。

■悦子の新アパート・部屋
悦子「（ドアをあけ）お帰りなさい」
吉岡「いらっしゃい、だ（と入る）」
悦子「（花を見て）あら、めずらしい。高かったでしょう（と花をとる）」
吉岡「寝てなきゃ駄目じゃないか」
悦子「（花瓶の仕度）いまよ。いま起きたとこ」
吉岡「無理をしなげれば、と先生は言ったんだ。勝手をすれば、入院だぞ」
悦子「わかってるわ」
吉岡「蒲団を上げることはないんだ」
悦子「そうだけど」
吉岡「（台所を見て）流しをみがいたのか？」
悦子「あんまり光がなくなってるから」
吉岡「そんなことをしてどうするんだ、本気でなおす気があるのか！」
悦子「あるよ」
吉岡「大変な病気なんだぞ。なおすことだけを考えなくてどうするんだ」
悦子「怒ってばっかりいて」
吉岡「当り前だ。甘い顔をすると、つけ上がるからだ！」

■病院・治療室（昼）

輸血をする悦子。献血をする吉岡。音楽で――。

■ある会場・表

入場者の整理をしている吉岡と他の隊員。

■悦子の部屋（夜）

吉岡と悦子、笑いながら食事をしている。

■ある工事現場

巡察する吉岡。注意し、指示をあたえる。

■病院・診察室

父親のように悦子につき添って医者の言うことを聞いている吉岡。

■ある駐車場

田中先任長来て、一隅へ急ぎ、
田中「どうしました？　司令補」
吉岡「（腰をかけ、頭をたれていたのが、顔を上げ）いや、なんでもない（と立ち）ちょっと疲れた（とピシリとする）」

■雨の夜の警備

沢山の警備士が、雨の中をズラリと並んで、ガードしていて、その先端に吉岡がいて、雨に叩かれている。ここまで音楽で――。

■悦子の新アパート・部屋（昼）

悦子「（ドアをあけ）あ（サマーガウンを着ている）」
陽平「（廊下で、無理のように笑い、目を落とし）やっと見つけたぜ（また悦子を見て、無理のように微笑する）」
悦子「どうしてわかった？」
陽平「顔色、わりといいじゃないか」
悦子「そう？」
陽平「入れて、くんないのかよ？」
悦子「うん――（と迷う）」
陽平「なんだって言うんだよ。悦子と俺のつき合いじゃないか。どうしたって言うんだよ？」
悦子「（ドアからはなれながら）入って（と寝床へ行き、二つ折りにする）」
陽平「いいよ、寝てろよ、見舞いに来たんだから」
悦子「（二つ折りにするだけでも、心臓がドキドキしてしまい）いいのよ」
陽平「あいつ、どうしても悦子と会わせようとしないんだ」
悦子「私が、そうしてって、言ったのよ」
陽平「そうじゃないことは知ってるんだ。あいつは、おっかないんだ。俺を悦子に会わせると、悦子をとられると思って怖いんだ」
悦子「病気の私と会ってみても仕様がないじゃない」
陽平「水くさいじゃないか。そんなこと言うなんて水くさいじゃないか」
悦子「悪いけど、私」
陽平「悦子が病気だからって、俺がプロポーズ、とり下げるとでも思ってるのか？　そんないい加減じゃないんだぞ。俺ンとこへ来いよ。俺がどんなにでも面倒見てやろうじゃないか。俺が看病してやろうじゃねえか。あんな中年の世話んなることはねえよ、俺が立派になおしてやろうじゃねえか」
悦子「私が、ここにいたいのよ」
陽平「何故そんなふうに気を使うんだ。俺に迷惑かけまいとして無理してるんだろけど、そんなの古くさいじゃねえか。俺が好きなら、ドンと俺にぶつかって来いよ。俺にもたれて来いよ」
悦子「私――」
陽平「無理するなよ。二人で、なおして行こうじゃねえか。いまから此処を出て、俺のアパート行こうじゃねえか」
悦子「あの人といたいのよ」
陽平「嘘つけよ。五十じゃねえか、そんな奴の方がいいわけねえじゃねえか」
悦子「帰ってくれる」
陽平「悦子、なんでお前、そんなに本心をかくすんだ」
悦子「あんた——しょってるから、はっきり言うけど（と陽平を見つめる）」
陽平「（ちょっとひるみ）なんだよ」
悦子「私は、あんたより、あの人といたいのよ。あの人の方が好きなのよ。あの人と本当なら一緒に暮らしたいのよ」
陽平「信じられねえな（と虚勢のように）」
悦子「こうやって（編みかけの男物のセーターをひきよせ）あの人のセーター編んで、あの人待ってて、私、幸せなのよ」
陽平「——悦子」
悦子「あの人を、好きなの。あんたには悪いけど、あの人が好きなのよ」
陽平「（震えがきて）あいつの方はどうかね？　あいつは、悦子に惚れてるかよ？　惚れてなんかいねえさ。悦子にせまったかよ？　なんにもしねえだろ？　当り前さ、悦子を女だなんて思ってねえのさ、年を取って娘が欲しくなったんだ。そんな野郎に悦子が、どう入れあげたって無駄ってもんさ」
悦子「帰って」
陽平「親父じゃねえか。親父の年じゃねえか。そんな奴が好きだなんて、不自然で、薄汚ねえじゃねえか」
悦子「（ものすごく荒れ狂い）帰って、帰れ！　陽平なんか、帰れ！（と手あたり次第のものを投げたり、投げようとしたりして、力の限りで陽平を追い出す）」
陽平「（廊下へ出されて、目の前でドアが閉まる）」
悦子「（鍵をかけ、そのまま、そこへ坐り込む。胸を押さえる。動悸が激しい）」
陽平「悦子！　大丈夫か、悦子！」
悦子「——（荒い息）」
陽平「悦子——（絶望感が横切る）」

■路上（夜）

陽平の失恋に添った音楽で、甘く。陽平、ベロベロに酔って、三人ほどのアンチャン相手に、

陽平「ヨーシ！　相手になってやろうじゃねえか。どっからでもかかって来やがれ！」

かなり抵抗するが、三人に、結局は殴られてしまう陽平。

■悦子のアパート・廊下（夜）

医者が出て来る。送って吉岡、出て来て、

吉岡「ありがとうございました」

医者「明日、もう一度、病院と相談するんだね」

吉岡「はい」

医者「当然入院すべきだと思うね、私は」

吉岡「はあ。明日、早速」

医者「じゃ（と行く）」

吉岡「ありがとうございました」

■悦子の部屋

悦子「（蒲団に寝ていて天井を見ている）」

吉岡「（入ってドアを閉める）」

悦子「私、入院なんか、したくない」

吉岡「（微笑して）無理をするからじゃないか。あれほど無理をするな、と言っているのに、何故寝ていなかった？」

悦子「今晩、此処に泊まってくれる？」

吉岡「すぐ甘える。甘えていては、病気はなおらんぞ」

悦子「じゃ、帰っていいから、抱いて」

吉岡「悦子――」

悦子「強く抱いて、キスして」

吉岡「我儘を言うな」

悦子「私を嫌い？」

吉岡「嫌いで、こんな世話をするか」

悦子「じゃ、どんなふうに好き？」

吉岡「少し眠るんだ」

悦子「娘のように好き？」

吉岡「ああ、娘のように好きだ」

悦子「女とは思わない？」

吉岡「くだらないことを言うな」

悦子「どうして、くだらない？」

吉岡「いまはなおすことだ。他の事は何も考えんでなおすことだ」

悦子「入院しても来てくれる？」
吉岡「当り前だ」
悦子「入院なんかしたくない。ここで、ずっと二人きりで、いられたら、なにもいらない。死んでもいい」
吉岡「できるだけ傍にいてやる。病気をなおすんだ。元気になるんだ」
悦子「手を握って」
吉岡「――」
悦子「手もいや？」
吉岡「（手を握り）二人で、なおそう」
悦子「（急に吉岡の首に激しく抱きつき）抱いてよ。なによ、なによ、司令補なんか」
吉岡「（その腕をはがすようにはなして）よさないか。なおるまでは、余計なことは」
悦子「（パッとつかまれた腕をふりほどき）格好つけやがって！　なによ！　なんだい！　なによ！（と手あたり次第のものを吉岡にぶつける）」
吉岡「――（できるだけ避けない）」
悦子「――（疲れて、泣いてしまう）」
吉岡「――」

■働く吉岡Ａ（昼）
主題曲のメロディで――。

■病院・病室（夜）
看病する吉岡。たとえば、薬をのますとか。なるべく性的印象を避けて。

■働く吉岡Ｂ（昼）

■病院・洗濯場（夜）
洗濯をする吉岡。

■働く吉岡Ｃ（昼）

■病院・治療室（夜）
献血をする吉岡。輸血をされる悦子。

■働く吉岡Ｄ（昼）

■警備会社・事務室
関口警備士が、ツカツカと田中先任長の机に歩い

て行き、
関口「先任長」
田中「なんだ？（と帳面に何かをつけている）」
関口「吉岡司令補が、女を囲ってるというのは本当ですか？」
田中「なにを言う」
事務員たち、関口と田中を見る。
関口「仕事も大分手を抜いているそうじゃありませんか」
田中「そんなことはない」
関口「しかも、女は、会社の人間だということですが」
田中「なんの根拠があって貴様は、そんなことを大声で言うのかッ！」
関口「嘘ですか？」
田中「ちょっと来い（と廊下へひっぱる）」
関口「（ひっぱられながら）あの人は、やたら厳しいことを言ってましたからね。人に言っといて、そりゃあないよって、みんな言ってますよ」

■警備会社・廊下
田中「（来て）いいか、吉岡司令補が仕事で手を抜いているなどということはないッ！」
関口「超過勤務を、やたら逃げるそうじゃないですか」
田中「一身上の都合があれば、お前らだって休むだろう」
関口「その一身上の都合が問題じゃないんですか」
田中「私生活は、各人の勝手だ」
関口「部下の女の子ひっかけるのも勝手ですか？」
壮十郎、いきなり関口をはり倒している。
田中「暴力はいかん、暴力は」
壮十郎「（倒れた関口に）司令補は、そんな人じゃない。二度と、くだらぬ口をきくな」
関口「杉本に言うんだな。言いふらしてるのはあいつなんだからな」

■ある倉庫
制服の陽平が、はり倒される。私服の壮十郎が、殴ったのである。
壮十郎「俺は、お前がそんな安っぽい奴だとは思わなかったぞ。そんな汚い奴だとは思わなかったぞ」

陽平「（唇の血を手の甲でぬぐっている）」
壮十郎「お前の方がずっと若いじゃないか。何故そんな陰気なことをするんだ。堂々とぶつかっていけばいいじゃないか。司令補の悪口を言うなんて汚いじゃないか」
陽平「お前は、悦子に惚れてないからな」
壮十郎「惚れてりゃあどうだって言うんだ。勝負すりゃあいいじゃないか。五十すぎの相手に、なんでビクつくんだ。俺が看病するって、割り込んで行けばいいじゃないか」
陽平「――できるかよ（と小さく）」
壮十郎「何故できない？」
陽平「悦子はな、悦子は、向こうに惚れちまってらあ」
壮十郎「そんなことがわかるか」
陽平「わかるから言ってるんだ。バカヤロ」
壮十郎「だからイジイジケチな噂をふりまくのか？」
陽平「俺は薄汚いよ」
壮十郎「二度と陰口など叩くな」
陽平「――」
壮十郎「いいな」
陽平「持ってってやってくれよ」
壮十郎「なにをだ？」
陽平「（献血手帳を出し）血液が要るそうだ」
壮十郎「（手帳をとり）そうか」
陽平「悦子に渡しに行って、渡しそびれた。俺は、薄汚い野郎さ」
壮十郎「自分を憐れむ奴を、俺は嫌いだ（と行ってしまう）」
陽平「（見送って小さく）俺も、嫌いだ（いきなり自己嫌悪がつき上げて、なにかを蹴とばし、すすり泣きのような声を短く出す）」

■ある会場・入口

エレヴェーターがあき、暴力団風が五、六人凄みのある迫力で廊下を会場の方へ。

警備員「あの失礼ですが――」
暴力団「やかましい――（と無視）」
警備員B「ちょっとお待ち願います」
警備員C「招待状をお持ちでしょうか」
暴力団「（阻止され、じっとサングラスの陰から三人の警備員を見つめ、いきなり一人の警備員をはり倒す）あとは混乱。「待って下さい！」阻止しようとするが、簡単にはり倒される。警備員は、いずれも若い。

■警備会社・会議室

幹部が集まっている。大沢司令補が、吉岡につめ寄っている。小田社長もいる。

大沢「あなたは、第三、第五松崎ビルを巡察して、三時に会場へ到着する予定だった。事件があったのは、三時半です。到着していれば、当然あのような不器用な警備は防げた筈です。われわれは、あなたが到着していることを前提として、経験の浅い警備士を派遣したのです。そのことは、あなたもご承知の筈です。その後の報告によれば、第五松崎ビルを出たのは、二時十五分。予定より十五分早く巡察を終えている。しかるに、あなたが会場へ到着したのは、三時四十五分。車の渋滞を考慮に入れても、移動に一時間三十分、どうしてかかりますか？　どうしてかかりますか？　吉岡司令補」

吉岡「弁解いたしません。私の怠慢であります」

大沢「ひらき直るのはやめなさい。どうしてかかったかを説明しなさい。わが社は、大事な契約先の信用を失ったんです。具体的に説明していただきましょう」

小田「――」

吉岡「ある病人を見舞っておりました」

大沢「社員の島津悦子ですか？」

吉岡「（大沢を見る）」

大沢「たとえ社員であり部下であっても、勤務中にその予定をまげて連絡もせず見舞いに回るというのは不謹慎ではありませんか」

吉岡「その通りです」

大沢「しかも、あなたは、彼女が入院する以前は、アパートをあたえ、そこへ連日通っていたという情報があります。事実ですか？」

吉岡「事実ですが――」

大沢「事実であるかどうかだけをお聞きしたかった」

小田「大沢君」

大沢「はい」

小田「（静かに）もう充分だろう。処分は、私にまかせてもらいたい」

大沢「はあ」
小田「異議あるかね？」
大沢「いえ、ただ――」
小田「うむ？」
大沢「社員も、この処分については、注目をしております。かつて戦友であったというお気持はわかりますが」
小田「そのようなことで判断を左右はしない」
大沢「失礼いたしました」
吉岡「――」

■社長室

デスクの前の小田に、辞表をさし出す吉岡。

小田「（うなずき）預かっておこう（と辞表を机の中へ入れ）辞めてもらいたくはない」
吉岡「いえ――」
小田「辞職するほどの事件ではない」
吉岡「退職が当然だと思っております。今度のことだけではなく、私は、このところ、いくつかのミスをおかしました。怠慢でございました。ご迷惑をおかけいたしました」
小田「処分は、私にまかせてもらおう。厳しい処分をせざるを得ないだろうが」
吉岡「退職いたします」
小田「個人的にはね、ホッとしてるんだ」
吉岡「は？」
小田「（苦笑して）やっと吉岡さんも人並になったか、とホッとしてるんだ」
吉岡「（かすかな苦笑）」
小田「立派だったからねえ、吉岡さんは」
吉岡「いえ――」
小田「あなたの傍で、われわれは、なんとなく後ろめたかった。恥入っているところがあった」
吉岡「とんでもありません」
小田「その吉岡さんも、とうとう色香に迷ったか、と（と微笑し）ホッとしてるんだよ」
吉岡「面目ありません」
小田「のみたいね。つき合ってくれるね？」
吉岡「はあ――」
小田「それとも、彼女のところへ一刻も早くかな？（と微笑）」
吉岡「ご一緒させていただきます」

■割烹料理屋の一部屋（夜）

「失礼します」と仲居が四本の徳利を盆にのせ、

仲居「ほんとにあの、四本いちどきでよろしいんですか？」

小田「ああ、いいんだ。ピッチが早いんだ」

仲居「いまお持ちしたでしょう。そしたら、また四本お追加って言うんで、あらまあなんておどろいちゃって（と笑いながら徳利を置く）」

吉岡「（正座をして動かない）」

小田「コップ酒だからな」

仲居「（空の徳利をゆすって）まあ、ほんとにあっという間（とさげながら）それにしてもまあ、こちらお行儀のいい事。叱られてるみたいじゃありませんか」

小田「叱ってるんだ」

仲居「おや、怖い」

小田「俺が一期先輩でな」

仲居「大学ですか？」

小田「軍隊だよ、軍隊」

仲居「まあ、そのまんま、まだ威張ってるんですか？」

小田「そりゃそうさ。上官だ、こっちは」

仲居「あらあら（と出て行きながら）おっかない上官だこと、失礼いたしました（と去る）」

小田「（苦笑して）吉岡さんよ」

吉岡「はい」

小田「上官の評判が悪くなる、足くずせよ」

吉岡「いえ――」

小田「頑固だねえ。まあ、そのくらいじゃなきゃ、あんたのような生き方はできなかったろうが、三十二年もたってるんだ。いい加減にやわらかくなっちまえよ。いいきっかけじゃないか」

吉岡「はあ――」

小田「その子と、本気なら、仲人は、やらせてもらうぜ」

吉岡「社長」

小田「うん？」

吉岡「私は、結婚をする気などありません」

小田「そうか。いや、本気かと思っていたんでな」

吉岡「本気です。本気なら尚更でしょう。二十三の娘を、五十男が嫁にはできません」

小田「かまうもんか。向こうも、その気なら、結構な話じゃないか」

吉岡「私は、固い人間ではありません」
小田「（苦笑）あんたが固くなかったら、俺など液体だよ」
吉岡「黙って聞いて下さい（酔っているのが微かにわかる）」
小田「失敬した」
吉岡「女遊びもいたしました」
小田「そうかい（意外）」
吉岡「ただ、一人の女を続けるということはいたしませんでした。自分の部屋へ女を泊めるということもいたしませんでした。くだらない頑張りですが、それが、私の死んじまった奴らへの義理立てでした。若くて女もろくに知らず死んで行った奴らに、一人ぐらい、世帯を持たず、つき合ってやる奴がいてもいいと思っていたのです」
小田「うむ」
吉岡「忘れることができない人がいて、その女性と再会した時は、ひどく迷いましたが、自分を殺しました」
小田「うむ」
吉岡「五十をすぎて、もう俺も、静かに老いぼれて行くだけかと思った時、目の前に、あの娘がおりました」
小田「うむ」
吉岡「若いということが、まぶしいほどでした」
小田「うむ」
吉岡「二人でいる時など、自分でも押さえられずに、誘いの声をかけてしまうのではないかと、心の中で、とり乱すようなこともありました」
小田「うむ」
吉岡「杉本警備士から、あの娘と結婚したいという相談を持ちかけられた時は、正直言って、ホッとしました。よし、この役目を果たしてやろう、若い奴は若い奴と幸せになればいい、ときまりがついたような思いでした」
小田「ところが娘は、あんたを好きだと言った」
吉岡「どうして？」
小田「わかるさ。女がその気でなきゃあ、あんたがこんな始末になるわけがない」
吉岡「病気だと言われました。病気でなければ、どうなっていたかわからない」

小田「いいじゃないか。どうにでもなればいい」
吉岡「病気だけは、自分の手で治してやりたい。人の手をかりたくない。溺れるという奴ですねえ。娘を、他の人間から隠したくなった。近所のアパートへ移すような、バカなことをしました」
小田「抱いたかい？」
吉岡「いいえ」
小田「何故抱いてやらん。そんな淋しい話があるか、病気だけ治してやるなんて、そんなバカな話があるか」
吉岡「入院してるんです」
小田「じゃあせめて結婚の約束をしろ。その子も、それを待ってる筈だ」
吉岡「若い娘です。元気になれば、気持が変わるかもしれない」
小田「そんなことは知ったことか。溺れてやせんじゃないか。分別で、がんじがらめじゃあないか」
吉岡「溺れてます。この私が、仕事が手につかなかったんです。淋しがってやせんか、不自由をしてないか。腑抜けのようになって、あの娘のことばかり考えていたんです」
小田「よし帰れ、帰って抱いてやれ。辞職もいいだろう。辞めたければ辞めたらいい。生きたいように生きればいい。羨ましい奴だ。その年で小娘に夢中になれるなんて羨ましい野郎だ。ただし、女を知らん」
吉岡「――」
小田「いいか。その娘は、あんたが抱くのを待っている。嫁になれ、と言うのを待っているぞ」
吉岡「――」
小田「帰れ。早く行っちまえ。こっちは、のみ直しだ。吉岡少尉は、早く行っちまえ！（とコップ酒を更にのんで）」
吉岡「――」

■病院・廊下（夜）

悦子の病室のドアがあき、看護婦三人ほどと医師によって、急ぎ治療室へはこばれて行く悦子。

吉岡「（廊下の端へ来て、ギクリとし）どうかしましたか（と走り寄って聞く）」
看護婦「大丈夫です。あとで――」

吉岡「（一緒に小走りに）悦子」
悦子「（青白い顔で反応がない）」
吉岡「（追いすがるように）悦子（と小さく言う、その腕をつかまれる）」
若い医師「（吉岡の腕をつかんで）生血液が必要です。多ければ多いほどいい」
吉岡「なんとかします」
若い医師「内臓出血をしたようなんです。お願いします（と走り去る）」
吉岡「内臓出血――」

■病院・治療室
意識のない悦子。その周りで、慌しく動く医師、看護婦。

■病院・赤電話
吉岡「（受話器を握りしめ）田中さんか。頼みがある。助けてもらいたい。A型の血液を、いま至急に、できるだけ欲しい」

■警備会社・事務室
田中「（電話に出ていて）悦ちゃんですか？」
壮十郎「（傍にいて立つ）」

■病院・赤電話
吉岡「そうだ。悦子君だ。助けてもらいたい。意識がないんだ。真っ青なんだ、助けてもらいたい！（半ば取り乱している）」

■警備会社・事務室
壮十郎「（電話に出ていて）司令補！　鮫島です。いま田中さん、走りました。私も、行きます。すぐできるだけ集めます」

■モンタージュ
治療室の苦しむ悦子。走る警備会社の車。運転する壮十郎。運転する田中先任長。献血している吉岡。苦しむ悦子。病院玄関へすべり込む車。バラバラおりて中へ急ぐ警備員たち。苦しむ悦子。

■病院・階段踊り場

悦子の母、宮子が吉岡を持っていたハンドバッグで激しく殴るようにしながら、

宮子「一体、あんたは、なんだい！　今まで母親に知らせないで、あんたは、なんのつもりだい！」

壮十郎、田中、他の隊員たち、あまりの母の剣幕にのまれている。吉岡は無論無抵抗である。

宮子「娘をあんなにしやがって、入院までしてるっていうのに、親の私に、なんの知らせもよこさないで、あんなになってから、アワをくって、それでも上司かい、それでも、一人前の男かい！」

壮十郎「お母さん（と漸く宮子の腕をとる）」

宮子「なにしやがるんだ！」

田中「お母さん、悪気があってしたんじゃないんだ」

宮子「悪気がなけりゃあ馬鹿野郎だ。何処に、娘が病気になって知らせない会社があるもんか！　はなせ！　はなせ！　この若僧！」

吉岡「はなせ、鮫島君」

宮子「なにを、こいつ、人を女だと思って（と暴れかけてハッとする）」

看護婦「（立っている。激しさに、ひるんだようにしている）」

宮子「どうかしたの？」

看護婦「吉岡さんを、先生が、ちょっとだけ面会」

宮子「なんですって」

看護婦「名前を呼んでいるんです」

宮子「冗談じゃないよ。母親の私がいるのよ。母親の私をさしおいて、こんな男に面会許す法はないでしょう（と走って行く）」

田中「お母さん（と追う）」

看護婦「お母さん（と追う）」

吉岡「――」

壮十郎「司令補」

吉岡「当然だ。母親が会うのは、当然だよ」

■治療室

宮子「（悦子に近づき）悦子、わかるかい？　お母さんだよ！　とんだ目にあったね。お母さんびっくりしちまったよ。ひどい奴らじゃないか、こんなになるまで、私に知らせないなんて、ひどい奴らじゃないか！（泣く）」

悦子「お母さん――」

宮子「なんだい？　なんだい悦子」
悦子「吉岡さん、吉岡さんを」
宮子「なに言ってんだよ、お母さんが、此処にいるのに、男の名前なんか、呼ぶことはないじゃないか」
悦子「吉岡さんを――」
医師と看護婦は立ち会っている。

■治療室前の廊下

カチャリと治療室の戸が開いて、宮子が出て来る。
壮十郎、吉岡、田中を前に隊員たちが立っている。
壮十郎「お母さん――よろしいですか？　吉岡さん面会しても、よろしいですね」
宮子「（急にこみあげて）この野郎（とさすがに小さく、しかし吉岡を押しまくる）この野郎、娘になにをしたんだ（と壁に押しつけ）親の苦労も知らないで。一人で大きくなったような顔しやがって（泣く）」
陽平「（急に宮子の腕をとり）泣くなよ。悦ちゃんあんたのこと、よく話してたよ」
宮子「なんだい、あんた（と顔をそむける）」
陽平「意地悪するなよ（とやさしく）吉岡さんて、呼んでるそうじゃないか（と泣いて宮子を抱くようにする）」
吉岡「陽平――」
壮十郎「司令補、みんなの分も頑張れって言ってやって下さい」
田中「先生が早くって言ってるから」
宮子「え？」
吉岡「（急ぐ）」

■治療室

吉岡「（急ぎ、しかし音は殺して入って来る）」

■廊下

陽平「お母さん、少しだ。ほんの三十秒だ（と抱くようにして）頼むよ、二人にしてやれよ。呼んでたんだろ、吉岡さんて呼んでたんだろ」
宮子「（さからわない。ドアの方を見て、泣いていて）あの男はなんだい？　いい年をして悦子のなんだい？」

■治療室

吉岡「悦子。悦子」
悦子「（漸く目をあける）」
吉岡「頑張るんだ。みんないるぞ。みんな悦子頑張れって、言っているぞ」
悦子「駄目らしい」
吉岡「なにを言う」
悦子「どうして死ぬって屋上で言われたたね。殴られたね。あの時は、死のうと生きようと、たいした違いはないような気がしてたのに」
吉岡「あまり口をきくな」
悦子「生きたいわァ」
吉岡「当り前だ。諦めちゃ駄目だ」
悦子「本気で生きたいって思うまでに手間がかかったわ。特攻隊の頃とちがって、いまは手間がかかるのよ」
吉岡「わかった。つまらんことを言うな」
悦子「ごたごた嫌なこと一杯あって、スカッと生きたいっていうふうにならないのよ」
吉岡「そうか——（黙らせたくてうなずく）」
悦子「スカッと生きたいと思ったら、死ぬ時だなんて、そんなもんかもねえ」
吉岡「死ぬ時なもんか」
悦子「でもまだ、私歪んでるのかもね。こんな年のはなれた司令補、好きになっちゃうなんて」
吉岡「（無理に苦笑し）くさるようなことを言うな」
悦子「でも、本当に好きなのよ。本当に好きになっちゃったんだもんなあ」
吉岡「悦子——」
悦子「司令補も好き？　私を好き？」
吉岡「一緒になろう。元気になったら、一緒に住もう」
悦子「とうとう」
吉岡「悦子」
悦子「言った。やっと言った（笑うような泣くような声を出し、涙が溢れる）」
吉岡「悦子」
悦子「（泣いている）」
吉岡「悦子」
悦子「（泣いている）」

■病院・表（夜明け）

鴉の鳴き声がする。

■霊安室

悦子の遺体の前に警備士姿の小さな写真と線香があげられている。泣いている宮子。その周りに、宮子の縁戚の男女が三、四人いる。二人ほどは、小声で話をしている。遠慮がちに、壁を背にして、吉岡、陽平、壮十郎、田中が椅子に掛けている。

親戚の男「（廊下を、もう一人の男と来て、戸をあけ）義姉さん」
宮子の男「（宮子の横にいて）なんだい？」
親戚の男「いや（もう一人の男に）ちょっと待ってよ（と言って宮子の男に近づき）葬儀屋が来てるんだけどね、どうする？」
宮子の男「どうするたって、葬式は埼玉でやるんだからな」
親戚の男「チェーンがあるって言うんだよ。やらしてくれないかって言うんだけどね」
宮子の男「そりゃやらしたっていいけど、手回しよすぎるじゃねえか（と立って行く）」
吉岡「――」
陽平「――」
壮十郎「――」

葬儀屋「どうも、この度はご愁傷さまでございます」
宮子の男「ご愁傷さまはいいけど、勉強するんだろうな」
葬儀屋「ええ、それは、勉強させていただきますが」
宮子の男「まあ、葬式ったって、若い娘のことでな、そう人数集まるわけじゃないんだけどな」
葬儀屋「はあ、お通夜を今晩、明日告別式というのが丁度友引を避けられて、結構かと存じますが」
陽平「――（たまらなくなって立ってしまう）」
吉岡「（その膝をおさえる）」
陽平「だって、あんなことを、なにも此処で」
吉岡「お前が怒っちゃいかん。騒いじゃいかん（と小さく言う）」
陽平「――（ゆっくり腰をおろす）」
宮子の男「これが最低料金かい？」
葬儀屋「はあ、これ以下ということになりますと、あんまり淋しいお葬式になりますようで」
宮子の男「ま、そりゃ、金がねえわけじゃねえんだがな」
親戚の男「金かけたからって、仏が満足するってもんじゃないからね」

宮子の男「そう。こういうことは、送る人間の気持がこもってりゃあいいんだからな」

このシーンの頭から音楽は、ただ哀しく。宮子の男たちの会話は、細かくＯＦＦになり、それらの声は吉岡、陽平、壮十郎、田中の顔にかかる。

■吉岡のアパート・外階段（昼）

大家のおばさん、外からやって来て階段下で振り返り、上がりながら、

おばさん「そうよ。おとついの夜よ。午後からあんた、古道具屋だか軽トラに乗ったの連れて来て、なんでもかんでも、まるで二束三文みたいに持ってかせて、もうちょっと吉岡さん、駆け引きしなきゃ駄目だって言ったってなんだって、ききゃしないでさ」

陽平と壮十郎、続いて上がって行く。

おばさん「見たけりゃ見せてあげるけど、なんにもありゃあしないわよ」

■吉岡の部屋の前

おばさん「（鍵をあけながら）あの人のことだから、おそくまでかかって、綺麗に掃除して、私のところも、突然ひき払うんだからってふた月分置いて、何処へ行くんだって聞いたって、決めてません、それじゃあ、手紙が来たら回せないって言っても、捨てちまって下さいって（気がつき）あ、見たって、仕様がないと思うけど、見たけりゃご覧なさいな。私は、ちょっと、そこの部屋行ってくるから（と奥の部屋の方へ行き）神崎さんいる？　あ、奥さん、こないだのことどうなった？（このあたりで音楽と入れかわって声消える）」

陽平と壮十郎、おそるおそるのように、部屋に近づく。

■吉岡の部屋

がらんとして、なにもない。立ちつくしている陽平と壮十郎。

陽平「水くせェじゃねえか。俺たちに一言もなしかよ」

壮十郎「余裕がないんだ。俺たちに口をきく余裕がないんだ」

■東北本線
　北へ行く列車が走っている。

■列車の中
　吉岡、外を見ている。

■車窓風景

■日本海の海岸
　秋である。誰もいなくなった海岸を、吉岡の後ろ姿が遠くなる。持ち物は小さなボストンバッグだけである。打ちよせる波。

「男たちの旅路・第Ⅲ部 3話」キャスト・スタッフクレジット

キャスト

吉岡晋太郎——鶴田浩二
杉本陽平——水谷 豊
島津悦子——桃井かおり
鮫島壮十郎——柴 俊夫
田中先任長——金井 大
島津宮子——今井和子
大沢司令補——草薙幸二郎
関口警備士——桐島好夫
宮子の男——及川ヒロオ
親戚の男——辻 シゲル
葬儀屋——福原秀雄
大家のおばさん——春江ふかみ
医者——高並 功
看護婦A——大坪日出代
看護婦B——大和撫子
アベック男——小池雄介
アベック女——木瓜みらい
小田警備会社社長——池部 良

スタッフ

音楽——ミッキー・吉野
美術——青柳敏郎
技術——杉村忠彦
効果——広瀬洋介
記録——市川筆子
擬闘——林 邦史朗
制作——沼野芳脩
演出——中村克史

IV

一九七九年十一月十日〜十一月二十四日 放映

1

流氷

「いつの間にか人間てのは、戦争する気になって行くんだってェところあたりをしゃべって貰いたいね。そうじゃないとよ、俺たち、戦争ってェのは、本当のところ、それほどひどいもんじゃねえのかもしれない、案外、勇ましくて、いい事いっぱいあるのかもしれないなんて、思っちゃうよ」

■根室本線・窓外風景（昼）

スーパー「根室本線」

■列車の中

憂愁のひとり旅という思い入れの杉本陽平が、窓の外を見ていて、窓枠に置いたライターと煙草をとり、仕草に気をつけながら、一本抜く。抜きながら微妙に、斜め向うの座席をチラと見る。その席の女子短大生ふたり旅という印象の娘たち、陽平の瞬間の視線に忽ち反応して、Ａが身をすくませＢの耳へ「ウワ、見た」とはずんで囁く。

陽平「（ますます意識して、二枚目風に煙草に火をつける）」

Ａ「（小声で）やだ（とＢを押す）」

Ｂ「（小声で）言いなさいよ（Ａを押す）」

陽平「（窓外を見て、ちょっと眉を寄せて、煙を吐く）」

Ａ「（Ｂに押されるように通路に立つ）」

陽平「（わざとその方を見ないでいる）」

Ａ「あ、あの」

陽平「（はじめて気づいた感じで）は？」

Ａ「ちょっと、あの、よろしいですか？（と陽平の前の席を指す）」

陽平「ああ（と微笑し）どうぞ」

Ａ「（パッと自席のＢを見て）原田さんいらっしゃいよ」

Ｂ「（窓の方を見ていて、片手でいやいやとせわしく振る。はずかしい）」

Ａ「やだわ（陽平を見て）すいません」

陽平「いえ、どうぞ」

Ａ「フフ、失礼します（と、一礼して腰掛け）あのオ」

陽平「は？」

Ａ「おひとりで旅行ですか？」

陽平「ええ」

Ａ「何処からですか？」

陽平「東京からです」

Ａ「フフ、あの、ぶしつけなんですけどオ」

陽平「ええ」

Ａ「私たち、静岡の短大の二年生なんですね。今日まで、三日間北海道を旅行してて、あと四日あるんですけどオ、もしよかったら御一緒に旅行しませんかって、あの思ったんです」

陽平「あ、あの一緒に？（と夢のよう）」

Ａ「旅って、そういう事がないとつまらないと思うんですよね」
陽平「そ、そう思うなあ」
Ａ「でもちっとも素敵な人にめぐり合わないでエ。さっき釧路からアーそちらが乗ってらっしゃってエ、ウワって思ったんですよね」
陽平「ほ、ほんとかなあ」
Ａ「ほんとです」
陽平「ア、ハハ、フフ」
Ａ「じゃあの、一緒に旅行してくれますね？」
陽平「ええ、もう（文句なくといいかけて役目を思い出し）あ（と情けない声）」
Ａ「はあ？」
陽平「ああ（と絶望の思い）」
Ａ「どうかしたんですか？」
陽平「いや、フフ（自分をとり戻そうとしながら）駄目なんだよねえ」
Ａ「駄目？」
陽平「いや、ぼ、ぼくにはね」
Ａ「ええ」
陽平「やらなくちゃならない事があるんですよ」
Ａ「あら」
陽平「一人の男をさがして、こうしてさい果てまで、旅をしているんですよ」
Ａ「映画みたい」
陽平「だけど残念だなあ。こんなことめったにないもんなあ。フフ全部あと回しにしちゃおうかなあ」

■メインタイトル

窓外風景。
クレジット、タイトル。
厚岸駅で女性ＡＢおりて「さよなら」と出て行く
列車に手を振っている。残念でたまらない思いで、
陽平手を振っている。前に、女性がいた所は、いまは、夢も希望もない五十男の漁師風が腰掛けている。やる瀬ない陽平。
クレジット
タイトル
終って――。

■根室駅ホーム

電車、入って来る。「根室、根室。終着駅、根室です」とアナウンス。

■根室駅・前

制服の女子高校生が一劃で、六人ほどでキャッキャッと笑い、立ち話をしている。傍へ行き、ヒヒヒと一緒に笑って注意をひく陽平。女子高校生たち。しらけて陽平を見る。陽平、動ぜず笑顔で。

陽平「フフ、ちょっと（待てよ。というように手をあげ、たとえば胸ポケットから吉岡の制服写真をとり出し）こういう人、知らないかなあ？」

その写真。

陽平の声「吉岡晋太郎っていうんだけど」

■根室郵便局

中年の局員「（カウンター越しに陽平と向き合っていて吉岡の写真を見ていて）警察官かい？」

陽平「ガードマン。でもいまはそんな格好してないのよ。首から上だけ見て下さいね。なかなかね、中年男にしちゃあ、しゃきっとしててね、目立つと思うんだけど」

中年の局員「見たことねえな（と返してよこす）」

陽平「いや、そう簡単にね」

中年の局員「（陽平の後ろに立っている主婦を見て）なんですか？」

主婦「あ、留守してたもんでね（と不在中の書留を局へとりに来てくれ、という葉書大の通知を渡す）」

中年の局員「（それを受けとりながら、陽平に）なんで根室にいると思うの？（と奥へ書留をとりに行く）」

陽平「あ、それはねあの、この葉書（と葉書をとり出し、奥へ行った局員に大声で）葉書が来てね、消印がほら、根室、根室ってなってんですよ」

中年の局員「住所は？（と戻って来る）」

陽平「住所がありゃああんた、直接そこへ行っちゃうよ。住所もなんにもないからね、ほら、ただ消印だけ」

中年の局員「（主婦へ）身分証明になるものありますか？」

主婦「はい、保険証、これ（とさしだす）」

陽平「根室っていえば日本じゃやっぱり北海道の此

処でしょう？」
中年の局員「（保険証と書留の住所を照合して）印鑑を」
主婦「どうぞ（と渡す）」
陽平「勿論ね、勿論消印だけじゃ此処に住んでいるっていう保証はないわけ、だけどね、一年半ぶりで葉書が来たのよ」
中年の局員「御苦労さま（と主婦へ渡す）」
主婦「お世話さんでした（と受け取って去って行く）」
陽平「ほらこれ（と葉書を見せ）根室、根室でしょう？　これ」

■根室警察・外勤課

警官「（三十代。やり手の感じ）で、（と葉書を裏返しながら）あんたとは、どういう関係？」
陽平「関係って、その」
警官「お父さん？（たたみかける）」
陽平「お父さんじゃないですよ」
警官「親戚？（たたみかける）」
陽平「いや、その、ちょっと」
警官「恨みでもあるの？」
陽平「そんな、いまいおうとしているんじゃないですか」
警官「だからなに？」
陽平「だから、あの、上司ですよ。あの、職場のですね、上の人だったんですけど」
警官「上司が下の者へ出した葉書じゃないねえ（と文章を見ている）」
陽平「いや、だから、その葉書は、社長宛てですよ。小田雄一郎って書いてあるでしょう。俺は杉本陽平だもん」
警官「使い込みでもしたの？」
陽平「誰がですか？（分っててカッとなる）」
警官「吉岡晋（と読みかけるのを）」
陽平「（かぶせて）吉岡晋太郎さんはですねえ。使い込みするような、そんなケチな野郎じゃないんですよ」
警官「じゃあ、なんでさがしてるの？」
陽平「逢いたいからですよ。どうしているかと思ってるからですよ」
警官「警察へ来れば分ると思ってるの？」
陽平「いや、分るとは思ってないけど」
警官「実態を摑もうと努力してるよ。流入流出、外勤課としては出来るだけのことはしとるがねえ。調べすぎりゃあ、警察の管理強化だとかなんとかいってドア閉めちまうアパートも沢山あるんだよ。さがす時だけ警察に頼ろうったって、そうはいかないんだよ」

■市役所・戸籍係

所員「（奥から、メモ用紙を持って来て）杉本さん」
陽平「はい、此処（とカウンターのやや脇からとんで来る）」
所員「住民登録してませんねえ」
陽平「そうスか。そうだろうと思ったけどね」
所員「登録してない人については、市役所はちょっとどうにもなんないよね」
陽平「すんませんでした（ともう行きかかるのを）」
所員「どういう仕事についているか、見当つかないかい？」
陽平「いや、とにかく、なんちゅうか、気取りのある、男なのよねえ。だから、こうバチッとしたね。なんかこうシャキッとした仕事やってるんじゃないかと思うんだけど」
所員「シャキッとした仕事っていうと」
陽平「具体的にはねえ、俺もなんだかよく分らないけど」
所員「しかし、他所から来た人が就職出来る仕事っていうと」
陽平「うん？」
所員「まあ、やっぱ、根室じゃあ、漁業関係ってことになるよねえ」
陽平「船ですか？」
所員「船に乗るかどうかは別としても」
陽平「乗ってるかも知れないねえ。イヨッと網かなんかたぐっちゃって、野郎共、グズグズすんなッ、なんて。そういう人なのよ。そういうのが似合うんだよね」

■根室港・漁業組合事務所前

陽平「（出て来て）ありがとうございました（しょんぼりとしてドアを閉める）」

■港

夕方の港で、殆んど人影がない。

陽平「（のそりと疲れて立上り）あーあ、面倒かけやがって」

海。

吉岡の声「（手紙）ひとかたならぬ御理解御芳情をいただきながら、一年半余り御無沙汰のまま打ちすぎてしまいました。その節の御親切、衷心より御礼申上げます。身に沁みております」

■警備会社・社長室

小田が椅子を夕日の窓に向けて腰掛けている。机の前で、制服の陽平が、吉岡からの葉書を読んでいる。

吉岡の声「（前シーンと直結で）勝手な言い草ですが、ひとり、いまだ生きながらえております。お変りございませんでしょうか？
片片《へんぺん》たる葉書ですむ事ではございませんが、一筆お詫びと御礼の気持のみお便りさせていただきます。社内諸兄によろしくお伝え下されば幸いでございます。
小田雄一郎様。
吉岡晋太郎」

陽平「（読み終えて顔を上げる）」

小田「手がかりは、消印の根室だけだ」

陽平「（うなずく）」

小田「しかし旅の途中で出したものではあるまい」

陽平「（うなずく）」

小田「そのあたりにいる筈だ」

陽平「で」

小田「さがして貰いたい（と陽平を見る）」

陽平「はあ（かすかに複雑な反応）」

小田「嫌か？」

陽平「いいえ（きっぱり）嫌じゃありません」

小田「出張扱いにする。但しダラダラ時間をかけるな。根室は、それほど広い街ではない」

陽平「分りました」

小田「あいつはダンディだからな。人恋しくなっても照れてるんだ。住所を書かずに、消印で知らせるなんて可愛いじゃないか。ハハハハ」

■安宿の一室（夜）

四畳半。中央に立っている陽平、座蒲団を蹴とばし、

陽平「可愛いのはいいけど、これから、どうしたらいいんだよ。（と、もう一度座蒲団を蹴とばすと、

スリッパのあたりにとび、タイミングよく、というか悪くというか、ドアが開き）」
おばさん「あーら、そんな事やめて下さい」
陽平「寒いのよ。おばさん、じっと坐っちゃいらんないよ」
おばさん「（ちょっと廊下へひっこみながら）ドテラがあるでしょう」
陽平「暖房ちっとも回って来ないじゃないの（と隅の温風機を叩く）」
おばさん「（脚付き膳を持って入って来ながら）春ですからね、もう」
陽平「春ったって氷はってるじゃない。海、氷が浮んでるじゃないの」
おばさん「そんなこといってたら真冬はどうするんですか？」
陽平「真冬になんか、此処にいねえもん」
おばさん「おつゆあったかいからのんで下さい」
陽平「お銚子下さいよ。頼んだじゃない」
おばさん「頼んだ？」
陽平「頼んだよ。さっきこっち来る時、日本酒ねっていったじゃないの」
おばさん「何本ですか？」
陽平「何本って、何本だっていいよ」
おばさん「じゃあ十本（と立って行く）」
陽平「十本？　十本なんて、そんな」
おばさん「（ニコリともせず）冗談ですよ」
陽平「冗談ならね、冗談みたいな顔してよッ！」

■パチンコ屋

がらがらな店。陽平、ドテラを洋服の上から着て、はじいている。ややはなれた所の青年の台がやたらに出る。チチン、チチンとしょっ中なので、チラチラ見ていた陽平、遂に青年を見つめてしまう。
青年は尾島清次である。
陽平「ちょっと、ちょっとひどいんじゃないの（と独り言めいていいながら椅子からおり、清次の方へ行きながら）あんた、ほんとに入ってんのかよ？」
清次「（へへへと笑っている）」
陽平「（チチンと出るので）ああ、入ってねえのに出るじゃないの（と小声でいう）」
清次「（フフフと笑っている）」

陽平「(上を向き) ちょっとその中にいる人。中の人、俺にもちっと回してよ、俺にも (と小声でいう)」
三十女「(厚化粧、チリチリ頭が顔を出し) あら、清《せい》さんの友達? フフフフ (凄まじい)」

■大衆酒場

狭い店。その隅で花咲ガニと日本酒を前にして陽平と清次が向き合っている。

陽平「いくつよ? あれ。いくつ?」
清次「三十八」
陽平「そうだろ? どう見たって四十近いと思ったよ」
清次「(独酌でのむ。微笑)」
陽平「あんなのと出来てんのかよ?」
清次「ううん」
陽平「やめとけよ。いい若いもんが、パチンコの玉ぐらいで、あんな奴に身イ売っちゃいけねえよ」
清次「(フフとのんでいる)」
陽平「フフってなんだよ? 真面目に聞いとけよ。年上の言うことは真面目に聞いとけって」
清次「(またヒラリとのむ)」
陽平「どうでもいいけど黙ってよくのむね」
清次「(フフと平静に、また独酌)」
陽平「よう」
清次「う?」
陽平「うじゃないよ。お前も妙な野郎じゃねえか。地元の人間だって言ったな?」
清次「うん (とのむ)」
陽平「船に乗ってるって言ったな」
清次「乗ってねえ」
陽平「乗ってるって言ったじゃねえか」
清次「フフ (のむ)」
陽平「言ったじゃねえか。船員だって言ったじゃねえか」
清次「親方の船が、船火事おこしてな」
陽平「船火事?」
清次「当分、乗られねえんじゃないかな」
陽平「そうかよ」
清次「パチンコぐらいで稼がねば、生活ゆるくないもんね」
陽平「そういうことかよ。しかしまあ、船火事とはとんだこったよなあ（と吉岡の写真をポケットから出し）、こんな顔おぼえてないかよ？」
清次「（見ている）」
陽平「このあたりで船に乗ってるかもしれねえんだ」
清次「おぼえないね（と独酌）」
陽平「そうかよ」
清次「帰るかなもう（とのむ）」
陽平「（顔をあげて清次を見る）」
清次「あーあ（と目のあたりをこすって、のびをする）」
陽平「よう。ちょっとよう。お前ちょっとおかしかねえか？」
清次「なにが？」
陽平「お前俺に対する好奇心とか、そういうものなんにもないのかよ？」
清次「なに、それ？」
陽平「いいか、見たこともねえ男が、ちょっと顔貸してくれと酒並べてよ、写真一枚見せてこの男知らねえか、といえば、普通なら、何者だろうかとか、警視庁捜査一課の刑事だろうかとか、そういうこと想像するだろう？」
清次「そうかね？」
陽平「ほうッ。情熱ないねえ。まいるね。この頃の若いもんは！」

■安宿の表（朝）

情景。

■その一室

陽平、まだ寝床にいて、カーテンのすき間から漏れる太陽が、丁度顔にあたっていて、まぶしそうな顔をし、それから泣くような声を出し、「なんだかスースースースーして、一晩中よく眠れなくてお母ちゃんもう、ボクちゃんいやになっちゃったァ」などと顔をくちゃくちゃにしてのどでクークーいうようにぼやき、「もう、ウー」と身体をのばして、はじめて目をあき、ぎくりとする。清次が入口近いあたりに腰をおろしてにやりと微笑。
陽平「（威厳をとり戻そうとして、不機嫌な顔になり）なんだよ、（と起き上り）人の部屋へ黙って入ってることはねえだろ」
清次「フフ」
陽平「お早うっていってみろよ。お早うございますもいえねえで、どうするんだ！」
おばさん「あら、お客さん、起きた？」
陽平「起きたじゃないよ。朝飯なんかいらねえから
ね。オレ（と照れくさいので、大声を出す）」

■喫茶店「ろりあん」店内

陽平「（清次と向き合っていて、財布から二千円出し）じゃ、
これは今日の分だ。とっとけよ（前シーンの不
機嫌が残っている）」
清次「いいよ」
陽平「いいってことはないよ。とっとけよ」
清次「（うなずいてとる）」
陽平「一日二千円じゃ安いけどよ、どうせお前は退
屈してるっていうから、二千円と昼飯で勘弁
して貰うわけだ」
清次「（うなずく）」
陽平「土地カンが、こっちは全然ないからな。人を
さがすったって、何処へ行ったらいいか分りゃ
しねえ」
清次「（うなずく）」
陽平「よろしく頼まあ」
清次「（うなずく）」
陽平「まったくまあ首いたくなっちまったよ、一晩
中、寒くてちぢまって（と首を回す）」
美少女、信子がコーヒーとサンドイッチを持って
来る。
信子「お待たせしましたァ」
陽平「（この信子を見て、へえ、と思う）」
清次「（煙草を出して、くわえる）」
信子「ごゆっくりどうぞ（と去る）」
陽平「（見送って）おう、よう」
清次「え？」
陽平「いいの、いるじゃねえか」
清次「（苦笑）」
陽平「いいじゃんか、ああいうの」
清次「（苦笑）」
陽平「笑ってんじゃないよ。ああいうの狙わないで
どうすんだよ！　あんなのがいるのに、よく
パチンコ屋の化物なんかとこ行くなあ（いい
ながら、ミルクや砂糖を入れる）」
清次「駄目なんだよね」
陽平「どうして？」

清次「（苦笑）」
陽平「結婚してんのか？（信子は、の意）」
清次「ううん」
陽平「決まってんのか？」
清次「結婚もしてねえし恋人もいねえようだけど」
陽平「嫌いか、ああいうの？」
清次「嫌いじゃあねえけど」
陽平「おっかねえのか？」
清次「いや（と苦笑しかかるのを）」
陽平「だらしないねえ。俺なら、三日もありゃものにしちゃうね、はじめは、そりゃ嫌とかなんとか言うもんよ。そんなもんでビビってるようじゃ素人。（信子の方を見て）いいじゃねえか、根室も、いい線行ってるじゃねえか」
清次「妹なんだよね」
陽平「え？」
清次「妹」
陽平「お前の？」
清次「（うなずく）」
陽平「ハハ、そうかよ。まいったね。ハハハ、ハハハ」
清次「（はじめて睨むような顔で）俺はね」
陽平「うん？」
清次「喧嘩やって負けたことないんだよ」
陽平「それが、どうした？」
清次「他の事じゃなにしたっていいけどな、妹に手を出したら、生きて根室を帰さねえからな」
陽平「ホホ、いいじゃねえか、そういう所がなきゃ駄目だっていってんだよ。昨日からお前はヘラヘラヘラヘラしやがって、一体なに考えてんのかと思ったけどよ、いいじゃねえか。そういうポイントがなきゃ男じゃねえよ。手なんか出すもんかよ。お前の（と信子を見て）妹に手エ出すほど、女に不自由してるもんかよ。フフフ（なんだか惜しいような気がしてくる）」
信子「（美しい）」

■港

埋めたて工事をしている人々。それを監督している中年の男、陽平と清次にはさまれて吉岡の写真を見ていて。

監督「さあ、見たことねえなあ。出面《でめん》とりは、そりゃ清次「そうですか」
ああっちこっちから来とるけど、さかのぼっても、ちょっと憶えないなあ」

■冷蔵会社

働いている人々。

主任「(三十代)うちはあんた身元しっかりしてる人じゃねえとやとわないからね。(と働いている。清次と陽平、ついて歩く)一年半前にふらりと来たなんて、そんな人は、ちょっと大きい所なら、やとわねえんじゃねえの?」

清次「はあ」

■水産仲買いの作業所と庭

ベルトで流れてくる魚の処理をしている人々。

主人「(魚をおろした車を作業所から中庭へ運転して運び出す。陽平と清次、急ぎ追う。主人、ドアをあけておりながら)いくつだって、その人」

陽平「五十四歳」

主人「そりゃあ、やとわねえな。経験でもありゃあとにかく、五十越した素人やとうほどこっちは景気よくないもんな」

清次「そうだね」

主人「船燃えたって?」

清次「ああ」

主人「親方、打撃だべ?」

清次「うん」

主人「何処かの船に売り込んで、乗らねえか」

清次「急に、そんな訳にもいがねえから、フフフ」

■ラーメン屋

赤ん坊をおぶった三十代の女が、湯にラーメンの玉を二つ入れる。水のコップを前にして待っている陽平と清次。

清次「(煙草を出しながら)根室もひと頃みたいに景気よくないからね。なかなか五十すぎた人の仕事口は、ないんだよね」

陽平「——(憮然としている)」

清次「あとは、港湾関係じゃなくて、道路工事とか、食堂の皿洗いとか、そういうとこあたってみっかね?」

陽平「俺が、いわなかったから仕様がねえけどな」

清次「うん」
陽平「見当がちがうんだ」
清次「なんの？」
陽平「そりゃあ五十すぎての就職は大変だよ。そんな事は俺もよーく分ってるからな。一応、午前中は、お前の言うなりに歩いた。ことによると見たっていう人がいるかもしれねえと思って歩いた。いなかった。そりゃそうなんだよ。五十ったってな、五十四っていったってな、この吉岡ってエのは（と写真の入ってるポケットを叩き）並の五十とは訳がちがうんだ」
清次「そうかい？」
陽平「お前、喧嘩強いとかいってたな。とんでもないよ。お前ぐらいのが四、五人かかったって五秒だ。パパパパッ。お前なんか、あっという間に、ドアやぶって道の向うでころがって泣いてるよ」
清次「フフフ（と笑ってしまう）」
陽平「フフフ（無理に清次に同調して笑い）まあまあ、せいぜいバカにしてろよ。逢ってみりゃあ分るんだ。そんなね、皿洗いなんて、とんでもないよ。そういう男じゃ全然ねえんだよ。パッなんてにらむと、俺はまあ平気だけどよ、大抵の奴は緊張しちまってカッチンカッチンよ。『人間というものは、そういうものではないッ』なんてよ。ハイッてなもんよ。フフ、ま、俺はこういう男だから、そりゃあ頭が固いんじゃないのなんて？　からかったりしたけどよ。普通の奴は、びっくりして煙に巻かれちまうってわけよ。女なんかよ（ついに言ってしまって、ハッとなり）女なんか、お前」
清次「うん？」
陽平「若いのより、五十越したこいつ（ポケットを叩く）の方がいいなんて言いやがってよ」
清次「へえ」
陽平「フフ（また段々調子をとり戻し）とにかく並の五十じゃないわけよ。統率力はあるし、力はあるし、二枚目だしよ、そんなお前、皿洗いなんて、とんでもないわけよ！」

■商工会議所・事務所
中年の身綺麗な男「（吉岡の写真を見ながら応接セットの椅

子にかけ）で、この方が、うちとどういう関係があるというんですか？（意地悪ではない。淡々と）」
陽平「（清次とソファに並んでかけていて）いえ、関係というかなんというか、根室商工会議所としてはですね、最近何処かでメキメキと頭角をあらわして来たこういう男の噂を聞いてないかと思ってですね」
中年の身綺麗な男「さあ」
陽平「きっとね、きっと何処かで、目立ってる筈だと思うんです。普通の男とは、やっぱりちがってるもんですから。フフフ」

■キャバレーの前

いま起きた、という感じの三十代の経営者が、陽平と清次を前にして、
キャバレーの主人「（陽平が見せている写真を髪かきながら、片眼でのぞくように見ながら）用心棒？」
陽平「そういうことは、してないかもしれないけど」
キャバレーの主人「根室はあんたクリーンな街だからね。用心棒を必要とするような、そんな事件は起らないわけよ」

■港

陽平と清次、歩きながら、
陽平「そりゃそうだ。あの人が、キャバレーの用心棒なんてするわけはねえ。ハハハハハ」

■喫茶店「ろりあん」

カウンターに腰掛けている陽平と清次。カウンターの中にママと信子がいて、信子、パーコレーターから二人分のコーヒーをカップに注ぎながら、
信子「花咲も結構港大きいから、そっちかもしれないね」
清次「ああ」
陽平「遠いの？」
清次「ちょっとあるけど」
信子「川部さんのマイクロバス借りたらいいんじゃないの？」
清次「そうだな」
陽平「そりゃあ、たすかるな。タクシー使ってもいいけど、ちょっと今日金つかいすぎでね。ハハハ」

信子「あら、そんなら早くバス借りてあげたらよかったのに」
清次「借りりゃあ借りが出来っだろうが」
信子「いいじゃないの借りとけば、兄ちゃん、そういう時、肝っ玉小さいんだから」
陽平「そんな事いわないで（と洗練された年上という感じで）いや、清次君には、すっかりお世話になりましたよ」
信子「見つからなきゃ仕様がないわよね」
陽平「いやあ、見つかりますよ。二日やそこらで見つかるとは、思っていません。しかし、きっとこの辺にいるような気がするんです」
信子「大変ねえ、遠くから来て」
陽平「いやあ、仕事だから仕様がないです。ハハハハ」
清次「仕事だけじゃないだろう？」
陽平「え？　いや仕事よ。つまりは、仕事。ハハハハ」
清次「俺ね」
陽平「うん？」
清次「逢いたくなったよ」
陽平「そうかい。フフフ」
清次「あんたがさがしながら、いろんな事言うだろ。聞いてると、あんた、その人の事すごく好きなんだよな」
陽平「そんな事はないよ。仕事。出張費貰って来てんだから。ハハハハ」
ママ「どういう人なんですか？」
陽平「いや、どうってことはないんですけどね」
信子「ママにも見て貰ったら、どうかしら？」
ママ「写真？」
陽平「そうですね。ちょっと、あの（とポケットから出しながら）彼女（信子）には見て貰ったんですけど（渡す）」
ママ「（受けとる）」
信子「ママの方が、そりゃあ顔広いもの」
ママ「あら（と小さく心当りのある声）」
陽平「あ（あの、心当りありますか？　の感じ）」
清次「（ママを見る）」
信子「知ってます？」
ママ「何処かで見たけど――」
陽平「そうですか」
清次「ほんと？」

ママ「うーん。あら、と思ったのよ。ちょっと似合わないような気がして」
陽平「港ですか？」
ママ「ううん。港なんて私いかないもの」
信子「ママがよく行くっていうとスーパーとか」
陽平「スーパーの警備員か。そういえばそうだ。そりゃあ（気がつかなかった）」
ママ「ちがうちがう（と手を振り）思い出した」
信子「何処？」
清次「何処ですか？」
ママ「ノサップ」
陽平「ノサップ岬ですか？」
ママ「そうじゃないの。のみ屋があるのよ」
陽平「のんでたんですか」

■大衆酒場「ノサップ」（夜）
その看板、もしくはのれん。かなり広い。漁師たちが、のんで騒いでる。結構繁盛している。

■横手の道
裏の路地から清次出て来て、一方を見る。電柱かなにかの陰で、陽平、しょんぼりしている。清次、ゆっくり近づき、

清次「どうするの？　まだ働いてるけど」
陽平「いいよ」
清次「いいって？」
陽平「お、お、おわるまで待ってるよ。仕事中に呼び出してすむ話じゃねえんだ」
清次「だけど、たしかめた方がいいんじゃないの？」
陽平「いいよ」
清次「人違いだったら、待ってる意味ないじゃないの」
陽平「見たんだろ、お前が」
清次「俺は見たけど」
陽平「だったら俺がたしかめることはねえよ。写真と同じなんだろ？　あんな顔が、そうそうあっちこっちにある訳ないだろう」
清次「写真と同じとは言わねえよ」
陽平「同じだって言ったじゃねえか」
清次「似てるって言ったんだよ」
陽平「いいよ。分ったよ」
清次「あんたの気持は分るよ」

陽平「俺は別に、どういう気持でもないよ」
清次「皿洗いしてるんじゃ、そりゃ見たくないだろうけど」
陽平「うるせエな。見ようじゃねえか。別に、どうってことないよ。見てやろうじゃねえか。なに言ってんだよ（と行きがかりで動かざるを得ず、路地へツカツカと進む）」

■路地

勝手口がある。陽平、ツカツカと来て止まるが、勝手口の方を見られない。清次、路地の入口に立ち陽平の後姿を見る。

中年女の声「はい。にしんとひらめあがりましたよ」
中年女Bの声「はい」
男の声「お銚子は、都合六本かい？」
中年女B「はい。六本に二本、都合八本」
中年女の声「喜代ちゃん、湯豆腐どうしたの？　早く持ってかなきゃさめちゃうでしょう！」
喜代子の声「すいませーん」
電話のベル。
男の声「（出て）はいはい！　ノサップです。毎度ありがとうございます。はい、六人さん、大丈夫ですよ、ちょっといま一杯ですが、二十分もいただければ、テーブル、はい、あけときます（この電話と重なって）」
中年女Bの声「てっぽう汁三丁。おつくり三人前お願いします」
中年女の声「はい。てっぽう汁三丁、おつくり三人前ね」
中年女と喜代子の声「ありがとうございました」
男の声「（電話切って）ありがとうございました」
それらの声をバックにして、陽平ゆっくり勝手口を見る。格子の入った窓ごしに中が見え、吉岡晋太郎が皿洗いを黙々としている。
陽平「──」
吉岡「（無論気づかない）」
清次「（その陽平を見ている）」
陽平「──（見つめている）」
吉岡「（急に動き出して、勝手口のドアをあける）」
陽平「（パッと顔をそむけて、背を向けている）」
吉岡の声「（ゴミを持って現われ、大型のポリバケツの蓋をあけて、中へ入れ、蓋をしようとして陽平の後姿に気づく。しかし、蓋をしっかりと回して締め、また顔をあげ）なにか、用ですか？」
陽平「――（振りかえれない）」
吉岡「いや、別に、かまわんけど（と中へ入ろうとする）」
陽平「（ぐるりと振りかえる）」
吉岡「（ドアを入りかけていて、陽平の方を見る）」
陽平「――（見ている）」
吉岡「（意外で）よう（と押さえた声しか出ない）」
陽平「（感情が溢れて、しばらく、とか司令補とかいろいろ言いたいのだが声が出ず一礼する）」

■アパート・表
淋しい外灯、ぼろアパート。吉岡帰って来て階段をあがって行く。陽平。続く。

■二階・廊下
吉岡「（来て、鍵を出し、一室のドアをあける。考えているのか、口をきかず、陽平の方を振り向きもしない。といって、陽平を振りきるというわけではなく、淡々とドアをあけ中へ）」
陽平「（ドアの前へ立って中を見る）」

■吉岡の部屋
吉岡「（灯りをつけ、陽平へやさしく）上らないか（と言って台所へ。薬罐に水を入れ、ガスにかける）」
いたんだ部屋である。雨漏りの汚れか、壁に大きくしみがある。座蒲団は一つである。出来るだけわびしい印象。それを貧しいなりにキチンと使っている吉岡。
陽平「（入ってドアを閉め、ちょっと会釈して靴を脱ぐ）」
吉岡「どうだ？　ウィスキーでものむか」
陽平「いえ」
吉岡「遠慮するな（と急須を出して、お茶っ葉を入れたりする）」
陽平「はい。じゃあの、貰います」
吉岡「氷はないいんだ。冷蔵庫がないいんでな」
陽平「ええ。水で、結構です」
吉岡「（薄く微笑し）よく見つけたな」
陽平「はあ――」
吉岡「よく、こんな遠くまで来てくれた」
陽平「いえ――（と目を伏せる）」

■同じ部屋
吉岡の手が、陽平のコップにウィスキーを注ぎ、吉岡のコップにも注ぐ。陽平、湯呑みの水を吉岡のコップに注ぎ、自分のコップに注ぐ。慌てないで、沈黙の中でそれをすませ、
吉岡「(コップを持ち)遠かったろう(とちょっと微笑してのむ)」
陽平「釧路まで直行便だったから(とのむ)」
吉岡「飛行機か——(質問ではない)」
陽平「ええ」
吉岡「そうか(のみ)こっちは汽車だったからな」
陽平「ええ」
吉岡「青森、函館、札幌とやって来て、帯広で、がったりすいちまう」
陽平「(うなずく)」
吉岡「釧路までがバカに遠かった」
陽平「(うなずく)」
吉岡「夜になってな。漸く釧路へ着く。釧路でまた、がったりと人がへっちまう」
陽平「(うなずく)」
吉岡「一車輛に三人か四人だ。外は、もう灯りひとつない。根釧原野って奴だ」
陽平「(うなずく)」
吉岡「窓を見ても、自分の顔しか見えない。(小さく溜息をついて苦笑し)根室へ着くと外は寒そうでなあ」
陽平「(うなずく)」
吉岡「線路はここで行き止まりだ。これ以上汽車に乗ってるわけにはいかない。降りて、宿をさがした」
陽平「俺が何故来たか分ってますね?」
吉岡「——」
陽平「社長が是非帰って来てくれ、と言ってます。俺と一緒に帰って下さい」
吉岡「——」
陽平「皿洗ってることはないですよ」
吉岡「——(目を落している)」

■同じ部屋
陽平のコップにウィスキーがガバガバと注がれかかる。
陽平「(その瓶を押さえて)もういいです。俺は、も

う（とても、といいかけ絶句）」
吉岡「――（自分のコップへガバガバと注ぐ）」
陽平「いけないスよ。そんなに一杯、無茶苦茶ですよ」
吉岡「（瓶を置き、溜息をつく。かなり酔っている）」
陽平「もうやめて下さい。のみすぎですよ」
吉岡「（コップを取り、グイグイと二のみぐらいのむ）」
陽平「司令補！」
吉岡「フーッ（と息をつく）」
陽平「何故、黙ってるんですか？　帰ってくれるんですか？　どうなんですか？」
吉岡「（今までの吉岡にはなかった崩れを見せて）皿洗っちゃあ悪いか？」
陽平「悪かないけど、司令補に一番似合ってる仕事とはいえないんじゃないスか」
吉岡「甘いこと言うんじゃないよ」
陽平「言い方は悪かったかもしれないけど」
吉岡「似合ってる仕事だと？　そんなことをな、そんなこと言ってられるのは二十代の手前らだけだ」
陽平「そうかもしれないけど」
吉岡「五十になって、どういう仕事があるってんだ。皿洗いだってな、ようやっとな、ようやっと頼みこんで日給で働いてんだぞ！」
陽平「だから、だから帰って来て下さいって言ってるんです。みんな待ってますよ。頼みこんだり、へいこらしなくたって、ちゃんとした仕事が待ってますよ」
吉岡「手おくれだ」
陽平「なんですか、それ？」
吉岡「俺はもう、あんな仕事を、やる気はないんだ。冗談じゃないよ。敬礼なんかして、司令補なんて、へへ、そんなこと可笑しくてやってられるか」
陽平「皿洗いならやれるんですか？」
吉岡「そうよ。皿洗いが一番いまの俺には性に合うんだ」
陽平「どうしたんですか？」
吉岡「どうした？（陽平を見つめ）どうした？」
陽平「（目を伏せ）勿論どうしたか分ってるけど、もう一年余りたってるじゃないですか」
吉岡「たったが、どうした？」
陽平「帰って下さい。帰った方がいいよ、司令補！」

吉岡「一年や二年でな、ノコノコ帰るくらいなら、こんな所まで、来ちゃあいないんだ」
陽平「そりゃあそうかもしれないけど」
吉岡「（ウィスキーをグイ、グイとのむ）」
陽平「のみすぎだよ。司令補、やめてくれよ。司令補！（とコップをとる）」
吉岡「なんだお前。なんだ、この野郎。人が、自分の金で（とよろよろと中腰に立上る。殴ろうとする形）」
陽平「（コップを脇におきながら素早く立ち）いけないよ。司令補、司令補の力は強いんだから」
吉岡「（ぐい、というように腰をのばして陽平をにらむ）」
陽平「なにしようっていうの？　暴力はいけないよ」
吉岡「余計な、余計な世話やきやがって（足元のコップを倒したりしながら陽平にせまる）」
陽平「どうしたの？（と一応かまえて）司令補、かわっちゃったじゃないの。そんな司令補じゃなかったじゃないの」
吉岡「なにを言ってやがる。なにを（と陽平に殴りかかる）」
陽平「（慌ててガードして、思わず殴り返し、ハッとする）」
吉岡「（ドドッと後退し、ひっくりかえってしまう）」
陽平「司令補！　どうしたんですか、弱くなっちゃったじゃないですか――」

■安宿の表（朝）

情景。

■その一室

朝食を憮然として食べている陽平。入口近いあたりに腰をおろしている清次。

清次「十一時の急行に乗るの？」
陽平「誰が？」
清次「誰がって――」
陽平「冗談じゃないよ。そんな簡単に帰るかよ」
清次「そうかい」
陽平「社長命令で来たんだよ。一度ぐらい断られたからって、ハイハイそうですかって、ノコノコ帰ってたまるかよ」
清次「大変だな」

■吉岡のアパート

陽平「（ノックする。返事がない）」

清次「（後ろにいる）」
陽平「（ドンドンノックする）」
隣のむくつけき怖しき男「（ドアをあけて）なんだ、こら」
陽平「お宅じゃないよ」
隣のむくつけき怖しき男「バカヤロ。ノックする時は、名前呼べ。何処の部屋叩いてるかと思うじゃねえか（バタンと閉める）」
陽平「（小さく）うるせェ、バカヤロ（ドアに向って）吉――（といいかけて絶句）」
陽平「お早うございます（と中へ入って行く）」
ドアがあいたのである。吉岡は見えない。
清次「（行こうかどうしようかと思っているうちに、ドアが閉まってしまう）」

■吉岡の部屋

吉岡「（蛇口の下に頭をつっこんで水をかけていて、水を止め）フーッ（と頭をぶつからないように脇へ移し）フーッ（と頭を振る）」
陽平「大丈夫ですか?」
吉岡「（タオルを片手がさがしている）」
陽平「（その方向にあるタオルをとって、手に渡す）」
吉岡「――（拭く）」
陽平「こんな、こんな司令補おいて、帰れると思うんですか？　帰って貰いますよ、絶対一緒に帰って貰いますからねッ」
吉岡「（顔をそむけるようにして）帰らんといったら帰らん」
陽平「此処の何処が、そんなにいいんですか？　淋しくて葉書寄越したじゃないですか！」
吉岡「あれは最低の礼儀だ。世話になった礼を書いただけだ」
陽平「見つかりたくなかったら、消印をどうして他所にしなかったんですか？　見つかりたかったんですよ、見つかって、こうやって帰ってくれって言われたかったんじゃないですか！」
吉岡「根室から出る金がなかったんだ。葉書買う金はあっても、わざわざ他所の消印のために、汽車に乗る金はないんだ」
陽平「いいじゃないですか。素直に帰ったらいいじゃないですか」
吉岡「帰って、なにがある?（声、震え）東京になにがある?」

陽平「（その言い方に胸つかれ、反論出来ない）」
吉岡「――（タオルで顔を拭く）」

■根室近くの海岸

陽平、立っていて、はなれて清次腰をかけている。
陽平「（海を見ていて、急に足元を蹴とばし）なにがある？　って言いやがった。東京にはなにがある？　言ってくれるじゃねえか。いいかよ、おう（清次を見て）東京にはな、あいつが帰ってくれればいいと思ってる社長とかよ、他にも二、三人よ、そういう事思ってる奴がいるんだよ。そういうことありがてエと思わねえのかよ？　なにがあるとは御挨拶じゃねえか。それじゃあ俺はどうなるんだよ。エッコラここまで来て、帰りましょうとか言ってる俺は、どうなるんだ？　あいつは、俺を屁とも思ってねえって事じゃねえか。一年半だぞ、お前。一年半たてばよう、いくら好きな女が死んだって、それぱっかりにこだわってることはねえじゃねえか。俺に言わせれば甘ったれだよ。自分を憐れんでやがるんだ。憐れんでいい気持になってやがるんだ（清次がただ海を見ているので）聞いているのかよ、おい」
清次「好きな――」
陽平「なんだと？」
清次「好きな女の人が死んだわけ？」
陽平「こないだ、ちょっとそう言ったじゃねえか」

■ラーメン屋

前出の店。陽平と清次、カウンターに向って掛け、水を前にしている。
陽平「（殆んど前シーンと台詞直結で）問題は、どう攻めるかだよな。ありゃあお前、自分が憐れで、そん中に閉じこもって、可哀そう可哀そうって、自分の傷なめてやがるんだ。そんな奴じゃなかったんだよなあ。どうやって、あの殻破って、昔のあいつに戻すかだよ。ほんとにもう、酔っぱらって、へらへら物言い出した時はがっかり。冗談じゃねえって、もう俺は」
清次「おばさん、大盛りにしてくれる？　俺の」
おばさん「いいですよ」
陽平「（話をろくに聞いてなかったことでがっくりもし、腹も少したって）おい、こら」

清次「うん？」

陽平「お前の分なんか払わねえぞ」

清次「そうかい」

陽平「当り前だろ。俺は、あの男をさがすためにお前をやとったんだよ。あいつは、昨夜見つかったんだよ。今日は、お前に頼むなんて一言も言ってねえぞ。お前は勝手に旅館へ来て、勝手にずーっとついて来てんだからな。大盛のラーメンなんて、どうして俺がおごんなくちゃならないんだよ？」

清次「払うよ」

陽平「そりゃそうだよ。払うのが当り前だろ」

清次「分ったよ」

陽平「大体お前なにしてんだよ。北転船とかいって、アラスカだのソヴィエトの方へ、どんどん出てるっていうじゃねえか。船員手帳持ってたら、仕事ぐらいあるだろ。一所懸命さがして働いたら、いいじゃねえか」

清次「船員、ちっと、嫌気さしてんだよね」

陽平「どうして？」

清次「他所者には、言ったって分んねえだろうけど」

陽平「分ってるさ。分るさ。二百カイリとか、北方領土とか、そういうこったろ？　言ってみろよ。俺だって満更認識がねえわけじゃねえんだから」

清次「（苦笑）」

陽平「なんだよ？」

清次「他所者に話すと誤解するからね。やめた。ハハハハ、フフフ」

陽平「おうおう、水くせエじゃねえの（と身体をゆする、なんとなく淋しい）」

■旅館・陽平の部屋

清次「（カチンとライターで火をつけ煙草をふかす）」

陽平「（畳に枕と掛蒲団だけでころがっていて、もそもそ動き、清次を見て）お前も変な野郎だねえ。面白くも可笑しくもない顔して、ずーっとついて来やがる（起き上る）どういうこと？　え？　俺といるとちっとは面白いか？」

清次「まあ」

陽平「まあ、だと。まあぐらいで、いつまでもいるなよ。今日は俺はね、夜になってあいつをまた徹底的に攻めようと思うんだよ。それには頭はっきりしとかなきゃなんないわけ。それには昼寝しとかなきゃなんないわけ。そこにいてボーッとしてられると寝らんねえんだよ。寝らんなくたっていいよ。面白そうな顔して、面白い話でもするなら、まだ可愛い気があるよ。お前は、なに考えてんだかちっとも分んないんだよ。帰んなよ。帰って仕事でもさがしな（とまたころがって、蒲団かぶる）」

清次「――」

陽平「（清次に背を向けて、しかし目だけ背後を気にしてギョロギョロと動く）」

清次「俺は、一度捕まって、みてエと思ってたんだよね」

陽平「誰に？」

清次「色丹に収容所があるの知ってたし、みんな捕まって、そこ行って帰ってくるから、俺も一回ぐらい行ってみてエなんて思ってね」

陽平「ハクでもつくのか？（と振りかえる）」

清次「そういうわけじゃねえけど、すぐそこに見える島だからね。どんな風だか、ちょっと捕まって行ってみてエなんて思っててね」

陽平「そんな甘い話じゃねえだろ。領海侵犯だろうが（と起き上る）」

清次「そういう所、俺はパアだから、なんだか行ってみてエと思ってね」

陽平「行ったか？」

清次「行った。五十八日いてね」

陽平「そうか」

清次「はじめは、ほら、珍しいから、へえ色丹てのは、こういう所かなんて、結構いい調子だったけどね」

陽平「どうした？」

清次「やっぱりそりゃ領海侵犯だから、そう甘かないわけね」

陽平「そりゃそうだよ」

清次「帰された時は、もう二度とやだ、と思った」

陽平「そうかよ（と微笑）」

清次「ところが、そういう時には、仕様がねえもんで、またすぐ捕まっちまってね」

陽平「そうか」

清次「カピタンていうんだよね、向うのえらいのを」

陽平「うん」
清次「それが、俺が行くと、オウ、オジマサン、マタガイコクリョウデスカ」
陽平「言うじゃねえか（と微笑）」
清次「ダーダーなんて、こっちは仕様がねえから握手なんかして、百十二日いたもんね」
陽平「そんなにかよ」
清次「捕まんのは二度とやだね」
陽平「そうかよ」
清次「ここらは、それだけじゃないんだよね」
陽平「うん？」
清次「いろんなことあって、複雑でね」
陽平「そうか」
清次「他所者にいっても誤解されるだけだから」
陽平「誤解なんかしねえって」
清次「船員、やっぱ嫌気さしてんだよね」
陽平「そうか」
清次「ゆるくないもんね」
陽平「そうか、ゆるくないか」
清次「うん――」

■北転船団の働き（昼）
前シーンのムードの音楽で見せる。海上でも港でもいい。

■大衆酒場「ノサップ」（夜）
賑わっている店。

■調理場
手早く、少しの気取りもなく有能にどんどん皿や丼を洗っている吉岡。
中年女「（調理しながら）吉岡さん、下水管やってくれた？（と大声で言う）」
吉岡「やりました」
中年女「なんか水はけ悪いのよ。もう一回やってよ」
吉岡「分りました」
男「ついでに、換気扇も洗ってくれよな」
吉岡「分りました」

■横手の道
路地から陽平、道を蹴とばしながら出て来る。電柱かなにかに寄りかかっていた清次が、陽平を見る。
陽平「なんであんなにへいこらしなきゃなんねえんだ！」
清次「（陽平を見ている）」
陽平「なんであんな暮しがいいいんだ！（とまた道を蹴とばす）」
清次「どうせ、十一時すぎまで出て来ないだろ？」
陽平「そんな事は分ってらあ」
清次「スナックでも行くかい？」
陽平「考えてんだよ。どうやってあいつを帰る気にさせるか考えてんだ！」
清次「まだ考えてるの？」
陽平「当り前だよ。あいつはな、一筋縄じゃいかないんだ。人情でホロッとくるとかそういうタマじゃないいんだ。下手なこと言やあバカにしやがる。ガッチリな、ガッチリ体勢かためて攻めて行かなきゃどうにもなんないんだよ（と清次を見て、う？　となる）」
清次「（顔色かえて、一方を見ている）」
はなれて、バーがあり、このバーの前で、客を送っている二人のホステスがいる。派手に手を振る女の後ろで、慣れない感じで、微笑してお辞儀をしているのは信子である。
「さよなら」「ありがとうございました」「きっとよ」「また来んのよッ」など。
清次「（猛烈なダッシュで走り出し、パッと中へ逃げ込む）」
信子「（ハッとし、信子に近づく）」
清次「（忽ち、中へ続く）」

■バーの中
信子「（おびえたように振りかえり）なによう！」
清次「（瞬時も休まず）なにしてんだ、こんな所で、なにしてんだ（と信子の腕を摑んで外へ連れ出そうとする）」
信子「なにすんのよう（と振りはなそうとしながら、ズルズルとひきずられる）」
バーテン「（清次の肩を摑んで）やりたいことするじゃねえか」
清次「（あっという間にバーテンつき倒し、信子をひっぱる）」
バーテン「この野郎！」
三、四人の客がいて、清次の乱暴に義憤を感じて「ちょっと待てよ」「なんだお前」「なにしようってんだ」などと清次にかかって行く。バーテンもかかって行く。陽平、「ちょっと待って、ちょっと」とその中に割って入ろうとする。

客　「なんだお前は（と片手間に平手打ちをする）」

陽平　「（その平手打ちがきつくて壁にぶつかり、痛がる）」

■尾島家・居間と玄関

漁師の住宅、ストーブのある居間。父は酒をのみ、母はアイロンかけ。妹の中学三年と弟の中学二年が、兄夫婦の五歳の子供と一緒にテレビを見ていて、兄嫁は赤ん坊を抱いて寝かせている。
そこへ清次が信子を連れて興奮して戻り、陽平は、上り框に立っているというのが幕あきの配置。

信子　「（相当興奮して）自分の意志で行ったのよ、誰にも強制なんかされてないわよ！」

清次　「バカヤロウ！（と叩き）喫茶店までは許せるけどな、バーなんかつとめるのは、俺が許さねえ」

信子　「私は兄ちゃんのなんなのよ？　兄ちゃんが許そうと許すまいと」

清次　「（殴りかかる）」

信子　「（パッと逃げ）いい加減にしてよ、殴るしか能ないんだから」

清次　「お父ちゃんたちは平気かよ？　こいつがバーへつとめても平気かよ！」

長一郎　「（清次の兄、奥の障子をあけて現われ）なにギャアギャア怒鳴ってんだ？」

清次　「信子がどこにいたと思うよ？」

信子　「バーの何処がいけないのよ！」

清次　「そんな事も分らねえのか（母へ）お母ちゃんなんとか言えよ、信子がバーにつとめても、かまわないのかよ！」

長一郎　「手前の怒鳴るのはもう沢山だ」

母　「二十じゃねえか、なにしようと本人の自由だべ」

清次　「それが親の言う事かよ！」

父　「ああーッ（といらいらたまりかね）いい年してやかましい事言うんじゃねえッ」

清次　「やかましいって――」

長一郎　「朝みんな早いんだ」

父　「手前みたいに遊んでるわけじゃねえんだ！」

清次　「だってお父ちゃん」

父　「ちいちゃいのが入れ替り立ち替りギャアギャア泣いたり文句言ったり喧嘩したり、その上お前らにまで騒ぎ立てられてたまるか！　酒一杯、気楽にのませねえっていうだか！」
清次「(やりきれなく、信子を見る)」
信子「沢山よ！　こんな暮し沢山だもん！（と目をそらして）お金儲けるしかないじゃない！」

■夜の道
陽平「(目を伏せ、歩いて行く)」
清次「(ややおくれて、ふくれて目を伏せて歩いて行く)」

■吉岡のアパート・表
陽平「(来て、振りかえる)」
清次「(立止り、顔を上げる)」
陽平「中へ入れるわけにはいかないぞ」
清次「(分っているというように、うなずく)」

■吉岡のアパート・廊下
陽平「(来てドアの前に立ち振りかえる)」
清次「(分ってるよ、というようにうなずいて目を伏せる)」

陽平「来いよ」
清次「いいよ（と意外で顔を上げる)」
陽平「いいんだ（と兄貴の優しさのようなもので言い、ドアをノックする)」
返事がない、しかし、中に灯りはついている。
陽平「杉本陽平です（と、ドアをあける、あく)」

■吉岡の部屋
吉岡「(膝ひとつ立て、たとえば窓辺に寄りかかり、ウィスキーのコップを持ち、足元の畳にウィスキー瓶が置かれていて）まだいたか（むしろ優しく言う。目は合せない)」
陽平「そりゃあ、いますよ（清次の方を見て）おい、入れ——いいから来いって、（吉岡へ）関係ない奴だけど、ちょっと帰したくないんで、隅へ置いて貰いますよ（まだ来ないので腕を摑みに行き、ひっぱって押して先に中へ入れ、ドアを閉める)」
清次「あの、俺——（と吉岡一礼)」
吉岡「(関係なく酒をのむ)」
陽平「(その吉岡を見て）いいから、ここらにいろよ（と肩を摑むようにして、自分は靴を脱ぎかかる)」

吉岡「お前は――」
陽平「え？（脱ぎかけで見る）」
吉岡「お前は、一年半たてば――」
陽平「ちょっと待って下さい。ちゃんと坐ってから
しゃべって下さい。こっちも言うだけは言お
うと思って来たんだから、（と坐り、清次へ）
坐ってろよ。（吉岡へ）なんですか？　一年半
たてば、なんですか？」
吉岡「一年半たてば、死んだ人間を忘れちまうのが
当り前か？」
陽平「そうは言わないけどね。死んだ人に拘わって
身を滅ぼすのも情けない話じゃないですか」
吉岡「死んだ人間を忘れないということもな、私は
能力の問題だと思っている。人格の問題だと
思っている」
陽平「なんですか、そりゃあ」
吉岡「下らぬ人間は、誰かが目先からいなくなると、
すぐ忘れてしまう」
陽平「しかし司令補は忘れないっていう自慢話です
か？」
吉岡「人を愛することも能力なんだ」
陽平「いきなりなんの話ですか？」
吉岡「短い間誰かに夢中になるという事は誰にでも
ある。しかし、長く一人の人間を愛し続ける
という事は、ほっといて出来ることではない。
能力の問題だ。人格の問題だ。下らぬ人間は
長く人を愛し続けるという事が出来ない」
陽平「あてこすりに聞えなくもないけど――」
吉岡「私は、あてこすりなど言わん」
陽平「――（なにを言おうとしているのかと見ている）」
吉岡「時々悦子を忘れているよ」
陽平「いいじゃないですか。そんなもんですよ、人
間なんて」
吉岡「俺は帰らんよ」
陽平「――（見つめている）」
吉岡「けろりとして、どうして東京へなんか帰れる？
死んで行く人間に、お前のことは忘れない、お
前を忘れてけろりと生きることはあり得ない
と言いながら、俺は、何度もけろりとして生
きてきた」
陽平「並の人間より、余程死人とつき合ってますよ」
吉岡「またぞろ、けろりと生きたくないのだ。俺は

もう、此処で消えて行く。忘れて貰いたいんだ」

陽平「気に入らないね」

吉岡「――」

陽平「そうじゃないの。全然気に入らないね」

吉岡「（酒をのむ）」

陽平「俺はね、甘ったれた事言う気はないよ。東京で待ってる社長はどうなる？　社長の好意は知ったこっちゃないのか、なんて言わないよ。俺にしたって、出張費貰って仕事でやって来たんだ。いいですよ。司令補帰ってくれなくたって、ちっともかまわねえよ（実はそうではない、という気持を出したい）」

吉岡「――（表情なく動かない）」

陽平「でも、それでいいのかねえ。それじゃあ、ちょっと始末がつかねえんじゃねえのかねえ」

吉岡「始末？」

陽平「特攻隊で死んだ友達を忘れねえとかなんとか、散々格好いい事を言って、それだけで消えちまっていいんですか？」

吉岡「私はもう、特攻隊を口にはしない」

陽平「ところが、そうはいかないって言ってるんですよ」

吉岡「いくもいかないも（と言いかけるのを）」

陽平「あの頃は純粋だった。生き死にを本気で考えていた、日本を生命《いのち》をかけてまもる気だったとか、いい事ばっかり並べて、いなくなっちまっていいんですか？」

吉岡「――」

陽平「そりゃあね、昔の事だから、なつかしくて綺麗に見えるのは仕様がないよ。俺だって、小学校の頃のこと思うと、いまのガキよりましな暮しをしてたような気がするもんね。だけど、なつかしいような事言いまくって消えちまっていいのかね」

吉岡「――」

陽平「戦争にはもっと嫌な事があったと思うね。どうしようもねえなあ、と思ったこととか。そういう事いっぱいあったと思うね」

吉岡「――」

陽平「戦争に反対だなんて、とても言える空気じゃなかったって言ったね。大体反対だなんて思ってもいなかったたって言った。いつ頃から、そういう風になって行ったたか、俺はとってても聞きたいね。気がついたら、国中が戦争やる気になっていたとかさ、そういう風に、どんな風にしてなって行くのか、そういう事、司令補まだ、なんにも言わねえじゃねえか」

吉岡「――」

陽平「どうせ昔のことしゃべるなら、こんな風にいつの間にか人間てのは、戦争する気になって行くんだってエところあたりをしゃべって貰いたいね」

吉岡「――」

陽平「そうじゃないとよ、俺たち、戦争ってエのは、本当のところ、それほどひどいもんじゃねえのかもしれない、案外、勇ましくて、いい事いっぱいあるのかもしれないなんて、思っちゃうよ」

吉岡「――」

陽平「それでもいいんですか？　俺は五十代の人間には責任があると思うね」

吉岡「――」

陽平「いい事言って消えちまっていいんですかね？　まだ俺は責任があると思うね」

吉岡「――」

陽平「考えといて下さいよ」

吉岡「――」

陽平「明日の朝、また来ますから（一礼して立つ）」

清次「俺（とすかさずに立上って陽平の後姿に言う）」

陽平「（振りかえって見て）なんだ？」

清次「あんたと東京行くよ」

陽平「なにを言ってやがる（と靴をはきに行く）」

清次「行きたいんだよ」

陽平「俺は、こっちを連れに来たんだ。お前なんか連れて帰ったって一文にもならねえんだ」

清次「（吉岡へ）司令補さん」

吉岡「――（見ない）」

清次「俺は――」

陽平「行くぞ（とドアをあける）」

清次「待ってよ、ちょっと」

陽平「（後姿でいて、清次を振りかえる）」

清次「待ってよ（と目をそらしながら言い、吉岡を見て）この人（陽平）かっこつけて、仕事だとか、なんとか、そんな事ばっか言ってるけど、本当は、本気でお宅に帰って貰いたいと思ってるよ」

陽平「(くるりと後姿になる)」

吉岡「──(動かない)」

清次「朝からこの人(陽平)、お宅に言う事、一所懸命考えてたよ。なんて言ってやろうかって、一所懸命考えてたよ。この人(陽平)お宅が好きなんだよ」

陽平「(振りかえって)なにを、この野郎(余計なことを、と言いかけるのを)」

清次「(かぶせて)でも好きだろ? この人(吉岡)をあんた好きだろ?」

陽平「じょ、じょう談じゃねえよ。バカヤロ、そんな(と照れて怒って、廊下へ出てバタンとドアを閉めてしまう)」

清次「(吉岡を見て)俺、おどろいたよ。若いのが、五十すぎの男を、あんなに一所懸命さがして、一所懸命帰らせようとするなんて、おどろいたよ。お宅がえらいのか、あの人が特別なのか分らねえけど、めったに、ある事じゃないと思うよ。羨ましいような気がしたよ」

吉岡「──」

清次「帰ってやったら、どうですか?」

吉岡「──」

清次「お邪魔さんでした(と一礼)」

■旅館の表(朝)

情景。

■陽平の部屋

陽平、蒲団に寝て、清次は、座蒲団を敷き、掛蒲団一枚にすがるようにして眠っている。おばさん、ドアをあける。

おばさん「あら、とうとう泊っちゃったの? 貰いますからね。泊りゃあ、泊っただけの料金貰いますからね」

■吉岡のアパート・表

陽平「(来て見上げ、階段を上って行く)」

清次「(続いて行く)」

■吉岡のアパート・廊下

陽平「（来て、ノック。返事がない）杉本陽平です（とあける。あッとなる）」

清次「（近づき中を見る）」

■吉岡の部屋

引き払った後で、捨てて貰いたいものが少しかためて隅にあるだけ。

陽平「――」

清次「越しちまったわけ？」

陽平「――」

清次「こんな早く。よく片付けたもんだな」

陽平「やめた。ここまでされりゃあ、沢山だ。あんな奴、どうとでもなりゃあいいや（と階段の方へ）」

■吉岡のアパート・表

陽平「（かけおりて来る）」

清次「（上で）どうすんの？」

陽平「（止まり、振りかえらず）帰るに決まってるさ（ドンドン行く）」

清次「行くよ。俺も行くよ！（と追う）」

■尾島家・奥の部屋

半分、納戸のような部屋、その板戸の押入れをあけ、ビニールカバンに、自分の着るものをめちゃめちゃにつっこんでいる清次。信子、その部屋で一人眠っていて、目をあき、

信子「なにしてんの？」

清次「（ただ、つめている）」

信子「何処へ行くの？　船さ乗るの？」

清次「（パッとカバンをかかえて立上り）東京だ（と行こうとする）」

信子「兄ちゃん」

清次「みんなに言っておけ」

信子「待って（と立上る）」

清次「もっと、自分、大事にしなきゃ、駄目だ（と行く）」

■居間

清次「（兄嫁が赤ン坊を背負って雑巾がけしている脇を通って、玄関へ）」

信子「（来て）私も行く」

清次「バカ言うな（と靴をはく）」

信子「行きたいもん（とカバンを摑む）」
清次「はなすだ」
信子「やだ、おっかなくて、一人じゃ行けなかったんだもん。行きたいもん」
清次「此処で、真面目に暮すだ（と振りきってとび出して行く）」

■尾島家・表

清次「（ドンドン駅の方へ）」
信子「（とび出して来て）行きたいもん、私も！（と叫ぶ）」

■根室駅ホーム

がらんとしたホームに根室始発の急行が停っている。

■その列車の中

あまり込んでいない車内の隅で、しょんぼりがっくりした陽平が、ぼんやりと一点を見て腰掛けている。小さい溜息をつき窓を見て、清次の奴、なにをしてるんだ、という顔をし、顔を戻しながら何気なく車輛の遠くを見て、ギクリとする。

吉岡「（はなれた席に腰をかけ、窓の外を見ている）」
陽平「（口の中で）司令補（と嬉しい声を上げ立上り、しかしすぐ目を伏せ、怒るべき時だと思い）畜生（とちょっと腰をおろし、すぐ立上ってツカツカと通路を進んで吉岡の前に立ち）何処へ行くんですか？」
吉岡「（窓を見ていた目をはずし、しかし陽平を見ず）東京だ」
陽平「よくまあぬけぬけ、そんな事を言ってくれるじゃないですか（とさすがに他の客をはばかって声は小さい。前の席へ腰掛け）人が、どんな思いをしたと思うんですか」
吉岡「すまん（目を合せない）」
陽平「行くなら行くって、電話くれたっていいし、旅館へ来てくれたっていいし、ここまで知らん顔はないじゃないですか」
吉岡「行こうと思った」
陽平「当り前だよ、なんにもねえ部屋見た時は、畜生って、本当に口惜しかったんだから（と子供っぽくなって言う）」
吉岡「私たちの世代は照れを知ってるんだ」

陽平「俺たちだって知ってますよ」
吉岡「それなら分るだろう、お前の旅館へ行って、お前の熱意にほだされて東京へ行く気になったなどと言えるか？」
陽平「言えますね、言うのが礼儀ってもんでしょう」
吉岡「お前に泣かれでもするとな」
陽平「なんで俺が泣くんですか？」
吉岡「嬉し泣きさ」
陽平「よく言ってくれますねえ、なんで俺が司令補が東京行くって言うと泣くんですか？　そんなにね、そんなに人が好かないですよ、俺は」

■流氷
寄り合い、せめぎ合っているショット短く。出来たら音も。それの中から、列車の中の吉岡の顔が浮んで来て、また列車の中になる。

■列車の中
吉岡「流氷を見たことあるか？」
陽平「（自分のカバンを、さっきの位置からとって来て、網棚にあげたところ）なんですか？　それ？」

吉岡「流氷を知らんのか？」
陽平「ああ、流氷ですか。知ってますよ。海に浮ぶ氷でしょう？　急に言うから分らなかったんですよ。知ってますよ。流氷ぐらい」
吉岡「今年は来なかったが、去年は見渡す限りの氷の海だった」
陽平「ああ、この辺が本場ですってねえ」
吉岡「流氷にやられて何隻もの船が沈んだ」
陽平「そうですか」
吉岡「迷惑な氷だが、美しい」
陽平「中年ていうのは、そういう事言っても格好がつくからねえ、へへへ」
吉岡「変らんな、お前も」
陽平「（笑って）いえ、年をとりましたよ、俺も、へへへ（と自分の頬を叩いたりする）」
吉岡「なにを言ってるか」
二人、はじめて、顔を見て笑う。すぐそらすが。
清次の声「（発見して嬉しく）一緒だったの？」
陽平「（その方を見る）」
清次「（来て）そうかい（と二人を見る）」
陽平「おそいじゃねえか」

清次「いや、出掛けに、ちょっとゴタゴタしてね（と網棚へカバンをのせる）」
陽平「ちゃんと言って来たんだろうな」
清次「言って来たよ。ただ――」
陽平「なんだ？」
清次「（それには答えず、気をかえるように吉岡へ）あ、俺、東京へ一緒に行かせて貰います。よろしくお願いします」
吉岡「ああ（微笑はない、軽々しく東京へ行く青年への反発もないではないが、それより根室をはなれることの感慨にとらえられていて、すぐ窓の外を見る）」
リーンと発車のベル。
清次「（ハッと改札の方を見る）」
陽平「どうした？」
清次「いえ（掛ける）」
陽平「誰か来るのか？」
清次「いえ、来ません」
ベル、鳴り終える。
清次「とんでもねえって言ってやったから（と目を伏せていい）フフフ」

■ホーム
車掌が後部で笛を吹く。「待って」と口は大きいが、声はありあげず信子、カバンを持って走り乗る。ドアが閉まる。

■列車の中
吉岡「（ホーム側ではない窓の外を見ている。ガタンと列車動き出す）」

■流氷
美しく、列車の音、流れていて。
陽平の声「司令補」

■列車の中
吉岡「うん？（と見る）」
陽平「流氷がどうしたんですか？」
吉岡「いや、思い出した。それだけのことだ（と窓の外を見る）」
陽平「（吉岡を見ていて）去年の冬ですか？」
吉岡「ああ、去年の冬だ」

■流氷
列車の音が、音楽と入れ替って。

■岬（去年の冬）
寒風吹きすさぶ先端に吉岡、立って泣いている。

■流氷

■回想の悦子
「別離」（第Ⅲ部第3話）を主としたいまは亡き悦子のいくつかのショット。美しく。

■流氷

■窓外・風景

■列車の中
吉岡「――」
陽平「――（吉岡から目を移し、目を伏せる）」
清次「（妹のことを思っている）」

■別の車輌
信子「――（カバンをまだ膝に置いたまま、清次のいる車輌の方を気にしている、目を戻し、唇をかむようにし、カバンを持つ手に力が入る）」

■根室本線
上り列車が走って行く。

「男たちの旅路・第Ⅳ部 1話」キャスト・スタッフクレジット

キャスト

吉岡晋太郎――鶴田浩二
杉本陽平――水谷 豊
尾島清次――清水健太郎
尾島信子――岸本加世子
小田警備会社社長――池部 良
回想の悦子――桃井かおり

スタッフ

音楽――ミッキー・吉野
美術――中嶋隆美
技術――土島伸一
効果――柏原宣一
制作――沼野芳脩、後藤英夫
演出――中村克史

2

影の領域

「汚いことは汚いことだ。悪事は悪事だ。それを曖昧にして、結局はうまく立回った奴が勝ちというような事が多すぎる」

■隅田川（春・夜景）

■吉岡の間借りしている家の前

壮十郎「（家の中から戸をあける）」

信子「（外の道にいて、音で振りかえり）すいません、まだなんです」

壮十郎「（二階の人々が）いいからはじめようって（言ってるよ、という微笑）」

■吉岡の部屋

寿司の大桶を二つ前にして、小田社長、田中、壮十郎、信子と吉岡がいる。

小田「（信子に向って）まあいいじゃないか（とビールを注ごうとしている）」

信子「駄目なんです、兄がうるさいんです」

田中「一杯ぐらいいいだろう」

壮十郎「いや、やめといた方がいいな」

信子「水汲んで来ます（とコップを持って立ち水道へ）」

吉岡「ジュースを買っとけばよかった」

信子「いいえェ」

壮十郎「未成年に酒なんかのませないって、昨夜も絶対にのませなかったんです」

信子「妹にだけ強いんです（戻って来る）」

小田「今時いいよ、そういうのがガードマンになるのは歓迎だ（と正座に坐り直す）」

信子「よろしくお願いします」

小田「ああ、こっちこそ（とさっぱりと信子に微笑し、すぐ続けて挨拶に入ってしまう）えー、こっちが歓迎するつもりが、よばれて御馳走になることになった」

吉岡「いいえ――」

小田「よく帰って来てくれた」

吉岡「（一礼）」

小田「はるばる根室まで呼びに行った杉本陽平と、根室からくっついて来た尾島清次君が、おくれてるが、腹がへったし、先に、歓迎会を、はじめさせて貰う」

下の玄関のあく音がして、「尾島です」と清次の声。

信子「あ（とすかさず立って行く）」

壮十郎「（ほぼ同時に）上れよ、待ってた」

田中「待ってたぞォ」

信子「（階段下を見て）ひとり？」

吉岡「（その方を見る）」
壮十郎「（見ていて信子と直結で）ひとり？」
田中「どうした？　陽平は」
信子「（上って来る清次に）どうしたの？（清次が、しょんぼりしているのできく）」
清次「（現われ、みんなを見て）すいません、おそくなって（と一礼）」
小田「どうした？」
田中「陽平は、どうした？」
清次「（困ってボソリと）他所へ行くって」
信子「他所？」
壮十郎「他所って？」
吉岡「――（清次を見ている）」
清次「アパートへ迎えに来いって言うから、なんか変だけど、迎えに行ったんですよね」
小田「うん」
清次「みんな処分して、カバン一個になってて」
吉岡「うん？（と口の中で）」
清次「辞表、あずかって来ました（と畳の上に『辞表杉本陽平』と書いた封筒を置く）」
壮十郎「じゃあ、此処へは、来ないってことか？」
清次「ええ」
信子「何処へ行ったの？」
清次「みなさんに、よろしくって言ってました」
小田「何故だ？　わざわざ根室まで行って」

■第Ⅳ部第1話の根室の陽平

小田の声「（前シーンと直結で）頑固な吉岡さんを連れ帰ったんじゃないか。あいつが一番、吉岡さんが、帰って来ることに」

■吉岡の部屋

小田「（前シーンと直結で）熱心だったじゃないか」
信子「何処行ったのよ？」
清次「言わないよ（と不機嫌に言う）」
壮十郎「失礼します（と辞表の封筒をとって、封をしていない口から中の紙を）」
吉岡「――（ゆっくりと目を伏せる）」

■第Ⅳ部第1話の陽平

そこへ、壮十郎が紙をひらく音など――。

■吉岡の部屋

壮十郎「（顔をあげ）思うところあって、としか書いてありません（小田へさし出しながら）思うところあって、規約違反ですが、突然退職させていただきますって」

小田「（受けとって見る）」

清次「吉岡さんに——」

吉岡「うん？」

壮十郎「なんだ、吉岡さんに？」

清次「言っとけって」

信子「なにを？」

田中「なんて？」

吉岡「——（清次を見ている）」

清次「これ以上のつき合いは、ベタベタしそうだから、消えますって——」

■グラウンド（昼）

メイン・タイトル

音楽と共に、磯田順一が、ガードマン新人教育の教官として、整列している新人たちの姿勢をチェックしている姿になる。鋭い目。きびきびした動作。格好いい。清次と信子、新人の中にいる。

■教室

教えている磯田。

クレジット。

タイトル。

■グラウンド

走る清次と信子をまじえた男女。

■道場

空手の型をやってみせる磯田。号令で、同じことをやる清次と信子をまじえた新人たち。

■屋上

制服を正式に着た清次と信子をまじえた新人たちの敬礼を見ながら、これも制服正装した磯田が、閲兵でもするように一方へ歩いて行く。

クレジット、タイトル、終る。

■工事現場（初夏・昼）

トラックが道路へ出て行くのを、笛を吹いてリードしている吉岡。制服。汗とほこりの印象。近づいて行く制服の壮十郎と田中。

壮十郎「（吉岡の背後から）司令補」

吉岡「（トラックを送り出したところで振りかえり）よう（と微笑）」

■工事の実景

■飯場の事務所の隅

吉岡「（外から戸をあけ、ヘルメットをとりながら）待たせた」

壮十郎「（隅の椅子にかけていて立上がった感じで）いえ」

田中「（隣で立っていて）いいえ」

吉岡「（ドアを閉め）お揃いで、なんだい？」

壮十郎「はあ」

田中「社長から言われてまいりました」

吉岡「（ヘルメットを壁にかけていて手が止まり）なんだい？（と改まった質問）」

壮十郎「実は、司令補にですね」

吉岡「ちょっと待て」

壮十郎「はあ？」

吉岡「（苦笑気味に）私はいま司令補ではない。一警備士として、働かせて貰っている」

田中「そういう事を、吉岡さんが言うのは、分るんだけど」

吉岡「どうぞ（とかけるようにすすめ、自分も椅子をひく）」

壮十郎「私は分りません。一昨年、司令補が会社をやめたのは、ミスをしてとか、そういうことではないんです（と腰掛ける）」

田中「そりゃあそうだ（と忽ち同調する）」

壮十郎「戻って来て、平の警備士からはじめる理由はまったくありません」

田中「ああ、そりゃあ、そうだ（若い壮十郎にすぐ同調する気の好さで、壮十郎に先に出世されてしまったのである）」

壮十郎「会社が司令補にのぞんだのは、帰って来て、上に立って欲しいということだったはずです」

田中「しかしまあ――」

壮十郎「なんですか？（と田中へすかさずきく）」

田中「いろいろあってさ、人間、片隅にいたいって気持になる時も」

壮十郎「（すぐとって）そりゃあなるでしょう。しかし、もう、戻って来られて一カ月半です。そろそろ、司令補として、いえ、司令として、会社を牛耳るぐらいの気持になって下さってもいいんじゃないでしょうか？」

吉岡「社長の――」

壮十郎「社長もそれをのぞんでいらっしゃる筈です」

吉岡「言付けは、それか？」

壮十郎「いえ――」

田中「それは、そうじゃないんで」

■研修所の教室（夜）

第Ⅰ部の第１話で、吉岡が陽平たちを叩きのめした部屋。清次と信子をまじえた新人たちが椅子についている。

磯田「（廊下の方を見て）起立！（と言って自分も立つ）」

一同「（起立）」

壮十郎「（廊下からドアをあけ、身をひく）」

吉岡「（私服。こうした所へ出たくないという気持があるが、短く立止まるだけで、中へ）」

田中「（吉岡の後ろに続く）」

磯田「御苦労さまです（一礼）」

吉岡「ああ（と一礼）」

田中「（吉岡へ）磯田士長です。明和警備保障から移って来てくれた、有能な」

磯田「いいえ、吉岡さんのお噂はいろいろと伺っております」

吉岡「いや、私は（こういうところは、と億劫な気持を愚痴ではなく言いかけるのを）」

壮十郎「（景気をつけてしまおうと）私から、ちょっとみんなにいいかな？（と磯田にきく）」

磯田「ああ、どうぞ」

壮十郎「鮫島士長です。こんばんは」

ばらばらに数人が「こんばんは」と言う。

磯田「なんだ、その挨拶は！　声が揃わなくてもいい。こんばんは、と言われたら、大声で、こんばんは、とこたえるのが、最低の礼儀じゃないのか！」

壮十郎「（いいんだ、とも言えず、目を伏せている）」

磯田「鮫島士長に、御挨拶！」

「こんばんは！」と一同、大声で一礼。少々揃ってなくてもいい。

壮十郎「（うなずき）えー、私が入社したころ、吉岡さんは、ぶらりとこの研修所へ見えることがあった。君たちのような、新人教育を終えて、いよいよ第一線に配属されようという連中に、実に印象的な御注意を下さった。私は、その頃の吉岡さんの荒っぽいが、身に沁みる忠告を、忘れることが出来ない。今日は、久し振りで、語り草にさえなっている講義を、していただく。傾聴するように（吉岡を見て）お願いします」

吉岡「（ずっと目を伏せていて、壮十郎を見、一同を見て、静かに）かけてくれ」

一同、腰かける。磯田、壮十郎、田中も。

吉岡「一カ月半、念入りな訓練を受けた君たちに、私のような人間が、改めて言うことが、あろうとは思えない」

信子「――」

清次「――」

吉岡「ただ、自分の力を、過信してはいけない、ということだけは言っておきたい、と思う。丸腰で、逮捕権もないガードマンが武器を持った相手に、立向かおうなどとは考えないことだ。すでに、何度も、聞いていることと思うが、ガードマンは、地味な仕事だ。事件が起きるなど、めったにない。雨の日も風の日も、ただ一日、立ちつくしているだけという仕事も少なくない。（終りまで、熱度がなく、淡々としている）地味で、忍耐のいる仕事だ」

■研修所・自動販売機の前

コーラと牛乳などの販売機の前で、女子研修生、二、三人に言われている信子。

女子Ａ「あの人の、何処が、すごいっていうの？」

信子「何処って言われたって困るけど」

女子Ｂ「全然迫力ないし、なにがなんだか分らなかったわ」

信子「私だってね、そんなに知ってるわけじゃないんだけど」

清次「（別の一劃で）あんなもんじゃないらしいんだよ（と男の二、三人の研修生にしゃべっている）」

男Ａ「お宅がすごいぞ、すごいぞって言うからさ」
男Ｂ「退屈したね、オレ」
清次「いや、今日のは本調子じゃなかったと思うよ（と弁解している）」
信子「（女の子に）すごく本当は、喧嘩が強くて、なんか魅力あって」
清次「（直結で男たちへ）現に尊敬して夢中になってるのがいたんだから」

■大衆酒場
隅のテーブルで、共に、私服の壮十郎と吉岡がのんでいる。
壮十郎「やっぱり、陽平みたいな男なかなかいないですからね（注ぐ）」
吉岡「うむ？」
壮十郎「あいつが、いなくなって、張り合いがないんじゃないんですか？」
吉岡「そうでもないが（苦笑し）やかましい奴だった（と思い出す目）」

■過去の陽平のシーン
壮十郎の声「しかし、挨拶もなく、急にいなくなるなんていうのは、分りませんね。私には」

■大衆酒場
吉岡「逢っても、なにを言っていいか分らなかったんだろう」
壮十郎「勝手なことを言わせて貰えば、たしかに、あいつと司令補が仲良くなって、和気あいあいとやってるのは、面白くありません」
吉岡「（苦笑）」
壮十郎「ああいうつっかかるタイプは、また何処か行って、相手見つけて、つっかかってるんでしょう。だから、あいつのことはいいんですが、司令補が元気ないのは困ります」
吉岡「私は司令補ではない」
壮十郎「司令補です。司令補に戻って貰わなければ困ります」

■隅田川・夜景
吉岡の声「陽平は、私にまだ、することが残っていると言ったが」
壮十郎の声「そうです。だからこそ戻って来ていただいたんです」

■吉岡の部屋
蚊取線香をつけている吉岡。寝間着。蒲団。

吉岡の声「ひどく億劫なんだ。また新しい若い連中とつき合って、怒鳴ったり、叱りつけたりすることが、億劫になっている」

間。船の音。

■あるホテルのプール（昼）
賑わっている。

■あるホテルの廊下
制服の清次が、初仕事の緊張した顔で、歩いて来る。

■プール
賑わっている。短く。

■あるホテルの廊下
清次「（ハッとする）」
あいているドアがある。ゆっくり近づき、中をのぞきかかる。
磯田の声「いいか」
清次「（ハッと身体を起こす）」
磯田の声「そういう時は、まずノックをする」

■研修所の教室
磯田「（清次たちを前に講義している）黙ってのぞいて、たとえば着替え中の女性に見つかったら、どうなるか？　いくら言い分があっても、ホテルでは、お客様本位であることを忘れないように」

■あるホテルの廊下
清次「（あいているドアをノックする）」
中年の男の声「はい」
清次「あ（すぐなめらかに声が出ない）」

■あるホテル・一室

中年の男「（背広姿で）なに？（と不機嫌に現われ、ドアの向うの清次を見る）」

清次「いえ、ホテルの警備兵で、ご、ご、ございます。ドアがあいておりましたので」

中年の男「分ってるよ（と見えなくなる）」

清次「不用心で、ご、ざいますので」

中年の男の声「すぐ出て行くんだ。心配ないよ（と邪慳に言う）」

清次「はい。失礼いたしました」

■プール

賑わってる。短く。

■研修所教室

磯田「そうだ『失礼いたしました』『はい』こういう言葉が、すぐ出るようにしなければいけない」

清次「（聞いている。磯田の台詞内で見せる）」

■プール

賑わっている。清次、隅へ現われ、立つ。楽しそうな若い娘たち。清次、ちょっと見とれている。

磯田の声「いいか」

清次「（ハッとする）」

■研修所教室

磯田「コンサート、ファッション・ショー、夏のプール。こういうところで、見とれて警備を忘れているような奴がいる」

■プール

清次「（プールの方は見ないように、わざと隅の茂みを、身体をまげて注意したりしつつ行く）」

磯田の声「警備中は、ビージーズのコンサートであろうと、ソフィア・ローレンの記者会見であろうと、裸の女であろうと、一切関係ない！」

■研修所教室

磯田「多くの人間の目が一方に走る時、それ以外の部分に目をそそぐのか、警備の最低要件のひとつである」

■ホテルの裏手

清次「(ポッンと立っていて、暑い太陽を見上げ、ホッと息をつく)」
磯田の声「尾島くんよ」
清次「(あ、と思い、今度は現実の声なのだと気づいて、声の方を振りかえる)」
磯田「(ネクタイをゆるめた半袖ワイシャツ姿で、背広を脇において日蔭に腰かけて、微笑する。いい微笑である)」
清次「あ(と敬礼して)尾島警備士勤務中異常ありません」
磯田「まあ、かけろ(と自分の横を示す、たとえば、コンクリートかなにか)」
清次「いえ、勤務中でございますから(と言いにくいのを無理して言う)」
磯田「いいから、かけろ(崩れた感じはない。研修所のきびしさに比べて、やさしいという印象)」
清次「はい。失礼します(と一礼して横へ)」
磯田「どうだ?」
清次「は?」
磯田「暑いだろ」
清次「いえ、家ン中は、冷房だし、あ、それに、あ、あんたの——いえ、あんたじゃなくて、磯田士長の、御注意っていうか、早速役に立ってます」
磯田「どんな?」
清次「七階の客室のドアがあいていまして、俺は、いや、私は」
磯田「(ハナの脇をこすったりするが、閉口した顔というよりポーカーフェイスである)」
清次「つい、のぞこうと思ったのですが、御注意を思い出して、ノックをしました」
磯田「(好奇心を少し見せて)そしたら?」
清次「中年のお客様が、ちょっと、なんか取りに戻ったとかって」
磯田「男か?」
清次「はい」
磯田「それじゃあまあ仕様がねえけど、なにも言う通りすぐノックすることはねえんだよ(崩れた与太者口調ではない)」

清次「は?」
磯田「俺がホテルの時な」
清次「はい」
磯田「細くあいてたんだ」
清次「はあ(つりこまれる)」
磯田「近づくとな——声がする」
清次「はい」
磯田「すごい声だ」
清次「すごいっていうと?」
磯田「(こたえず)すうーとあけて。中へ入って。のぞくと。派手にやってんだ。俺のことなんか気がつきもしない」
清次「あ、はあ(と半分、情事と気がつく)」
磯田「見せて貰ってから、戻ってノックした。二人とも慌てて「ハ、ハイ」なんて言ってる。ドアがあいておりますが、御無事でございますかって言ったら、あいてたア? なんて、スットンキョウな声出してな(と笑う)」
清次「(笑う)」
磯田「ホテルの昼間の警備なんて、どうしようもないよな」
清次「(相槌打っていいものか分らず)はあ?」
磯田「誰でも入れるホテル、注意しろっていったってしきれるもんじゃない」
清次「ええ。でも」
磯田「巡察指導っていってな」
清次「はい」
磯田「こうやって、教え子の配属先を、不意に回って様子を見てるんだが」
清次「そうですか。どうして此処にって思いました」
磯田「プールにビキニの女の子、いっぱいいるだろう」
清次「はい」
磯田「そういうの見て、少し息抜きするんだな(と立つ)」
清次「(意外で)あ、はい(と敬意と嬉しさで立上る)」

■清次と信子の部屋(夜)

アパートである。コロッケかなにかで夕食を食べている清次と信子。

信子「へえ。そういうとこあるの?」
清次「ああ」

信子「ビシビシ固いこと言うから、どうにもなんな
　い人かと思ったけど」
清次「お前の方へは？」
信子「来たよ。来たけど、私の方はほら、展覧会場
　でしょう」

■展覧会場（昼）

信子の声「くだけだ口きく雰囲気じゃないのよねえ」
磯田「（キチンとした背広姿で、むしろキビシイ顔で、会
　場の中を頭に入れるように、しかし目立たぬ態度で
　信子の前へ来る）」
信子「（さっきから気づいていて、ピッと姿勢を正し、目
　立たぬように小声で）異常ありません（と敬礼
　する）」
磯田「ああ。なにか疑問はないか？」
信子「はい。一つ（と言いかけると）」
磯田「（手で制し）あとで聞こう。頑張ってくれ（と
　微笑する）」
信子「はい（と小さく敬礼する。制服）」
磯田「（行く）」
信子の声「終りにちょっと微笑したのよね。それで、あ、
　ちょっといいなあって思ったけど（次のシーン
　へ直結）」

■清次と信子の部屋（夜）

信子「案外、話せる人なのかもしれないね」
清次「ああ、ガチガチかと思ってたらよ」
信子「幅があるんだね」
清次「なに聞こうと思ったんだ？」
信子「え？」
清次「一つ、なんかって」
信子「ああ――立ってろっていうのよ。ガードマン
　は立って見張ってろっていうの」
清次「それが？」
信子「だって！　展覧会の見張りなんか座ってたっ
　ていいじゃないの？」
清次「バカ」
信子「なに？」
清次「お前が坐ったら、五分で居眠りだ」
信子「あ、それもそうだね」
　二人、笑う。

■清次と信子の部屋の前
ノックする壮十郎。

■吉岡の部屋
吉岡「（和服。ビールをぬきながら）夜になって、遠いところをよく来てくれた」
壮十郎「いいえ」
信子「暑いから、夜のバス、気持よかったわ」
清次「ええ、気持よかったです」
吉岡「（壮十郎へ）さあ（とビール）」
壮十郎「はい、いただきます」
吉岡「足くずせよ」
壮十郎「はい」
清次「じゃ、あの、オレも（としびれをいたわりつつあぐらをかこうとする）」
信子「あら、もうしびれたの？」
清次「慣れねえから」
壮十郎「（笑って）しかし、二人とも、なかなか評判いいんです（と吉岡に注ごうとするが）」
吉岡「（渡さず、清次に注ごうとしながら）そうか。いや、妙な縁で一緒に北海道から来たんだし」
清次「いいえ（と注がれている）」
吉岡「面倒みなくちゃいけないんだがね」
信子「そんなこといいんです」
清次「俺たち、結構やってますから」
吉岡「（信子へビールをさし出し）駄目か？」
信子「はい」
清次「水くんでこい」
信子「くんで来ます（とさっぱりと立つ）」
吉岡「フフ、面倒見るまでもないようだ」
壮十郎「いえ、そんなこと言わないで、少し見てやって下さい」
吉岡「うん？」
壮十郎「そう思って、連れて来たんです。なんといったって、二人とも東京ははじめてです、司令補のような、こう言っちゃなんですが、親代りみたいな人がいて下さった方がいいんです」
清次「ええ、まあ（気乗りしない）」
信子「フフ、まあ、そうかもしれないわねえ（と渋々無理に笑顔つくって言う）」

■スナック

カウンターにいる壮十郎と清次、信子。

壮十郎「（不服で）なんだよ。もうちょっと、司令補に頼るっていうところ見せなきゃ仕様がないじゃないか。頼ってます、頼りにしてますって感じになりゃあ、向うもそれじゃあ面倒見るかって腰あげてくるんだよ。そういう風にしてくれって頼んだんじゃないか」

信子「でも、悪いけど――」

壮十郎「なんだ？」

信子「どうして私たちが、あの人の心配しなきゃいけないんですか？」

壮十郎「一緒に北海道から来たんじゃないか」

信子「それだけです。別にあの人慕って来たわけじゃないし、お兄ちゃんはどうか知らないけど、私は、あんまり関係ないって感じしちゃうのよね」

清次「俺はね」

壮十郎「（清次の方を見る）」

清次「陽平さんが、あの人をすげエとかなんとかいって、すごく買ってるから、なんかその関係がいいみたいな気がして、ひかれたんだけどね」

壮十郎「ああ」

清次「来てみると陽平さん、何処か行っちまうし、吉岡っていう人は、正直言って、そんなに魅力あると思わねえし」

壮十郎「今は、そう見えるかもしれないが、あんな人じゃないんだ。あの人が、あんな風にひっこまないで、カッカしてた時の迫力はな（と言いかけるのを）」

信子「でもそれ私ら見たわけじゃないし」

清次「お宅さんみたいに、一所懸命になれないのは仕様がないんじゃないですか？」

壮十郎「（それもそうか、と思い）うむ（しかし、と反論したい気持）」

信子「私は、どっちかといえば、磯田士長の方が魅力あるわ」

壮十郎「磯田？」

信子「研修所ですごくきびしくて、フッとやさしかったり」

清次「俺も、悪いけど、そうですね。あの人の方が、複雑っていうか、味があるような気がして」

壮十郎「それはそれで結構だが、俺はちょっと、あい
　つについては――」
信子「やけますか？」
壮十郎「なに？」
信子「年から言うとライバルでしょ？　私らがほめ
　ちゃ、いい気持しないわよね」
清次「そうか」
壮十郎「冗談じゃないよ。そんな低次元のヤキモチは
　やかないんだ俺は！」

■警備会社・本社屋上（夕方）

　制服の磯田が、夕陽の東京を見下ろして立ってい
る。屋上への入口に現われる制服の清次と信子。
磯田を認めて、その方へ歩いて行く。

清次「（三、四歩残して立止り）尾島警備士まいりまし
　た」
信子「（横で）尾島警備士、まいりました」
磯田「（振りかえり）なんだ、着替えてないのか？」
清次「はい。いま本社へ戻って来て」
信子「私の方が少し先で、事務の徳田さんから、二
　人で屋上へ来るようにって、言付け貰ったも
　のですから」
磯田「急がなくてよかったんだ」
清次「いいえ」
信子「いいえ」
磯田「今度入った連中で、君たちだけが例外でな」
清次「は？」
磯田「他の奴はみんな、東京で、転々といくつもの
　職を替えて、あげくに入った奴らだ」
清次「はあ」
磯田「君たちは、東京へ来てはじめての仕事だ」
清次「はい」
信子「はい」
磯田「特別、気になってな」
清次「ありがとうございます」
信子「ありがとうございます」
磯田「この間（信子を見て）一つ、質問があると言っ
　ていたな」
信子「あ、あれはもういいんです」
清次「いいんです、すいません」
磯田「比較的綺麗な、楽な仕事にしたつもりだ」
信子「はい。ありがとうございます」

磯田「（清次へ）根室で、船に乗っていたんだってな」
清次「はい。ケチな船ですけど」
磯田「根室の海とは大分ちがうかもしれないが」
清次「はあ？」
磯田「海の匂いが恋しいんじゃないかと思ってな」

■横浜のいろいろ（夜）

ドライブで見せているという感じで。船のスケッチや山下公園や中華街を見せたいが、その間に、横浜市内を走る磯田の乗用車が流れよく入って美しく。私服の磯田が、運転し、後部座席で、外を見ている清次と信子。それらの姿も、横浜の夜景のモンタージュの中に入って行きたい。

■清次と信子の部屋

二部屋の奥に信子が蒲団を敷き、手前に清次が蒲団を敷いていて、
信子「いい人よねえ、わざわざ横浜まで連れてってくれて、御馳走までしてくれて」
清次「ああ（とちょっと考えている）」
信子「大体車が格好いいし、私、まいっちゃったわァ、あの人」
清次「簡単にそういうこと言うんじゃないよ（不機嫌に）」
信子「分った（とニヤニヤする）」
清次「なにが？」
信子「横浜の倉庫の警備なんて嫌なんでしょう」
清次「倉庫の警備が嫌なんじゃないよ。俺が夜勤になったらな、お前、夜ひとりなんだからな」
信子「のんびり寝られちゃう」
清次「人が来てもあけるんじゃないぞ」
信子「やだ、そんな心配してるの？」
清次「親切すぎるじゃないか。夜勤に俺を出して、その留守にお前のこと」
信子「あら、そう思う？　そう思う？　あの人、私に気があると思う？（嬉しく）」
清次「バカヤロウ（とつつく）」

■横浜港・コンテナーセンター（夕方）

制服の老ガードマン永井と制服の清次が歩いている。倉庫のつらなり。
永井「このあたりの倉庫は、殆んどもう集中管理方

式でなあ、警備員が夜勤をする心配はあまりないんだが、倉庫会社の要請で、詰所で一人だけ勤務することになっている」
清次「はい」
永井「パトロールは十一時一時三時五時の四回。アヴェックが入りこんでたり、浮浪者が寝ていたりするから、あながち無駄とは言えない」
清次「はい」

■倉庫会社・事務所
永井「(横沢主任の前へ清次を連れて来た感じで) 主任」
横沢「(机に向って書きこんでいて) うん? (と顔を上げない)」
永井「今度、私と交替で、夜勤に回る尾島警備士でございます」
横沢「あ、そう (と言ってから顔をあげ、気の好い微笑で) ああ、若いね」
清次「よろしくお願いします」
横沢「ああ、よろしく (もうまた、ペンを走らせている)」
永井「こちらが、倉庫会社の横沢主任さんで、なにかとお世話になるし、こちらの指示には出来るだけ添って貰わなければならない」
清次「はい」

■倉庫地帯 (夜)
港の夜景。ゆっくり倉庫の中を、磯田の乗用車が現われ一方へ。

■車の中
磯田、私服で運転している。

■警備詰所前
遠くから磯田の車が来て、静かに停る。
清次「(敏感に、制服で詰所の戸をあけて見る)」
磯田「(エンジンを切る)」
清次「ああ、(とホッとして) こんな時間に巡察ですか?」
磯田「(車の中で清次を見て) おう (と微笑)」
清次「尾島警備士。勤務中、異常ありません (と敬礼)」
磯田「(車からおり立ち) どうだ」
清次「はい。はりきって、やっております」
磯田「(微笑して) 立場上、はりきるなとも言えない清次「はい（と身体を脇によけ、先に入らせて）根室とは大分規模がちがうけど、港だなァ、と思ったりしてます」

■警備詰所

磯田「巡察指導なんていう役回りでな」
清次「はい」
磯田「大分縁遠くなっちまったが、港の警備は好きなんだ」
清次「そうですか」
磯田「車の運転、出来るんだったな」
清次「はい」
磯田「暫く、俺の車でドライブして来ないか」
清次「ドライブですか？」
磯田「夜中の横浜もいいもんだぞ」
清次「しかし――」
磯田「ひとりで（と腰をかけ）ぼんやりしていたいんだ」
清次「だったら、パトロールして来ます」
磯田「時間じゃないだろう」
清次「かまわんです。ちょっと歩き回ってみたかったんです」
磯田「いかんな」
清次「はあ？」
磯田「スケジュールをくずすと――」
清次「くずしません。時間にはまたちゃんとやります」
磯田「命令だ（と微笑して言う）」
清次「は？」
磯田「お前は少しピリピリしすぎている。警備士は、なにも起らない長い時間を、一定の緊張ですごす技術を身につけなきゃいかん」
清次「はい」
磯田「ドライブして来いといったらしてくればいいんだ。そんな緊張の仕方では、明方にはまいってしまう」
清次「いえ――」
磯田「人の好意は受けとくもんだ」
清次「（反論しにくく）――はい（うなずき）じゃ車、お借りします（一礼）」

磯田「ああ、（と微笑して背を向ける）」
清次「（その後姿を見る）」

■フロントグラス越しの道
人通りのない港付近の道が流れる。

■車の中
運転する清次。考えている。

■フロントグラス越しの夜景

■車の中
清次「（考えていて、決心した感じあり）」

■道
車、ターンして戻って行く。

■倉庫地帯
一台の小型トラックが、静かに進んで行く。

■ある倉庫の前
磯田と横沢が、トラックを迎えるように立っている。

■小型トラックの中
運転している洋酒輸入会社セールスマン南条。

■倉庫地帯
車からそっととびおり、そっと閉め、小走りに走り出す清次。

■ある倉庫の前
倉庫の扉が開いて行く。前に止まっている小型トラック。そこから扉のあくのを見ている南条。傍に立っている磯田。

■はなれた倉庫のかげ
たどりつき、見る清次。

■ある倉庫の前
入口へ横沢が現われて、よし来い、という仕草。トラック入って行く。運転する南条。周囲を気をつける磯田。

■はなれた倉庫のかげ

見ている清次。

清次の声「いいことか悪いことかといえば、あんまりいいこととは思えねえが」

■ある倉庫の前

磯田、横沢、南条を拾って。

清次の声「警備会社の人間と、倉庫会社の主任が」

■ある都心のビルの脇（昼）

私服の清次が、制服の信子に話している。

清次「立合ってるんだからな」

信子「悪いことに決ってるじゃない」

清次「どうして？」

信子「お兄ちゃんを追っぱらったのよ。いい事ならどうして、そんなことするのよ？」

■警備会社・廊下

制服の男三人ほどが通過して行く。入れ替わりにやって来て、つきあたりの社長室を見る清次。

信子の声「なにしてるの？　警備してて、そんなことされて、騒がないでいるんじゃ、なんのためにいたんだか分らないじゃないの」

清次の声「しかし、磯田士長が立合ってるんだぞ」

■ある都心のビルの脇

信子「だからあの人も悪い奴なのよ」

清次「お前、いい人だって（言ったじゃないか）」

信子「見損うこともあるわよ。お兄ちゃん、なめられたのよ」

■警備会社の廊下

清次「（立って社長室を見ている）」

信子の声「どうしてその時出て行って、つかまえなかったのよ」

清次「（歩いて行き、社長室のドアをノックする）」

小田の声「はい」

清次「あ、あの、私は、あのォ」

ドアがあく。あけたのは磯田である。

清次「あ」

■磯田の車から見た街

■走る磯田の車の中

磯田「（運転していて）いま社長と協議していたのは、偶然かもしれないが、あの倉庫のことなんだ」

清次「（助手席にいて）はあ」

磯田「ウィスキーの倉庫なんだがね」

清次「はい」

磯田「イギリスから輸入したウィスキーは、船から直接、あの倉庫に入るんだ」

清次「ええ」

磯田「輸入業者は、倉庫へ行って、品質の検査をする。品質の悪いものは、そのままイギリスへ送り返す。パスした商品だけを、税関の手続きをすませて国内へ入れるというわけだ」

清次「はい」

磯川「今日、午前中の品質検査で、五ケースの不良品が発見された」

清次「――」

磯田「どうもキャップのあたりが、おかしい」

■倉庫

検査員が、ボールケースをあけて。スコッチの瓶をとり出して、あける。

磯田の声「（前シーンと直結で）一本あけてみると、中身がスコッチじゃないんだ。安物のウィスキーに詰め替えてある」

■車の中

清次「（平然とそんなことを言う磯田の顔を思わず見る）」

磯田「しかし、そんな詰め替えが日本で出来るわけがない。船から倉庫へ直行してるんだからね」

清次「――」

磯田「したがって、これはイギリスで積み込む前に行なわれたか、あるいは途中の港で、すりかえがあったか、ということになる」

清次「――」

磯田「五ケース、六十本だ。たいした額ではないが、イギリスへ送り返した」

清次「――」
磯田「どう思う?」
清次「――」
磯田「さっき社長に、なにを言いに来たのかね?」
清次「見たことです。昨夜おれはドライブなんか行かなかった。あんたらが、やってるのを見てたんだよ」
磯田「(平然と)そう思ったよ」

■走って行く磯田の車

■展覧会場前の脇
壮十郎「(私服で)それで?」
信子「(制服で)警察へ言う前に、社長に話してみるって」
吉岡「(一、二歩はなれて壮十郎と信子のやりとりを聞いている)」
壮十郎「(信子の台詞と直結で)それはそうだ――(吉岡へ)どう思いますか?」
吉岡「ああ(信子へ)他の人間には言わない方がいい」
信子「勿論言いません」
吉岡「君の兄さんを追い払って、倉庫をあけたというのは、ただ事じゃないが、倉庫会社の主任と、うちの管理職が立合っているとなると、いちがいには犯罪と決めつけるわけにもいかない」
壮十郎「しかし、わざわざ夜中をえらぶというのは」
吉岡「社長が判断するだろう」
信子「今頃きっと、はっきりしてると思うけど」
壮十郎「そうだな」
吉岡「お邪魔した」
信子「いいえ」
壮十郎「一度ぐらい仕事振りを見てやって下さいって、ひっぱって来たんだ」
信子「すいません、お休みに」
吉岡「いや、仲々板についている(微笑)」
信子「ありがとうございます」
吉岡「(いや、というように、うなずき、微笑)」
壮十郎「(吉岡と信子を半々に見て微笑)」

■あるバー
昼間で、客はいない。二階にでも住んでいる感じのバーテンが、寝起きの感じで、氷バケツとグラス、水などを盆にのせている。
磯田「（カウンターの隅で電話をかけている）うむ、うむ、そう、そういま、うむ、（受話器をおさえバーテンへ）サンキュー、いいよ、それで」
バーテン「ええ、じゃ（上の部屋へ行ってます、というかんじ）」
磯田「（電話へ）失礼」
小部屋風にひっこんだ席に、ひとり清次、腰をかけて磯田の方を見ている。
磯田「じゃ、まってる。うん——うん」

■警備会社・社長室

小田「（秘書の女性が机の前に立っていて、タイプの修正かなにかを指示していた感じで顔をドアの方へあげ）やあ、どうしてる？」
吉岡「（ドアをあけた位置で）はい。今日は工事が休みでして」
小田「（尚、ちょっと書類にペンを入れながら）どうしてるかと思っていた」
秘書「（吉岡に失礼にならない程度に脇へ寄って小田の修正を侍っている）」
吉岡「御無沙汰しております」
小田「どうだい？　管理職に戻る気になったかい」
吉岡「いえ、それは」
小田「頑固だね（と笑って秘書に書類をわたし乍ら）なんだい？　二人で」
吉岡「はい」
壮十郎「（吉岡の後ろにいて）さきほど、尾島警備士が伺ったと思いますが」
小田「どっち？」
壮十郎「兄貴の方です」
小田「いや、妹も兄貴も来ないぞ、ここへは」

■あるバー

磯田「（小部屋へ清次と二人でいて、グラスに氷を入れる）」
清次「——」
磯田「君がどういう想像をしているかは分るような気がするが——あれは、犯罪でもなんでもないんだ」
清次「（うなずく。先を聞きたい）」
磯田「ただ、誤解されやすいことなんでね。はずして貰った方がいいと思ったんだ」

清次「（うなずく）」
磯田「しかし、こうなっては、説明しないわけにいかない」
清次「（うなずく）」
磯田「じきに、倉庫会社の主任と、洋酒の輸入会社のセールスマンが来るから、冷静に俺たちの説明を聞いて貰いたい。頭の固い建て前ばっかりのオバサンみたいなことは、言わないで貰いたいんだ」
清次「（聞かなきゃ分らない、という感じで、うなずく）」

■同じバー

南条「（テーブルのスコッチの瓶を持って）私は、このスコッチのセールスをしてます（横沢と磯田もいる）」
清次「（うなずく）」
南条「あちこちのバーを回って、このウィスキーを置いてもらう。出来たら、このウィスキーだけを置く特約店になって貰う。そういう商売をしてます」
清次「（うなずく）」
南条「当り前のことだが、輸入業者は、私の所だけじゃない。他のセールスも、こういうバーへやって来る。でかい所は、店に金の融資をして、しばっちまう。うちは、そんな事が出来るほど大きくはない。といって、なり振りかまわずの商売するほど小さくもない。小さな所では、船員から、無税のウィスキーを買い集めて、それを鉄砲玉にしてくい込むなんていう、えげつないのもいる。しかし、中堅のうちの会社は、あくまで正攻法なんです。妙なことをしてバレたら、輸入代理店の資格をなくしてしまう。社長はあくまでまともなセールスをしろという。言うのは、やさしいですよ。しかし、三千円のスコッチを千円で置いてく業者にですね、正攻法で対抗できるわけがないんですよ。しかし、無能だと言われる」
清次「（うなずく）」
南条「悪《わる》とやり合うときは、こっちも多少とも悪《わる》にならなきゃ、勝ち目はないんです。そういうもんでしょう、なんでも」
清次「（うなずく）」

南条「商売ってものは、そういうもんですよ。向うが汚い手をつかってくるなら、こっちも、それ相応の手を考えなきゃ、つぶされちまうんです」
清次「(うなずく)」
南条「安いウィスキーが欲しい。くい込むキッカケに、千円ぐらいで、渡せるウィスキーが欲しい」
清次「(うなずく)」
南条「営業部長をやってるんですがね」
清次「(うなずく)」
南条「部下が本気でぶつかってるのに、成績があがらない。鉄砲玉が欲しい、と私のところへ来て言う。他所の、ひどいやり口が耳に入って来る。考えました。考えては、いろいろやってみたが、結局安いウィスキーを手に入れるに越したことはない」
清次「(うなずく)」
南条「そして一度店へ入れちまえばいい。棚をうちのスコッチでうめて貰えば、そうそうすぐ国産へ戻すわけにいかなくなる。店の格が落ちますからね」
清次「(うなずく)」
南条「一番——一番誰も傷つかないで、安いウィスキーが手に入る方法はないかと考えた」
清次「(うなずく)」
南条「酒はね、税関を通るまでは、送って来たメーカーの責任です。船の責任と言ってもいい」
清次「(うなずく)」
南条「お聞きかもしれないが、税関を通す前に、うちの係員が品質の検査をする。品質の悪いものは、そこではねて、メーカーへ送り返してしまう。パスしたものだけを税関に持って行く」
清次「(うなずく)」
南条「その品質検査の前に、ウィスキーをすり替えたらどうかと考えた。このウィスキーの空瓶に」

■殺風景な地下室(夜)

南条、空瓶を並べて、中へジョウゴでポリバケツのウィスキー風の液体を入れている。

南条の声「(前シーンと直結で)安酒と紅茶を詰めて、いい加減な封をして、六十本ばかりすりかえちまう。検査では、封がおかしいから、すぐ分る。はねられてメーカーへ返される。しかし、メーカーにとっちゃあ、六十本ぐらいのロスは、どうということはない」

■同じバー（昼）

南条「（続けて）第一、どう見たってすり替えてあるんだから、盗難ということで保険が出る。私は自由に使える六十本の酒が手に入る。いいですか？　だからといって私腹を肥やそうというのではない。会社のためです。ひいては、メーカーのためでもある。法律的には悪いことには相違ないが、現実というものはあなた、こういうものでしてね。こういう事をいかんといって、綺麗綺麗で商売なんてものは、やって行けるもんじゃないんですよ」

清次「──」

南条「どうでしょう？　目をつぶって貰えませんか？……ばれると、警備会社も倉庫会社も、信用ガタ落ちになるでしょうし、ここのお二人は私と一緒に刑務所ということになっちまう。しかし、それほどの事でしょうか？　こういうことでもしなきゃ、商売が出来ないからやったんです。自分の貯金をふやしたわけじゃないんですよ」

清次「固いことという気はないスけど」

南条「そうですか（とさすがにホッとした声を出す）」

清次「士長や（と磯田を見、横沢を見て）主任さんは（目を伏せ）いくら貰って力貸したんですか？」

磯田「貰ってないよ」

清次「そりゃあないよ。見つかりゃあ、刑務所っていう仕事を、ただで力貸すとは思えないスね」

横沢「この人（南条）は、私の妹の亭主なんですよ」

清次「（ちょっと意外で）へえ（と小さく）」

横沢「困ってるの、いろいろ見てるんでね。相談受けて、六十本ぐらいなら、いいじゃないか。迷惑するもんがいないなら、力を貸そうって、いうことになった」

清次「（うなずく）」

横沢「しかし、直接警備にあたるガードマンが力貸してくれなきゃ出来ることじゃない」

磯田「──」

横沢「磯田さんに、話した」
磯田「倉庫会社は、うちのお得意さんだ。大手の部類だ。そこの主任さんに、あんたを信用して話すが、こういうことを考えてると言われた」
清次「――」
磯田「力を貸してくれ、と言われた」
横沢「ほんと言うと、十万ほど包んで頼んだんだが」
清次「――」
磯田「勿論そんなものは受取れない。主任さんには、うちの警備士のミスを大目に見て貰ってるし、いろいろお世話にもなっている。こんなことで、おつき合いを、こじらせたくない」
清次「――」
磯田「で、君を配属した」
清次「――」
磯田「言っとくが、甘いと思ったんじゃない」
清次「いいですよ」
磯田「世の中知ってる、と踏んだんだ。バレても、君なら、分ってくれるだろうと思った」
清次「分りますよ。分るけど、酒売るために、そこまでやるっていうのは」

南条「そこまでなんて――商売はあんた、こんなもんじゃありませんよ。もっとえげつないこと、いくらだって、みんなやってるんですよ（と強く説得しようとする）」

■渋谷近くの住宅地（夕方）

アパートへ帰って行く清次、考えながら歩いている。
信子の声「お兄ちゃん、何処行ってた？」

■清次と信子の部屋

吉岡「（お膳の前にあぐらをかいていて）何処へ行ってた？」
壮十郎「（同じくあぐらでいて）心配してたんだ」
信子「（台所で夕食をつくっていて、前シーンの台詞を帰って来た清次に言った感じ）社長さんのとこ、行かなかったでしょう？」
清次「いらっしゃい（と、入りながら）なんですか、今日は？（と微笑をつくって、流しへ水をのみに行く）」
壮十郎「二人とも休みなんだ。様子見に来たんだ」

清次「そうですか（とコップに水）」
吉岡「倉庫の話を、妹さんから聞いた」
清次「（手を止め）いいんです、あれは」
信子「いいって？」
壮十郎「なんだ、いいっていうのは」
清次「なんでもなかったんです。勝手に、想像してたんですよ」
壮十郎「なにを？」
清次「いいんです。終ったんです」
吉岡「――（清次を見ている）」
壮十郎「しかし、磯田士長が、夜中に来たのは事実なんだろう？」
清次「ええ。巡察指導で、ちょっと」
壮十郎「倉庫をあけたのは、どうなんだ？」
吉岡「――（清次を見ている）」
壮十郎「君を追っ払って、倉庫をあけたんだろう？」
清次「なんか、俺、見間違えたらしいんですよ」
壮十郎「倉庫の戸があいたかあかないか間違える人間は、いないだろう」
清次「遠くだったしね、間違えたんです。なんでもないんです」
壮十郎「おかしいね」
吉岡「（制し）いいじゃないか」
壮十郎「しかし」
吉岡「社長の耳に入れてあるんだ」
清次「（小さくハッとする）」
吉岡「社長が、磯田君に聞くだろう」
壮十郎「それは、そうでしょうけど」
清次「――（短く）」
信子「（その兄を見る）」
信子の声「お兄ちゃん」

■同じ清次と信子の部屋

二部屋に別れて蒲団が敷いてあり、奥の信子が、スタンドの灯りで、パジャマで起き上がり、ドアに近い部屋で寝ている清次に向って、いま声をかけたところ。

信子「（返事がないので）お兄ちゃん」
清次「（信子に背を向けて目をあいて寝ていて）なんだ？」
信子「お兄ちゃん、社長に逢わないで、磯田さんに逢ったんじゃないの？」
清次「――」

信子「そうなの？」
清次「それが順序ってもんだ」
信子「逢って、どうしたの？」
清次「なんだか分らないことを、いきなり社長に言うほど子供じゃないんだ」
信子「それで？」
清次「たしかめたんだ。ありゃあ、なんだったたんだって」
信子「そしたら、お兄ちゃんの見間違いだって言うの？」
清次「――」
信子「そうなの？」
清次「そうだ」
信子「嘘！」
清次「――」
信子「お兄ちゃん、いくら貰った？」
清次「なんだと？」
信子「黙ってろって、お金貰ったんでしょう！」
清次「（パッと起き）バカヤロウ！　俺はそんな安っぽかねえや！」

■警備会社のあるビル（朝）
情景。

■社長室前の廊下
信子「（制服で来て）お兄ちゃん（と小さくおくれて来る清次をまねく）」
清次「（私服ではなれて立っている）」
信子「（戻って行き小声で）うまい事言ったって犯罪じゃない。黙ってれば、お兄ちゃんも共犯なのよ」
清次「――」
信子「警察行けとは言わないわ。社長さんにだけは、知ってる事を話した方がいいわよ」
清次「――（急にくるりと向きをかえて歩き出す）」
信子「（声はおさえて）お兄ちゃん」

■屋上
清次「（ぐいぐい来て、手すりをつかむ）」
信子「お兄ちゃん（と追って来る）」
清次「いいか、世の中ってもんはな、子供が思うようなもんじゃないんだ」

信子「じゃあ、どういうもんよ」
清次「食いもんがな、日本に食いもんがなかったこと知ってるだろ」
信子「なんの事よ」
清次「戦争が終って、すぐの事だよ！」

■あるバー

磯田「（南条、横沢と共に清次を囲んでいて）戦争が終って、すぐの事だ」
清次「ええ」
磯田「ひどい食糧難で、みんな闇をやった。闇って、知ってるか？」
清次「分るような気がするけど」
磯田「配給っていってな」
清次「ええ」
磯田「食いものは、政府がかかえこんで、公平に配ったんだ。お前のところは、家族三人だから、これだけ。こっちは六人だからこれだけ、と米や魚や煙草なんかまで配給だった」
清次「ええ」
磯田「しかし、配給される米なんてものは、ほんの少しでな。一日ひとり三合ぐらいだ。勿論、他に食うもんがあれば、それだってなんとかなるが、芋もろくにないんだ。みんなガリガリにやせていた」
清次「（うなずく）」
磯田「栄養失調で、出来ものがやたらに出て来て、みんな目の色かえて、配給以外に少しでも多く食いものを口に入れようと、さがしまわった。それが闇だ。法律違反だ。配給以外の食糧を買ったと分れば、没収されても文句は言えなかった。それでも、みんな、死にたくないから、法律違反をした」
清次「（うなずく）」
磯田「東京のドイツ語の先生でな」
清次「（うなずく）」
磯田「それをやらない人がいた。いやしくも教育者たるもの、裏表があっちゃいかんと、闇の米を買わずに、配給だけで頑張った。そして、死んだ。配給だけでは生きて行けなかったんだ、法律を忠実に守ると生きて行けなかったんだ」
清次「（うなずく）」

磯田「他の日本人は死ななかった。無論、闇をやらなかった人が、他にもいたかもしれない。しかし、大半の日本人は、法律を破って、生きのびたんだ。取り締る警察も闇をやった。それを文句言えるか？　法律に違反したから犯罪者だと言えるか？　そんなことを言えば、日本人の大半は犯罪者ってことになっちまう。いいかい？　世の中は、こんなもんだ」

■屋上

信子「でも、生きるか死ぬかっていう時と、お酒売るなんて事と、一緒にするのはおかしいわよ！」

■あるバー

磯田「同じだよ。両方生きるためさ」

■屋上

信子「私は、そんなことで、ごまかされないわ。お兄ちゃんみたいに甘かないのよ！（と階段の方へ）」

清次「何処行くんだ」

■階段

信子「決まってるでしょ。社長さんのところよ」

■廊下

清次「待てよ（と信子をつかむ）」

信子「悪いことは悪いわよ（と振りはらって社長室へ）」

清次「信子！（更に腕を摑もうとする）」

信子「（振りはらい、社長室のドアをあけ）失礼します！」

■社長室

小田「（幹部らしい制服の男と話していて信子の方を見る）」

信子「（敬礼して）尾島警備士、失礼します！」

小田「どうしたの？」

信子「社長さんは、磯田士長と、話をしたんでしょうか？」

清次「信子！（と声をおさえて、顔を半分見せてドアのかげから言う）」

小田「（信子の質問に対して）うむ？」

信子「本当のことを言います。昨夜、コンテナー・センターの倉庫で何があったか、全部言います。全部知ってるんです！」

■井の頭線沿線

私服の信子と清次が、電車の通過を見ている。

清次「（しょんぼりしてる信子へ）だから言ったろう
（自分も気落ちしている）」

信子「――」

清次「世の中なんて、そんなもんよ」

信子「社長が、あんな風だなんて思わなかったわ」

■社長室

小田「聞いているよ。いま君が言ったことは全部磯
田君から聞いている」

信子「じゃ、もう警察へ知らせたんですか？」

小田「帰りたまえ（終始、目をそらしている）」

信子「え？」

小田「すんだことだ、忘れるんだ」

信子「忘れろって」

小田「帰りたまえッ」

■井の頭線沿線

信子「――」

小田の声「いいか、この事は――」

■社長室

小田「一切他へ行って言うんじゃない。警察など論
外だ。尾島君！」

信子「はい」

小田「君じゃない、兄貴の方だ」

清次「（ドアの外で）は？」

小田「顔を出せ」

清次「（ドアをあけ）はい」

小田「いいか。二人とも、この事は忘れるんだ。い
いな（激しく清次を見て）忘れるんだ！」

■井の頭線沿線

清次「なんだか知らねえが、どうせいろいろ裏があ
んのさ」

信子「――」

清次「そういうもんだ、世の中っていうのは」

信子「――」

清次「社長がお前、正義の味方なわけねえじゃねえ
か」

信子「――」

■吉岡の部屋（夜）

吉岡「追い帰した？（と向き合ってあぐらをかいてお膳に向っている小田にビールを注ぎながら言う）」

小田「（注がれながら）ああ」

吉岡「そうですか」

小田「悪いこと見つけたって、ムキになって言いつけに来た子を、追い帰しちまった（吉岡へビールを注ぐ）」

吉岡「（うなずき、注がれる）」

小田「後味が悪くていけない」

吉岡「（うなずく）」

小田「君から、あの子に、そう世の中、簡単にはいかないってところを話してやってくれないか？」

吉岡「いいですが――（まだ理由を聞いていない）」

小田「まあ、こんなことでくよくよするから、うちの会社は、もうひとつのびないのかもしれない（と、ビールのむ）」

吉岡「いいえ」

小田「いい子なんでね、怒鳴って終りでは可哀そうな気がしちまうんだ」

吉岡「――」

■工事現場（昼）

炎天下で、トラックを誘導している吉岡。

■ある劇場楽屋口

女学生たちのファンをかきわけて、スターを車まで誘導する清次（制服）。

■あるビルのロビー

制服の信子が、もう一人の女性警備士と酔っぱらいの浮浪者をひきずって外へ出そうとしている。

■飯場の事務所の隅

吉岡「（暑いのであけはなしてある戸から、汗だくで、ヘルメットをとりながら来て）いや、まだ行ってない（と言ってヘルメットをテーブルへ置く）」

壮十郎「そうですか（と私服で続いて入って来て）さっき本社で、社長が、言ってましたんで」

吉岡「なんて？」

壮十郎「ええ。ですから、吉岡さん、二人のところへ、行ってくれたかなって」

吉岡「そうか（と汗を拭いている）」

壮十郎「なんですか？　二人のとこって」
吉岡「うむ」
壮十郎「倉庫のことですか？」
吉岡「ああ――」
壮十郎「緘口令《かんこうれい》が敷かれて、それっきりですが、磯田さんは」

■あるビルの前
車から制服でおりる磯田。
磯田の声「今まで通り働いていますし、社長は」

■飯場の事務所の隅
壮十郎「なかったことにするおつもりのようですね」
吉岡「ああ」
壮十郎「二人に、念を押すっていうことですか？　黙ってるように、司令補から、言うってことですか？」
吉岡「そんなところだ」
壮十郎「そうですか――」
吉岡「今晩、行くよ」
壮十郎「どういうことですか？　何故、あの事件を、なかったことにするんですか？」

■井の頭線沿線（夜）
電車の通る情景。

■清次と信子の部屋
信子「（麦茶を出して微笑）どうぞ（とお膳に置く）」
吉岡「（正座していて）ああ」
清次「（灰皿を置きながら坐り）どうぞ、あぐらをかいて下さい（あぐらをかく）」
吉岡「（反応せず正座のまま）北海道の夏とは大分ちがうだろう」
清次「はい」
信子「梅雨にもまいったけど、夏もすごいんで、ちょっと帰りたくなっちゃったわ（とそれだけで帰りたいのではない淋しさが台詞の後半にこめられて、目を伏せる）」
吉岡「（その信子を見て）今日――」
清次「はい」
吉岡「来たのは、社長から頼まれてのことだ」
清次「社長から？」

信子「（目を伏せたまま）どんなことですか？」
吉岡「社長室へ行った君たちを、追い帰したそうだね？」
清次「ええ。でも、こいつ、ちょっと単純にカッカしすぎてたから」
吉岡「追い帰されても仕様がないか？」
清次「いやまあ、いろいろ、会社とすりゃあ、事情もあるだろうし、もうほっとけって言ってるんです」
信子「――（目を伏せている）」
吉岡「社長は、追い帰したことを気にして、せめて、理由を話して、それから帰すべきだったとおっしゃっている」
清次「そうですか」
信子「――」
吉岡「私に、理由を話してやってくれ、と言われた」
清次「なんですか？　理由って」
吉岡「四日前に言われて、今日まで来なかった。君たちに、そんなこと話す役目が嫌だった」
清次「汚ないことですか？」
吉岡「いや、特別汚ないというような事ではない」
信子「どんなことですか？」
吉岡「一番の理由は、このところ、会社の調子があまりよくないことだ。大手の機械化に追いついて行けないところがある。競争が激しい。新規の契約も伸び悩んでいる。そういう時、管理職が倉庫破りに協力したなどということは、致命的なマイナスなんだ」
清次「（うなずく）」
信子「――（目を伏せている）」
吉岡「かくしておけるなら、かくしておきたい、というのが社長の気持だ」
清次「分ります。俺でも、そうしたと思うな」
信子「――（目を伏せたまま）」
吉岡「もう一つの理由は、あの倉庫の主任に、うちの会社は、助けて貰っている。去年の春、契約更新の時期に、強力に日東警備保障がくいこんで来た。その時、現場の主任として、うちの仕事の方がいい、とかなり強く推してくれたんだそうだ」
清次「（うなずく）」
吉岡「だからこそ、倉庫破りなんてことを、うちへ持ち込んで来たのだろう」
清次「（うなずく）」
吉岡「出来たら、うちのせいで、その主任が逮捕されるというようなことは、さけたい、と社長は思っている」
清次「分ります」
吉岡「三つめは、大口の倉庫会社との契約を失くしたくない、ということだ。事件が知れれば、当然契約はこわれてしまう。それは痛いというんだ。以上だ」
清次「仕様がないと思うね。そういう事は、多かれ少なかれ、世の中にはあるんでね。いいんじゃないですか。ウィスキー六十本ばかりで、大騒ぎしてもはじまんないし、ないことにしちゃえば、いいと思うね」
信子「――」
清次「いいよな（と信子へ言う）忘れちまうよな。（吉岡へ）他所行って言ったりしませんから、安心してくれって言って下さい。俺たちも、そうそう子供じゃないですから」
吉岡「ここまでは、社長の伝言だ」
清次「え？」
吉岡「これからは、私の気持だ」
清次「ええ――」
吉岡「こういうことを、うやむやにしてはいけない」
信子「（吉岡を見る）」
吉岡「大人だかなんだか知らないが、世の中分ったような顔をして、こういう事を許しちゃいかん」
清次「（意外で）あ」
吉岡「こういう事が多すぎる。悪事は明白なのに、うやむやにしてしまう。そういうことが多すぎる」
清次「ええ――（と、吉岡の強さにドキリとしている）」
吉岡「汚いことは汚いことだ。悪事は悪事だ。それを曖昧にして、結局はうまく立回った奴が勝ちというような事が多すぎる」
信子「（吉岡をみている）」
吉岡「悪い事だ、と、言いにいった君が、世間知らずのようになってしまう。そんなことで、いい筈がない」
信子「（うなずく）」

吉岡「そんなことで、どうする？　お前が一生かかって、あばいたって、まだ裏はあるんだ。はじめから、世の中こんなもんだ、と決めてどうするんだ？」
清次「そりゃあ、そうだけど——悪いことをした奴にも、無理もないところや、人情として許せるっていうところとか、そういうところがあると思うんだよね」
吉岡「悪い事を憎めない人間に、そんなことを言う資格はない」
清次「現実には、そうするしかないっていうことだってあるんじゃないですか？」
吉岡「だから、なにもかも曖昧にして許せと言うのか？　ギリギリのところでなければ、そんなことを言ってはいけない」

清次「でも——」
吉岡「でも、なんだ？」
清次「裏表っていうのは、やっぱりあるんじゃないんですか？　悪いから悪いって、なんでもかんでも、あばけばいいってもんじゃないんじゃないんですか？」

清次「じゃ、どうするんですか？」
信子「警察に言うの？」
吉岡「明日の朝、社長室へ行く。（信子へ）一緒に来るか？」
信子「行きます」
吉岡「来るか？（と清次へ）」
清次「だけど、そういうことしたら会社、困るし、いろいろ困るんじゃないんですか？」

■警備会社ビル付近の道（朝）
吉岡がぐいぐいと歩く。そのあとから信子が歩く。清次、いいのかなぁ、という迷いあって歩く。呼びとめようとしつつ、信子のあとにつづく。壮十郎が道の脇で待っている。
「お早うございます」と緊張した声で言う。吉岡「お早う」、信子と清次「お早うございます」と言う。いずれも私服である。最後のシークエンスへ入る前の、いわば道行きであるから、あまり立止ったりせず、音楽でのせて、ぐいぐいとビルの方へ。

■警備会社の中
入って来る吉岡と壮十郎、信子、清次。エレヴェーターの方へ。

■エレヴェーターの中
乗っている吉岡、壮十郎、信子、清次。止ってドアがあく。音楽、ぶつ切りで終る。磯田が、制服で立っていて、
磯田「お早うございます（と吉岡へ一礼）」
吉岡「お早う」
磯田「（のって来る）」
壮十郎「お早うございます」
信子「お早うございます」
清次「お早うございます」
磯田「お早う」
エレヴェーターのドア閉まる。

■社長室
小田「（ゆっくり社長の椅子から立上る）」
吉岡が小田に話していた感じで正面に立ち、やや脇に磯田。ドアからあまりはなれない位置に、壮十郎、信子、清次が立っている。
小田「（一同に背を向け、窓を見る）吉岡さんだねえ（静かに微笑し）悪いことは悪いか」
吉岡「はい」
磯田「（静かに）私を此処にお呼び下さったのは、反論してもいいということでしょうか？」
吉岡「勿論です」
磯田「誰が得をするんですか？」
吉岡「得を？」
磯田「警察に知らせて、私を逮捕させて、誰が得をするんです？」
吉岡「損得で言ってるんじゃあない」
磯田「だったら何故ほっとけないんです。バラせば、大の男三人が逮捕され、家族もつらい思いをし、倉庫との契約もこわれ、会社の信用は落ち、わが社の従業員まで影響をこうむるんです」
吉岡「そんな大変なことをしたのは、君なんだ」
磯田「（静かに言う）倉庫の主任が、倉庫破りの計画を私に打ちあけたんです。断れば仕返しがあります。会社のために受けたんです。私は一銭も金を貰ってはいません」

吉岡「その点は、警察で考慮されるだろう。実刑にはならないかもしれない」
磯田「それがなにになります？　この世界で私はもう生きて行けません」
吉岡「当然だろう」
磯田「そんなに法律が大事ですか？」
吉岡「法律ではない。君は盗みに手をかした。それが、曖昧に許されてはいけないんだ」
磯田「やりきれませんね。頭の固い、事情を考えない正義漢は、手に負えません（だんだん熱くなってくる）」
吉岡「散々考えた上だ。許したくないんだ」
磯田「気分で、言うんですか？」
吉岡「気分ではない。君が少しも悪いと思っていないからだ。この程度のことは、世渡りに当然だという顔だからだ」
磯田「裏はありますよ。生きていれば、汚れは、誰だってあります」
吉岡「そういうひらき直りが、私は我慢がならん。君のした事が、うやむやに終るのを、この子たちは見ている。現実は、こんなものか、と思っている」
磯田「現実は、こんなもんですよ」
吉岡「そんなことはない」
磯田「世間をご覧なさい。私なんて、いじらしいようなもんだ。もっとでかい事をして、うやむやに終らせてる奴は一杯います」
吉岡「だから君が許されるのか」
磯田「そうです。建て前はどうあれ、現実は、こんなことに目鯨たてて生きてはいけないんです。あなたのように、ひっそり欲も責任もなく暮してれば別でしょう。今の世の中にぶつかって生きていれば、綺麗なことばかりは言えない筈です」
吉岡「こんな風に、みんながひらき直ったら、どうする？」
磯田「どうもしないでしょう。それが、普通の人生なんです。あなたは、自分の偏屈に気がついていない。現に、社長も、かくすことに賛成なさったじゃないですか」
小田「――」
磯田「それが当り前なんです。バラして会社の信用を落して、傾かせてもいいんですか？　ただでさえあぶないから倉庫主任の言う事を、私は聞いたんです」
吉岡「会社のためを思うなら、こんな事はすべきではなかった」
磯田「断って契約を切られて、大口をひとつ落せばいいんですか？」
吉岡「そうだ。代りの契約をとる努力をすべきだった」
磯田「自分は努力をしないで、なにを言ってるんですか？　社長がのぞんでも、協力もせず、トラックの誘導ぐらいしかしなかったあなたに、文句を言う資格がありますか？」
吉岡「非難はいくらでも受けよう。しかし、君のしたことは、したことだ」
磯田「（小田へ）どうお思いですか？　私は、自分のためにしたんじゃああありません」
吉岡「自分のためでなければ、盗みもかまわんのか？」
磯田「どうお思いですか？　社長」
小田「――」
磯田「黙ってれば分らないものを、わざわざ何故警察に言わなきゃならないんです？」
小田「会社は――」
磯田「は？」
吉岡「（見ている）」
小田「出来るだけのことをしよう」
磯田「出来るだけのことって？」
小田「君は、余儀なく協力した。それ以上の責を負うことはない（と振りかえる）」
磯田「社長――（耳を疑う）」
小田「弁護士や経済的な問題は、出来るだけのことをする」
磯田「私をつき出すんですか？」
小田「許してくれ。どうかしてたんだ。盗みをかばって、警備会社をやって行けるわけがない」
磯田「やって行けます。そのくらいのことは世間じゃいくらでもあります。スキャンダルになります。会社はひどい事になりますよ」
吉岡「そんな事はない。多少のことはあろうが、自分から非を認めたんだ」
磯田「黙っていないか！」
吉岡「長い目で見れば、うやむやにくさって、て、て行くよりいい筈だ」
磯田「（吉岡を殴りつける）」
吉岡「（ふらつく）」
壮十郎「なにをする！」
吉岡「いいんだ。安っぽいパンチだ。本当のパンチはな（と殴りかかろうとする）」
磯田「（殴りつける）」
吉岡「（ふらつくが）その程度か。本当のパンチはな」
磯田「（吉岡をワンー・ツーと殴って、倒してしまう）」
吉岡「（倒れている）」
信子「やめて！　やめなさいよ！（と吉岡の前へ、かばうように身を沈める）」

■バス停

たとえばベンチへ腰をおろしている吉岡。殴られた顔に手当てがしてある。壮十郎、隣にかけていて、信子と清次は、両側に立って、バスを待っている。それぞれの思いにとらわれていて、

壮十郎「わざと殴られましたね」
吉岡「うん？（と苦笑）」
清次「俺も分った」
信子「分ったけど、どうしてですか？　どうしてあんな奴に殴らせたんですか？」
吉岡「うむ」
壮十郎「分るような気もしますけど」
吉岡「殴りたいだろうと思ってな」
信子「殴りたいって（分らない）」
壮十郎「（分って）ええ」
吉岡「建て前を言う奴は、腹の立つものだ。殴りたくもなる。殴られるぐらいは仕様がない」
壮十郎「（うなずく）」
清次「（敬意で吉岡を見ている）」
信子「（吉岡を見ている）」
吉岡「（バスの来る方を見る）」

バスが来る。吉岡、壮十郎立上る。バス、四人をかくして――。

■東京の俯瞰

音楽で見せて――。

「男たちの旅路・第Ⅳ部 2話」キャスト・スタッフクレジット

キャスト

吉岡晋太郎――鶴田浩二
鮫島壮十郎――柴 俊夫
尾島清次――清水健太郎
尾島信子――岸本加世子
田中先任長――金井 大
横沢――小鹿 番
南条――加藤健一
磯田順一――梅宮辰夫
小田警備会社社長――池部 良

スタッフ

音楽――ミッキー・吉野
美術――稲葉寿一
技術――土島伸一
効果――柏原宣一
制作――沼野芳脩、後藤英夫
演出――富沢正幸

3

車輪の一歩

「迷惑をかけることを怖れるな、胸を張れ、と——言いたいんだ」

■東京・渋谷（昼）

繁華街の情景。その一劃のショッピングビル。出入りする人々。

■ショッピングビルの中

入口の脇に六台の車椅子に乗った青年が集まり、互いに話すわけでもなく、目を伏せるように動かずにいる。それは相当出入りの邪魔になる。浦野、川島、藤田、阿川、吉沢、日比野である。ビルの奥の隅で、制服の信子と清次が小声で。

信子「私が？」

清次「女の方がいいんだ。なんかあったら行ってやっから（と信子を車椅子の方へ押し出すようにする）」

信子「（そのまま、まるで押されているように見る見る車椅子に近づくが通過してしまい、外へ出て立止る）」

清次「（短く。なんだ、あいつ、という顔）」

信子「（仕様がないわ、という顔に素早くなり、振りかえって車椅子へ向う顔はニコニコしている）こんにちは」

青年たち、目を伏せて動かない。

信子「（気まずくなるのをはね返して）侍合せですか？随分来ない人いるんですね。一時間以上待ってるんじゃないんですか？」

浦野「（静かだが思い切ったように、信子の方は見ないで）邪魔ですか？」

信子「いえ、邪魔っていうと言葉キツイけど、ほら、ここあまり広くないでしょう。みんな、ほら、よけて通ったりしてるじゃない」

浦野「あそこでは（と信子を見て、一方を指し）十人以上集まってますね。（婚礼の流れらしい華やかな男女が楽しそうにしゃべっている）ぼくらは六人でも、いけないんですか？」

信子「あ、私ねえ、車椅子がどうだなんて言ってるんじゃないんですよ。これが象だって、ライオンだって、入口のね、こういう所にでっぱってると困るでしょう。（角を立てまいとして笑い）人の迷惑になることはしないっていうのは常識としてあるわけよねえ」

浦野「行きますよ」

川島「（簡単に行くといった浦野を見る）」

浦野「外まで、あんた、出して下さい」

信子「え？」

浦野「外まで、六台、あんたが押して出して下さい」
信子「でも、あの、自分で行けるんでしょう？」
浦野「自分で行きたくないんですよ。追い出すのが仕事なんでしょう？　迫い出して下さい」
信子「（微笑んで）そういう事言っちゃいけないんじゃないかしら？　こんな所に六台もいれば、どいてくれっていうの、当り前でしょう？　これでも随分オズオズ言ってるのよ。そういうこと言ってたら同情だって失くしちゃうんじゃないですか？」
藤田「（信子をにらむ）」
信子「フフ、いいですか？　こっちは車椅子の人に偏見なんか全然ないんですよ。だけど、いくら車椅子の人だって、人に迷惑をかけていいってことはないんじゃないですか？　そうでしょう？　フフフ（沈黙している六人をもて余して）そうじゃない？」

■メイン・タイトル

六台の車椅子を外へ出す信子と清次。「なにがあったの？」と聞く通行人に、なんでもないんです。行っちゃって下さい、と言う清次。六人の沈黙の顔。外へ出て置かれた位置にじっとしているので、清次と信子は困り、向うへ行ってくれないかと、角を立てないように頼む。六人、黙って動き出す。道を遠去かって行く。見送る清次と信子。後味はよくない。

クレジット・タイトル。終って――。

■ショッピングビル・警備室（夜）

壮十郎「（私服でカバンかなにか提げ、ドアをあけて、机に向って『オール読物』風の雑誌を見ている田中先任長へ）尾島警備士は帰りましたか？」
ロッカールームから、清次と信子がほぼ同時に「あ、います」「います」という。
壮十郎「兄さんの方だ（と入って来る）」
清次「（私服に着替えかけていて、ロッカーから現われ）なんスか？」
壮十郎「裏に、面会だ」
清次「面会？」
壮十郎「（カバンのファスナーをあけ）川島さんていったかな？」

清次「川島？（考えながら襟を直す）」
信子「（私服で髪を気にしながら）鮫島さん、こちらになったんですか？（と好きなので、つつましいような感じを装って現われる）」
壮十郎「ああ、夜勤だ。入れ替りだね」
信子「はい。フフ、残念だわ」
清次「（信子の声の変化にくわれていて、兄貴という立場に目ざめ）信子」
信子「え？」
清次「そんな声出すんじゃないよ！」

■従業員出入口

川島「（車椅子で、ややはなれていて）此処です（と手を上げる）」
清次「（さがしていた目が川島へ行き）あんた――昼間、玄関にいた（と近づく）」
川島「あの時は（と目を伏せ）すいませんでした」
清次「いや、いいんだよ。分りゃあいいんだ」
川島「（目を伏せたまま）お願いがあるんです」
清次「あ、いいよ。なんだい？」
信子「（背後で）あら、誰かと思ったわ（と近づいて来る）」
清次「ああ」
信子「昼間は、ごめんなさい（と一礼し）あんなこと、本当はしたくなかったんだけど」
川島「いえ――（と目を伏せたまま一礼する）」
清次「頼みって、なんだい？　聞こうじゃないか？」
信子「あら、私たちに？」
川島「いえ――（と口ごもる）」
信子「言って下さい。出来ることなら、なんでもしたいわ。一日、なんか後味悪かったのよ」
清次「ああ、言ってみろよ」
川島「（目を伏せて）ピンク映画が見たいんです」
信子「え？」
清次「ちょっと待て（信子へ）お前先行ってろ」
信子「先って――」
清次「流氷で待ってろ」
信子「どうして？」
清次「女を前にしちゃ、言いにくいこともあるんだよ（と押しやる）」
信子「そうなの？（と川島へ）私がいちゃ言いにくいことなの？」

清次「いいから行ってろっていうんだ！」
川島「（ただ目を伏せている）」
信子の声「じゃ、流氷にいる」
清次の声「ああ、スパゲッティでも食べてろ。変なのと口きくんじゃないぞ」
川島「――」
清次「（戻って来て）あれまだ十九なんでな。あんまり、そういうこと、聞かせないようにしてるんだ」
川島「（目を伏せたまま、うなずく。むしろ淋しい顔。暴力の衝動を押えた顔）」
清次「ピンク映画って、ロマン・ポルノとかそういうのかよ？」
川島「（うなずく）」
清次「金がないのか？」
川島「いいえ――」
清次「じゃあ、なんだ？」
川島「ああいう映画館、二階とか地下とか、わ、わりとそうなんですよ」
清次「うん――」
川島「階段があると一人じゃ行けないんです。入口まで誰かに――」
清次「分った。運んでやろうじゃないか」

■映画館の地下へおりる階段

地上に川島をのせた車椅子が現われて止り、すぐ清次がのぞき込み。

清次「あ、そうかよ――これおろすのかよ。これは、ちょっとやそっとじゃ（と車椅子をバックさせて、どうしようかと思う）」
川島「一番怖いんですよね」
清次「うん？」
川島「ぼくらは坐ってるしかないでしょう」
清次「ああ」
川島「おろす人が下手だと椅子ごと下までころがり落ちるかもしれない」
清次「そんなことは絶対しねえけど（と下を見おろす）」
その横を駆けおりるように おりて行く青年。
清次「おうおう気軽におりて行くじゃねえか」
川島「みんな気軽におりて行くんです。でも、ぼくらにとっちゃ、死ぬかもしれない階段なんです」
清次「憐れっぽいこと言うな。おろしてやるって言ったろ（と、ちょっと車椅子を動かす）」
川島「あ、（息をのむ）」
清次「大丈夫だよ。ベルトしてんだろうな」
川島「してます」
清次「ちゃんと締めとけよ。椅子をつかまえてたって、あんたが落ちてっちゃ、なんにもならないからな」
川島「どうしますか？」
清次「横にすりゃあいいんだよ（と階段に対して車椅子を横にして）こうやって（とひっぱろうとするが、横には動かない）だから、そう、後ろ向きにおりたらどうかな（と車椅子の背を階段に向け）こうやって俺が下から押さえてりゃあ、おっこちる心配ないし（とひっぱる。動かない）お、なんだ、こりゃ（とひっぱるが動かない）」
川島「ブレーキかけてるんです」
清次「そんなもんかけたら」
川島「（かぶせて）一人じゃ無理なんですよ」
清次「無理って」
川島「車椅子、重いんで驚いたでしょう」
清次「そりゃあ（とうなずくのにかぶせて）」
川島「こういう階段は、少なくとも二人いなければ駄目なんです」
清次「そんならそうと、はじめっから言えばいいだろう」
川島「呼んでくれますか？」
清次「誰を？」
川島「もう一人誰か——」
清次「呼んでやるさ（立上り、道を行く人々へ）すいません。ちょっと手をかして下さい。この人階段からおろしたいの」
川島「（——表情を殺している）」
清次の声「映画見たいって言ってるんですよ」

■スナック「流氷」

信子がスパゲッティの終りかけ。清次の前は水だけ。カウンターである。

信子「そう言ったの？」
清次「うん！」
信子「映画見たいって言ってるって」
清次「そりゃ言ったさ」
信子「悪いじゃない。その人、はずかしいじゃない」

清次「どうして?」
信子「その映画、ポルノ映画なんでしょう?」
清次「十九の娘が、ポルノ映画だなんて、大きな声で言うな」
信子「ずれてんだから、兄ちゃんは」
マスター「(水割りを置き)お待たせしました」
信子「それでどうしたの?」
清次「そりゃ人捕まえたよ。五十ぐらいのおっさんと、よいしょってよ」

■映画館の地下へおりる階段

清次の声「ところが、重いの重くないのって」
中年の男が、清次と二人で、川島の乗った車椅子を「よいしょよいしょ」と下までおろして、ホッとする。

■清次と信子のアパート・廊下(朝)

浦野と藤田が車椅子に乗って、清次と信子の部屋のドアを見ている。

■清次と信子の部屋

信子「(パンを口の中でもぐもぐやりながら、急ぎカーテンを閉める)」
清次「(お膳の前で、コーヒーカップを持ち、新聞を見ていて)見えないだろ」
信子「見えなくていいの。おくれちゃうでしょ。毎朝、ほんとに世話がやけるんだから(とドアの方へ行き)早く立って(と靴をはきながら)一人だったら、どうするのよ。立って。早く立って靴はかなかったら置いてっちゃうから(とドアをあけながら言い、浦野と藤田を見て)あら」

■廊下

浦野「お早う」
信子「お早う。どうしたの?」
藤田「(真顔で挑戦するように)お願いがあるんです」

■駅までの道

清次「(浦野の車椅子を押しながら)池袋?」
浦野「そうです」
信子「池袋まで、電車で?」

藤田「行きたいんです」
清次「そりゃお前、いまの時間じゃ無理だよ。ラッシュのピークじゃないか」
浦野「でも、行かなきゃならないんです」
藤田「力を貸して貰いたいんです」
信子「力は、そりゃあ、いくらでも貸してあげたいけど」
清次「ラッシュの国電に、車椅子二台乗れるわけないだろう」
信子「もうちょっと、時間をずらすわけにいかないの?」
浦野「いかないんです」
清次「どういう用事だよ? 通勤時間に車椅子なんて非常識じゃないか」
藤田「(ちょっと興奮して)じゃ、あれですか? 車椅子の人間は通勤をしちゃいけないんですか?」
清次「理屈を言うなよ」
信子「現実に、あのすごいラッシュに車椅子が乗ったら、どうなると思う?」
清次「階段上るだけだって大変だよ」
浦野「車椅子の人間は、普通の時間に働きに出なくても食っていけるほど金持ちだと思いますか?」
藤田「むしろ普通より、ずっと貧乏で、仕事も少なくて、誰よりも早く仕事をしなくちゃいけないんです」
浦野「池袋へ八時半までに行きたいんです!」

■街道

車が絶え間なく走っている。車椅子の二人の傍に、清次と信子が、タクシーを停めようとしている。
信子「あ、来た来た、ちょっと」
清次「おう、ちょっと、おう、よう(と行かれてしまい)停れ!」
信子「空車じゃないの!」

■同じ街道

清次「(短く一方へ走って、客をおろしているタクシーに)池袋まで行ってよね」

■タクシーの中
運転手「駄目だよ、車椅子は（と降りた客に渡す釣りを
数えている）」
清次「どうしてよ？」
運転手「そこの二台だろう？（と釣りを客に渡しながら）
二台も、どうして乗せられるんだよ！」
信子「（わりこむように）じゃ一台でいいわ」
運転手「付き添うか？　あんた」
清次「付き添うわけにはいかないよ」
運転手「じゃ駄目だ」
信子「待ってよ。車椅子はタクシーに乗れないの？」
運転手「車椅子用のタクシーに乗ってくれよ」
清次「そんなタクシー何処にあるんだよ？」
信子「そうよ。何処にあるのよ！」

■同じ街道
空しくタクシーに合図している清次と信子。その傍で目を伏せ、怒ったように、一点を見ている浦野と藤田。

■ショッピングビル・警備室
吉岡「（私服で机を前にして腰掛けていて）それから、どうした？（と前に立っている私服の清次と信子に聞く）」
清次「仕様がないから、ひと駅歩いて」
信子「タクシーがいっぱいいるところなら、乗せる車もあるんじゃないかと思って」
吉岡「乗れたか？」
信子「ええ、乗せてやるって向うから声をかけてくれて」
清次「やっぱり、いい人もいるんだけど」
信子「仕様がないのは、本当に仕様がないんですよね」
吉岡「いい事をした」
清次「そりゃあ、頼まれりゃあ、男として」
信子「女としても、やっぱり」
吉岡「しかし、連絡はすべきだった。連絡なしに一時間も二人で遅刻するというのは不都合だ」
清次「すいません」
信子「（ドアのあくのを見て）あ、すいません（と、そっちへ一礼）」

壮十郎「（制服でドアをあけたところ）ああ（と微笑）」
信子「（その傍へ行き、惚れてる感じ露骨に）おくれて、ほんとにすいませんでした」
壮十郎「どうしたのか、と思ったよ」
信子「夜勤でお疲れなのに」
清次「（その信子の腕をつかんで、ひっぱって吉岡の前へ戻しながら）こっちへ来るんだよ。こっちの挨拶が、まだ終ってないだろう！」

■ショッピングビルの中

吉沢、阿川、日比野の三人の車椅子が、入口の脇で笑顔なく動かない。人々の出入り。
信子「（制服で来て、気がつき、なにか理由があるのだろうか、と小さく不審な顔）」

■警備室

田中先任長「（ドアを入って来て、続いて入って来る清次に）一昨日あんた、六台の車椅子、追い出したんだってな」
清次「追い出したっていうと、あれだけど」
田中「日誌に書いてないじゃないか」
清次「ちょっと後味悪かったから」
田中「投書が来てるんだよ（と机に葉書を一枚置く）」
清次「あ、そうですか（と葉書をとる）」
田中「ビルの入口から、車椅子六台も追い出せば、目立つに決まってるだろう」
清次「一階のカバン屋のおやじさんが追い出せ追い出せって言うもんだから」
田中「追い出しちゃいけないって言ってるんじゃないんだよ。裏へひっぱって行って、裏から追い出せばいいだろう」
清次「ああ、そういうことですか」
田中「商店が一杯入ってるビルなんだ。身体障害者につめたいなんて評判が立ったら困るんだよ」
清次「なるほど（としらけて葉書を置く）」
田中「やってみろよ」
清次「え？」
田中「今日も三人来てるだろうが」
清次「え？　また、来てる？（となんとなくその方を見る）」

■ショッピングビル・入口の傍

信子「なによ？　相談って。なによ？（と微笑して車椅子の三人に言っている）」

吉沢「俺たち、三人とも泊るところないんですよ」

信子「泊るところ？」

■清次と信子の部屋（昼）

普通の鍋をお膳の上の電気コンロに乗せ、すき焼である。吉沢、日比野、阿川が膳をかこんでいる。坐りやすいように蒲団を小さくたたんだり壁に寄りかかったり、工夫がしてある。清次は、グラスや箸や小皿や卵などを出していて、信子は、肉を入れたりして、すき焼きの調理である。

清次「さあ、よう、ビール注いでよね」

信子「ごめんなさい。待たせちゃって。卵割ってくれる？」

清次「やってよやってよ。足りなきゃ、また買ってくりゃいいんだから。遠慮するなよな」

三人、沈んでいて、「じゃあ」などと小さく言って卵を割ったりする。

信子「（清次の台詞と殆んど間を置かず）なにしょんぼりしてるの？　大丈夫よ」

清次「ああ、明日行ってやるよ。新しいアパートさがしてやるって」

信子「よく追い出せるわよねえ」

清次「さあ、ビール、ビール。のめよ。おい。今日は大騒ぎしようじゃねえか」

吉沢「尾島さん（注がれながら言う）」

清次「うん――」

吉沢「俺たち、誤解してました」

清次「なにを？」

信子「なにを？」

吉沢「二人を、夫婦だと思ってたんです」

信子「え？」

清次「冗談じゃないよ」

信子「兄弟よ。こんなのと、夫婦になるわけないじゃない（笑い出す）」

清次「俺だってよ（と笑う）」

吉沢「尾島さん――（となにか言いかかる）」

阿川「吉沢！（と止めようとする）」

日比野「よせよ！」

ノックの音。

信子「はい」
藤田の声「藤田です」
清次「藤田？　藤田って（とドアをあけに行く）」
吉沢・阿川・日比野「（目を伏せている）」
信子「（清次の台詞と直結で）あ、あの人じゃない？」
清次「（ドアをあけ）ああ、あんた」
藤田「（目を伏せ、一礼。車椅子である）」
信子「やっぱり、そうだわ」
清次「入れよ。仲間が来てるんだ」
藤田「ぼくも――」
清次「うん？」
藤田「泊めて貰いたいんです。泊まる所ないんです」
信子「あんたも？」
吉沢・日比野・阿川「（目を伏せている。短く）」
清次「そうかよ。いいさ、泊ってけ泊ってけ（と明るく）」
信子「どうぞ入って（と明るく言う）」

■ショッピングビル・警備室（昼）
田中「（制服で腰掛けて、なにか書類に書きこみながら）駄目だよ（と前に立っている制服の清次と信子に言う）」
清次「どっちがですか？」
田中「どっちも駄目だよ。前借りも駄目なら、早退けも駄目」
信子「早退けの方は、二人一緒じゃなくていいんです。片方でいいんです」
清次「仕事終ってからだと、いくらも回れないんですよ」
信子「もう二日二人で夜歩いているんです」
田中「なにをしてるの？」
清次「いいから、言う通りして下さいよ」
田中「いいからとは、なんだ？　人員をへらしてんだよ。勝手に早退けなんかされちゃあ、仕事になんないんだよ！」
信子「勝手にじゃないじゃないですか。頼んでるじゃないですか！」

■不動産屋A（夜）
三十男「（主人）階段がなくて入れる？　アパート？」
信子「（私服で）そうなんです。道からツーっと入れるアパートがいいんだけど」

■不動産屋B

四十女「（女将）どうして？」

清次「え？」

四十女「どうして、そんなアパートがいいの？」

清次「いや、だからね」

■不動産屋A

信子「階段が嫌いなんですよね。足をあげないで、ツーっと部屋の前まで行きたいわけ」

三十男「足、悪いの？」

■不動産屋B

清次「悪くないよ。悪くないじゃない、ほら（と立って忽ち歩いてみせる）」

■不動産屋A

三十男「そりゃ階段がないアパートぐらいいくらでもあるがね」

信子「（清次と同じように歩いたらしく、椅子に坐りながら）そうですか」

■不動産屋B

四十女「でも二段やそこらはあるわよ。道から多少上ってるのは、常識だからねえ」

清次「ところがですねえ、二段も一段も全然段々というものが嫌いなんだよね」

四十女「お宅が入るんでしょうね？」

清次「そうですよ。他の誰が入るっていうんですか？」

■不動産屋A

三十男「正直に言ってくれよね」

信子「言ってるじゃないの」

三十男「おかしいじゃないの。二段の石段も嫌だっていうのは、訳がなきゃ、おかしいじゃないの」

信子「だから趣味の問題よ、趣味の」

■不動産屋B

四十女「周旋する以上、こっちだって責任があるのよ。あとで爆弾つくってたなんて分ったら困るのよ」

清次「爆弾なんてつくるわけないでしょう！」

■不動産屋A

三十男「じゃあ、なによ？　信用して言いなさいよ。私を信用して、はっきり言いなさいよ」

信子「車椅子」

三十男「車椅子？」

■不動産屋B

清次「（立上り）もういいよ、頼まないよ」

■不動産屋A

信子「もう三日目で、今日は、六時すぎから、二人で手分けして、もう三時間、八軒、不動産屋さん回ったんだけど、車椅子だと駄目だって言うのよ。これじゃ、嘘つくしかないじゃない」

三十男「そうか――」

信子「三日ぐらいさがして何言ってるんだって言うかもしれないけど」

■道

不動産屋をさがして歩いている清次。立止り、一軒の不動産屋を見て、ゆっくり近づく。入って行くまでの動きに――。

信子の声「（前シーンと直結で）車椅子の当人がね、四人がかりで四カ月さがしてもないっていうのよ。あげくに、私たちに、なんとかしてくれって泣きついて来たのよ。いまいるアパート、とりこわすっていうの。三カ月前に通告されれば出て行くしかない契約なのよ。それを1カ月余分に待って貰って、それでもなくて、もうつくづくいやになったっていうの。車椅子の人は、アパートに住む権利もないんですか？」

■不動産屋A

三十男「そういうわけじゃないけど」

信子「わけじゃないけど、どうなんですか？」

三十男「なにかあった時、困るだろう？」

信子「なにかって、なんですか？」

三十男「火事だって地震だって、パッと逃げられないだろう？　廊下だって、車椅子で通れば場所ふさぐしさ。大家がよくても住んでる人間が嫌がったりするんだよ」

信子「いやがるかどうか、入れてみたらいいじゃない。案外、なんでもないかもしれないじゃない」

三十男「他あたってよ」

信子「え？」

三十男「悪いけど、自信ないよ」

信子「（ものも言わず、三十男の胸ぐらをつかんで、ひっぱたこうとする）」

三十男「（抵抗して、二人揉める）」

■清次と信子のアパート

腰でも蹴られたらしく、信子、びっこをひきながら、やって来て部屋の前を見る。六台の車椅子が並んでいる。信子、ちょっと疲れた溜息をつくが気をとり直してドアを見る。

清次の声「信子（疲れた、しょんぼりした声）」

信子「（振りかえって）兄ちゃん（と小さく）」

清次「あったか？」

信子「ううん（と小さく）」

清次「いや、俺の方も、十軒回ったんだけどな（と近づく）」

信子「物件は、同じのが多いもんね」

清次「六台あるじゃないか」

信子「そうなの。（中を窺い）テレビ、見てるみたい」

■清次と信子の部屋

吉沢、川島、浦野、藤田、阿川、日比野が、てんでな格好でテレビを見ている。暗い表情。ドアが陽気に叩かれ、あけられ、

清次「あれェ、大勢来てんだなあ」

信子「今晩は！」

■アパート・外景（深夜）

■清次と信子の部屋

六人が泊ってしまったのである。六人と信子の間に、清次が寝て、目をあけている。他の人間は、みんな眠っているかに見える。しかし、吉沢と藤田が、気づかれないように目をあけている。それぞれ、考えこんでいる。

■ショッピングビル・エレヴェーター（昼）

職員用のエレヴェーターである。無人のエレヴェーターのドアがあき、廊下からビルの管理事務の

中年男が、田中と吉岡を従えて乗って来て、駐車場の階のボタンを押す。

田中「(入って来た時からオロオロと)駐車場に一体、なにが?」

男「(吉岡へ)巡察指導というのは、どういう役目ですか?」

吉岡「(私服で)はい。私共から配属しました人間が、職務を支障なく遂行しているかどうか不定期に巡察して指導をしておるものであります」

男「丁度よかった」

吉岡「は?」

男「あんたのような人が来ている時で丁度よかったですよ」

■駐車場

エレヴェーターがあって、男と吉岡、田中出て来て、男急ぎ足で一方へ歩いて行く。吉岡、田中、続く。

男「(隅の車の脇を指し)これは、なんですか?(声はおさえている)はじめは、殺されてるんじゃないかと思いましたよ」

吉岡「(見る)」

田中「(見る)」

清次「(口をあき、壁に寄りかかって眠っている)」

田中「尾島警備士!」

■日本そば屋

吉岡「(私服で入って来る)」

給仕「(女)いらっしゃいませ」

信子「(続いて制服で入って来る)」

吉岡「(隅へ行き、清次がまた眠っているのを見る)」

信子「(急ぎ清次をゆすり)兄ちゃん」

清次「う」

信子「司令補」

吉岡「(清次と向き合って腰をかける)」

清次「あ。どうも(と一礼)」

給仕「いらっしゃいませ(とコップの水を二つ置く)」

吉岡「てんぷらそば二つ貰おう」

信子「あら、私、お昼すましたから」

吉岡「若いんだ、入るさ」

信子「でも——(兄がこんな時にという気持)」

吉岡「かけなさい」

信子「はい(と一礼して清次の横へかける)」

清次「どうも、なんだか、バカに眠くてすいませんでした（と一礼）」
吉岡「処分は本社へ帰ってから決めるが、一週間の減俸ぐらいは覚悟しておくんだな」
清次「はい。どうも（一礼する）」
吉岡「話を聞いたよ」
信子「遊びすぎて、居眠りしたわけじゃないって、言ったのよ」
清次「いや、仕事、さぼったのには、かわりはないんだから」
吉岡「逢ってみたいな」
清次「え？」
吉岡「その、車椅子の連中に逢ってみたい」
信子「司令補がですか？」
吉岡「おかしいじゃないか」
清次「なにがですか？」
吉岡「何故六人もの人間が、泊まらなきゃならないんだ？」
清次「そりゃあ（と言いかかるのを）」
信子「六人全部が、泊まることは、たしかにないけど」
清次「淋しいんですよね」
信子「泊まりたくなっちゃう気持すごく分るし」
清次「そのうち四人は、本当に泊まる所がないんだし」
信子「歩けない人の、いろんな事を、知っちゃうと」
清次「つめたくなんか出来ないですよ」
信子「そりゃあたしかに、仕事終って、アパートさがして、疲れて帰ると、あの人たちがいるっていうの、すごく、まいる時もあるけど」
清次「でも、俺たち、よく知らなかったけど、車椅子の生活っていうのは、すごく大変なんですよ」

■清次と信子の部屋（夜）

六人の車椅子の青年たちが、奥の窓側に近く、それと向き合うように、吉岡と清次が腰をおろしている。信子はお茶を入れている。

吉岡「（微笑して）二人から、いろいろ聞きましてね。お目にかかりたくなった」
浦野「（表情なく吉岡に目を置いている）」
吉沢「（目を伏せる）」
吉岡「アパートを出されそうだというのは、どなたですか？」

川島「（目を伏せたまま）出されそうじゃないよ。出されてるんだよ」
吉岡「荷物は？」
川島「大家が保管して、アパートは、とりこわしてるんだ」
吉岡「四人の人が一緒にいたんですか？」
吉沢「いえ――（と小さく言う）」
吉岡「いえ？」
川島「一緒だろうと、どうだろうと、関係ないじゃないですか？　そんな質問失礼だよ」
吉岡「そんなに気に障《さわ》る質問でしょうか？」
川島「なんですか？　あんたは。なにしに来たんですか？」
清次「ちょっとよう、なにも、そんなに喧嘩腰になることないじゃないか」
信子「そうよ」
清次「えーと、彼（阿川）と彼（日比野）と彼（吉沢）が一緒のアパートにいて、別のアパートでこの人（藤田）が、やっぱり追い立てくっていて、いまンとこ彼（川島）と彼（浦野）は、大丈夫なんだよな」
吉岡「そうか（とうなずいて六人を見る）」
吉沢「なんか、（口を伏せたまま、落つきなく）なんか調べてやろうって口振りだなあ」
吉岡「そんなことはない」
信子「そんなことないわ」
清次「そうだよ。なにひがんでんだよ？」
浦野「尾島さん」
清次「なによ？」
浦野「俺たちは、情けないけど、敏感になってるんだよね」
川島「この人（吉岡）が、俺たちを疑ってかかっているのが分るんだよ」
吉岡「なにを疑ってるのかな、私が？」
信子「夕飯をさあ、みんなに御馳走してくれるって来てくれたのよ」
清次「好意だよ。ひがむなよ」
吉岡「一日この部屋にいたら退屈でしょう？」
川島「一日いやしませんよ。俺とこの二人（浦野と日比野）は仕事があるし」
吉岡「そう」
川島「この三人は、仕事を馘《くび》になって、生活保護を受けてるけど、仕事さがしがあるし、アパートさがしだってあるし、一日この部屋にいるわけじゃありませんよ（みんな吉岡をまともに見ないで言う）」

信子「そんなことはさあ、あとで段々に話せばいいことじゃない」

清次「そこの中華に、九人の席予約してあるんだよ。この人、おごる気分充分だからな。じゃんじゃん今日は食おうじゃないか」

吉沢「そんな――手続きいりませんよ」

信子「手続き？」

吉沢「本当のことをしゃべりますよ」

川島「よせよ」

藤田「ぼくのアパートは、とりこわされています。全部嘘をついたわけじゃありません！」

清次「嘘って――」

信子「嘘って、なんのこと？」

浦野「悪意なんですよ」

信子「え？」

浦野「お察しの通り、ぼくらは、この人たちにとりついてめちゃめちゃにしてやろうと思ったんです」

清次「めちゃめちゃ？」

信子「私たちを？」

吉岡「何故そんなことを思った？」

吉沢「この二人はね、ぼくらをビルから追い出したんだ。それが、どんなに口惜しいことか分りますか？」

吉岡「しかし、君たちは邪魔になっていたと聞いている」

信子「そうよ。言い合いたくないけど、出入りの迷惑になってたわ」

清次「素直に、どいてくれりゃあ、あんなことは、しなかったんだ」

川島「二人で、ぼくたちを追い払った」

信子「そりゃあそうだけど――」

川島「気軽に追い払ったんだ」

信子「気軽じゃないわ」

川島「車椅子の人間がどんな思いをしてるか、全然考えてない」

清次「全然て――」

川島「知らなかったじゃないか。車椅子にブレーキがあることも、階段がどんなに不便なものかもアパートでどんな苦労をしているかも、なんにも知らなかったじゃないか」
清次「そりゃあ、たしかに……」
信子「知らなかったけど、私たち、出来るだけのことはしようと思ったわ。気軽に追い出しただけじゃないわ」
浦野「その通りですよ。ぼくらは、見苦しかった」
川島「簡単にそんなこと言っていいのかな」
吉沢「二人をね、はじめ、幸せな、若夫婦だと思って」
信子「そう言ってたわね」
吉沢「こういう、幸せそうな、健康な二人に、とことんとりついて車椅子の苦労を、思い知らせてやるって、思ったんですよ」
川島「(吉岡へ)追い出しなさい。ぼくたちを此処から追い出しなさい！　ひどい奴らだって、歪んだ奴らだって、追い出しなさい！」
吉岡「理由によっては、そうするかもしれない」
川島「理由？　理由ってなんですか？」
吉岡「はじめ君たちは」

■ショッピングビル・入口（回想）
六人で黙って、迷惑になっている。
吉岡の声「六人で、ビルの入口に頑張っていたという」

■清次と信子の部屋
吉岡「まだこの二人（信子と清次）に逢う前だ」
川島「――」
吉岡「これは、私の勘だが――」

■ショッピングビル・入口（回想）
六人、動かずに、話さずにいる。
吉岡の声「ただなんとなくあそこに集っていたのではないような気がする」

■清次と信子の部屋
吉岡「あのビルに恨みでもあるのかな？」

六人、黙っている。

吉岡「なにが、あるんだね？」

六人、黙っている。

吉岡「意地になりすぎている。この二人にとりついて、めちゃめちゃにしてやろう、などというのは考えることが激しすぎる。二人は、それほど、ひどい事をしたわけじゃないんだからね」
浦野「ビルに、恨みなどありません」
吉岡「うむ」
清次「どう？　予約してあるんだしさ。一時休みにして、夕飯食おうよ」
信子「そうよ。お店に悪いし、お腹すいちゃったわ。フフフ（と無理に笑う）」

■中華料理屋

立派な店ではなく、何処にでもあるような小さな店の一角で九人が食べている。黙って、しょんぼり食べている六人を、三人がビールをすすめたり、もっと料理をとるように言ったりしている。暫く音楽で見せて――。

浦野の声「去年の秋、藤田が」
藤田「（ビールをのんで、コップを置く）」
浦野の声「雑誌の投書を読んで、女の子のペンフレンドをひとりつくったんです」
川島の声「やっぱり、車椅子をつかってる女の子なんだけどね」

■スナック「流氷」

九人がいる。他に客はない。
藤田「十七になる子なんだけど、電車に乗ったことがないっていうんですよ。銀座も行ったことがないっていうんだ」
吉岡「うむ」
信子「（うなずく）」
藤田「家から近い新宿は、何度か連れて行って貰った。でも、お母さんが忙しいから」
清次「――（聞いている）」
藤田「一年に二度ぐらいで、あとは家ばかりにいるっていうんです」
吉岡「――（うなずく）」
藤田「ぼくは、こう書きました。連れて行って貰わなくたって、自分で行けばいい。車椅子があるじゃないか。でも『そんなことは出来ません』て、返事が来ました。何故出来ない？　何故ひとりで外へ出ないんだって、何度もそう聞いたけど、それには返事がありませんでした」

■線路脇の道（昼）

電車が通過して行く。藤田、車椅子を走らせて、家をさがして行く。

藤田の声「アパートに住んでいるのは分っていました。前原良子っていうんです。番地が入りくんでいて、さがすのに随分かかりました」

■「あけぼの荘」の前

藤田の声「ところが、見つけたアパートは道路から三段も石段があるんです。車椅子の人間が入るアパートじゃなかった。ぼくもひとりでは入って行くことが出来ません」

藤田「（前にいて、周囲を見、またドアを見る）老婆が乳母車を押して通って行く。他に人通りはない。

藤田の声「めったに外に出ないというんだから、彼女がいることは分っていた。しかし、三段の石段は、ぼくには越えられない河のようなものでした」

藤田「（意を決して）前原さん（と小さく呼ぶ）前原——良子さん（大きく）前原さん——前原良子さんはいませんか？」

二階の窓がガラッとあき、四十男が顔を出す。怒鳴ろうとしたのだが、車椅子なので、声がとまった感じ。寝間着である。

藤田「（前原さんではないと思うが）あのォ」

寝間着の男「夜の仕事で、寝たとこなんだ。でかい声出すな（バタンと閉める）」

藤田「（目を伏せ、気配で一階の別の窓へ目を上げる）」

前原良子「（一階にある窓を顔の幅ぐらいあけて、気弱く目礼）」

藤田「あ（と微笑し、声を押えて）前原さん？」

良子「（うなずく）」

藤田「ぼく、手紙の」

良子「（うなずく）」

藤田「藤田繁雄です」

良子「（うなずく）」

藤田「来たんだけど、ここ石段なんでね」

良子「（うなずく）」

藤田「お母さん、いる？」

良子「つとめ」

藤田「そう（一方を見てパッと明るく）。あ、すいません。すいませんけど」

自転車の青年が走って来て止る。

藤田「上まで、車椅子、あげて貰えませんか？（と明るく言う）」

■良子のアパート・廊下

良子「（ドアをあける。しかし、チェーンがかかっていて、少ししか開かない）」

藤田「（明るく）いきなり来たら迷惑かと思ったけど、仕事、今日は夜からなんでね。一緒に電車に乗りたくなったんだ。生れてはじめて電車に乗る人につき合うなんて、めったにないもんな」

良子「――」

藤田「どう？　一時間か二時間、ぼくと一緒に外へ出ないか？」

良子「行けないわ」

藤田「どうして？」

良子「外へ出ちゃいけないって言われてるの」

藤田「言われてるって――あ、まさか、そのチェーン、はずれないようになってるんじゃないだろうね？」

良子「はずれるわ。はずさないだけ」

藤田「どうして？」

良子「チェーンをはずすと、ろくな事がないのよ」

藤田「ぼくがなにかすると思う？」

良子「悪いけど、手紙だけにして貰いたいわ（とドアを閉める）」

藤田「外へ出たくないの？　いろんな所へ行きたくないの？」

良子「（ドアをそっとあけ）出たいわ。でも、外へ出ると、きっと嫌なことが起こるのよ（とドアをまた閉めてしまう）」

■スナック「流氷」（夜）

川島「話を聞いて、俺と阿川と、今度は三人で――」

■線路脇の道

川島の声「（前シーンと直結で）連れ出してやろうと思った。日曜日だった。若い女の子が、こんな日に部屋にとじこもっていて幸せな筈がないじゃないかと思った」

藤田、川島、阿川の順で、車椅子をすべらせて良子のアパートに向っている。

■「あけぼの荘」の前

良子の母、治子「(玄関から出て来て、道にいる三人を見る)」
川島「お母さんですか?」
治子「(目を伏せ、ツカツカと道へおりて来て、笑顔はないが切口上ではなく) そこの公園まで行って頂戴(と目を合せずに言って先へ行く)」

■近くの公園

治子「留守にも来たそうね。良子を電車に乗せてやろう、なんて言ったそうね」
藤田「部屋の中にばかりいるって聞いたもんだから」
治子「そんな事ありませんよ。暇があれば、新宿だって連れて行ってるし、この公園にだっていくらでも来たことありますよ」
川島「一年に何度ですか?」
治子「なにを言いたいのか知らないけど、やれるだけのことはしてるんですよ。娘のことは、ほっといて貰いたいわ」
藤田「ぼくたちはただ、ちょっと一緒に外を歩きたいと思って」
治子「悪いけどみんな車椅子じゃないの。そんなのが四人で外へ出て、何処へ行けるの?」
阿川「何処へだって行けます(と急に口を出す)」
治子「(その声の強さにドキリとするが、おさえた声で) どうやって? タクシーが乗せてくれる? 駅の階段ひとりであがれる? 切符が自分で買えるんですか?」
藤田「周りの人に頼みます。階段は駅の人に頼みます」
治子「娘はね、階段をあげて貰いたかったら、三日前に予約しろって言われましたよ。国電に乗るのに、三日前に予約しろって言われたのよ」
川島「いい人もいます。そんな人ばかりじゃありません」
治子「どっちにしろ頭を下げるんでしょ。一人で外に出れば、一、二段の階段だって誰かに頼まなきゃなんない。ペコペコペコペコ、あっちこっちへ頭を下げてお礼言って迷惑がられて、私はね、娘にそんな思いをさせたくないのよ。

出る時は、必ず私がついて行くのよ。私の生きている間は、あの子を厄介者にはしたくないのよ」
藤田「それで、娘さん幸福ですか？」
治子「幸福なわけないでしょう」
川島「だったら」
治子「外へ出れば、いい事ある？　あの子は骨身に沁みてるのよ。何度も何度も嫌な思いをしてるのよ。外へ出ていい事ないって懲りてるのよ。気持は嬉しいけど、ほっといて下さい。帰って頂戴。娘もそう言ってるのよ」

■線路脇の道
音楽で。黙って帰って行く川島、阿川、藤田の順の三人。藤田、振りかえる。

■駅・切符売場
音楽で。以後数シーンは、車椅子の人間が電車へ乗るまでの手間を、きちんと見せたい。

阿川「（這い上るようにして、自動券売機に金を入れ、押す）」

その車椅子と阿川を両側からささえている藤田と川島。従ってスペースをとりすぎるので、隣の券売機で買う人は、迷惑な顔はしないまでも、身体を脇に寄せなければならない。

■改札口
川島「（改札係に）すみませんが、階段をあげて貰いたいんですけど」
改札係「事務室へ行ってくんない（どんどん通る人の切符を切っている）」

■事務室の前
駅員Ａ「（ドアを中からあけ）なんですか？」
藤田「階段をあげて貰いたいんです」
駅員Ａ「あ、ちょっと待ってよ（と中へ）篠沢くんよ、手エあいてるか？」
駅員Ｂの声「なんですか？」
駅員Ａ「（声でもいい。車椅子の三人にかかって）車椅子。三台あんだ、三台」

■駅の階段

駅員AとBが、川島を持ちあげて行く。

駅員の声「（前シーンの声がずり下って聞える）三台？　ウワ、こりゃきついですね」

駅員AとBが、藤田を持ち上げて行く。駅員AとBが、阿川を持ち上げて行く。運ばれて行く三人は、愛想よく、すいません、と明るく一礼する。

■ホーム

撮影可能なら、ここもやってみたい。駅員の苦労を見せるシーンでもあるので、特別駅員が冷たい必要もなく、国電のドアがあくところからシーンははじまり、乗せるところを見せる。

■国電の中

三人、車椅子に乗っている。

藤田の声「単に電車に乗るというだけでも、われながら嫌になるくらい、人の厄介にならなきゃならないんですよね」

■スナック「流氷」

藤田「でも、だからといって、一年の大半をアパートの部屋にとじこもって、一人きりでいるなんて、よくない。――よくないっていうより、やっぱり、ほうっておけないっていうか」

浦野「可哀想になっちゃったんだよな（と年長の柔かさで微笑んで言う）」

川島「藤田がすっごく美人だなんて言うから」

藤田「言わないよ」

川島「言った、言った」

九人、それほど大きくなく笑う。

■線路脇の道（昼）

脇の道を、川島、藤田、浦野、日比野、吉沢、阿川の車椅子が、アパートの方へ行く。

■「あけぼの荘」の前

藤田が、車椅子からおりて、石段を這ってあがって行く。その後ろから浦野と川島が、藤田の車椅子を両側から持って押しあげる。藤田、上へあがって、その車椅子をひっぱりあげる。

浦野の声「ウィークデイなら、母親はつとめでいないだろう。その間に、みんなで連れ出して、外の空気をすわせようって、そういうことになったんです」

■良子の部屋の前

良子「（チェーンをかけたままあける）」
藤田「（車椅子にかけていて）こんにちは」
良子「（うなずく）」
藤田「手紙、見てくれた？」
良子「（うなずく）」
藤田「電車に乗ろうなんて言わないよ。この辺だけ、一緒に――歩かないか（目を伏せる）」
良子「――（目を伏せる）」
藤田「ぼくがね、君のこと、友達に話したら、みんなで応援するって言うんだよ。二人だけで出たら、そりゃあ、なにかあるかもしれないけど、もっと大勢なら君をかばうことだって出来るし、この辺を歩くだけなら、問題ないと思うんだ」
良子「――」
藤田「怖いような気がするの、よく分るよ。でも、お母さんは忙しいじゃないか。お母さんがいなければ出ないなんていったら、一生部屋の中じゃないか。友達、五人来てるんだ。七人なら、子供に笑われたって、誰かに邪魔だって言われたって、ずっと平気なんじゃないかな」
良子「いるの？」
藤田「え？」
良子「障害者じゃない人、いるの？」
藤田「いないけど――でもみんな男だし、元気あるし」
浦野の声「こんにちは」
良子「（見る）」
藤田「あ」
浦野「（廊下をいざって来ながら）車椅子あげるの面倒だからね」
藤田「浦野さんていうんだ」
川島「こんちは（と浦野に続いていざって現われる）」
藤田「川島さん。みんな同じ印刷会社でガリ版切ってるんだ。今日は、夜から仕事なんだよ。それでみんな来たんだ」

日比野「こんちは（と元気よく這って来る）」
浦野「行きましょう。散歩しましょう」
阿川「こんちは（と這って来る）」
向いの部屋のおばさん「（ドアを開け）あらあらあらあらあら、あんたたちなんの真似？　地べた這って、何ふざけてるの？」
良子「おばさん！」
向いの部屋のおばさん「誰なの？　この人たち」
良子「なんでもないの（とチェーンをはずし）友達なの。みんな、友達なの（とドアをあけて言う）」

■公園

男たちが車椅子で、キャッチボールをする。良子は、陽だまりで微笑している。

藤田の声「（間あって）ぼくたちは、なんだか嬉しくてたまらなくて、落ちていたゴムボールで、キャッチボールをして、はじゃぎまわった。彼女は見ていただけだけど、それでも、楽しそうでした」

■踏切り近くの道

七人の車椅子が近づく。

藤田の声「調子にのって、近くの川べりまで行こうと言ったのがいけなかったんです」
川島「（先頭を切って走らせながら、振りかえって）汗かいちゃったなあ」
藤田「見てよ。彼女、早いだろう！」
良子「（かこまれるようにして、急いでいる。微笑。楽しそう）」
阿川「早い早い」
浦野「その調子！」

チンチンと警報器が鳴り出す。

川島「あ、来たぞ来たぞ」
藤田「スピード・アップ」

全員の車椅子が、スピードを出して、踏切りをドッと駆けぬけようとする。

ところが良子の車の車輪が線路の間へ、くいこんでしまう。車椅子が倒れかかり、良子、ころげ出してしまう。藤田、逆上して良子に近づこうとして、自分も地面に手をついてしまう。浦野、車輪をはずそうとする。川島ら、回りこもうとして、車輪を傾けさせてしまったり、パニックになる。
電車、走って来る。
釣の人や青年ら、三、四人が両側から走って来て、七人を危機一髪で助ける。
電車、急いでブレーキの音を激しく立てながら、しかし、踏切りにかかってしまう。

■道

良子、恐怖にふるえて、涙をためながら、青年に押されて行く。その前後を、男たちの車椅子が行く。
藤田の声「六人もの男がいながら、彼女一人を助けられなかった自分たちが、みじめでした。情けなくて仕様がなかった」
良子「止めて（と小さく言う。青年を見上げ小さく）止めて」
青年「大丈夫。もう、大丈夫なんだから」
良子「そうじゃないの。止めて、欲しいの」
青年「こんなとこで止めたって」
良子「止めてったら！」
青年「（おどろいて止める）」
良子「止めて――止めてって言ってるのに――（とワッと泣き出してしまう）」
青年「どうしたの？　どうしたの？（と優しく言う）」
良子「（ただ泣いている）」
その良子の腰の下から小便が車椅子を濡らして道へ落ちている。
六人の男、目をそらしている。
藤田の声「脊髄損傷の場合は、トイレを我慢出来ないんですよね。（と暗く言う）彼女が外へ出たがらなかったのは、そういうこともあったんです」

■スナック「流氷」

川島「俺たちも、外へ出るのが怖くなってね。自分が情けなくてね」

■印刷会社（夜）

ガリ切りをする阿川、川島、浦野。

藤田の声「仕事以外は、どこへも行かなくなった。もともと、そんなに歩き回っていたわけじゃないし、彼女には大きな事言ってたけど、ぼくらも本当はすごく臆病でした。出て行けば、きっと誰かの世話になったり、迷惑になったり、哀れまれたりするんだもの、出歩くのが嬉しいわけないですよ」
浦野の声「日比野と吉沢と藤田が、会社を馘になったんです。仕事がいい加減だって社長が怒って大変だった」
日比野の声「折角、同情して使ってやってるのになんだって。でも不真面目じゃなかったんです」
気のよさそうな社長が、涙を浮かべて、日比野、吉沢、藤田を叱りつけている。
藤田の声「なんだか――」

■スナック「流氷」
藤田「前途が真っ暗みたいな気がしてね」
川島「それから、藤田が大家に立退けと、言われはじめて」
浦野「みんなでアパートさがしても、ちっとも見つからなくて」
藤田「あっても、ひどく高いこと言われたりね」
吉岡「(うなずく)」
川島「あの日、みんなでアパートさがしてて、あのビルの入口で、落ち合う約束だったんです」
吉岡「(うなずく)」
浦野「落ち合って――」

■ショッピングビル・入口(昼)
浦野の声「誰もアパートは見つからなくて、いやな思いばかりして、それ、しゃべってるうちに、なんだか憂鬱になって、黙りこんで、動く気しなくて――横を――すいすいみんなが歩いて行くでしょう。迷惑になっていることは分ってたけど、この人たちは、アパートさがすのに、なんの苦労もないんだと思うと、多少の迷惑なんかかまうもんかと思って」
信子「(アヴァン・タイトルの反復)こんにちは。待ち合せですか? 随分来ない人いるんですね? 一時間以上待ってるんじゃないんですか?」
浦野「邪魔ですか?」

■スナック「流氷」
信子「悪かったわ」
浦野「いえ、ぼくたちが悪かった」

清次「よく、分ったよ。そういう事知ってればよう」
川島「丈夫な、あんたみたいな人に、車椅子の生活が、どんなものか、徹底的に、思い知らしてやりたくなったんだよね」
浦野「とりついて、めちゃめちゃにしてやりたくなったんだ（と自分の事を静かに言う）」
信子「よそう、もう」
清次「ああ。俺でよけりゃあ、めちゃめちゃになってやろうじゃねえか。とりつけばいいさ」
浦野「吉岡さん」
吉岡「うん？」
浦野「これで終りです。もう迷惑はかけません。全員、消えます」
信子「いいのよ。あなた（藤田）は、本当に部屋がないんでしょう？」
清次「泊ってけばいいさ」
信子「何日でも使ってくれればいいの」
清次「ああ。明日も明後日も、アパートさがしてみようじゃないか」
吉岡「私も――」
みんな、吉岡を見る。

吉岡「知らなかった。君たちの生活について――殆んど、知るところがなかった」
信子「ほんとよねえ。なんとなく、大変そうだな、と思ってはいたけど――」
吉岡「君たちの話に胸を打たれた。私に出来ることがなにかあるなら、させて貰いたいと思う」
浦野「そういうことがあったら、お願いします」
吉岡「しかし、これで一件落着ということで、いいのだろうか？」
川島「どういうことですか？」
吉岡「君たちは、この二人に迷惑をかけた」
信子「だから、それはもういいって」
清次「分り合ったじゃないですか」
吉岡「あやまれと言ってるんじゃないんだ。無論、あやまるところは、あやまらなくちゃあいかん。しかし、そういうことではない。これで、ただ、君たちが、それぞれの元の生活へ戻って行くだけでいいのかと――」
信子「ごめんなさい。誤解するかもしれないけど、この人（吉岡）お説教をするくせがあるのよ」
清次「悪意はないんだ」

吉岡「説教をしようなどと言っているのではない」
川島「沢山だな」
吉岡「うん？」
川島「あんたは、はじめっから、俺たちに敵意を持ってるんだ」
吉岡「そんなことはない」
川島「大体今夜、俺たちを追い出そうとして来たんじゃないか」
吉岡「そうじゃない」
川島「俺たちを疑って来たんじゃないか」
浦野「よせよ」
川島「よしたいさ。御馳走になったしね、いやな事言いたくないけど、折角、この人たち（信子と清次）と、気持がほぐれたんだ。どういう文句があるのか知らないけど」
吉岡「文句ではない」
川島「もっともらしい話は聞きたくないんですよ。いい気持になりたいんだ。こんな夜ぐらい。いい気持になりたいよ！」
吉岡「――」
清次「よし。のみ直そうじゃないか。マスター、ボトル一本おろしてくれる！」
マスター「かしこまりましたァ」
川島「（たとえば「ガンダーラ」を急に大声で唄い出す）そこに行けば、どんな夢もかなうというよ」

■隅田川（昼）

川島が一人で橋を渡って行く。車椅子。
川島の声「（前シーンの唄続いて）誰もみな行きたがるが、遥かな世界、その国の名はガンダーラ（現実音が次第に大きくなり、歩道は川島だけだが、横の車道を絶え間なく走る車々）」

■吉岡のアパート・廊下（二階）

中年夫人の声「吉岡さん（階段をあがって来て）吉岡さん、います？」
吉岡の声「はい」
中年夫人「表にお客さんですよ」

■アパートの表

川島、待っている。吉岡、カーディガンで現われ、「よう」と言う。

川島「（一礼、笑顔はない）」
吉岡「（微笑）よく来たな。上ってくれ（と車椅子を押そうとして川島の背後へ回る）」
川島「どっか喫茶店でも行きませんか（笑顔なく、しかし怒り声でもなく）」
吉岡「そりゃいいが、ここまで来たんだ。よかったら上らないか」
川島「ええ――（とやや曖昧な感じで、なにかを言いかける感じがあるが）」
吉岡「二階なんだ（と押して玄関へあげ）車椅子、階段はどうするかな（と優しく明るく言う）」

■二階・廊下

吉岡、川島をおぶって上って来る。「よいしょ、よいしょ」

■吉岡の部屋

川島、おろされて、両手で身体をささえて坐る。
吉岡「いいか、（とおろし、座蒲団を素早くとりに行き）敷いてくれよ。よりかかってくれよ（と壁もしくは整理簞笥を叩いて言う）」
川島「こうやって（感情を押えた声）」
吉岡「うん？」
川島「対等にしゃべろうと思っても、すぐこうやって世話になっちゃうんです」
吉岡「対等に話せばいい」
川島「たとえばいま、あなたと喧嘩して下へ行くには、どうしたらいいですか？　とび出すなんて事は出来ない。這って階段を下りるのは、時間がかかりすぎる。あげくに、喧嘩したあなたに、おぶさっておりて行くはめになるんです」
吉岡「（微笑んで）喧嘩をしに来たのかい？」
川島「そうじゃないけど、時々世話になることが、やり切れなくなりますよ」
吉岡「さがしただろう？　バスをおりてからちょっとあるしな」
川島「バス、乗らなかった」
吉岡「うん」
川島「橋を渡って来たんです」
吉岡「まさか、乗せないわけじゃ？」
川島「つき添いがないと駄目なんですよ」
吉岡「そうか――」

川島「そういう規則ができる前は、お客がみんなで乗せてくれたりしたんだけど、規則やぶっても乗せてやろうなんてする人、いないからね」
吉岡「そうか」
川島「タクシーは、断るから癪だし。金もないしね」
吉岡「これからは電話をくれ。迎えに行くよ」
川島「なにを言おうとしたのか、気になってね」
吉岡「うん？」
川島「あの時は、妙な説教されたらたまらないと思ったけど、家へ帰って考えると、あなたが、何を言おうとしたのか、気になって来たんです」
吉岡「そうか――」
川島「あれきり、ただウダウダ生きてるだけだから」
吉岡「そうか」

■清次と信子の部屋

壮十郎「（私服でドアをあけ）こんにちは」
藤田「（窓際に車椅子でいて、ノックで「はい」と言って振りかえった感じ）」
壮十郎「（紙袋をかかえて入りながら）話聞いてるでしょう？」
藤田「たしか、鮫島――」
壮十郎「壮十郎（と笑って）変った名前でね、親を多少恨んだ時もあったんだけど、よろしく（とドアを閉めて藤田を見て一礼）」
藤田「はあ（と一礼）」
壮十郎「昼飯どうした？」
藤田「食べました」
壮十郎「冷蔵庫になんにもないからって言われてね（と上って小さな冷蔵庫をあけ）あれ、ほんとになんにもないなあ。なに食べたの？」
藤田「ラーメン」
壮十郎「肉も野菜も入れないんだろう？　なんかつくってやるよ（と袋をあけて冷蔵庫へ入れながら）うまいもの食べたいじゃないか」
藤田「夜勤だとかって――（と暗い気持だが、愛想悪くも出来ずに言う）」
壮十郎「うん。ここンとこずっと夜勤でね。眠ってて、来るの、おくれたんだよ」
藤田「いいのに。買い物ぐらい、俺、やるのに」
壮十郎「そうだよな。そのくらいお安い御用だけど、一日部屋にいるのは、よくないよなあ」

藤田「行こうと思ってたんだけど」
壮十郎「出ようか一緒に？　何処かで、なんか食べようか？」
藤田「もう大抵の所回っちゃったんで、どこの不動産屋へ行ったらいいか分らなくなって」
壮十郎「（明るく）気を回すなよ。そんな意味で言ったんじゃないんだよ」
藤田「（うなずく）」
壮十郎「どこなの？　話聞いたけど、その、彼女の所へでも行ってくりゃあいいじゃない。よかったら一緒に行くよ」
藤田「生活保護受けて、女に逢いに行くなんて――」
壮十郎「かまうもんか」
藤田「それに、二度と来ないでくれって、手紙が来てるし」
壮十郎「（微笑で）女の言う事を真に受けちゃいけないなあ。そんなもの、いちいち本気にしてたら」
藤田「そんな、呑気な話じゃないいんですよ」
壮十郎「――」
藤田「あんたたちの遊び半分のつき合いとは訳がちがうんだ」
壮十郎「御挨拶だな（と辛うじて微笑）」
藤田「車椅子の女は、車椅子の男を、嫌いなんだ。つき合う男ぐらい健康で走り回れる奴がいいと思ってるんだ」
壮十郎「あんたも、そうなの？」
藤田「ぼくは、そうじゃない。車椅子の苦労を一番知っているのは、やっぱり車椅子の人間だもんな。丈夫な奴となんかつき合えば、裏切られるに決まってるんだ」

■吉岡の部屋

吉岡「（川島の傍から湯呑みをとり）煎餅ぐらいは、たまに買うんだが、今日は生憎でな」
川島「いえ」
吉岡「お茶のお代りだけだ」
川島「いえ。うまいんで、ちょっと驚いたな」
吉岡「うむ。私は贅沢な人間では、決してないが、安いお茶だけは嫌いでな。不相応な、いいお茶を買っちまう（と薄く笑う）」
川島「なかなか言わないいんですね」
吉岡「うむ？」

川島「あの晩言おうとした事ですよ」
吉岡「うむ」
川島「なんでも言って貰いたいな。わりと俺たち、言われないいんですよね。みんな、障害者だと思って遠慮しちゃうから」
吉岡「私も、言いにくい」
川島「かまわないです」
吉岡「言いにくいというより自信がない。君たちは、いろんな目にあっている。私たちは、それを想像するだけだからね。見当はずれだったり、甘かったりしてしまうかもしれない」
川島「それでもいいんです。本気で言ってくれるんだったら、聞きたいんです」
吉岡「君たちは、丈夫で歩き回れる尾島君と妹にとりついて、迷惑をかけてやろうとした。車椅子の人間が、どんな気持で生きているか、思い知らせてやろうとした。それをいいとは言えない」
川島「(うなずく)」
吉岡「そんな風に恨みを人にぶつければ、結局は自分が傷つく」
川島「(うなずく)」
吉岡「しかし——だからといって、頭から人に迷惑をかけるなと、聞いた風な説教は出来ない」
川島「——」
吉岡「あの晩には、まだそれほど考えが熟さなかったが、いまの私はむしろ、君たちに、迷惑をかける事を怖れるな、と言いたいような気がしている」
川島「——」
吉岡「これは私にも意外な結論だ。人に迷惑をかけるな、というルールを、私は疑ったことがなかった。多くの親は、子供に、最低の望みとして「人にだけは迷惑をかけるな」と言う。のんだくれの怠けものが「俺はろくでもないことを一杯して来たが、人様にだけは迷惑をかけなかった」と自慢そうに言うのを聞いたこともある。人に迷惑をかけない、というのは、いまの社会で一番、疑われていないルールかもしれない」
川島「——」
吉岡「しかし、それが君たちを縛っている。一歩外へ出れば、電車に乗るのも、少ない石段を上るのも、誰かの世話にならなければならない。迷惑をかけまい、とすれば、外へ出ることが出来なくなる」

川島「――」

吉岡「だったら迷惑をかけてもいいんじゃないか？勿論、いやがらせの迷惑はいかん。しかし、ぎりぎりの迷惑はかけてもいいんじゃないか。かけなければ、いけないんじゃないか」

川島「――」

吉岡「君たちは、普通の人が守っているルールは、自分たちも守ると言うかもしれない。しかし、私はそうじゃないと思う。君たちが、街へ出て、電車に乗ったり、階段をあがったり、映画館へ入ったり、そんなことを自由に出来ないルールは、おかしいんだ。いちいち、うしろめたい気持になったりするのはおかしい。私は、むしろ堂々と、胸をはって、迷惑をかける決心をすべきだと思った」

川島「そんなことが通用するでしょうか」

吉岡「通用させるのさ。君たちは、特殊な条件を背負ってるんだ。差別するな、と怒るかもしれないが、足が不自由だということは、特別なことだ。特別な人生だ。歩き回れる人間のルールを、同じように守ろうとするのは、おかしい。守ろうとするから歪むんだ」

川島「――」

吉岡「そうじゃないだろうか？」

川島「――」

吉岡「もっと外をどんどん歩いて、迷惑をかけて――いや、階段でちょっと手伝わされるとか、切符を買ってやるとか、そんな事を迷惑だと考える方がおかしい。どんどん頼めばいいんだ。そうやって、君たちを街のあちこちで、しょっ中見ていれば、並の人間の応対の仕方も違ってくるんじゃないだろうか？　たまに逢うだけだと、みんな緊張して、親切にしすぎたり、敬遠したりしてしまうが、しょっ中君たちを見ていれば、もっと何気なく手伝う事が出来るんじゃないだろうか？　君たちは、並の人間とは違う人生を歩いてるんだ。その事を、私たちも、君たちも、はっきり認め合った方がいいんじゃないだろうか？」
川島「権利かなんかみたいに、人に、どんどん頼めということと？　周りの人間を、どんどん使え、ということと？」
吉岡「勿論、節度は必要だ。しかし、世話になった、また世話になったと心を傷つけながら生きているより、世話になるのは当然なんだ、並の人間が、ちょっと手伝ったりするのは、当然のことなんだとそう世間に思わせてしまう必要があるんじゃないだろうか？」
川島「世間がそんなに甘いとは思わないけど」
吉岡「甘いとは私も言ってはいない。抵抗は当然あるだろう。それでも、迷惑をかけることを怖れるな、胸を張れ、と――言いたいんだ」
川島「特別な人生――」
吉岡「一段下とか上とか言ってるんじゃないんだ」
川島「分ってますよ」
吉岡「特別な人生には、ちがいないだろう」
川島「たしかにね、俺たち、普通の人生じゃないいな、と思うことありますよ」
吉岡「――うむ」
川島「俺、お袋に、こんな事頼んだことあるんですよ」

■川島家・茶の間と座敷（夜）

茶の間が六畳。座敷が八畳。
茶の間でテレビを見ながら酒をのんでいる父親。労働者風。座敷で蒲団の上に寝間着で横になっている川島。その横で枕カバーを替えている母親。
川島の声「いま考えると、よくあんな事頼めたもんだと思うけど、その時はすごくせっぱつまった気持だったたし、俺は稼ぎやたら少なかったし、親父は、厄介者の俺が嫌いで口きかなかったし、お袋に頼むしかなかったんですよね」
川島「（目をつむっていて）お母ちゃん」
母親「うん？」
川島「俺、一遍でいいから、トルコへ行ってみたいんだ」
母親「トルコって、外国の、あの」
川島「そんな所へ行きたがるわけないじゃないか」
母親「じゃ、あの、なにかい？」
川島「きまってるだろ」
母親「――（見ている。テレビの音、止る）」

川島「俺、女にもてっこないだろ。嫁さん来ると思う？　一遍だけでいいから、ああいう所でもいいから、女の人と、つき合ってみたいんだよ」
母親「――」
川島「一生、女なんか、縁ないかもしれないもんな」
父親「――（後姿で黙っている）」
母親「――」
川島「（目を閉じている）どうなの？　黙ってるんだね。俺だって、金がありゃあ、お母ちゃんに、こんな事、頼みやしないよ」
母親「行っといで（とせきこむように言い）いいよ。行っといで。いくら、ぐらい、あったらいいんだい？」
父親「三万か四万やっとけ」
母親「え？」
川島「（目をあける）」
父親「（後姿で）三万か四万やっとけ。いいか。ケチるんじゃねえぞ。チップはは̇ずむんだぞ」
母親「だけど、そんなお金」
父親「バカヤロウ。その位の金、俺が、どうにだってすらあ」

川島「（天井を見ている）」
母親「（目を落し、うなずく）」
父親「――どうにだって、すらあ（と小さく言う）」

■トルコ街（夜）

川島、車椅子で行く。

川島の声「翌日の晩、お袋が下から上まで新しいもの着せてくれて、金は四万五千円も持って、出掛けたんだけどね、車椅子は駄目だって言うんだよ。何処へ行ってもころんだりして、事故があったとき、責任持てないって断られて、結局、ウロウロしただけで、十一時すぎにね、家へ帰って来たんだけど、断られたなんて、言いたくなくてね（ナレーション終っても、絵はしばらくあって）」

■川島家・玄関

川島「（ガラッとあけ）ただいまッ！（と明るく）ハハハ、ハハハハハ」
母親「お帰り（助けてあげようとして）やだよ、この子は、ゲラゲラ笑って（と土間へおりる）」

川島「そりゃあそうだよ、やっぱりさ、おかげさまでさ。ハハハ、フフフ（顔が歪み）行ってよかったよ。よかった（と泣き出してしまう）」
母親「敏夫——」
父親「（現われ）どうした？」
川島「（ワーワー泣いている）」
川島の声「考えてみれば、こんなこと普通の親子じゃないよね」

■清次と信子の部屋（夜）

川島がしゃべっている。浦野、藤田、日比野、吉沢、阿川がいて、清次と信子が、紅茶を入れている。

川島「（前シーンと直結で）俺たちは、ふつうの人とは、やっぱり違う人生を歩いてると思うんだ」
浦野「——」
川島「吉岡さん、いいこと言ってくれたよ」
信子「どういうこと？」
川島「だからさ、俺たちは人に迷惑をかけることを怖がっちゃダメだっていうんだ」
浦野「——」
川島「怖がってたら、部屋にとじこもっているしかない。決心して人に迷惑をかけてもいいんだと（割り切ってと言いかけるのを）」
浦野「どうなると思う？」
川島「なにが？」
浦野「いいか、遠慮してても俺たちは迷惑な存在なんだ。それが遠慮しなくなったら世間はなんと言う？ 人の世話になっているくせに、なにを思い上っていると、叩いてくるに決まってるんだ」
川島「——」
浦野「そういう時の世間は意地悪だぞ。かろうじて、俺たちが同情されているのは、俺たちが遠慮してるからなんだ」
川島「じゃ、いまのままでいろというのか？ 遠慮して、オズオズとして、歩ける人間に恨みを持って、ここの二人にとりついたように、みじめに恨みをはらして、隅で目をギラギラさせていればいいのか？」
藤田「ぼくは、あの人は、いい事を言ってくれたと思う」
浦野「じゃあ、やってみればいいさ。外へ出て行って、俺を大事にしろ、俺を重んじろと、わめいてみりゃあいいんだ」
藤田「そんな事を言ってるんじゃないよ」
阿川「そうだよ。そんな事を言ってるんじゃない」
藤田「人に迷惑をかけるな、というルールが、ぼくたちを縛っていたことは事実なんだ。ぼくたちは、それを疑ってもいいんじゃないかって、そう言ってくれたんじゃないか。疑ってもいい筈だと思うよ」
浦野「疑うのはいいさ（しかし、その考えは、やっぱり丈夫な人間の言い草でな、と続くのだが、声、聞えなくなり）」
清次の声「おそくまで、みんなガンガン議論して大変でしたよ」

■本社・屋上（昼）

吉岡、遠くを見ている。壮十郎、清次、信子が制服でいて。
吉岡「そうか――」
信子「司令補の所へ、みんなで行こうなんて言い出したりしたんですよ」
清次「しかし、どうしてあいつら真面目なんだろうね。あんなに、ハンデかかえてさ、いろんな目にあって、どうしてぐれないのか不思議だよ」
信子「ほんとね」
吉岡「ぐれてる暇がないのさ」
信子「え？」
吉岡「車椅子の人間が、ぐれて一人で生きて行けるか？　そんなゆとりがないんだ」
清次「――」
信子「――ほんとね。そうなのね（と言ってから壮十郎を見る）」
壮十郎「（受けて）ああ」
清次「（その間へ入って壮十郎を見て）あの、ちょっと話はそれるけど、こいつ（信子）は、あんたとは、すごく年がちがうんだから、いい顔しないように願いますよ（ムキになって言う）」
信子「兄ちゃん！（とつきとばす）」

■線路脇の道

電車が通過する。脇の道を行く藤田、川島、浦野、吉沢、阿川、日比野。

■良子の部屋の前

　藤田、ひとり車椅子で来て、ドアをノックする、もう一度。

良子の声「はい」

藤田「こんにちは、藤田です」

良子の声「――」

　玄関のドアが細くあき、いざって川島が顔を出す。

藤田「（チラとその川島を見、またドアへ）この間は本当にすいませんでした。手紙見ました。二度と来るなって言うの、無理もないと思うけど、もう一度だけ、話したい事があるんだ。やっぱり、部屋にいるだけではいけないと思うんだ」

良子の声「――」

藤田「前原さん」

■「あけぼの荘」の前

　川島の空車を中心にして、浦野、吉沢、阿川、日比野が耳をすましている。藤田の声「前原さん」

■良子の部屋の前

藤田「みんなで来てるんだよ。みんなで君にあやまりたいし、話したいことがあるんだ。あの時は、男が六人もいて、君を助けられなかった。とても情けなかった。もう二度と、ここへ来ることはないだろうと思った。でも、勇気を出して来たんだ。それはね（それは、と言いかけた時）」

向いの部屋のおばさん「（ドアをあけて）あら、やっぱり来たわねえ」

藤田「あ（と振りかえってお辞儀をしかかるのにかぶせて）」

向いの部屋のおばさん「駄目なのよ。帰ってよ。お母さんに、よく言われてるんだから」

藤田「あの――」

向いの部屋のおばさん「しつこいのいけないわよ。良子ちゃんだって嫌がってるっていうじゃないの」

良子「（ドアをあけ）おばさん（チェーンがかかっている）」

向いの部屋のおばさん「いいのいいの、おばさん、お母さんに頼まれてるんだから（と藤田の車椅子を押して玄関の方へ）」

藤田「ちょっと待ってよ。廊下でいいんだよ」

川島「（玄関のドアの傍に腰をついて）おばさん、（と説得しようとする)」
向いの部屋のおばさん「あら、なによ、あんたそんなとこへ坐って」
良子「(急にチェーンをはずそうとする)」
向いのおばさんの声「出て行って出て行って」
藤田「俺たちがなにをするっていうのさ」
川島「あぶないいじゃないいか」
向いの部屋のおばさん「いいから出て頂戴。嫌われたら諦めるの。それでも来るなんて男じゃないよ。友達まで連れて来てなんだっていうのさ(このあたりで出て行ってしまう。無論、藤田、川島も一緒である)」
良子「(廊下へ急ぎ出てくる)」
しかし、玄関のドアがゆれているだけ。
向いの部屋のおばさん「まあまあ呆れた。何人で一体来てるの。駄目よ、あんたたち、良子ちゃんに、なにしようっていうのよ!」

■線路脇の道(雨)

傘をさした信子が、ひとり来て、立止り、手にした地図を見て、また歩き出す。

■良子の部屋の前

良子「(チェーンのままドアをあける)」
信子「(微笑し)こんにちは」
良子「(うなずく)」
信子「私、藤田さんの友達なの。頼まれて来たの」
良子「(目を伏せる)」
信子「話がしたいんですって。今度は、何処か歩くなんていうんじゃなくて、お部屋でもいいし、喫茶店でもいいし、話したいんですって」
良子「(目を伏せている)」
信子「他所がいいなら、私か他の人か、誰か必ず付き添います。この間のような事は絶対ないわ。どうかしら? 都合のいい日、教えてもらいたいの」
良子「あなたみたいな――」
信子「え?」
良子「お友達がいるなら、私みたいなのと付き合うことないじゃないの(ドアを閉めてしまう)」
信子「前原さん(向いの部屋を気にし)前原さん、前原さん、(と声低く言う)」

■清次と信子の部屋（夜）

藤田たち六人と、清次と信子、それに壮十郎が来ている。

清次「だから俺が言ったろ。女が行けば逆効果だって」
川島「そんなこと言ったかなあ」
清次「言ったよう」
信子「言うもんですか、行け行けって言ったじゃない」
清次「行きたきゃ行くだけ行ってみろって言ったんだよ」
信子「もう黙って、兄ちゃんは」
清次「なにが黙ってだよ」
信子「今日はね、わざわざ、こちら（壮十郎）に来ていただいているの」
壮十郎「いや、いただいてるってことはないが」
清次「そうだよ。いただいちゃいないよ、別に」
壮十郎「ぼくは来たくて来たんだ。みんなの話を少しずつ、この人（信子）から聞いて」
清次「いつ逢ってるんだ？（と信子へ）」
信子「いつだっていいでしょう」
清次「（壮十郎へ）どういうつもりですか？　俺の妹に、なんで近づくんですか？」
壮十郎「近づいちゃいないよ」
信子「そうよ。こっちが近づいてるのよ」
清次「よく、そんなこと、二十《はたち》前の娘が、言うなッ！」
川島「ちょっと、いま、そういうことじゃないんじゃないんですか？」

■線路脇の道（昼）

壮十郎と清次が、やって来る。壮十郎、地図を見ながら歩いて行く。清次、考えながら歩いていて。

清次「鮫島さん」
壮十郎「うん？（と振りかえる）」
清次「俺の妹を、本当に愛していますか？」
壮十郎「なに言ってる」
清次「俺、本気で、あの」
壮十郎「悪いけど、俺には恋人いるんだ」
清次「え？」
壮十郎「安心しろよ（と行く）」
清次「じゃ、あの、妹は失恋ですか？（と走って行って壮十郎の肩を摑んで、ふり向かせる）」

壮十郎「いまは、そんなこと言ってる時じゃないだろう（と行ってしまう）」

清次「こっちの話だって、大事ですよ！（と言ってから追って行く）」

■良子の部屋の前

良子が閉めようとしたドアに足をはさむ。壮十郎の足である。

壮十郎「閉めないで下さい」

清次「あ、ちょっと、足、はさんでますよ。閉めない方がいいんじゃないんですか？」

良子「（手をゆるめ）どけて、足をどけて」

壮十郎「どかしません。話を聞いて下さい」

清次「そんなに一人でいたいんですか？　なに面白いことあるのよ？」

壮十郎「その通りだ。ぼくたちを追い払って、藤田君たちを追い帰して、この部屋になにが面白いことがあるんですか？」

良子「人に頼むなんて嫌いだわ」

壮十郎「本人が来た時も、追い帰したでしょう！」

良子「どけてよ、足どけてったら」

清次「話聞きなよ。なに損するっていうのさ」

向いの部屋のおばさん「あらァ（とドアをあけ）又、誰か来てるの？」

清次「（急にシャキッとして）あ、奥さま」

向いの部屋のおばさん「えッ？」

清次「私たちはですね、ちょっと研究調査をしているものでして、協力してくれますか？（と、向いの部屋へ行く）」

向いの部屋のおばさん「（どんどん入ろうとする清次の胸をつき）そんなこと言って、なんか売ろうっていうんでしょう」

清次「ちょっとお邪魔します（とひるまず入ろうとする）」

向いの部屋のおばさん「やだ、あんた（と押す）」

清次「一週間に何回、お風呂に入りますか？」

向いの部屋のおばさん「お風呂？」

清次「日本人はですね（と中へ）」

向いの部屋のおばさん「ちょっと、何よ」

清次「果して清潔かどうかということをですね（とドアを閉めてしまう）」

■良子の部屋

良子「（窓際に車椅子を動かして来る）」

壮十郎「（後ろ手にドアを閉め）もう一度、藤田君が来れば、逢ってくれるかな？」

良子「（窓の外を見たまま）」

壮十郎「ぼくは局外者だけど、あの子たちは、君を好きだとか、恋人にしたいとか、そういう事だけで逢いたがってるんじゃないという気がする。君を励ましたいんだ。君を励ますことで、自分たちも励まされたいというような——そういう気持があるような気がするんだ」

良子「——」

壮十郎「そういうつき合いを、大切にした方がいいと思うな」

良子「——」

壮十郎「ここで、一人でいる方が、いいなんて、そんなわけないじゃないか」

良子「——」

■夕方の街

良子の部屋から遠くない街を、数カット、音楽で見せて——。

■喫茶店

その隅で、向き合っている藤田と良子。いずれも、椅子をどけ、車椅子である。

藤田「手紙だけの時は、仲良かったのに、逢ったら、あんな事になって、すまなくて仕様がなかった。どうして逢ったりしたんだろうって思った。他の五人も。はじめすごくみじめだったし、どうして君を連れ出したりしたんだろうって、後悔したりした。やっぱり、ぼくたちは、ひかえめにしているに越したことはない。出来るだけ外へ出ないように、出来るだけ、つき合いを広げないで、静かにしているに越したことはない。そう思ったよ。君もそうだろう。でも、それじゃあいけないって思うようになったんだ。それじゃあ、ぼくらはいつまでもみじめだって、そう思うようになった。みんなでそんな風に話しはじめたんだ。やっぱり、沢山の人と逢った方がいいし、いろんな所へ行った方がいいし、世界を拡げなきゃ一生淋しいだけじゃないかと思うようになったんだ。多分、一人だったら、そう思うかどうか分らない。思うにしても時間がかかったよね。仲間や、そういうことを言ってくれる人がいたんでね。多少一人より勇気が湧いたんだ。いやな思いをしてもかまわないから外へ出よう。俺も生きてるんだって顔をしよう。世話にならなけりゃ道を渡れないなら、世話になることにオドオドするのは、やめよう。そんな事を、みんなで話したんだ」

良子「――」

藤田「子供が道に迷って、それでもその子が、親に言われた通り、人の厄介になっちゃいけないって、誰にも道を聞かないで迷い続けたら、どうだろう？　そんなのバカ気ているって、みんな言うよね。ぼくらもそうだと思うんだ。電車に乗るのを助けて貰えば、知らない場所や新しい人に逢えるのに、迷惑かけるのが悪いって、家にばかりいるなんて、バカ気ていると思うんだ。そういう迷惑は罪悪じゃないと思うんだ。そういうギリギリの迷惑は、かけてもいいんだと思わなきゃ、ぼくらの一生は、なんだって思うんだ」

良子「――」

藤田「六人でカッカしてそんな話をした時、ああ、いまも君は一人で部屋にいるんだなと思った。そう思うと、たまらなかった。ぼくだけじゃない。みんな、そうだった。君を仲間に入れたいって思ったんだ」

良子「――」

藤田「気軽に外へ出る訓練をしないか。ぼくらも一緒なんだ。ぼくらも、まだ、オドオドしてるんだ。仲間に入ってくれれば、ぼくらだって（と言いかけて、テーブルの傍に立った女を見上げる。治子である）」

治子「黙ってて頂戴、二人とも（と小さく、しかし断固として言う）」

藤田「ぼくは――」

良子「お母さん――」

治子「こんな所で騒ぎになるのは沢山。勝手に連れ出して（と良子の車椅子を通路へひき出す）」

藤田「お母さんも話を聞いて下さい」

良子「お母さん、私——」
治子「黙っててって言ってるでしょう（と通路を行こうとしてハッとする）」
壮十郎「（立っていて）待って下さい」
清次「待って下さい」
信子「待って下さい」
治子「あんたたち、なに？（カッとなり）娘に、なにしようっていうのよう！（と大声になってしまう）」

■線路脇の道（夜）

吉岡が歩いて来る。電車が通って行く。

■良子の部屋

お茶をいれている治子。その前に坐っている吉岡。
車椅子のまま窓を見ている良子。

治子「（お茶を出しながら）そうですか。誰かのお父さんというわけじゃないんですか（と疲れた表情のない声で言う）」
吉岡「はい（と一礼）」
治子「お詫びだなんておっしゃるから、てっきり、あの車椅子の男の子のお父さんかと思いました（と怒りがこみあげるのを押さえる）」
吉岡「ふとした縁で、あの子たちと知り合いまして、はじめて足の不自由な人たちの暮しに接しました。お嬢さんとの経緯《いきさつ》も聞きました。お留守に、お嬢さんを連れ出すような事をして、みんな、本当に申し訳なかったと（と言いかかるのを）」
治子「そうじゃないでしょう」
吉岡「は？」
治子「（悲しみのある声で）なんてわからず屋な親だろうって言ってるんでしょう」
吉岡「そんなことはありません」
治子「娘を部屋にとじこめて、幸せになるとでも思ってるのかって、そう言ってるの分ってますよ」
吉岡「いいえ、親御さんの気持としては」
治子「分るんですか？　親の気持が分るんですか？」
吉岡「——（目を伏せる）」
治子「こういう子供を持った親の気持なんか、分るわけありませんよ」
吉岡「——（うなずくように頭を下げる）」
治子「外へ出さなきゃいけないって、そんなこと何度だって思いました。小学三年の時から、車椅子使うようになって、一人で外へ出せば、必ず泣いて帰って来ました。鬼じゃないかって思う人、いっぱいいましたよ。縁日へ連れて行けば、こんな人込みになんで車椅子が来るんだとか、映画を見せに行けば、もっと評判の悪い、すいてる映画の時に来いって言われたり、中学へ入れるのだって、どれだけ学校から嫌味を言われたか知れやしない。私に言わせれば、世間はあんまり思いやりがなさすぎますよ。世間をもう信用してないんですよ。もう私一人でこの子を守って生きてやるってそう思わせたのは世間ですよ」

吉岡「――」

治子「一生この子のために、この子のためだけに生きて行くつもりですよ」

良子「――」

吉岡「(治子を見る)」

治子「ほっといて下さいよ(と自分の言っている事の弱点を知っている声で言う)」

吉岡「あなたは、よく分っていらっしゃる」

治子「なにをですか?」

吉岡「お嬢さんを外に出さなきゃいけないってことをです」

治子「そんな事言ってないでしょう」

吉岡「お嬢さんは、あなたと一緒に死ぬわけじゃない」

良子「死ぬわ。一緒に死ぬわ」

吉岡「お母さんは、そんな事をのぞんじゃいない」

良子「私はそのつもり。母の一生をめちゃめちゃにしたの私ですもの」

治子「良子――」

良子「お父さんが逃げ出したのも、私がこんなだからだもの」

吉岡「お母さんは、そんな事を思ってはいない」

良子「思ってるわ」

吉岡「思っちゃいないッ! お母さんは君が強くなることを願っている。一人で何処へでも行ける強い人間になることを願っている」

良子「そうじゃないって言ったでしょう!」

吉岡「可愛いからだよ。可愛いから、君を傷つけるのが怖いんだ」

治子「良子はね、脊髄なんですよ。分りますか？　車椅子っていえば、あんたたちは、どれもこれもつまりは足が不自由なんだろうぐらいにしか思ってないでしょうけど、そりゃあもう一人一人、いろいろなんですよ。誰かが外へ出たからって、それが勇気があって、出ないからって、勇気がないなんて、そんな、十ぱひとからげみたいなことは言ってもらいたくありませんよ」

吉岡「――」

治子「ただ足が不自由なのと、良子みたいに、他のこともある子とじゃ、そりゃもう全然ちがうんですよ」

吉岡「たしかに、そうでしょうが、お嬢さんは、部屋から一歩も一人では出られないほどでしょうか？」

治子「知らないから、あんたそんな事言うのよ」

吉岡「（良子へ）君は自分で、どう思う？　外へ出よう、という私は話にならない無理を言っているか？」

良子「母を――ありがたいと思ってるわ。さからいたくないわ」

吉岡「さからえとは言っていない。自分で判断しなければいけないと言ってるんだ。君はお母さんの言うなりになっている。言うなりになっていれば、きっといつかはお母さんを恨むようになる」

治子「（身体をふるわしている）」

吉岡「みんな、君を待っている。一緒に強くなろうと待っている。そこへ行くか行かないか、自分で決めなければいけないと言ってるんだ」

良子「――」

吉岡「君の一生じゃないか」

良子「――」

治子「分りゃしないよ。親の気持なんて、誰にも分りゃしないのよッ！（ワーッと泣く）」

吉岡「――」

良子「――」

■駅に近い道（昼）

角から、まず藤田が出て来て振りかえる。次に川島、次に浦野、吉沢、阿川、日比野の順で出て来て振りかえる。角の陰の車椅子の良子。その背後に吉岡、壮十郎、清次、信子がいる。

藤田「さあ」

良子「――」

信子「しっかりね」

清次「見ているからね」

良子「(うなずく)」

藤田「――」

川島「――」

浦野「――」

良子「(車椅子を動かして、角を出て駅を見る)」

切符売場や改札は階段の上にあり、階段の人々の流れが見える。

良子「(心を決め、駅へ向う)」

見まもる十人。治子、別の場所へ走って来て、良子を見る。吉岡だけが気がつく。

良子「(横断歩道を渡って行く)」

見まもる十人。治子。吉岡。

良子「(階段の下へ来る)」

見まもる十人。治子もドキドキして見まもっている。

良子「(意を決するまで、ちょっと間あって)誰か(と小さい声で言う)」

見まもる十人。治子。

良子「(やや大きな声で)誰か、私を上まで上げて下さい」

見まもる十人。治子。

良子「(大声で)どなたか、私を上まであげて下さい」

見まもる十人。治子。良子に気がつき、三人ほどの人が、かこんで「上まで?」などと聞いている。

見まもる十人。

良子「(三人の人に運ばれて上へあがって行く)」

治子、泣いて顔をおおう。見ている吉岡、駅へ目を移す。駅へ向って、動きはじめている九人。吉岡、治子の方へ行く。ぐいぐい駅へ行く九人。

泣いて坐りこむ治子。はなれて、立ち入れぬ思いといたわりで治子を見ている吉岡。駅へ行く九人。

「男たちの旅路・第Ⅳ部 3話」キャスト・スタッフクレジット

キャスト

吉岡晋太郎――鶴田浩二
尾島清次――清水健太郎
尾島信子――岸本加世子
鮫島壮十郎――柴 俊夫
藤田繁雄――京本政樹
川島敏夫――斉藤洋介
浦野一郎――古尾谷雅人
吉沢竜太――見城貴信
日比野淳一――水上功治
阿川光夫――村尾幸三
田中先任長――金井 大
前原良子――斉藤とも子
前原治子――赤木春恵

スタッフ

音楽――ミッキー・吉野
美術――中嶋隆美
技術――土島伸一
効果――柏原宣一
制作――沼野芳脩、後藤英夫
演出――中村克史

終りの一日

北海道放送・制作　東芝日曜劇場　一九七五年九月七日放送

「この土地が結局、私の人生なんだ。思い出が一杯あってね。この土地捨てたら、死んだ人が淋しがるような気がしてきたのよ」

■M町・中学校正門（朝）
道路から石段をあがって正門がある。その背後に
木造の校舎が見上げられる。
教頭石丸先生(50)の声「気を付けェ！　休め！　気を付けェ！　休め！」

■校庭
全校生徒が整列している。高台の校庭の向うに海が見える。日本海である。
石丸「まだ口を利いている奴がいるッ！　気を付けェ！　そのまま！　校長先生のお話」
猪又校長(48)「（朝礼台へあがり）お早う」
生徒たち「お早うございます」とあまり揃わず怒鳴るように応ずる。
校長「休め（生徒達が休めの姿勢をとる間を置いて）え――二学期がはじまったばかりというのに、今朝は、悲しくも残念なことを、みなさんにお知らせしなければなりません。それは、長年、本校で数学の指導にあたられて来た朝倉秀子先生が本日をもって、おやめになることであります」
秀子「（朝礼台の横に立っている）」
校長「先生は、本校に十四年、その前は、隣の八木沢中学校に七年、その前は、この町の小学校に十年――誰だ？　ふざけとるのはッ！」
石丸「（すかさず、ある列を指して）そこそこそこッ！」
秀子「――」
校長「実に三十一年を、学校と共に歩まれて来たのであります。御苦労さまでございました」
秀子「――」
校長の声「（秀子の顔にかかって）おやめになるのは、まことに残念でございますが（急に怒鳴る）うるさいね、そこは、ザワザワッ！　何年生だ！」
秀子は、特徴ある事務用の上っぱりを着ている。

■M町の港
かつてにしん漁港として繁盛した港だがいまは、ものみなすべて年老いて、寂としている。
メイン・タイトル
『終りの一日』

■M駅

短いジーゼル鉄道の終点である。のどかにジーゼルがホームへ着く。線路は電車の先で途切れ、雑草にうもれかかっている。おりてくる人々の最後から、勝本祐司（22）大きめのズックのボストンバックを持っておりて来て、トボトボ改札口へ。

クレジットタイトル続く。

■中学校・校庭

秀子「（朝礼台へ立って一礼する）」

生徒達「（一礼する）」

秀子「私もみなさんとお別れするのは淋しいですけど、仕方がありません。――仕方がないのです」

音楽、クレジットタイトル続く。

■水産加工場

いか、ほっけを中年の女性達が、加工用に処理している。しかし、それは決して活気に満ちたものではない。

タイトル続く。

■町

人気《ひとけ》のない道路。寺、にしん景気の頃を思わせる石造りの古い建築。海。

タイトル続いて。

■中学校・校庭

ポツンと朝礼台があるだけで、誰もいない。

タイトル終る。

■職員室

石丸と秀子、各々はなれた席にいる。秀子は仕残した少量の整理をしていた感じで机の傍に立ち、三人の生徒に対している。三年生の女生徒、二年生の小柄な男生徒、一年生の女生徒である。生徒三人、秀子に一礼して、

三年生「（暗記したように）生徒会を代表して、私達三人がお別れの御挨拶にまいりました。長い間、私達のためにいろいろありがとうございました。これからも、学校と私達のことを忘れないで、時々はお顔を見せて下さい。私達は、先生の（ちょっとつまり）先生が、これからも、

秀子「私達のことを――私達のことを――」
石丸「どうした？　とし子（とやさしくきく）」
三年生「あの、私達のことを、御指導下さることをお願いしております」
秀子「（薄く笑って）そう」
三年生「これは、ささやかなものですが、生徒全員のお別れの気持ちです。おおさめ下さい（とさし出す）」
秀子「そりゃありがとう。喜んでいただくわ（と受けとる）」
石丸「もっとよく憶えて来い、とし子は」
三年生「では、あの、失礼します（とピョコンと一礼）」
二年生「失礼しまアす（と礼）」
一年生「（ほぼ二年生と同時に）失礼しまアす（と礼）」
秀子「ありがとう」
　三人、ちょっともつれるようにして出て行ってしまう。バタンとドアが閉まり、廊下で「あせったア」ととし子の声がし、三人の笑い声とドタドタ走り去る音。
石丸「（苦笑して）まったく、あんなものなのかねえ」
秀子「は？（と貰った包みを置く）」
石丸「ケロリとしたもんだねえ、子供は」
秀子「ええ（と苦笑して上っぱりを脱ぐ）」
石丸「やめる時は、こんなもんかと思うと、寂しいなあ、私も」
秀子「先生は、生徒の人気者だから」
石丸「皮肉ですか？　ハハハ、いや、こういっちゃあなんだが、先生はきびしすぎたからなあ。別れを惜しみに来にくいんですよ。これで、クラスの担任でもやってりゃあもう少しなんとかあるんでしょうけど、担任はずされてたしねえ」
秀子「――（上っぱりをたたんでいる）」
石丸「いや（声をひそめ）校長先生のやり方は、どうかと思ったねえ、私も。教頭がこんな事をいっちゃいけないけど、つらかったよね、先生も。ここ一年半ばかり、やめろやめろと、言いづめみたいなもんじゃないですか。あれじゃ、いくら先生でもやめたくなるよねえ」
秀子「――（整理をしている）」
石丸「ま（と秀子の沈黙に非難を感じて）私も立場上、

校長と対立するわけにもいかないから、きついこともいったけど、しかし、やめてよかったよ、先生」
秀子「――」
石丸「家族がいる訳じゃないんだし、やめて呑気に暮している方が幸せだよ。ま、楽しくやるんだね、これからは、ハハハハ」
秀子「（強く音をたててひき出しを閉める）」

■道（昼）

ひと気のない広い道を、教員室でまとめていた風呂敷包みを提げて帰ってくる秀子。「先生」とガラス戸をあける音と一緒に、水沢宮子（20）の声がする。その方を見る秀子。
宮子「（ラーメン屋からとび出して来て秀子の前まで来て）先生、やめたんですって？」
秀子「うん」
宮子「さっき聞いたばかりなんです」
宮子の叔父の声「（ラーメン屋の中から）宮子！」
宮子「はーい」
秀子「忙しそうね」
宮子「いいえェ、全然忙しくないんだけど、丁度いま漁業組合から出前が来て」
叔父の声「せかされてんだぞオ」
宮子「はーい。すいません、先生（と一礼する）」
秀子「ううん」
宮子「（店の方へ戻りながら）久し振りに沢山の注文なんです。お話することもあるんですけど」
秀子「じゃ、またね」
宮子「すいません（と一礼して中へ入ってしまう）」
秀子「――（見送って、目を伏せる）」

■祐司の家の前

戸がふっとぶようにあいて、祐司、家の中から、ころがり出る。
祐司の父の声「怠けるのも、いい加減にしやがれ！　それでも男か、手前は！」
祐司、立上り、ズボンのほこりを払う。

■料理屋・雄冬亭・二階座敷（夜）

送別会である。早くも石丸は酔っていて大声で北島三郎かなにかを目をつぶって真っ赤になって唄っている。

正面は、校長と秀子の席だが、秀子はいない。校長は、酌に来た中年教師と笑って話している。秀子は、末席の方で、順番にお酌をしている。

秀子「（若い男先生Aの前からBの前へ移りながらAへ）ええ。とにかく、とりあえずは札幌あたりへでもねえ」

A「そうですか、それは残念だなあ」

秀子「（薄く苦笑し）このあたり離れたことないし、迷ったんだけど」

B「何処か行ってしまわれるんですか、先生」

秀子「ええ。そうしようかと思って」

B「そりゃあ、いいなあ。一人だから先生はいいですよ」

秀子「どうも、いろいろお世話になりました（と一礼して徳利をさし出す）」

B「あ、これは、どうも（と盃をさし出し）こちらこそ、いろいろ御指導いただきまして。あ、どうも（と注がれ）丁戴します（とのむ）」

若い女先生C「（Bの隣で固い顔で目を伏せている）」

秀子「（その若いCの方へ座を移しながら）はい、浜口先生。いろいろ、お世話になりましたね」

C「いいえ（顔をあげ）先生（声を押さえ）お酌なんておやめ下さい」

秀子「私の送別会なんだから」

C「やめたくないのに、やめさせられたんじゃありませんか（やや声が大きい）」

B「（横から）浜口先生（と制する）」

C「先生は座ってて、みんなが挨拶に行けばいいんです（と語尾大声になる）」

座、少し静かになる。石丸の唄、やむ。

秀子「ありがと（ちょっと微笑し）ひと回りだけよ（とさし出す）」

C「じゃ（その徳利をとり）せめて先生もおのみ下さい。お酌だけして回るなんて、たまらないわ。お注ぎします」

秀子「のめないのよ、私は」

校長「浜口先生（と立って）無理にすすめちゃいかんよ（と来ながら）朝倉先生は、ほんとに、のんだこともないもんなあ（と笑って座り）代りに私がいただこう（とコップをとり）さあ、浜口先生（とつき出す）」

C 「（目を伏せる）」
校長「さあ、浜口先生（とちょっと強くいう）」
C 「（注ぐ）」
校長「ハハハ、教頭、唄はどうした、唄は」
石丸「はあ、ちょっと、お手洗いへ、私は（と立つ）」
校長「いやあ、たしかに浜口先生のいう通りだ。お酌なんかせんで、のんびりして下さいよ、先生」
秀子「はあ」
校長「今日は、先生とゆっくり話するつもりだった」
秀子「――」
校長「はじめて本心をいうつもりだった」
秀子「――」
校長「私はね、個人的には、朝倉先生が辞められることを実に残念だと思ってる」
一同シーンとして、耳をすましている。
校長「たしかに、私は、無理に辞めていただいた。相当いいにくいこともいって、辞めていただくことをせまった。しかし、これは校長という職務上、否むを得ずしたことでね。個人的には、決して辞めて貰いたくなかった。残念だ、本日、先生を送らなければならない私は、実に残念だ。分ってくれるね先生は」
秀子「――」
校長「分ってくれるね、先生は？」
秀子「――」
校長「分ってくれるね、先生は？」
秀子「（仕方なく、小さくうなずく）」
校長「分ってくれた（とうなずき）浜口先生」
C 「――」
校長「朝倉先生はね、そういう人生の機微をよく分っておられるからこそ、怒《おこ》りもせずに、お酌をして回っておられるんです。それを回りからしらけさせちゃいかんよ。先生方。今日はせめて、楽しく明るく先生を送ろうじゃないか。唄うぞ、今日は、教頭にまかしちゃおけん。ハハハハ」
「北海盆唄！」と中年の先生がいって拍手。慌てて二人ほど拍手。
校長「よし来た（北海盆唄を唄い出す。手拍子をとる）」

■坂道

犬の吠える声。秀子、ひとりおりて行く。

■時枝家のある道

時枝家は、昭和初期のモダン木造という印象で、かつて写真館、いまはD・P・Eと煙草を商っている。閉店後で、店は暗い。秀子、帰って来て戸をあけ入って行く。二重の戸になっている。

■時枝家・階段の下

玄関からすぐ階段を上って行ける造り。脇に茶の間があり、障子で内部は見えないが灯りがついている。テレビの音。

秀子「（玄関をあけ）ただいま（といって閉める）」
細君の声「（面倒くさそうに）戸閉りして下さいよ」
秀子「あ、はい（と鍵をかける）」
時枝「（気弱な中年男。障子をあけ）さっき中川さんとこの奥さんが、それ置いてきましたよ（と階段の三段目あたりに置かれている大きな箱を指す）」
秀子「それはどうも」
時枝「辞めたんですってねえ、先生」
秀子「ええ（靴を下駄箱へしまったりしている）」
時枝「うちの奴、なんにも言わねえもんだから」
細君の声「言ったって言ってるでしょう！」
時枝「分ったよ、分った（と中へいい）あ、コーヒーセットらしいですよ」
秀子「そうですか」
時枝「ＰＴＡも気が利かないよねえ。そんなもんしまい場所に困るよねえ」
秀子「いいえ（と持って）じゃ（と上って行こうとする）」
時枝「あ、先生」
秀子「はい」
時枝「あの、勝本ンとこの息子が、また来てるんですよ（と二階を見る）」
秀子「あら、そうですか？」
時枝「そいじゃ、あの退職おめでとうございます」
秀子「はあ、ありがとうございます」
時枝「じゃ。フフ（と障子を閉める）」
秀子「（暗い二階を見て、上って行く）」
細君の声「バカだねえ、退職がなんでめでたいのよ」
時枝の声「そういう風にいうもんなんだよ」

秀子「(階段をあがり切って、戸襖をあける。中を見て)また帰って来たかい。(と小さくいって暗い部屋へ入って行く)」

■秀子の部屋(夜)

灯りがつく。勝本祐司が身を縮めるようにして眠っている。

秀子「(微笑して座り)勝本君(ゆすって)勝本君」
祐司「う?(秀子を見て)あ(と起き上り)今晩わ」
秀子「また帰って来たかい(と微笑)」
祐司「(一礼して)」
秀子「それで? お父さん、また怒ったの?」
祐司「(うなずく)」
秀子「なにも一晩ぐらい帰って来た息子泊めたっていいだろうに」
祐司「(目を落している)」
秀子「殴られたかい?」
祐司「(うなずく)」
秀子「あんたもまあ、こりないで、ちょくちょく帰ってくるねえ」
祐司「(うなずく)」
秀子「泊って行きなさい。今からじゃ何処も行きようがないもんね」
祐司「(一礼する)」
秀子「段ボールの工場だっけ? 札幌?(と隅の台所へお湯をわかしに行く)」
祐司「(うなずく)」
秀子「半年もたなかったねえ、今度は」
祐司「(うなずく)」
秀子「そんなに都会暮しはいやかい?」
祐司「そういうのは変かね、先生」
秀子「変なことはないけど」
祐司「すぐ人を馬鹿にして、かっこばっかりつけて、息がつまりそうで——」
秀子「この土地で仕事がありゃあ本当にいいんだけど」
祐司「(うなずく)」
秀子「ないもんねえ」
祐司「(うなずく)」

「今晩わ」と表で若い女の声がする。水沢宮子の声である。

■時枝家・表
　玄関の表に立っている宮子。
宮子「夜おそくすいませんけどオ」
時枝の声「はい」
宮子「朝倉先生ンとこへちょっと来たんですけど」

■秀子の部屋
秀子「宮子ちゃんか？（と小さくいいながら階段の方へ行く）」
祐司「水沢宮子ですか？（とちょっと慌てるような感じ）」
秀子「うん。あんたより大部下《だいぶした》だったね」
祐司「はい（と立上っていて）三年下でしたけど」
　階下で戸があけられる音。
秀子「（階下を見下ろして）なに宮子ちゃん」
宮子の声「はい（戸を閉める音）昼間はすいませんでした」
祐司「（髪の毛を手でちょっと整えて正座をしたりする）」
秀子「いいのよう、仕事中だったじゃない」
宮子の声「おやめになったの、今朝まで知らなくって」
秀子「急に決心したもんだから（と台所の方へ）」
宮子「（現われ）突然なんで、私、びっくりして（祐司に気づいて入口で立止まる）」
祐司「（一礼）」
宮子「（目を伏せ、固い顔で一礼）」
秀子「（電子ジャーを持って、ちゃぶ台のある所へ来ながら）勝本君、知っているでしょ宮子ちゃん」
宮子「はい（と座る）」
秀子「（祐司のための食事の仕度のつもりで茶椀をとりに行きながら）三年下だと、一緒になったことはないのかな？」
宮子「はい、でも」
祐司「（さえぎるように）あ、あ、あの、ちょっと、あの一度だけ口利いたことがあって、それだけで、オレ、あの、ト、ト、東京の方へ行っちゃったから」
秀子「なに慌ててんの？」
祐司「あ、あ、慌ててないです」
秀子「フフ、宮子ちゃん、綺麗だからな（と佃煮のようなものを出したりしている）」
祐司「そ、そ、そういうことを先生は」
秀子「（笑っている）」

宮子「やめるとしても、来年の三月だと思ってました」
秀子「（御飯をよそったりしながら）そうも思ったんだけど、みんなで、やめてもらいたいような顔してるから（と薄く笑う）」
宮子「そんな――」
祐司「あ、あの、先生は、中学校辞めたんですか？」
宮子「あら、知らないの？」
祐司「いや、オレ、今日帰って来たから」
秀子「知りようがないよなあ」
祐司「やめたんですか（疑問ではない）」
秀子「さ。なんにもないけど、とにかくお腹へ入れなさい」
祐司「あ、オレは、いいんです」
秀子「なにをいってる。ぺこぺこの顔してるよ（と台所へ）」
祐司「悪いなあ」
秀子「いつだって、先生ンとこ来れば、御飯食べるじゃないか」
祐司「あ（と宮子を気にして）そ、そうかなあ」
秀子「お湯は、まだ沸かないから、かけるんなら、もうちょっと待って頂戴（と急須にお茶の葉を入れたりする）」
祐司「はあ、すいません」
宮子「（チラと祐司と目が合うが、そらして伏せ、すぐ上げて秀子へ）先生、あの突然なんで、なにお贈りしたらいいか分らなくて」
秀子「なにいってるの」
宮子「しょんぼりしないように、ちょっと派手なものの持って来ました」
秀子「あらまあ（と来て）そんなことしなくていいのに」
宮子「安物です（とさし出す）」
秀子「ありがと（と受けとってあけはじめる）なんだろう一体」
宮子「つまんないもんです、バカにされちゃうかも分らないけど」
秀子「あーら（派手なエプロンである）」
宮子「派手すぎたかしら？」
秀子「ううん（というが、たしかに派手なのでちょっと言葉をさがして）いいよねえ、勝本君」
祐司「は、はあ」

秀子「ハハ、でも派手は派手ねえ（と笑って立ち）あーらまあ、こりゃあいいわ（とあててみる。胸あてのあるエプロンである）」
宮子「とりかえて来ます」
秀子「いいの、いいの、宮子ちゃんのいう通り。（と座り）先生は、少し遠慮しすぎてたもの、これからは、この位派手なもの着なくちゃ、フフフ、ありがとう」
宮子「そんならいいけど」
秀子「（祐司を見て）さあ、なにしてる勝本君は、さっさと食べないかい。あ、大根があったかな（と立って行く）」
祐司「いいんです、先生（と見送り宮子を見、御飯を見、フフ）じゃ、いただきます。フフ。（と少し照れて。しかし、空腹なのでがぶつく）」
秀子「勝本君もまあ、出て行っちゃあ帰ってくる。そのたんび、親父さんが殴って追い出すんだから、すごいや」
祐司「フフ」
宮子「（目を伏せている）」
秀子「いい若い者が、こんなに田舎が好きでいいのかと思うけど、そういう子がいたって不思議はないよねえ」
祐司「フフ（と食べている）」
秀子「ギスギスして、空気の悪い都会の方が好きだっていう方が変ってるのかもしれないさ」
祐司「そうですよ」
秀子「（笑って）だけど、あんた帰って来たって誰もいい顔してくれないじゃないか」
祐司「そりゃそうだけど」
秀子「ここだけだよね、いい顔するのは（と笑う）」
祐司「先生ひとりだし、どうせ淋しいもんな」
秀子「見すかしかようなことといってるよハハハハ」
祐司「（笑って、がぶつく）」
秀子「まだ沸かないかな（と薬罐を見る）」
宮子「（目を伏せていたのが、祐司を見て）勝本さん」
祐司「え？」
宮子「あんたが、時々泊りに来るんで先生、なんていわれるか分ってるの？」
秀子「宮子ちゃん」
宮子「戦争未亡人が、若い子可愛いがってるっていわれてるのよ」

祐司「――（呆然としている）」
秀子「そ、そんなこと、先生は、無視してるよ、そんなこと気にしてないよッ」

■時枝家・表

玄関の戸のあく音。秀子の「宮子ちゃん」という声。二重の戸の表の戸があいて宮子とび出して来て「すいませんでした」といってパッと走り去る。

■秀子の部屋

祐司、立っている。
その前に立ちふさがるように秀子立っていて。
秀子「（戸襖を閉め）世間てものは、どんな事でもいう。そんなことで、いちいち、びくついとったら、女のひとり暮しなんぞ出来んよ。座れ、（と座らせる）座れ」
祐司「――（座る）」
秀子「大体、バカにしてる。先生が男つくるなら、もうちっとたくましい、ましな男をつくるよ（と見下ろしていう）」
祐司「――（情けなく一礼する）」
秀子「宮子ちゃんもどうしたんだろう。あんなことワァワァ大声でいう子じゃなかったんだけどねえ（と台所へ）」
祐司「オ、オレが悪いんです（としょんぼり）」
秀子「悪いことはないよ」
祐司「あいつ、オ、オレのこと怒ってるもんだから」
秀子「なんかしたの？」
祐司「オレ、前に。はじめて、東京へ行く前に、彼女、前からいいと思っとったもんで、水産加工場の裏ンとこに呼び出して」
秀子「なにをした？」
祐司「好きだっていうつもりだったけど、声が出んで――」
秀子「手が出たか？」
祐司「ひっぱたかれて、蹴とばされて――」
秀子「そうか。それで変な顔してたのか」
祐司「先生。ウイスキーあります。のまんですか（とボストンバッグのチャックを急いであけ、ウイスキーを出す）」
秀子「こんな時、酒のむ男は、先生、好かんよ」
祐司「――（手を止める）」

秀子「でも、のむか――」
祐司「いえ、いいんです（としまいかける）」
秀子「いや、のんでみよう」
祐司「え？」
秀子「ウイスキー、味みたこともないのよ」
祐司「ああ、そうだったですね」
秀子「のんでみよう」
祐司「そうですか？」
秀子「まったく、教え子ひとり、半年か一年に一遍泊めても、なんだかんだ噂する奴らの中で、遠慮して暮して来たんだ」
祐司「――」
秀子「まったく、いちいちいちいちいちなんかいわれて来た。気にすまいと思っても、段々段々、やることが遠慮がちになって、温和しう温和しう、年をとって来てしまった」
祐司「――」
秀子「もらおう。ウイスキー、もらおう（とコップをとり、お膳へ行き、祐司の傍へ座って）先生に注いどくれ」
祐司「――」

秀子「お酒でものみたい時は、何遍でもあった。でものまなかった」
祐司「――」
秀子「そのあげくが、なんだ。辞めろ辞めろといわれて、古くさいといわれて、時代に合わんといわれて、誰にも感謝されんで、通り一遍の挨拶だけでやめさせられちまった。早く注がんか」
祐司「ハ、ハイ（と注ぐ）」
秀子「退職の日が、こんなもんだとは思わなかった。こんなひとりぼっちのもんとは思わなかった（とのむ。むせて咳込む）」
祐司「（背中こすり）いきなりストレートは無理ですよ」
秀子「あ――まずいね（と静かにいう）」
祐司「はじめは、あんまりおいしかないです」
秀子「でも、先生、今夜はのみたくなった」
祐司「そうですか？（大丈夫かな？　という感じ）」
秀子「あんたも、のみなさい。先生、今夜は、お酒でものまなきゃ、気持ちの始末がつかないよ（と淋しくいう）」

祐司「（うなずく）」

■海岸

夜の波。

——O・L——

■秀子の部屋

夫の軍服の写真。見ている秀子。コップのウイスキーをカタカタとスプーンでかき回している祐司。

祐司「（スプーンを置きながら）レモンと水まぜたから、少しは、のみやすいと思いますけど」
秀子「ありがと（と受けとり）あんた先生の亭主が何処で死んだか知ってたかしらねえ」
祐司「戦争で死んだってことは知ってるけど」
秀子「うん（うなずく）」
祐司「先生、そういうこと、なにも話さんから」
秀子「うん。なにも話さんからねえ。話すときっと後悔するんだ。親身に聞いてくれる人は、いないからねえ」
祐司「聞きますよ」
秀子「なにをいってる（と苦笑）」
祐司「本気で聞きますよ、俺」
秀子「義理でそんなことといわんでもいい」
祐司「義理じゃないですよ」
秀子「義理じゃなくて、こんな婆さんの身の上話がなんで聞きたいんだ？（怒る）」
祐司「（ちょっと怖い感じがして）なんでって——」
秀子「（ガブリとのむ）」
祐司「どうですか？」
秀子「なにが？」
祐司「ウイスキー」
秀子「ああ（ガブリとのむ）おいしいよ」
祐司「そうですか。先生案外いけるくちかもしれないなあ（とちょっと笑う）」
秀子「フフフ、いけるくちかもしれないねえ（とのみかけて、動きを止める）」
祐司「変ですか、味？」
秀子「（ゆっくりコップをおろし、お膳におく。それから、パッと走って戸襖へ行きガラリとあける）」
時枝「（階段から顔だけ出して窺っていた感じで、慌てて）あ、あ、これは、あの」
秀子「なにしてるんですか？」

時枝「いや。家内が、ちょっと見て来いって」
秀子「なにを見て来いですか！　なにを見て来いといったんですか、奥さん！」

■時枝家・表の通り
午前四時近い。しかし、まだ闇である。

■秀子の部屋
秀子「（一点を見つめて座っていて妙に慎重に拳固で傍の畳をドスンと叩く）」
祐司「（残り少くなったウイスキー瓶を傍に薬罐から水をコップに注いで、薄い水割りをつくっていて、ドスンを気にする）」
秀子「（ドスンとやる。それを段々強くやる。ドスン、ドスン、ドスン、ドスン）」
祐司「先生」
秀子「（ドスン）」
祐司「やめた方がいいよ、先生」
秀子「（ドスン）」
祐司「もう四時ですよ、朝の」
秀子「――（手を止めて動かない）」
祐司「（コップをお膳の秀子の近くへ置き）もう寝た方がいいんじゃないですか？」
秀子「あんたは――」
祐司「気持悪いですか？」
秀子「（コップをとり、のむ、あまり酔っていない）先生が話したことを、なんにも分ってない」
祐司「分ったつもりだけど……」
秀子「じゃ、私が、これくらい（ドスンとやり）のことをしただけで、何故よせなんていうの？」
祐司「わりと（下に、という仕草）響くから」
秀子「私はね、この部屋を借りて八年になるけどね、ただの一度も、下のこと気にしないで、この部屋を歩いたことはなかった。昼間歩くのだって、下に響かないように足に力入れないようにした。夜、お手洗いにおりる時なんて、ほんとに、息をひそめるようにして階段をおりた。あーあ、私は、なんにつけても、そうだった。（ドスンとやり）今日は音たてたいのよ、大きな音たててみたいのよ（ドシン、ドシン）」
祐司「でも、また騒ぎになると」

秀子「のぞきに来やがったくせに、文句が言えるかっていうんだ（ドスン）」
祐司「先生（ともてあました声）」
秀子「何処まで話した？」
祐司「え？」
秀子「昭和何年まで話した？」
祐司「あ、お姑さんが死んだとこまでだから」
秀子「三十六年の春だ」
祐司「ああ」
秀子「漸く一人になった。あの家（と山側を指す）で、漸く一人になった。これで、もう姑もいない。葬式終って、ま、悪いけど、嬉しかったね」
祐司「（うなずく）」
秀子「でもそれは一日、忽ち大阪に行っとる次男坊が、家も土地も売って金で分配するんだ、と来た。いくらにもなりゃあしない。長男の嫁として、これだけ、ポンと前へ金置かれて、あとは万福寺の横で間借りだ」
祐司「（うなずく）」
秀子「それから薬屋。この先の角の」
祐司「（うなずく）」
秀子「それから、ここ。うまは合わないけど（と下を指さし）この部屋が気にいってね」
祐司「（うなずく）」
秀子「窓から、線路が見える。ここで終点。線路が終っているのが見える。（よろよろと立って窓をあける）よく見えないね、まだ」
祐司「先生。少し寝た方がよかないですか？」
秀子「勝本君」
祐司「はあ？」
秀子「私はね、あんたがいやいや聞いてることは、百も承知だよ」
祐司「そういうわけじゃないけど」
秀子「でも、今日は話すよ。今日は、いやだっていったって、耳ひっぱってでも話すよ」
祐司「アッツ島へ行ったんですか？（とにらまれて、ひるんだように聞く）」
秀子「昭和三十九年七月二十六日午後十時。東京の羽田からノーストウエストの大型ジェット機で八時間」
祐司「へえ」
秀子「夏休みだった。なるべく誰にも知られないように、先生は出掛けた。アッツ島戦没者慰霊団というのだった」
祐司「へえ」
秀子「四十二万円即金で払わなきゃならなかった」
祐司「へえ」
秀子「それでも行きたい気持なんか、誰にも分りゃしないから、なるべく内緒にして出掛けたよ」
祐司「八時間か？」
秀子「八時間で、アラスカのアンカレッジへついて、そこからＢＣ、ＢＣじゃない、ＤＣ６Ｂにのりかえ、十二時間」
祐司「へえ」
秀子「合せて二十時間で――アッツ島が見えた」
祐司「――」
秀子「もう、夜の十時半だった。でも白夜でね、太陽は、沈みかけているところだった。断崖がそそり立っていて、山には雪が残っていて、なんにもないところだった。アメリカ兵が三十人ばかりいたかねえ」
祐司「（うなずく）」
秀子「翌朝は霧が深くて、二メートル先も見えない。一年のうち、晴れるのは、十日くらいで、あとは霧だという。これじゃあ日本軍の跡もなにも、なにも見えんじゃないかと、みんなでボンヤリしてしまった」
祐司「（うなずく）」
秀子「ところが晴れた。霧が見る見る晴れた。晴れると岩山《いわやま》にびっしりついた苔が、まるで芝生のように緑で、原野には、立藤草っていって、紫色の花が一面に咲いていて、それは、美しかった」
祐司「（うなずく）」
秀子「雀が丘という、最後の突撃があったところへ行った。骨があった、茶碗があったりねえ――靴が半分土に埋まってたり、天幕のきれはしがあったり――みんなで骨を集めて――泣いた」
祐司「（うなずく）」
秀子「誰の骨か、誰の靴か、誰の茶椀か分らないけど、みんな、自分の亭主のもんだと思ったり、息子のもんだと思ったり、父親のもんだと思って、手を合せて、泣いた」

祐司「――」
秀子「三日間島にいた。いる間、嘘のように島は晴れていた。アメリカ兵も、信じられない、といった。この霧の島が、どうして三日も続けて晴れわたってるんだろうといった。日本兵のせいだと私達は思っていた。死んだ日本兵が、私達が来たんで喜んでるんだ。来てよかった。気持が通じた」
祐司「――」
秀子「そうでも思わなきゃ、やりきれなかった。骨が散らばってるだけなんだものね」
祐司「――」
秀子「そんなこともこんなことも、帰って来て、私は、指の先ほどもしゃべらなかった。どうせ、誰も本気で聞きやしない。未亡人の愚痴ぐらいにしか思やしない。だから、なんにもしゃべらなかった」
祐司「知らなかったな（感動している）」
秀子「温和しく温和しく生きてた。あげくが、こんなことじゃ、情けない」
祐司「俺は、先生は、よくやって来たと思うよ。俺は、心から、大変だったなって思うよ」
秀子「――（聞こえないように外を見ている）」
祐司「先生。もっとしゃべれよ、オレ本気で聞くよ」
秀子「外へ行こう」
祐司「外？」
秀子「道の真中、酔っぱらって歩きたくなった（壁の上っぱりをとりに行く）」
祐司「いいけど、酒もうないです。先生、強いんでおどろいたな」
秀子「（苦笑して）私もおどろいた。この年まで、お酒に強いこと知らなかった」
祐司「（うなずく）」

■時枝家・表（薄明）

上っぱりを着た秀子が「天にかわりて不義を撃つ。忠勇無双のわが兵は、歓呼の声におくられて」はじめは低い声、段々歩きながら大声になって行く。

祐司「先生。ちょっと、声、大きいよ。先生（と止める）みんな起きますよ」
秀子「（しばらく振りきって唄っているが、突然やめて）起きたっていいんだ。私は、生れて一遍も、道の真中、こうやって大声を出して歩いたことはなかった」
祐司「誰だって、そんなことないですよ」
秀子「ケチばかりつけないで、一緒に酔ったふりしたらどうだい」
祐司「でも――」
秀子「この道を、万才万才万才万才って、駅まで、みんなで送ったくせしてエ」
祐司「そりゃあ。パーッとしたいって気持は分るけど」
秀子「校長ンとこ行くんだ。校長の奴――（どんどん行く）」
祐司「先生（と追う）」
秀子「――（よろよろ行く）」
祐司「先生」
秀子「――（どんどん行く）」
祐司「先生」
秀子「――（どんどん行く）」

■校長の家の前

玄関のガラス戸を激しく叩く秀子。

祐司「先生。わかることはわかるけど」
秀子「（物も言わずドアを叩くテンポで祐司のことも二つ三つ叩いてまだドアを叩く）」
校長夫人の声「どなたですかァ？（と憤りの声）」
秀子「（かまわず叩いている）」
校長の声「誰だ？ 一体」
秀子「（かまわず叩いている）」
校長の声「やめなさいッ！」
秀子「（やめる）」
校長の声「いまあける。誰だか知らんが、何時だと思ってるんだ（とあける）朝倉先生」
秀子「今晩わ（と酔ったふり）」
祐司「酔ってるんです。すいません」
秀子「すいませんなんていうことはないッ！」
校長「どうしたんです？ こりゃあ。のました奴が悪いな。君か、のましたのは」
祐司「いえ」
秀子「白分でのんだんだよ。私だってこの位のことはやるんだよ。校長（つきとばす）」
校長「（よろめいて）いけないよ。先生。こんなことをなさっちゃ、三十一年、立派につとめあげた経歴に」
秀子「うるさい、うるさい、うるさいッ！（とつきまくり）ひきとめただと？　辞めろ辞めろと、無理矢理やめさせたくせに、ひきとめただと（と殴る）」
校長「朝倉先生、朝倉――」
秀子「（ただ無茶苦茶に打ちかかっている）」

■中学校の校庭
祐司、朝礼台の上で
祐司「大丈夫ですよ、校長だっていいふらしゃしませんよ」
秀子「そんな事気にしていないよ」

■かつての朝倉家の前
廃屋である。秀子。立つ。
祐司「随分、荒れちゃってますね」
秀子「――」
祐司「ここへ、お嫁入りに来たのか。先生の花嫁さんなんて、どんなだろうな」
秀子「（はじめて微笑し）つまずいた」
祐司「え？」
秀子「その敷石で、つまずいた」
祐司「へえ」
秀子「縁起でもなかった。四カ月で、兵隊とられたもんねえ（と薄く笑う）」
祐司「（うなずく）」

■中学校・教室
秀子と祐司、ポツンといる。

秀子「この上っぱりも洗わなくちゃ。おうおう、チョークの粉で一杯だア（とポケットに入れていた手を出す。短い白いチョークが出て来る。いきなり、黒板に向って、チョークを投げつける）」

黒板をみつめる秀子。

■夜明け
無人の町なみ。廃屋。海、校庭などが夜明けを告げる。

■海岸
夜明けの海岸に波が打ちよせている。そこで、立ちつくしている秀子。その後ろに立っている祐司。
祐司「(思い出し) このあたりですか？ 戦死の知らせがあった日、走って来て泣いたのは」
秀子「――(海を見ている)」
祐司「ほんとに、何処行っても、この町じゃ思い出があって、いい思い出ならいいけど、淋しい思い出だから、つらいですね」
秀子「――」
祐司「出て行きたい気持、わかるな」
秀子「――」
出来得れば、此処で朝日が二人の顔をそめる。暫く無言で、海に姿を見せる太陽を見ている。
祐司「でも――何処行っても、こんな綺麗な朝の海はないな」
秀子「――」

■M駅のホーム(朝)

電車が止まっている。始発である。ドアがあいている。ホームに、ポツンといる祐司と秀子。祐司は、帰り仕度で、足もとにボストンバッグがある。二人とも、しゃべることもなく、黙りこんでいる。
音楽だけの間あって――。
「先生」と宮子の声。
秀子「(見る)」
宮子「(改札口から身をのり出してホームを見ていて、すぐ駅員の方へ) すいません。ちょっとだけ、入れて下さい (とピョコンと一礼して、中へ)」
祐司「あ、オレ、あの (と背を向ける)」
秀子「(宮子へ) 早いのねえ」
宮子「(来て) 昨夜は、すいませんでした」
秀子「ううん (といい祐司を見る)」
宮子「眠れなくて、早いけど先生ンとこへ行ったんです。勝本さん、早いのね、帰るの」
祐司「ああ、(背を向けたまま)」
宮子「ごめんね。私、ちょっと、いいすぎだったわ」
祐司「いいんだよ (と横向き)」
宮子「私――たまに帰った人に」
祐司「もともと、俺が悪いんだから」
宮子「ううん」
祐司「ううん」
秀子「(苦笑し) 仲直りするのねえ。二人でゆっくりしゃべりなさい (とはずれの方へはなれて行く)」

宮子「先生」
祐司「そんな気ィ利かすなよ、先生」
秀子「若いもんは若いもん同士さ」
祐司「ひがんだこというなよ（と行く）」
宮子「（行く）そうです」
秀子「時間ないよ、もうすぐ出るんだ（からと電車を指す）」
祐司「そんな、俺たち、なんでもないんだから」
宮子「そうです。それより、先生、何処か行っちゃうって本当ですか？」
秀子「（笑って）そう思ってたんだけどね」
宮子「札幌ならいいんだけど」
秀子「どうして？」
宮子「私も来月から、札幌のホテルへつとめることになったんです」
秀子「そう」
宮子「叔父の店も、ヒマで、お給料貰ってるの悪いようで――他に、ここじゃ仕事もないんで」
秀子「そう」
祐司「札幌がいいですよ。札幌ならオレもいるし」
秀子「――やめたよ」
祐司「やめたって？」
秀子「何処か行くのは、やめたの」
祐司「どうしてですか？」
秀子「宮子ちゃんも出て行く。あんたも出て行く。その上、年寄りの私まで出て行くんじゃ、この土地が、あんまり可哀相じゃない」
祐司「でも、淋しい思い出がいっぱいあって――」
秀子「一晩さわいだら、さっぱりしたわ（と淋しい微笑）」
祐司「そんならいいけど――」
秀子「そうそう愚痴ばっかり言ってられないわ」
宮子「此処でなになさるんですか？」
秀子「そうね。まず、あんた達が帰ってくるのを待ってるんだ」
祐司「待ってるって」
秀子「ここへ帰ってくれれば、私がいる。喜んで迎えてくれる、故郷《ふるさと》を大切にしてる婆さんがいる。そう思って、みんながホッとする婆さんになるんだ」
祐司「みんながホッとするかどうか」
秀子「ホッとしたくなきゃしなくたっていいさ（と

にらむ)」
祐司「いや」
宮子「私はホッとしますす」
祐司「俺だってホッとするけれど、嫁さんもらったりしたら、どうなるか分らないから、あの――」
秀子「待ってるだけじゃないから、それだっていいさ。退職金もある。年金もつく。先生は、ここでなんかやってやるんだ」
祐司「商売ですか?」
秀子「商売したって、儲かりゃしないさ」
宮子「じゃあ、保育園かなんか」
秀子「そうだね。とにかく、成程、三十年先生をやって来た人だって、みんなが唸るような仕事をしてやるさ。それでなけりゃ、生きて来た甲斐がないじゃないの」
祐司「そうか――(なんとなくガッカリしてる)」
秀子「なんだい? 励ましてくれないの?」
祐司「勿論励ますけど、大変だし、やっぱり淋しいかもしれないし」
秀子「当り前さ。この年の未亡人が、今更淋しくなくなる訳もないさ」
宮子「(目を伏せる)」
秀子「でもね、この土地が結局、私の人生なんだ。思い出が一杯あってね。この土地捨てたら、死んだ人が淋しがるような気がしてきたのよ」
祐司「――」
ジーゼルの警笛。
「発車しまァす」ピーッと笛の音。
祐司「あ、ちょっと待って。(ボストンバッグを持って)じゃ、先生」
秀子「ああ」
祐司「(かけのり)あの先生」
秀子「一晩つき合わしちゃったね」
ドアが閉まる。
祐司「(窓へ走り)先生。先生がここにいる限り、俺は、かみさん貰っても、何度でも帰って来ます。かみさんと、子供と、みんな連れて、先生ンとこ泊まりに行きます」
電車動き出す。
秀子「なるべく頑張るんだよ。なるべく、帰らないでね」
祐司「さよなら」

宮子「さよなら」
祐司「あ、さよなら札幌で会ってくれよねぇッ！」
宮子「うん」
遠くなる電車。
秀子「元気出さなくちゃ。元気出して、愚痴なんかいわないタクマシーイッお婆さんにならなくちゃ」
宮子「はい」
秀子「イチニ、イチニ、イチニ（と悲しみをふりはらうように両手をあげる）」
宮子「先生と朝の体操したころ、思い出します」
秀子「イチニ、イチニ」
宮子「イチニ、イチニ（とやりはじめる）」
秀子「イチニ」
宮子「イチニ」
若い駅員、改札口からホームをのぞいていて。
若い駅員「助役さん（と切符売場の方をふりかえって）入場券なしで入って体操しとりますが」
助役「うん？」
秀子「（涙を流したまま）イチニ、イチニ」
宮子「イチニ、サンシ」
秀子「イチニ、サンシ」
イチニ、イチニ、と体操を続けている二人。そこへ、助役と若い駅員、近づいて行く。お辞儀をしたりしている。かまわず体操をしている二人。

「終りの一日」キャスト・スタッフクレジット

キャスト

朝倉秀子——北林谷栄
勝本祐司——小倉一郎
水沢宮子——坂口良子
猪又校長——神山 繁

スタッフ

プロデューサー——守分寿男
演出——甫喜本 宏

山田太一セレクション

男たちの旅路

二〇一七年一月二十七日　初版発行
二〇二三年十二月二十八日　二刷発行

著者　山田太一
発行者　清田麻衣子
発行所　合同会社里山社
〒八一二-〇〇一一
福岡市博多区博多駅前二-十九-十七-三一二
電話　〇八〇-三一五七-七五二四
FAX　〇五〇-五八四六-五五六八

印刷・製本　中央精版印刷株式会社

ISBN 978-4-907497-06-4 C0074